国道篇

王 杰◎主编

领导干部
国学大讲堂

李瑞环

中共中央党校出版社
The Central Party School Publishing House

目 录 | CONTENTS

国 道 篇

国道篇

说忠孝

——儒学的回顾与前瞻

任继愈

任继愈,字又之,山东平原人。毕业于北京大学哲学系。曾任北京大学教授,中国社科院研究生院博士生导师,中国哲学史学会会长,中国社科基金宗教组召集人,中国无神论学会理事长。是著名哲学家、宗教学家、历史学家,国家图书馆名誉馆长。

任继愈先生把总结中国古代精神遗产作为自己一生的追求和使命,致力于用唯物史观研究中国佛教史和中国哲学史。在中国古代诸子百家中,他最初相信儒家。解放以后,他接受了马克思主义。在用马克思主义总结中国古代哲学的工作中,他是做得最好的一位。由他主编的《中国哲学史》(四卷本)从20世纪60年代开始,就是大学哲学系的基本教材。40年来,培养了一代又一代哲学工作者。70年代后期,他又主编《中国哲学发展史》(七卷本,已出四卷)。他在《寿命最短的黄老学派——效应长久的黄老思想》一文中,指出"司马迁的《史记》把老子与韩非合在一起,写成《老子韩非列传》。古人曾指责司马迁分类不当,认为老子不应与韩非摆在一起,其实两家有相融相通处,《史记》的安排并不能算错,而且是可以理解的。"

20世纪50年代，他把对佛教哲学思想的研究作为研究中国哲学的组成部分。从20世纪50年代起，他连续发表了几篇研究佛教哲学的文章，受到毛泽东的高度重视。这些论文后来以《汉唐佛教思想论集》出版，成为新中国用马克思主义研究宗教问题的奠基之作。1964年，他奉毛泽东主席和周恩来总理之命，组建世界宗教研究所。几十年来，世界宗教研究所培养了一批批宗教研究人才。他在继《汉唐佛教思想论集》之后，又主编《中国佛教史》（八卷本，已出三卷）、《中国道教史》、《宗教大辞典》、《佛教大辞典》。

任继愈先生第三项学术贡献是提出了"儒教是教说"，这一判断根本改变了对中国传统文化性质的看法，是认识中国传统文化本来面目的基础性理论建树。这些年来，"儒教是教说"逐渐得到学术界理解和赞同。

任继愈先生的第四项学术贡献，是领导了大规模的传统文化的资料整理工作。从上世纪80年代开始，任继愈先生就领导了《中华大藏经（汉文部分）》的整理和编纂工作。全书106册，1.02亿字。目前，《中华大藏经（下编）》也已经启动，预计2亿—3亿字。同时，任先生又主持编纂《中华大典》，预计7亿字。

任继愈先生的第五项学术贡献，是始终坚持以科学无神论为思想基础的马克思主义宗教观，坚持宗教研究中的马克思主义立场，坚持用无神论思想批判形形色色的有神论，抵制各种打着科学和民族文化旗号的土洋迷信。在他的领导下，创办了建国以来、也是迄今为止唯一的以宣传无神论为宗旨的杂志——《科学与无神论》。

专著有《汉唐佛教思想论集》、《中国哲学史论》、《任继愈学术论著自选集》、《任继愈学术文化随笔》、《老子全译》、《老子译读》等；主编有《中国哲学史简编》、《中国哲学史》(4卷本)、《中国佛教史》(8卷本，已出第1、2卷)、《宗教词典》、《中国哲学发展史》(7卷本，已出第1、2卷)等；此外，还主持《中华大藏经》(汉文部分)的编辑出版工作；主要论文收集在《汉唐佛教思想论集》和《中国哲学史论》中。

　　中国传统文化有三大支柱，号称"三教"(儒、佛、道)，三大文化支柱中，儒家占主导地位。汉朝统一后，儒学成了主流。这固然得力于汉朝的大力提倡、鼓励、支持；但主要原因还在于儒学本身。儒学构建的理论体系，适应了封建制度下多民族统一大国的需要。政治支持是外因，思想体系符合需要是内因。

　　中国地处亚洲东方，春秋战国以前，东西相隔万里，不通声气，与欧洲没有往来。秦汉统一后，东西双方有了互相交往的可能，世界上开始知道有中国，是汉朝以后的事。多民族统一大国为儒学提供了生存发展的土壤，政治需要为儒学提供了登上舞台的条件。儒学又不断从理论上丰富、完善、指导这个统一大国进行有效的统治。中国两千多年来，儒家推进中国社会前进，建立了不世之功。

　　封建社会本是社会发展前进的必经阶段，世界各地区间社会历史条件不同，因而各具特色。西方欧洲的奴隶社会和资本主义社会发展得比较充分而典型；中国的封建制社会发展得比较充分而典型，而中国的资本主义发展得不够充分，不够典型。本来生产力低下的小农经济，由大一统的国家集中调配使用，可以发挥出最大效益。

　　《礼记》这部儒家经典为封建社会的宗法制度提供了理论依据，巩固了上升时期的封建制度，它强调"孝"立身治国的重要作用。《礼记》教导家族成员祭祀祖先时要从感情上把死人当活人看待，培养宗教感情，形成宗教心态。"斋三日，思其居处，思其意志，思其所乐，思其所嗜，斋三日乃思其所为斋者"。"君子三日斋必见其所祭者"，这才算完成"孝子之志"。

"慎终追远，民德归厚矣"（《论语》），儒学把孝道与社会风气的淳厚、国家的安危联系起来。"王者父天母地，为天之子也"、"天子之位受之于天，不受之于人"。忠与孝已编织在一起了。

《孝经》说孝是"天之经，地之义，民之行"，孝的原则被说成为宇宙最高原则。反之，任何危害社会的言行都被认为是"不孝"的，把中央集权的君主专制与家长为核心的小农经济社会有机地统一起来，君权、神权合一，政治与宗教合一，从而完成了封建社会宗教神学体系。

《西铭》继承了《孝经》，张载（1020—1077）提出人与天地万物同出一源，人的本性也是天地万物的本性。他对孝做出了神学的解释："乾称父，坤称母"，天地是人的父母，人都是天地的子女，对百姓万民，都应看作同胞兄弟，对万物应看作朋友。君王是天地的长子，大臣是长子的管家人。宋朝二程（程颢、程颐）把张载《西铭》这篇文章与《孟子》置于同等地位，予以高度的赞扬，这是可以理解的。

中国几千年间稳步发展有很多因素，其中多民族的封建集权制度应当是一个基本因素。多民族共同参与国家建设，集中群体智慧，有长江黄河两大流域广大地区作为活动舞台。既有广土众民物质保障的政治实体，又有统一而持久的儒家思想保障，这是世界上其他几个文明古国所不具备的。再加上中国几千年来全国通用的官方文字（汉字），有共同信奉的宗教（儒教），这一点在古代尤为必要。有共同接受的封建专制政体，各民族互利以经济联系（提倡引导的物资交流如茶、盐、铁等等），共同维护的长江大河的水利系统，共同维系国家安全保障(外御侵略，内防内乱)等等。在众多条件中，儒家的忠孝原则起着不可取代的作用。

在忠孝教化下，把众多民族(今天还有56个)团结起来，形成文化共识，形成民族团结的精神纽带。此外，公元前后传入中国的佛教、本土成长的道教、公元7世纪传入中国的伊斯兰教，都接受了儒家的忠孝观念，用自己的教义与儒家配合，起着辅助王化的作用。

明代中期直到清代(1840)鸦片战争，西方基督教多次到中国传教，由于不肯与儒家的忠孝信仰相配合，多次传入都未能立足。鸦片战争后，在大炮的保护下，才在中国存在下来。佛教最初传入，提倡出家，不参与政治，与中国儒家敬天法祖的信仰发生矛盾，遭到抵制，为了生存，后来向儒家妥协，主张佛教徒也要敬礼君王，跪拜父母，把忠孝信仰纳入佛教教规之内，论证出家是"大忠"、"大孝"。佛教大师慧远在庐山讲授儒家的《丧服经》，儒佛两家合流，互相支持。

大一统的多民族的统一大国，除了有效的统一政权，还要培育社会共识，忠孝是古代中国从上到下、君民共同遵循的社会共识，"孝"是维系以家为生产单位的家长制的最高原则。"忠"则是团结多民族共同效力中央政权的稳固剂。这两者都是支持中国封建社会的精神支柱，忠孝原则贯彻中国古代社会发展的全过程。封建社会前期，"孝"的地位重于"忠"，比如汉代的皇帝的谥号都有一个"孝"字，如"孝惠"、"孝景"、"孝文"、"孝武"……直到魏晋南北朝，还是"以孝治天下"。从赵宋王朝(公元9世纪)开始，一直到清末(1911)，近一千年间，君主中央集权不断加强，臣民始终处在弱势地位，忠的地位逐渐重于孝。且不说皇帝与百姓之间的天地悬隔，统治者上层，君臣间关系，也越来越悬隔。汉唐时，君臣坐而论道；宋代开始，朝廷宰相大臣不设座位，上朝时始终站着；明清时大臣只能跪着奏事，自然只能听皇帝的训示，更无从讨论问题。当忠孝两者不能兼顾，需要在忠孝两者必须选择其一时，"移孝作忠"被认为是合理的，而不允许"移忠作孝"。如果家长当了汉奸，他的子孙家属也跟着当汉奸，这个"孝"就变得毫无价值。与春秋时期的忠孝轻重刚好颠倒。《史记·管晏列传》记载，管仲年青时，从军作战经常打败仗，"三战三北"，他的好朋友鲍叔不以他为辱，理解他"家中有老母"，怕战死了无人奉养老母，违反了孝道。专诸刺王僚，要等到侍奉老母逝世后才去舍命行刺。这种例子很多，不必多举。

中国尽管民族不同，但是大家共同接受了儒家的忠孝思想。宗教信仰形成民族之间的共识。皇帝出自少数民族血统的辽、金、元、清历代王朝，都完全继承了儒家的文化传统，以忠孝为治国纲领，元、清两朝版图比汉唐时期有所扩大，儒家的忠孝观念也推广到更边远的省份。

"忠""孝"的道理是古代圣人说出来的，但不是圣人想出来的。社会存在决定了忠孝的坚实地位。忠孝原则成为古代中国社会至高无上的纲领，根本原因在于它符合了中国古代社会需要。大一统国家，离了"忠"这个最高信仰原则，则无以对全国进行有效管理；古代社会，"孝"是维系小农经济个体农民的核心原则。

1911辛亥革命以后，几千年的君主制被推翻了，全国长期陷于混乱，军阀割据，列强国觊觎侵占中国领土。1900年八国联军也曾试图瓜分中国。列强在非洲曾经用地图上的经纬度标志分割殖民地，有的非洲国家的国界呈直线形，这种"杰作"1900年曾试图再演，但遭到中国人民强烈抵抗，列强才打消了瓜分中国的妄想，他们要在中国培植代理人，每个军阀的背后，都有某一外国的支持。与古代中国相伴生的"忠""孝"两大精神支柱，也发生信仰危机。

传统的信念，忠的对象是皇帝，皇帝即国家，皇帝的权力来自天赐，故称"天子"。辛亥以后，皇帝不存在了，失去了皇帝，皇帝依靠的"天"也失去神圣的光环，效忠于谁？这一精神支柱垮了。有的主张恢复帝制，因为违反历史前进方向，也失败了。在战乱中农民无田可种，失去土地的农民成了流民，有的变成出卖劳动力的工人，城市也出现了现代化的工厂。田园式的生活不能维持，孝道所维护的家长制也受到冲击。

中国古代社会，一家数口，父母子女朝夕相聚，共同下地生产，回家一灶吃饭，家庭成为最基层的生产单位和消费单位。进入近代社会，农民不得不分散谋生，有的进城当工人，有的逃荒外出，有的远走他乡或流浪到海外。北方冀、鲁、豫农民多到东北谋生，号称"闯关东"；南方浙、闽、粤失地农民多"下南洋"，也有远到南北美洲的。旧的家庭解体了，"孝"的地位也随着社会生活的改变有所淡化。

在古代，"忠"的功能不只是为了君主，也包含维护国家有效统治的思想。"孝"的功能不只是为了家长的权威，还是维持种群繁衍的社会准则。

帝制不存在了，消逝的是君主制，但多民族的统一中国还存在；小农经济破坏了，但广大农村人口还在。家庭还是每个公民生活生育的基点。几千年来国家要统一，成为各族人民的共识，人们一致认为统一是正常的，分裂是不正常的，叛国是可耻的。历史上的赤壁之战，诸葛亮的伐魏，苻坚伐晋，桓温、刘裕北伐，岳飞北伐，完颜亮南征，都是做统一的事业，只是由于条件不具备未能实现。中国历史上辉煌时期都是在统一大国时期完成的。这在历史上是政治遗产，在文化上，是精神遗产。这份丰厚的遗产，要很好地继承，使它完善、发展。每当遇到外来侵略时，维护国家主权和领土完整的信念会爆发出无限威力。近代中国由富强陷于贫弱，以至屡遭侵略而屹立不倒，正是由于它虽弱而"大"，这份丰厚遗产成了我国的立国的基础。

古代立过不朽功勋的"忠""孝"两大精神支柱，在新形势下也要给以新的认识和诠释。

古代的"忠"，被统治者解释为"忠"于皇帝及其家族，汉朝开国皇帝刘邦宣布"非刘氏而王者，天下共击之"。帝制废除，而国土未变。

古代人坚信"民不可一日无君"，我们近代人，深知"民不可一日无国"，我们要忠于这个多民族的社会主义国家。国家是维护一个族群、一个地区生存和发展的最高的基本组织。失去国家保护的民族只好任人宰割，"爱国主义"就是今天对"忠"的新诠释。将来，国家消亡，世界大同，爱国主义将自行消亡。今天，"忠"的首要意义是爱国。

古代中国是"多民族的封建君主制的统一大国"，今日中国是"多民族社会主义民主制的统一大国"。"多民族的统一大国"这个基本国情没有改变，也不可能改变。有国就要有忠，"忠"属于国家、社会、人际关系范畴。今天，"忠"的涵义在延伸，旧社会的功能，要保留，有些还有所发展，比如现代企业"诚信"精神，对中国人来说，它与传统的"曾子三省"的"忠"就有着传承与革新的关系。

今天"孝"的涵义要比传统的"孝"有所缩小。因为"孝"属于家庭、家族范畴。近百多年来，家庭在缩小。由几代同堂的大家庭变为夫妻两人的小家庭。与忠相反，孝涵盖的范围由大变小。"孝"不再具有"天之经，地之义，民之行"的社会职责。新中国农村公社化，一家一户的小农经济生产方式消灭了，最明显的标志之一是，父母的权力比封建社会减弱了。子女与父母的地位由人格从属到人格平等。过去，男性家长一个人可代表全家，大家庭成员哪怕有几十口上百口，只有家长说了算数。现在，每个成年的家庭成员，都有一票选举权，原来家长在家庭内至高无上的重要地位正在下降。

古代"二十四孝"所提倡的"孝"道如"郭巨埋儿"、"割股疗亲"、"王祥卧冰"之类，在当下已不尽可行；但子女对父母的关怀，子女对父母照顾的好传统还应继承。生儿育女，不是为了对祖先尽孝道，而是个体对族群尽责任。在目前，我国社会保险制度尚不完备的情况下，暂时不能就业的青年人，无力自养的老年人，家庭对他们起着避风港的保障作用，可以缓解社会救济的压力，这一点，又与现代西方社会不同，它适应我国的国情。

几十年来我国执行一对夫妇只生一个孩子的政策，影响了整整一代人，出现了大批独生子女。独生子女结成夫妇的小家庭要妥善照顾四个老人的晚年，靠一对夫妇尽孝道来奉养四位老人，势将力不从心，是个前所未有的新问题，有待社会进一步解决。古代的"孝道"规定的有些条文，在现代社会缺少可操作性，如"父母在不远游"、"三年无改于父之道"已无法做到。"孝"已不再理解为"天之经，地之义，民之行"，"无后"不能认为"不孝"。古代的规定，有的会自然消失，有的要用新的规范取代。

现代社会的生活节奏加快，家庭离婚率逐年增高，离婚后，留下的单亲子女也随着增加。出现大量有父无母或有母无父的子女。社会上非婚子女也有增加的趋势。"孝"的社会功能比古代减弱了，所涵盖的范围要比古代缩小了，因为家的生活范围缩小了。人们经济生活、政治生活、社会生活、家庭生活都面临着前所未有的剧变。我们不认为世道变坏了，"人心不古，世风日下"，也不认为只要恢复传统道德，社会就会变成盛世，这样未免把复杂问题看得简单化了。儒家文化传统中有精华，但要进行清理总结，要有新的诠释。

儒家流行了几千年，成为中国传统文化的主流，起着重大作用的并不是只靠当年孔、孟讲过的几句话，而是由于历代贤哲为了适应他们的新时代所做出的新诠释。汉代董仲舒发展了儒学，影响了古代社会几百年；宋代有朱熹对儒学又一次新诠释，又影响了中国社会几百年。

我们今天面临的社会变革的巨大深刻远非古代董仲舒、朱熹所处的时代可比。我们一方面要总结古代文化的一切优秀成果，一方面还要及时吸收改造一切外来文化的优秀成果。不能只看自己一国，还要纵观世界，时代期待我们结合中国国情，适应我国新情况，对儒学做出新诠释，构建新体系，推动文化，造福人类。

我们学术界的任务是继往开来：继人类五千年中外优秀文化之

"往"，开21世纪社会主义新文化之"来"，这是前所未有的任务。学术界还有人认为社会上出现的问题是没按孔子的教导所致；也有人认为只要经济搞上去，生活好了，社会自然会好起来，传统文化可有可无。这些看法都不符合中国的实际。当前儒学研究，已引起世界有识之士的关注，已有的研究成绩显著。儒学研究已列入世界学者的课题，作为现代中国人，我们责无旁贷，理应做更多的工作。根据时代特点作出新诠释，把儒学研究推向一个新阶段。儒学研究，前途无限！

21世纪的儒家传统

【美】杜维明

杜维明，北京大学高等人文研究院院长，哈佛大学中国历史和哲学讲座教授，美国人文科学院院士。杜维明教授曾任教于普林斯顿大学和加州大学伯克利分校，1981年回哈佛大学任教，后担任东亚系主任，于1987—2009年期间担任哈佛燕京学社社长，历时12年，并曾应联合国前秘书长科菲·安南的邀请参加为推动文明对话而组建的"世界杰出人士小组"。

作为"儒学第三期"的主要推动者，杜维明教授长期致力于阐释儒家经典，同时以世界文化多元发展的眼光审视儒家传统，力图通过对传统的创造性转化复兴中国文化。多年来，其开拓的"文化中国"、"东亚现代性"、"对话的文明"、"启蒙心态反思"等多个论域，在国际思想界产生了广泛深远的影响。由于其杰出贡献，杜维明在2001和2002年分别荣获第九届国际Toegye研究奖和联合国颁发的生态宗教奖等奖项，并在2009年荣获中国首届孔子文化奖。

儒家传统是一个超时代、跨文化，而且多学科的传统。所谓超时代，大家很容易理解。从公元前第6世纪——孔子是公元前551年出生，一直发展到现在，儒家传统基本上没有断层过。可是最近170年来，情况有很大的变化。这个传统其实更长，不止两千五百年，因为孔子自己认为他是述而不作，所以说，儒家传统在孔子之前大概还有大约一两千年的发展。总的来看，如果说儒学传统有四五千年的发展历史可能不为过。

我讲一个很有趣的插曲。我到韩国进行学术交流，当时韩国有位学者是韩国精神学院的院长，介绍我的时候，他说欢迎杜教授到儒家的宗祖国来访问。我非常惊讶，我就让那个翻译重新翻译，他说我翻译没错，这是他的原话。我说儒家应该跟中国的孔子有着密切的关系。他说，这一点毫无疑问，但你有没有听说过商代的箕子，箕子发展了"洪范九畴"的观念，而很多学者认为儒家的基本精神和洪范九畴有关系。他说箕子活动过的"朝鲜"就是现在的韩国，是儒学最早的发源地，后来因为韩国的主流宗教变成了巫教，受到萨满教的影响，所以道祖就到了中国，截至孔子时代，儒学已经发展了很长的时间，可是，今天鄙国还是推崇儒学，这一定要记住。其实，他最后的这句话并没有错，大家现在还可以看到，韩国确实保留了很多儒学传统观念。

我们中国的儒家传统大致经过了三期的发展——这个观点也有一定的争议性。我的观点很简单，儒家传统的发展是从一个地方文化变成中原文化，从中原文化逐渐发展成东亚文明的过程。儒家开始是曲阜的地方文化，经过相当长的发展，靠孔子和他的弟子好几代的努力，特别是经过孟子、荀子以后——尤其到了汉代——逐渐成为中华民族的文化主流，这是第一期的发展。

但是，中国文化也受到印度文化的影响，所以在相当长的一段时间内，中国文化精神文明中主要的一些大师大德是佛教徒。儒学在第12世纪又开始进一步地发展，从中国传到了韩国——当时叫朝鲜，还有日本。当然，向越南的传播还要更早一些。今天我们讲"儒教文化圈"或者说"儒家文化圈"，这就是日本的名词。儒家文化圈除了中国以外，包括了日本、韩国和越南。所以，儒家文化的发展不仅是一个跨时代的发展，也是一个跨文化的发展。这是第二期。

第二期以后，一直到19世纪鸦片战争前后，儒学受到了西方文化的冲击，在中国文化中受到很大的摧残。到了20世纪中期以后，大家认为儒学的生命力已经基本上结束了。

所以，下面我们就问这个问题：儒学有没有第三期发展的可能？儒学从先秦发展到两汉，然后从宋明一直发展到清，19世纪；然后到了20世纪，面向着21世纪，它有没有进一步发展的可能？另外，我们很明显地了解到儒学的发展，其实在中国是源远流长。先秦、两汉，甚至在魏晋的时候，儒家在民间还有很大的影响。到了隋唐，儒家的经学还有一定的影响力。到宋明以后，儒学的发展真正地波澜壮阔起来，直到清代中叶。其实，如果从中亚整个地区来看，它一直发展到20世纪初期。有很多学者认为，中国在1905年废除科举制度，标志着儒家的命运真正结束。很多韩国的学者、日本的学者也认为，西方文明对东方文明的挤压是使得儒家没有办法进一步发展的主要原因。

我说儒家文化是一个跨学科的研究。我们对儒家进行研究的时候，多半是从一个特殊的学术角度出发，而特殊的学术角度是受到西方文化的影响，把学术分门别类来开展研究的。从一个特殊的角度来研究，我们所看的儒学就会有一个特别的视角，这类似于盲人摸象，摸了不同的方面就得到不同的印象。如果从哲学上来看——这是我想主要讨论的，主要在讨论儒家传统的核心价值，这是我个人的看法——

这是一个源远流长，一直到今天还有生命力的传统。这个传统关涉到的就是它的核心价值的问题。

另外也可以从人类学来看，在整个中华世界乃至东亚，它在礼俗、在宗法、在家族所发生的影响。从政治来看，它叫政治儒学，也就是作为一个意识形态的儒学。也可以从经济学角度考虑儒学和现代中国的经济发展的关系，它的正面意义、负面意义是什么。当然也可以从社会学，也可以从心理学，从各个不同的侧面来看待儒家传统。传统上的儒家渗透到社会各个不同的阶层，而且在东亚世界中，几乎所有生活领域都带上了儒家的烙印。所以，尽管今天有很多学者说儒家只是一个空泛的理念，但是我们如果从人类学、社会学、政治学、心理学，还有各种其他的学科来理解，儒家却又在各个不同的侧面显现自己。唯一很难求证的就是，儒家作为一个有创建性的哲学理念，在中华大地它的生命是什么。如果这个哲学理念不能发挥，其他方面虽然影响很大——如果用西方的说法我们就是心灵的积习，在我们心灵里面所累积一些习惯，这方面儒学的影响很大——但是它作为一种精神资源在社会上发挥正面影响的力量就相对减少。

我所了解的儒学是生命学，是谈论生命、生活世界的学问。它不是宗教，但是它有很强的宗教性或者说精神性。再具体地说，大家都非常熟悉的，就是一个做人的道理，学做人。那么学做人意味着对人的了解，也就是何为人？在这个问题上，中国的传统和西方所发展出来的对人的理解有很大的不同。在我们心里面，我们今天所接受的基本观念是西方的：西方把人定义成理性的动物，这是亚里士多德提倡的；把人定义成是可以使用工具的动物，这是马克思原来提倡的；最近哲学界说人是可以运用语言的动物，语言是人的本质特性。这些理论都很有说服力，都正确，但从儒家传统来看都很片面。人是什么？人是什么样的动物？他是多元多样的，他是感情的动物，他是社会的动物，他是政治的动物，他是历史的动物，是一种追求意义的动物。

如果我们回想，所谓《五经》，都是儒家非常重要的经典，粗略地一看，我们就会发现，每一经都从不同方面凸显了人的特性。《诗经》里面所体现的是人的感情，人是一种情感的动物。《礼记》则说明人是社会动物，《尚书》里面所展现的人可以说是政治的动物，《春秋》讲的人是历史的动物，《易经》里讲的人是追求天人合一，追求意义的动物。人是多元多样的。这样多元多样的人如何学做人，是儒家需要考虑的一个大问题。

《论语》里面提到了这样一个观点，一般我们不太从这个角度来考虑：古之学者为己。后来在儒家传统里面，这个学做人的核心就是为己之学，为了自己，不是为了家庭，不是为了社会，不是为了政治，那些都是为人之学。学不是为了人家，是为了自己。什么意思呢？就是建立自己的人格，发展自己，完成自己，使每个人自己的尊严、每个人的主体性、每个人的独立性能够发挥出来。西方的学者说，那儒家讲的不就是个人主义吗，讲个人的尊严，讲个人的独立性，讲个人的自主性。我说不是，儒家是把每一个人看作是关系网络的中心点。意思是说，每一个个人都不是一个孤岛，不是个人主义所理解的孤立绝缘的个人，每一个人都是关系网络的一个中心点。但是从这个关系网络的中心点来看，他是有个人的尊严和他的独立性的，这是儒家很重要的核心价值，怎么样能够使个人通过努力、通过学习完成个人的人格，也就是个人的主体性。

如果用一个比喻的话，个人就像流动着的水，水在顺势流淌时一定会和其他的水汇流，而且这种汇流会让水获得更大的动力，而且流得更远。人学做人永远是一个发展的过程，而不只是一个静态的结构。在这个发展的过程中，人能接触很多其他不同的人。所以，在学做人的基础上有两个向度：一个是逐渐地扩展，人在小孩时代基本上所接触的是最亲近的人，也许就是母亲、父亲，慢慢地兄弟，慢慢地再扩展到陌生人，慢慢到外国人，慢慢到更宽广的世界，这是逐渐扩展的一个过程，这是做人不可或缺的一条路，一个向度。另外还有一个向度，人的自我了解应该越来越深化，不仅了解自己的身体，而且了解自己的心，了解自己的灵，了解自己的神——身心灵神，对自我的了解。表面上看，逐渐地扩大和逐渐地深化是矛盾的，好像越扩大你深化的可能性就越减少，越能够深入让你扩大的可能性就越受到阻碍。所以一般有这样一个认识，这个认识也是受到西方文化的影响：普遍性和特殊性是矛盾的，你越要能够普遍，那你的特殊性就要减少，如果强调你的特殊性，你的普遍性就很难展现。但是儒家有一个基本的信念，你越能够自我了解，越能够建立你的独立性、主体性，你就越能和其他人进行比较深层、比较全面的沟通，这是儒家的理想。尽管在实际操作过程中间可能会出很多的毛病，但这是儒家的一个基本信念。

如果用儒家自己的话，一方面是"掘井及泉"，另一方面是要"推己及人"，也就是一方面深入挖掘自己的道德主体性，另一方面逐渐从自己向外推。孟子说的"掘井及泉"是说挖井到一定深度时，自然会有泉水向外涌出，这时候才算挖成了；如果不够深度，那就只能算是一个洞，你就被限制在你的洞里。所以，儒家认为对自己主体性的深入理解和向外推是不矛盾的。儒家的核心价值仁义礼智信，都应该从这个角度来了解。仁，是儒家最高的价值、最全面的价值。如果用今天的话说，仁就是一种同情心，这个同情心和其他的价值都能够配合，和义、和礼、和智、和信都可以配合。如果仁义礼智信的"义"没有"仁"这种同情心，那么"义"就可能变得比较尖刻；如果礼貌的"礼"和"仁"不能配合，"礼"就可能会变成一种形式主义；如果智慧的"智"和"仁"不能配合，就可能变成小聪明；如果"信"不能和"仁"配合，就是小信小义。所以，"仁"是一个通则，它可以涵盖一切，但是每一个特殊的价值——礼的价值、义的价值、智的价值、信的价值——都可以充实"仁"的内容。所以，"仁"所代表的是一个最一般的要求，每个人都有同情心，也就是都能够向外推，不仅是自己最熟悉的人，甚至路人，大家都可以通过"仁"关联在一起。另外，不仅仅是向外推扩，它还要逐渐地深化，这两方面要能够配合起来。

我在台湾长大，小时候接触了这套理念。我认为，这套理念可以发挥成为一种比较宽广的人文精神，而这个人文精神不仅在中华大地，甚至在世界上的其他的地方都应该产生一些影响。我在中学的时候碰到了一位从事儒学研究的老师。他原来是教我们，现在国内说的话就是政治课。一般人对政治课没有兴趣，可是他在课外找了三五个同学一起来学习儒家传统经典。他认为，儒家传统是中华文化的精气、精华。我们就从《四书》，《大学》、《中庸》、《论语》、《孟子》开始讨论，我可以说是被他说服了，我觉得这些理念很值得作为安身立命的根本。

大学的时候，我选择了一所很小的大学，只有600个学生，叫东海大学。东海大学有两位教授，一位是牟宗三，一位是徐复观。后来唐君毅先生也来过。当时他们都四十多岁，但是他们经过相当长的时期，特别是在"五四"以后，逐渐对儒学有一种真正的认同感。大家都知道，"五四"以来人们对于儒学的批评是非常厉害的，他们仍然认同儒学，而且希望能够通过儒学发展一种比较全面的人文精神。他们的生命历程都经过了两个非常重要的阶段：第一个阶段是从"五四"到1949年建国以前，他们想要了解这个传统和西方强势文明能不能够结合，也就是说这个传统能不能通过学习西方的核心价值，进而完成自己的现代转化，这是他们努力发展的一个方向。另外一个阶段是1949年以后。基本上大家都熟悉，解放初期的大陆，儒学作为一种有创建性的哲学思想，基本上不能再进行下去，所以像牟宗三、徐复观、唐君毅这些从事儒学研究的人多半在海外发展，特别是在香港的新亚书院，还有台湾，就是我上的那所大学——东海大学，只有这两个地方在讨论这些学术。我有缘到了东海大学去读书，我大半的同学都到台湾大学学习自然科学、医学、工程学。到了东海大学以后的四年对我的影响很大。1962年，我到美国留学。刚到哈佛大学，我就在想这样一个问题，我从中学开始一直到大学所接受的这些儒家思想，是不是到了大洋彼岸就再也找不到痕迹了，是不是真的到了另外一个天地。

那时，我做了这样一个决定，假如我在哈佛所接触的一些西方文化——当时它是如日中天，可能比现在的情况更好，在美国的影响力极大——它的基本价值是和儒家传统的基本精神相违背的话，我绝对不会抱着儒家思想在西方进行学术研究。但是，假如我在西方接触到的西方思想在很多地方可以和儒家相配合的话，那我一定要尽量地向西方学习，使它们能够真正地配合。另外我更有一个想法，假如儒家传统里面所提出的一些核心价值和当时西方的核心价值不仅可以进行对话，而且可以相互批判的话，我也愿意从事这样的对话工作。可是，当时美国学术界的氛围，特别是从事中国学问研究的氛围，对我的一些想法是非常不利的。当时有一本书，现在翻译成中文了，列文森写的，叫《儒教中国及其现代命运》，这本书一直影响到今天。那里面的所谓儒教中国就是讲中国传统的政治制度，当时当然指满洲。清代灭亡以后，儒教在中国基本上崩溃了，儒学的现代命运也基本上就结束了。所谓结束的意思，我前面已经提到，不是说中国人不再受儒家文化的影响。在生活习惯、人与人之间的沟通、基本的认识论，乃至人生观、宇宙观上，儒家的影响是有的；但是作为一种有创建性的思想传统，而且能够和西方最杰出的一些思想传统对话，比如说和基督教对话、和犹太教对话，这个可能性是没有的。和其他重要的精神文明相比，儒家传统已经褪色了或者已经消亡了，这对我是非常大的压力。

后来，我有幸在哈佛接触到一些在宗教社会学、心理学、比较文化学或者比较宗教学领域比较有创建的一批学者，他们当时在世界上都有很大的影响，我上他们的课，和他们进行交流，他们给了我非常大的鼓励。这鼓励是什么呢？就是他们在做文化研究的时候，从更宽广的视野接受了一个观念，现在国内大家讨论得也很多了，叫轴心文明。所谓轴心文明是指在人类文明发展的重要阶段，公元前第6世纪左右，有很多重大的文明在世界各地萌芽。在地中海是古希腊哲学；在南亚是印度教和佛教，现在有人说还有耆那教（我们一般不太熟悉耆那教，但是耆那教的信徒在印度大概也要超出两千万甚至达到上亿）；在中国就是儒家和道家；在中东就是众多的一神教，像犹太教和之后的基督教和伊斯兰教。这些就是轴心文明。这个观点是德国思想家雅斯贝尔斯在1948年提出的。当时二战已经结束，他认为，战争之后，人类文明的四个伟大传统——苏格拉底代表的希腊传统，孔子代表的儒家传统，佛祖释伽牟尼代表的佛教传统，还有耶稣，当然还有穆罕默德，他们代表的一神教传统——从文化哲学的角度看，还会一直发展。

另外，我还受到一个启示。有一位德国的学者，大家认为是现代化理论最重要的开创者，叫做韦伯，他做调查时发现，受到新教影响的国家经济发展很好，比如说荷兰、德国、法国等；受到天主教影响的国家，比如说意大利和西班牙，当时资本主义的发展就没有那么好。他从这个现象出发论证了基督教的新教伦理对早期资本主义的促进作用。基督教下面有三大派：天主教、新教、还有东正教。韦伯强调基督教里面的新教具有独特的精神力量，这种力量推动了资本主义的兴起和西方的现代化。这是一个非常有趣的构思，而且影响很大。

1966年，我结束了博士训练以后回到台湾教书，我教了一门课，叫"文化认同与社会变迁"。"认同"这个词，大家现在很熟悉，这是我1966年从英文翻译过来的。在60年代以前，"认同"的这个概念在西方没有出现过，因此在其他的世界，特别在文化中国地区也没有"文化认同"这个概念。现在，认同是非常重要的观念，个人的认同，乃至国家的认同、文化的认同、各个不同企业对于本身的认同。在提出这个课题的时候，我考虑的基本问题就是儒家传统和现代化的关系。这个思考就是受到韦伯的启发。

接着，我到了欧洲，也到了韩国、日本，我在考虑这个问题的时候相当于回到了我的一批老师的思考。在1949年以后，新亚书院和东海大学的学者们考虑的问题是儒家的人文精神能不能够和现代化构成良性循环的问题。大家都知道，从"五四"以来，人们认为儒家传统对现代化是有阻碍的，必须把这个传统彻底消除，传统里面男女不平等的观念、等级的观念、家族的观念、政治上面权威主义的观念，都要彻底地消除，中国现代化才能进一步地发展。可是，新亚书院和东海大学的学者考虑什么样的问题？他们关心的是，假如儒家传统经过了一种内在的转化，面对西方所提出的重大问题能够做出创建性的回应，它是不是就获得了新的发展可能，是不是就可以和现代化之间建立良性的互动。所以，一个非常重要的问题就是儒家传统和科学民主的关系，这正是我们很多年来讨论得非常激烈的问题，到底儒家对科学民主的发展是有正面的作用，还是基本上只有负面作用。

后来，我又到了普林斯顿大学和加州大学的伯克莱任教，一共有十多年的时间。那个时候，我在考虑一个问题：到底儒家传统在大陆之外，在文化中国和东亚社会可能起着什么样的作用？根据韦伯的观点，一个思想体系中的核心价值和一个社会的现代化发展有着密切的关系。那么，到底儒家传统对东亚的发展，特别是对二战以后东亚的发展起着什么样的作用，它是正面的作用还是负面的作用。同时值得注意的就是，韦伯所提到了新教伦理与资本主义精神的关系，儒家在东亚是不是会扮演一种和新教伦理相似的角色，是不是能够起到促进社会发展的作用呢？这个问题在70年代提出，在80年代如火如荼，在西方的学术界也获得了很大的发展。

当时我提出一个"文化中国"概念，并且用这个概念来讨论儒家在东亚社会的作用。文化中国是说除了中国大陆、港、澳、台——包括新加坡，有70%多的新加坡人是华人——在这之外，散布在世界各地的华人社会，这就是文化中国地区。东亚社会中的日本和"四小龙"，即韩国、台湾、香港和新加坡，都属于这个广义的文化中国范围。不能否认，日本经济的发展在70年代，四小龙的发展在80年代，势头都非常大。在那个发展的过程中，有很多西方学者，有社会学的、有比较文化学的，都认为一个新兴的现代化力量出现了，这个势头以日本为龙头，把四小龙带动起来。所以当时有这样一个说法，经济的发展可能会从大西洋转到太平洋，或者叫亚太地区的兴起。这样一些长期受到儒家影响，而且还保持着儒家传统的地区能够取得这么好的现代化发展，可以说儒家与现代化至少是可以兼容的。我当时参与了一些对亚太地区现象的讨论，而我当时最担忧的事情就是中国大陆。假如中国大陆没有变化，假如儒学或儒家传统在中国大陆还是一个批判的对象，中国人对自己最重要的文化传统没有认同，还是认为它对于中国的文化发展、对于现代化的发展是个阻力的话，那么不管其他文化中国地区怎么发展儒学，这个发展力量总归是比较薄弱的，最关键的是儒学能不能和中国大陆的现代化接轨。

我1949年在昆明出生，后来在台湾长大，念完大学后到美国。我当时有一个忧虑，很多像我一样从事学术研究的台湾人也有这样的忧虑：也许我们这一生没有办法切身地了解到中国大陆的发展。这对从事传统研究的人来说是个很大的遗憾。但是我在1978年有了一次到大陆的机会，终于了解到一些。1978年，我和美国的一个海洋学的代表团到中国访问。在北京，他们安排让我做了一个报告，这个报告必须和海洋有关系。因为我对明代的历史也做过一些研究，就谈了谈郑和下西洋的历史意义。当时，北京地区的历史学会刚刚成立，由北京师范大学的何兹全先生主持，何先生现在刚好一百岁。我在报告中介绍了韦伯的一些观点，目的是想要批评经济决定论。经济决定论认为一个社会的发展最重要的是经济，经济改变以后政治制度的改变才有可能，文化的价值、文化的优越性才可能为大家所承认，所以经济是最重要的，经济不改变其他方面都不会改变。但韦伯提出的问题很值得大家参考，就是说精神价值在社会的发展中处在一个什么样的位置？他有这样一个比喻：一个社会的基本精神动向、基本的价值动向就相当于火车的轨道，经济相当于火车头，动力虽然来自火车头，而不是来自轨道，但火车的运动方向主要是由轨道决定的，也就是说，社会的发展与它的精神价值的取向关系非常大。为什么这些说法跟郑和下西洋有关系呢？1403年，也就是哥伦布发现美洲的八九十年前，中国的科学技术、航海技术和国家力量已经那么强大，可以一直航行到非洲的东岸，和中东世界也有往来，这样大的力量为什么不进一步地拓展？很多学者觉得太遗憾了。如果进一步地发展，中国绝对会成为海洋大国，中国成为海洋大国，就不可能出现鸦片战争这些情况。虽然这样的假设没有意义，但很多人在想象到这些可能性时都觉得非常地遗憾和不解。我用韦伯的观点来讨论这其中的原因。在当时中国的文化传统中，"不发展"是合理的，因为它的价值取向不在这方面，当时重要的是农业，重要的边防是西北，重要的知识分子都认为社会力量均不均衡是很重要的，而怎样把技术变成财富的问题远远不是关注的重点。中国在历史上很少靠占领别人的土地来发展自己，"占领"、"抢夺"这类观念在中国不强。尽管中国领土也有一个扩大的过程，但基本上是靠文化的同化力量完成的，大部分是和平的同化。所以中国有那么强的国势，而没有走上海洋大国的道路，这和中国的价值取向有很大的关系。所以说经济实力的背后，文化价值的导向作用是非常重要的。

　　1979年，我到中国进行学术交流大概一个月之后，我自己的视野有了非常大的转变。我认为，如果儒学的发展在中国大陆没有前途，那我们在海外的工作意义就非常渺小。所以1980年，通过美国的中美学术交流委员会，我就到北京师范大学住了整整一年。那一年，我和国内"文革"以后的三届大学生，我们叫77、78、79这三届，算是结了不解之缘。当时，我在师范大学有一个办公室，可以和少数几位学者一起交谈。经过那一段之后，我的感受非常深。我当时思考两个问题：第一，儒学复兴在中国有没有可能。第二，知识分子的文化自觉有没有可能。当时，我自己想这两个可能性都有，而且很肯定。多长的时间很难说，也许我这一生看不到，但是我觉得知识分子的文化自觉和儒学的复兴在中国大陆绝对可能。1985年，通过学术交流，我在北京大学上了一门课，这门课就是儒家哲学。我特别突出儒家哲学就是希望学者能够从学术思想的层面进一步发展儒学。西方的一些学者认为不可能，甚至印度、日本、韩国的学者也都不看好儒学的前景。但在和很多从事跨文化研究的学者进行交流后，我很坚信。大家想，犹太人在世界上大概只有不到两千万，但犹太文化的影响实在太大了，这种影响的根源就是教育。他们散布在世界各地，他们出了马克思，出了弗洛伊德，还出了很多其他重要的思想家，如爱因斯坦。在美国，他们现在在政治上的影响，在企业上的影响，在娱乐界的影响都非常大，就是因为他们的文化底蕴很厚，他们的文化传承很好，每一代都有创新，每一代都有大师大德，能够把文化做进一步地发展。当时，我在上这门课的时候，有一位朋友开玩笑，他说你知道吗，这课北大以前也有人上过？我问谁上过，什么时候？他说在1923年，梁漱溟上过这个课。我当时很惊讶，梁漱溟先生当时还没有过世，他已经80多了，我有机会去看他，也见过面，他说确实他上过这门课，但上了一次以后，因为某种原因他就再也不上了。

从1985年在北大上完课以后，我就参加了一个工作，新加坡有个东亚哲学研究所，专门从事儒学研究，为发展新加坡的儒学，他们从1982年开始专门建了个研究室，这对我是一个很大的震撼。从儒学的大传统来看，大家对儒学的批评都没有办法用在新加坡。比如说，以前大家认为儒学只在农业文明中才能发展，而新家坡没有农业；说儒学一定是保守的，一定是封闭的，一定是不能向外开放的，一定是强烈的特殊主义，新加坡都不是；认为儒学在中国的根基最深厚，在中国发展不好，也不可能在其他地区发展好，可是，新加坡的例子说明儒学可以在新加坡发展，可以在东南亚的华人社会发展。当然儒学也一直在日本、越南、韩国发展得很好。

有一位专门从事日本研究的美国学者，也是我很好的一位朋友，做过美国驻日的大使，在汉学和日本研究方面有突出的贡献，特别是在日本研究领域，是首屈一指的学者，这位学者英文名字叫做Edwin Oldfather Reischauer，中文名字是赖世和。他于1974年在《外交季刊》发表了一篇8页的文章，当时他要批评的是日本特殊论。因为当时包括东亚的很多学者都认为日本之所以能够发展，是因为日本抛弃了儒家传统，从明治维新以后日本全盘西化，所以日本的现代化成功了，而东亚其他国家西化程度不够，所以现代化不成功。日本在东亚国家中是个特例。那时是1974年，"四小龙"的观念还没有出现。赖世和的那篇文章就在批评日本特殊论，而他文章的题目也特别有意思，叫做《中国文化世界的透析》。他说假如日本成功和文化价值有关系，那么，日本的成功意味着其他地区也有成功的可能，他当时就举出四个地方，也就是韩国、台湾、香港、新加坡。他说，因为这四个地区拥有同样的文化资源，比如说团队精神、刻苦耐劳、执行力特别高、非常注重教育、人际关系厚重、政府力量非常强等很多很多例子，还有他也提到个人的修养问题，还有家族社会所起的积极作用等等，提出了很多观念。再后来，他的语言就更有针对性了。1974年是越南战争结束前的一年，他说假如越南的战火熄灭，那么越南也一定能取得很好的发展。最后，他还说了一句，中国大陆如果改变经济制度，也就是说基本改变计划经济，中国大陆也会起来。这是1974年赖世和的预测。从他的角度来看，儒教文化圈有种特别的发展模式，也可以说它可能在西方文明之外进行另一种方式的现代化。

我部分地认同赖世和的观点，就是说，现代化并不是只有西欧和美国这一个模式。现在这个模式受到了越来越多的挑战，很多地区，特别是"儒家文化圈"地区很好地处理了传统和现代化的兼容问题。这就好像即使在欧美国家，法国的现代化与法国的传统密切联系，美国的现代化也没有抛弃美国的传统，英国的现代化也保留着英国的传统特色一样。传统与现代化、现代性有着微妙复杂的关系，不能说现代化的过程就是传统的消亡，这两个方面可以说是在相互适应的过程中融合。在很多现代化程度很高的地区，传统不仅没有消亡，而且力量更大。日本是一个很好的例子，它的现代化过程带有很强的本土传统特征。现代化基本上是全球化的主要内容，在经济层面呈现出很明显的同质化特点，为什么？因为市场经济的力量特别大，资本、贸易、金融、旅游都成为全球性的行为，而负面影响，像疾病、暴力、吸毒，这些也都成为了全球普遍的现象。但是，我们应该注意，文化传统在现代化过程中不能简单地看作是一个被同质化的过程，而是一个多样化的过程。多元化意味着不同文化在全球现代化的过程中，对于自己文化的特性有特别的敏感。这中间比较明显的是族群的因素、种族的因素。不是因为想要现代化，我们就黑人不再做黑人，黄人不再做黄人，大家都去做白人，这不可能；中国人不再做中国人，日本人不再做日本人，大家都做美国人，这也不可能。我想到一个例子，美国的好莱坞一直千方百计想进入印度市场，可是印度人最能接受的仍然是自己传统的歌舞剧电影，当然，这些剧情也包括一些现代商业元素。这说明各个文化传统在经济同质化的环境下，反而会越加重视自己的文化特点，而且也应该更加注重自己的传统文化。

儒学作为一种重要的精神文明，在全球现代化过程中，特别是在中国大陆的现代化过程中，它有没有能够提供的资源，它的长处在哪里，它的短处在哪里，它应该如何进一步发展？我认为很值得思考。

从1978年我第一次回国到今年大概30年，也正好是30年改革开放。这30年的变化中，大家看到经济上的变化特别明显，随着经济的变化，政治和其他社会因素，包括民众心理上也有很大变化。从文化的变化来看，有个值得注意的现象，所有的公共知识分子——我用的"公共知识分子"是一个很简单的说法，就是比较关切政治，比较参与社会的，有"社会良知"的知识分子，每一位在座的，包括参加媒体工作的都可以扮演公共知识分子的角色，在政治、在新闻、在企业、在学术等等不同的社会组织、不同的社会运动中都可以发挥"社会良知"的作用——基本的共识是认为开发传统资源是好的，传统资源非常多，我们应该开发。媒体工作者特别对于传统的优秀资源能够保持敏感，能够用各种不同的方式介绍给普通大众。政府也有这个意愿，在世界各地发展孔子学院。学术界更明显，几乎现在没有一个大学没有国学院，没有儒学研究中心，没有中国文化研究中心。社会上还有儿童读经班，有各种书院的恢复，以及各种传统教育，甚至企业家的文化培训、传统文化讲座。企业界的培训我参加过几次，官员、媒体对这些都有兴趣，有人觉得这是把传统庸俗化，但我们应该从另一个侧面看到，社会的各个阶层是真的到了需要一点精神资源的时候了。这是文化发展的结果，这种现象让我很受鼓舞。

可是，尽管现在情况变好了，我还是有很深的忧虑。从鸦片战争到建国共110年，每十年都有很大的变化。对太平天国的镇压、一系列的不平等条约、甲午战争、义和团、八国联军、清朝的覆亡、军阀割据、国内战争，一直到1949才统一。另外，从1949—1978年这30年，先后又有朝鲜战争、大跃进、三年困难时期、"文革"。1978年之后的变化就更加频繁了。在这170年的时间里，中国的皇权、父权倒了，科举倒了，家族观念也倒了，四书五经和仁义礼智信也跟着倒了。取代这些价值的是洋务运动以后，影响不断加强的西方的器物、制度和价值观念。170年了，我认为只要是受过教育的华人，在我们的文化心理结构之中，积淀最厚的是西方文化，而且不一定是最健康的西方文化，而是包含西方文化中的很多复杂面向，从它非常深刻的价值一直到最浮面的现象，在我们的心理上都有很深厚的积淀，这使得我们很多人反传统的意愿非常强。这是不自觉的心理结构，特别是年纪越大的——越年轻反而意愿越淡——积累的意愿越强，比如六七十岁的这些老先生，不管他从事多精深的国学研究，成绩多么令世界所瞩目，但是他心灵内部对传统价值是否定的，而且他对传统的阴暗面有非常深刻的印象。另外，我们还有"革命传统"，有"反传统的传统"，这些文化因素都会通过各种途径在我们的心理上形成积淀，这种积淀是化学的积淀，不是一个地质学的积淀，也就是说，它们之间的互动非常复杂。因为非常复杂，所以我们对待传统文化时才会伴随着种种复杂的情绪，有悲愤的情绪、苦恼的情绪，有屈辱的情绪，有一争长短的情绪，也有强烈地希望中华民族能够在文化上再生的意愿。"五四"时期的知识分子就是抱着这些复杂的情感激烈地反对传统的一批人，像鲁迅、陈独秀、胡适，有些人更是主张全盘西化。这些第一流的知识分子，他们受过很好的传统教育，但是传统在西方文化面前是弱势的，出于强烈的爱国主义，他们选择了反对传统。这个情况非常奇特。我们简单地分析一下这种心理：我自己坚定地认为自己是一个中国人，原因是影响我最深刻、最久远的是这个民族文化中最核心的传统，但我认为它一无是处。然而，作为一个中国人，我一定要让自己民族的文化站起来，要把帝国主义或殖民主义打倒。这就使得强烈的爱国主义和强烈的反传统主义结合在一起。这样的心态影响到现在，目前还有很多人是持这种心态反对传统的，所以这是中国儒家传统发展要面临的一个问题。

当然，儒家在全球现代化发展的进程中要回应的挑战，最主要的是西方近代发展出来的启蒙心态，只要一句话就可以说明它的重要性：无论社会主义还是资本主义都是在启蒙心态下发展。市场经济、民主政治，或者现在大家要发展的信用社会，现在的大学、现在的媒体、现在的跨国公司、现在的官僚体系等等，现代社会的整个发展模式都是启蒙心态下的产物，所以它的影响力特别大。大概再过一个世纪，它的影响力也不太可能消失。

启蒙的核心价值是从近代欧洲开始发展的，它的内容包括自由、人权、理性，当然后来还衍生出民主、法治这样一些观念。我们多半认为这些核心价值就是普世价值，我们在"五四"时代开始提出的也是自由、人权，后来因为救亡图存，所以突出民主和科学。但是伴随着全球工业化的过程，后来启蒙精神受到越来越狭隘的理解，变成一种"启蒙心态"，而这种心态最核心的观念是把人狭隘地理解作"经济人"，因此，自由也被理解为个人中心主义，理性被理解成工具理性。现代社会的运转模式中到处存在这种"启蒙心态"的影响。我认为运用这一套价值应对人类21世纪的困境是不够的。什么原因呢？我们不能靠经济人的理论模型支配21世纪的人类发展，21世纪要用文化人代替经济人的观念，文化人比经济人具有更广阔的视野。

什么叫经济人？就是将人理解为一个由理性和利益驱动的动物。他了解自己的利益，他在相对自由的市场里利用自己的理性充分扩大他的利益，在不犯法的情况下实现利益最大化，这叫做经济人。经济人在一定程度上体现了很多启蒙精神最核心的价值，他体现了人权，体现了理性，体现了法治，体现了自由，体现了个人的尊严。所以严格地说，在市场经济的建构过程中，这些条件缺一不可。经济人所体现的这些价值就是我刚刚提到的西方"启蒙心态"的核心价值，可是它面对人类现在碰到的问题，比如生态环保的问题、文化多样性的问题、贫富不均的问题、各个民族文明对话的问题、核战争的问题、自然资源分配的问题——以前的资源是油，现在越来越了解除了油以外还有水、矿物，植物更不用说了——不仅不能提供什么解决思路，而且很大程度上正是这些问题出现的深层原因。

相比之下，儒家倒是有很多精神价值可能对问题的解决有所帮助。一种是同情，也就是儒家讲的"恻隐之心"。像不久前的汶川大地震，中国各方面的力量能够很快凝聚在一起，帮助灾区重建，这就像《礼记》里面讲的"天下为一家，中国为一人"，所以能够让全世界人受到这么大的震撼。另外，儒家思想中对"义"、"勇"等价值的强调，或者说对公义、正义、勇气、责任感等价值的强调也对现在这些困境的解决有所帮助。当然，我们要注意儒家思想中有许多价值可以和我前面提到的西方核心价值相互配合，不能只关注自己的价值，而把西方的核心价值消除掉。自由、理性、人权、个人的尊严等等，都是我们共有的价值。以前西方的媒体，也包括东亚的媒体犯了一个非常大的错误，这个错误是因为受到新加坡和马来西亚的影响，他们提出"亚洲价值"这个概念。亚洲价值为什么没有说服力？因为跟西方进行了一种不健康的对比，不健康的竞争。当时，东南亚的看法是西方讲人权，我们讲和谐、团结，我们走的是权威主义道路，不需要发展人权，这绝对是个大问题。人权是一个人作为人的尊严，儒家讲的为己之学，讲的就是人作为道德主体的尊严，所以绝对应该发展，现在世界几乎没有一个国家——即使是事实上违背人权的国家——不提倡人权。所以说，儒家的核心价值是可以和西方的核心价值进行对话的。

另外，如果把参照的视野扩大，就会发现，儒家一个非常核心的价值是和的价值，也就是和而不同的价值。但是"和"的内容非常复杂，比较难以理解，这是儒家传统的一个精华。在孔子之前，晏婴这位非常重要的政治家就提出这个问题。当时，齐侯认为他的一个臣子很听他的话，认为他们之间非常"和"。晏婴说，你们之间只是"同"，不是"和"。我告诉你什么叫"和"，"和"就好比烹调，煮一锅汤要用各种不同的佐料相互配合，慢慢地煲，才能有一锅美味的汤，假如你只有一种佐料绝对不能煲好汤，所以你刚刚所体现的不是和。同样，绘画要用各种不同的颜色才能绘好。我举一个例子，我母亲很喜欢绘画，她年轻的时候在庐山写生，在写生的时候没有办法把庐山的白颜色的瀑布画出来，用各种不同的白去描，没用，出不来。后来附近有一位画家，年纪比较长，她去求教。这位画家来了以后就把各种不同的颜色一下子画上去，我母亲当时非常地不高兴，你这样把我的这幅画弄坏了。不料，各个不同的颜色上去之后，那块白的颜色呈现出来了。所以绘画也要了解颜色与颜色之间的复杂关系，了解彼此的差异之后，才可能和谐地搭配它们。再来是大家最熟悉的音乐。其实"和谐"这个观念来自音乐，这点很值得注意。中国音乐的传统出现得非常早，所以听的艺术在中国的传统非常深厚。繁体汉字里面的"勉"字是耳朵旁加上一个口，所以繁体的"勉"字是注重听的。孔子说，五十而知天命，六十而耳顺，耳顺就是各种不同的声音听进去以后可以让它在心灵里面起一种共鸣，而不做一些不必要的预先判断。最早的关于乐器的记载是《尚书·尧典》里面提到的"八音"，也就是金、石、丝、竹、匏、土、革、木，这里面有弹拨乐器，有打击乐器，有吹奏乐器，正因为有那么多种不同的乐器才能奏出和谐悦耳的音乐。

所以，儒家的"和"意味着承认差异性是健康的，不仅是健康的，而且差异性是"和谐"的必要条件，同时差异的存在又以达到"和"为目标。这种以差异性为基础的"和"在最终极的意义上就是儒家的"大同"理想。儒家尊重每一个人的差异性，但明白这种差异后，我们还要再"推己及人"。如果你不往外推，就变成狭隘的个人主义，推扩到家庭就能够使得家庭和谐；如果只是到家庭，那又容易成为一种狭隘的家族主义，你必须再向外推；如果推得不远又容易衍生狭隘的地域主义、国家主义或者民族主义，甚至人类中心主义也是一种狭隘的偏见，因为儒家走的这条路是天人合一的路，是人和自然的和谐，是人与天地万物为一体的。所以，在儒家看来，儒者既要"修身、齐家、治国、平天下"，但又不能停留在任何一点上，变成个人主义、家族主义、民族主义和人类中心主义，而是要以"仁者与天地万物为一体"为最终目标。

理论的落实总是会面临很多错综复杂的实际困难，常常会因为理解上的种种偏差或者欠缺将理论的优点变成弱点，这种情况在很多理论的实践中都出现过。所以对当前儒家的发展，我的建议是先要做到尽量准确地理解。我自己也一直在做这样的工作。现在很多人对我说，杜先生，你到各个地方去宣传儒学、弘扬儒学，对儒学的推广做出了很大的贡献，你是儒学的扬声器。我不敢把这些说法当作称赞，而且常常会因此感到忧虑。因为我的目的不是要把儒学当作某种"主义"去"宣传"，也不愿意做儒学的扬声器。这不仅是因为儒学本身可能存在一些缺陷，宣传越广，实际影响越坏；而且还因为个人的理解总是会有很多偏向或误区，一心想要"宣传"的话，可能宣传的都是个人的偏见或者误解。所以，我觉得对待一种理论，首先要做的是理解，如果它真的有思想深度，那么我们可以用它的资源来发展创建性的哲学思想。理解的工作非做不可。我说的"理解"不仅是小部分学者在书斋里完成的那种理解，而且需要太多的社会力量一起完成。因为一种能够成为社会共识的理论必须既有学理的支撑，也有社会的支撑。每个人有每个人的社会角色，每个人有每个人的缺陷，每个人有每个人的长处，每个人有每个人的抱负，每个人有每个人的成功之道，这都可以成为理解儒学的不同思路，而且也都可以一定程度上丰富和发展儒学。有了这样的理解作为基础，我们才可以对自己民族的儒家传统做出自己的定义。今天能为这项工作出力最大的就是我刚刚提到的公共知识分子。当然，传媒工作者可以做出很大的贡献。因为在信息社会，传媒技术可以更好地传播思想。但我认为，这只是一个表面，一个伟大的民族如果要进一步发展还需要有更深刻的东西。什么叫做深刻的东西？就是一个民族的核心价值，而且这种核心价值必须成为内在的价值，不是外在的价值。外在的价值和内在的价值最大的不同是，外在价值大概明眼人特别是新闻记者一眼就能看破，你如果宣传"和"，自己却不和，那这种宣传会有很大的说服力吗？不可能。所以在社会上起真正的、长远的、深刻的影响力的价值才是内在价值。传媒界对两个方面也可以区分对待，比如美国电视的商业广告宣扬的大多是外在价值，但是美国也有一些电视节目，每个星期围绕一个问题做一个小时的讨论，这些讨论非常深刻，一般人绝对没兴趣，但是它成为一个传统对塑造美国知识分子的素质做出了很大的贡献。法国和德国也有这种方式。

所以，现在儒学发展中最重要的工作是正确地理解，以便发展出我们自己民族内在的核心价值。如果只是宣传一些自己既不认同也不实践的口号，恐怕人家也不相信你有什么真正的文化底蕴或者思想传统，而且你自己将来进一步发展的可能性恐怕也会受到限制。

所以，我们必须有更深刻的自知之明，来面向世界、调整自己。在中华民族腾飞的过程中间，经济力量的重要性是毫无疑问的，法律制度建构也很重要，政治因素的影响力也很大。但是我们怎样对自己进行文化上的定位呢？我们的文化认同是中华民族精神重要的组成部分，怎样形成文化认同？我认为，这个认同至少有三个基本条件：第一个是开放，所谓开放就是要真正地避免狭隘的民族主义——这个非常难，尤其是受到那么多年的屈辱——一种深刻的开放需要有理解其他民族文化的诚意；第二个，开放必然意味着多元，所谓多元我认为应向各种不同的民族、各种不同的社会进行参照，不仅要容忍，而且要互相尊重、互相参照、互相学习；第三个，自我反思的能力，在理解他人的基础上反省自己。在场的媒体很大程度上就扮演这样一个角色。媒体是社会的信息传播系统，更应该是社会的反馈系统。不仅是要通过报道使人知道他们本不知道的事情，而且通过这种报道我们也应该意识到怎样在报道中体现民族应有的核心价值。

中国古代儒家思想与政治统治

罗国杰

罗国杰，河南内乡县人。1928年1月生，中国人民大学教授，历任伦理学教研室主任、哲学系主任及中国人民大学副校长等职；现任教育部社会科学委员会副主任委员、中国人民大学伦理学与道德建设研究中心学术委员会主任。曾任国务院学位委员会第二、三届哲学学科评议组成员，第四届哲学学科评议组召集人；中国伦理学会第一届副会长、第二、三、四届会长，并曾任中国家庭教育学会副会长等职。

长期从事伦理学和思想道德教育的教学和研究工作。

主要著作有《罗国杰文集》、《罗国杰自选集》、《以德治国与公民道德建设》、《道德教育与价值导向》、《中国人民大学名家文丛·罗国杰自选集》等；主编有《马克思主义伦理学》、《伦理学》、《中国传统道德》、《中国革命道德》、《伦理学百科全书》、《中国伦理思想史》、《道德建设论》、《思想道德修养》、《人生的理论与实践》、《树立正确的世界观、人生观、价值观》等二十多部；合编有《伦理学教程》、《西方伦理思想史》。

中国古代儒家思想，发端于春秋末年的孔子（公元前551—前479），经过孟子（约公元前372—前289）的继承发展，形成了以孔孟思想为体系的一个学派。孟子之后，战国末年的荀子，是先秦诸子的集大成者，他在批判各家的同时，又进一步对这一思想加以发挥，使其具有了更为丰富的内容。汉代以降，儒学成为统治阶级所推崇的意识形态中的一个重要内容。宋明时期，这一思想又经过程颢（1032—1085）、程颐（1032—1107）、张载（1020—1077）、朱熹（1130—1200）、陆象山（1139—1193）、王阳明（1472—1528）等人的发展，从而成为在理论上更加深刻、体系上更加完备、方法上更加周密的一个学派。儒家思想在中国历史上起着极为重要的作用。

在中国古代传统思想中，有着众多的学派，儒、墨、道、法，是其中最著名的四大学派，儒家又有着独特的地位。春秋战国时期，儒家和墨家都曾被称为显学，即被称为在社会上有显著影响的学派，但墨家到后来，简直可以说是销声匿迹了；法家的学说，在当时的晋国和秦国，都很受重视，秦国从秦孝公开始，经过六代国君的努力，终于统一了中国，从意识形态的指导思想来看，法家的思想起了重要的作用；至于道家，它在长达两千多年的历史中，始终都有其特殊的影响。为什么其他三个学派，都没有儒家那么大的影响呢？其中的原因当然是很多的，我们可以举出很多，但我认为，其中最重要的原因有四个：一是儒家在产生、形成和发展的过程中，继承和发展了西周的政治哲学、世界观和道德思想，从某种意义上可以说，在孔子以前，儒家思想的主要内容，就已经在当时的社会上存在了；二是中国古代社会在社会结构方面，家与国之间的特殊联系，形成一种伦理政治，儒家思想在根本上适应、反映并体现了中国社会的这一特点；三是儒家学者始终都强调学术思想必须与政治结合，力求使自己的思想和理论，能够经世致用，为当时社会的政治和经济服务；四是它强调了道德在人类社会生活中的重要作用，把道德视为维护国家安定、保持人际和谐、提高人的素质、完善人类社会的重要力量。从一定意义上，儒家认为，人和禽兽的区别，就在于禽兽没有道德，而人有道德。在研究和分析中国古代各个学派的时候，必须要考虑儒家所特有的这种情况。

墨家作为一个学派，也很重视理论和现实生活的结合，力求为人民大众的利益做出自己的贡献。为什么墨家在长达两千多年的历史时期内，始终没有受到统治者的重视呢？原因当然也是很多的，但主要的可能是两个：一个是他们提出的纲领有些超出了当时社会实际发展的可能；另一个是，他们对道德的作用，还强调得不够。法家作为一个学派，同儒家一样，是非常强调同政治相结合的，它极力主张革新和变法，力求富国和强兵，但由于它完全否认了道德的功用，在历史上被称为一个非道德主义的学派，在秦代以后，也就失去了它原有的地位。

儒家思想产生的一个重要原因，就是它适应当时社会发展的需要，为了"救时之弊"、"忧世之乱"而提出的治国安邦、济世救民之良方。由于它特别强调道德教育和道德感化的作用，因此，在国家处于战争、动荡、革命和混乱之时，总是不可能得到重视，甚至要受到各种各样的非难和嘲笑，往往被视为迂阔之见而不被那些注重功利的政治家们所采用。但是，在国家安定和社会处于和平发展的时期，在需要加强道德教育和提高人的素质的时期，就常常受到统治阶级的重视。

儒家思想最突出的特点，是它特别强调道德精神，即所谓"仁"，它希望通过每个人的自觉努力，做到"仁者爱人"。儒家认为，一个人生活在社会中，最高的人生追求，就是要成为一个具有"仁"这种道德品质的"圣人"。在儒家看来，为学的目的，就是要提高自己的德性，学做一个有道德的人。儒家思想强调，社会应当明确而详细地规定各种政治、法律制度和道德规范，并以此来约束人的行为，这就是儒家所强调的"礼"。各种礼仪规范，都渗透着一种强烈的伦理道德要求，从而为维护当时的政治制度服务。因此，社会生活中的每个人，都应当消除自己头脑中不符合"礼"的错误思想，以达到"仁"的境界，这就是孔子所说的"克己复礼为仁"。儒家思想是一种为政治服务的伦理思想，又是一种伦理思想同政治的紧密结合。伦理政治化，政治伦理化，是儒家思想区别于其他学派的一个显著特点，也是儒家思想之所以能够在很长历史时期内成为统治阶级意识形态的一个根本原因。

儒家思想是在历史的长河之中，不断发展变化的。先秦是儒家思想发生、形成的时期，汉代是儒家思想进一步发展和完善的时期，尤其是在伦理政治化方面，得到了进一步的发展。宋明时期，由于封建社会日趋走向衰落，国家经常处于患难之中，政府腐败情况不断加剧，儒家思想也随着走向极端和片面。为了维护封建王朝的统治，"三纲"的思想不断地加以强化，愚忠愚孝的思想也随之发展。

一、儒家思想的核心和内容

中国古代儒家思想的核心和内容，究竟应当怎样来概括，自古以来，学者们都有不同的看法，有的学者认为儒家思想的核心的是"仁"，有的学者认为儒家思想的核心是"礼"。至于说儒家思想的内容，学者们的意见就更多了。我个人认为，对于儒家思想的核心和内容，可以概括为五个方面：

1. 仁爱思想

孔子强调"仁"，认为仁者应当爱人。在人和人的相处中，他提出"反求诸己"和"能近取譬"的思想。他从所有的人都是同一个"类"的思想出发，主张人和人之间应当相爱。孔子认为，判断一个人有无道德或道德觉悟的高低，最重要的标准，就是看他能不能"爱人"。《论语》中记载："樊迟问仁，子曰：爱人"，这是孔子对"仁"所作的既重要又深刻的解释。从《论语》中有关"仁"的大量论述来看(据统计，在《论语》一书中，提到"仁"字的地方，就有104次)，最能代表孔子"爱人"思想的，就是《论语》中的四段话："己所不欲，勿施于人"、"己欲立而立人，己欲达而达人"、"吾不欲人之加诸我也，吾亦无欲加诸人"、"能行五者(恭、宽、信、敏、惠)于天下为仁矣"。我们把这四段话联系起来，就可以理解孔子所说的"仁"的主要意义。在这里，孔子把"仁"看作是一种最高的道德准则和道德品质。"爱人"就要设身处地为他人着想，就要拿自己作比喻。凡是自己不愿意的事，就不要加到别人的头上；凡是自己所希望能够有的，也要使别人能够有；自己所希望能够达到的，也要设法使别人达到。对一个统治者来说，就是要尽量地设法来满足人民的需要，要"因民之所利而利之"，即根据实际的情况，根据可能，使老百姓富裕起来，就是要"惠民"，要使人民得到实际的恩惠。孔子不但把"己所不欲，勿施于人"当作"爱人"的一个重要内容，而且还强调它的方法论意义，即把"己所不欲，勿施于人"当作一种人和人之间相处的根本方法，即他所说的"为仁之方"。孔子为什么要强调这一"为仁之方"呢？因为孔子认为，他所提出的这些有关"仁"的原则，应当成为一个有道德的人的一切思想和行为的动机、出发点和达到目的的手段。从另一方面来说，只要能从这些原则出发，一个人的行为，也就必然会合乎道德的要求了。

尽管在当时的社会中，奴隶主阶级不可能真正地去爱奴隶阶级，孔子和当时的贵族也不可能像对待奴隶主那样去对待奴隶，但"爱人"

这一思想的提出，或多或少反映了他对劳动人民的一种宽厚的思想，在当时和以后封建社会中，都有积极的意义。孔子的这一思想，经过孟子的发展，成了较系统的民本思想。

孟子进一步提出了所谓"民贵君轻"的思想，强调了不但人和人之间要相爱，而且作为统治者，更重要的是要爱民，即要爱护老百姓，否则，老百姓就会反对统治者，社会也就不可能得到稳定。孟子认为，一个统治者，要想使国家富强、保持自己统治的巩固，就必须要得"民心"。他说："桀、纣之失天下也，失其民也；失其民者，失其心也。得天下有道：得其民，斯得天下矣；得其民有道：得其心，斯得民矣；得其心有道：所欲与之聚之，所恶勿施尔也。民之归仁也，犹水之就下、兽之走圹也。故为渊驱鱼者，獭也；为丛驱爵者，鹯也；为汤武驱民者，桀与纣也。今天下之君有好仁者，则诸侯皆为之驱矣。虽欲无王，不可得已。"（《孟子·离娄上》）孟子又说："三代之得天下也以仁，其失天下也以不仁。国之所以废兴存亡者亦然。天子不仁，不保四海；诸侯不仁，不保社稷；卿大夫不仁，不保宗庙；士庶不仁，不保四体。今恶死亡而乐不仁，是犹恶醉而强酒。"（《孟子·离娄上》）

孟子认为，一个统治者，最重要的就是要得民心，而为了得民心就必须要有爱民的思想，因为，在他看来，统治者只要有了爱民的思想，他就能够尽量去满足老百姓的要求，老百姓想要的，他就会使他们得到；老百姓厌恶的，就决不加给他们。孟子认为，这一"爱民"思想有着十分广泛和普遍的意义，它不但对于天子、诸侯等上层统治者是必要的，就是对于士大夫和老百姓来说，也都是有重要意义的。总之，我们可以看到，孟子在强调"爱人"是人和人之间的一个重要的道德原则的同时，又着重强调了"爱人"作为一个道德要求，对于统治者来说所具有的更为重要的意义。

荀子是春秋战国时期儒家思想的集大成者，他对儒家的"爱人"思想，也作了新的发展。荀子继承了孔子的思想，进一步更加明确地从"类"的高度来看待"人"所具有的特性。他说："水火有气而无生，草木有生而无知，禽兽有知而无义。人有气、有生、有知，亦且有义。故最为天下贵也。"又说："人，力不若牛，走不若马，而牛马为用，何也？曰：人能群，彼不能群也。人何以能群？曰分。分何以能行？曰义。故义以分则和，和则一，一则多力，多力则强，强则胜物。"（《荀子·王制》）因此，荀子强调人和人之间，应当保持相互之间的和谐。但是，荀子又看到："人生而有欲，欲而不得，则不能无求。求而无度量分界，则不能不争。争则乱，乱则穷。"（《荀子·礼论》）怎样才能克服或者避免这种情况发生，并保证人和人之间的和谐呢？荀子特别强调了"礼"的作用。荀子认为，礼能够"养人之欲，给人之求"，每个人都要根据礼的要求和按照礼的规定，限制自己的欲望，想到在追求和满足自己的欲望时，还要想到别人的欲望，从而保持社会的稳定。与此同时，荀子在他所写的《富国篇》中，还着重强调了发展生产和改善直接生产者的生活的重要。

宋明时期，张载把儒家的"爱人"思想，又作了更广泛的解释，使儒家的这一思想，达到了一个新的高度。张载在他的《正蒙》中有一段话，虽然比较长，但是很重要，我们把它引在下面："乾称父，坤称母；予兹藐焉，乃混然中处。故天地之塞，吾其体；天地之帅，吾其性。民吾同胞，物吾与也。大君者，吾父母之宗子；其大臣，宗子之家相也。尊高年，所以长其长；慈孤弱，所以幼吾幼。圣其合德，贤其秀也。凡天下疲癃残疾、孤独鳏寡，皆吾兄弟之颠连而无告者也。"（《张子正蒙·西铭》）

这段话的意思是很深刻的。它的意思是说：乾坤就是人的父母，人禀气于天，赋形于地，在天地之中生活，是非常渺小的。我们人的身体，就是由天地之间的可象之气构成的，我们每个人的人性，就是由天地之间的清通之神构成的。既然，一切人都是由天地这一共同的父母所生的，因此，所有的人，彼此都是亲兄弟；世界上的其他万物，都是人类的同伴和朋友。帝王和国君，是我们所有人的共同父母（天和地）的长子，他们的大臣是天地的长子家里的总管家，他们和所有的人也都是亲兄弟的关系。对于天下所有的年老人，我们都要尊敬，就如同尊敬我们自己家中的年长的人那样去尊敬；对天下所有的孤弱的人，我们都要慈爱，就如同我们对自己家中一切幼小的人那样去慈爱。社会中具有高尚道德的圣人，是与天地的道德相合的，一切有才、有德的贤能的人，都是我们兄弟中的优秀的人才。所有那些疲癃残疾、孤独鳏寡的人，都是我们兄弟中的颠连困苦而无处告诉的人，我们都应当对他们给予最大的关心和爱护。张载提出的"民吾同胞，物吾与也"的思想，是对儒家"爱人"思想的一个重大的发展，受到宋代以后思想家们的推崇，在中国哲学思想和伦理思想史上，产生了十分重要的影响。

2．强调整体精神

在过去很长时期内，对于儒家思想的概括，往往忽视了蕴涵于儒家思想中的这一重要精神。从孔丘开始，在儒家思想中，国家利益、社会利益、民族利益和整体利益，都占有着特殊重要的地位。孔子认为，达到"仁"的唯一条件就是"克己复礼"，即克制自己一切不符合"礼"的思想和行为。《论语》中记载："颜渊问仁。子曰：'克己复礼为仁，一日克己复礼，天下归仁焉。'……请问其目。孔子曰'非礼勿视、非礼勿听、非礼勿言、非礼勿动。'"他对他的儿子特别强调"不学礼，无以立"，充分肯定了"礼"的重要。孔子说："古也有志，克己复礼，仁也。"

在古代思想中，"礼"的内容很广泛，主要包括三个方面，即国家的政治制度的要求、法律准则的约束以及伦理道德的规范，一言以蔽之，"礼"代表着国家的利益、整体的利益、民族的利益和社会的利益。《左传》引君子的话说："礼，经国家、定社稷、序民人、利后嗣者也。"（隐公十一年）"夫礼，天之经也，地之义也，民之行也。"（昭公二十五年）强调"礼不行，则上下昏，何以长世？"（僖公十一年）儒家在"礼"之外，又强调"义"，把"义"看作是与个人的"私利"相对立的公共利益。在个人对他人、对社会的关系上，儒家强调"义以为上"、"先义后利"，主张"见得思义"、"见利思义"，反对"见利忘义"、"以私废公"。孔子说："君子喻于义、小人喻于利"，并不是把"君子"和"小人"看成是固定不变的两种相互对立的人格模式，而是提出了一种判断"君子"和"小人"的评价标准。如果"喻"于"私利"并按照是否能满足"私利"去行事，就会成为一个没有道德的"小人"；相反，如果能够"喻"于义，并按照义去行事，就会成为一个有道德的"君子"。在这里，"义"主要是指整体利益，"利"主要是指个人的自私自利。早在《尚书》中就提倡"以公灭私"，《春秋左氏传》中多次把"忠"和"公"联系起来，提出："公家之利，知无不为，忠也"、"临患不忘国，忠也"。汉代初年的思想家贾谊又进一步提出"国而忘家，公而忘私，利不苟就，害不苟去，唯义所在。"宋代以后，儒家所强调的义利之辩，也同样是要强调国家利益、社会利益的重要，认为义利之辩的实质，就是公私之辩。朱熹认为"君子小人趋向不同，公私之间而已。"（《四书章句集注·论语集注》）

早在春秋末期，孔子针对当时的社会动荡的情况，极力强调中央集权对一个社会的稳定和经济的发展，有着重要的意义。当然，从历史发展的观点来看，确实，他是站在保守方面的，是为了维护已经处于没落地位的奴隶社会服务的。但是，在今天，对于孔子的这些论述，我们还应当以历史唯物主义的方法，进行辩证的分析。在《论语·八佾》中，有两段孔子的话，是有关维护天子和当时的国家统治的，在过去，我们多是从批判的方面，给予了全面的否定，这种否定和批判，应当说，基本上是正确的，但是，今天看来，我觉得，还应当看到它的另外一个方面。《论语》中记载"孔子谓季氏'八佾舞于庭，是可忍也，孰不可忍也。'"孔子还针对当时"三家者以'雍'彻"的情况说"'相维辟公，天子穆穆'，奚取于三家之堂?"在这里，我们可以看到，孔子的正统思想和维护统治阶级的利益的立场是坚定的，他坚决反对各个诸侯国以下犯上的僭越行为，其中包含着孔子所一直强调的维护国家的整体利益的思想。什么是"八佾舞于庭"，为什么孔子对季氏这件事那么生气呢? 季氏在当时，只是周王朝统治下的一个诸侯国中的大夫，爵位是很低的。根据当时的"礼"的规定，天子用八佾(佾是舞的行列，八佾就是一共八行，每行八人，共六十四人)，诸侯用六佾，大夫则只能用四佾。孔子认为，季氏的做法，表明了他的僭越思想和行为，发展下去，就会犯上作乱，造成社会的混乱和国家的动荡，这是对社会和国家的最大的危害，所以孔子知道了这件事以后，非常生气，说这样的事季氏都能忍心做出来，还有什么事他不能狠心做出来呢? 什么是"三家者以'雍'彻"呢? 孔子所指的三家，是指当时鲁国的大夫孟孙、叔孙、季孙三家。根据礼的规定，"雍"的音乐，是只能在天子举行祭礼的时候用的。孔子说，他们三家在举行祭礼完毕的时候，也叫乐工唱"雍"的诗，而这首诗所唱的内容则是"四方的诸侯都来助祭，天子严肃地在那里主祭"，这三家奏这样的乐，到底是什么意思呢? 当然，在孔子看来，这是大逆不道的。在《论语·季氏》中，孔子又从另一个方面，论述了他的这一观点。他说："天下有道，则礼乐征伐自天子出; 天下无道，则礼乐征伐自诸侯出。自诸侯出，盖十世希不失矣; 自大夫出，五世希不失矣; 陪臣执国命，三世希不失矣。天下有道，则政不在大夫。天下有道，则庶人不议。"孔子发了这么大的议论，究竟说的是什么意思呢? 孔子所说的"道"的意义和内容是很广泛的，这里，主要指的是一个社会的统治秩序，如果一个社会的统治秩序得到巩固，孔子就认为是天下有道，否则，就是天下无道。那么，判断一个社会是否巩固的标准是什么? 孔子认为，一个很重要的标准就是看它的中央政府的权威，看它的政令能不能在全国得到贯彻。如果周天子的大权旁落到诸侯国的国君的手上，大概经过十代很少有不垮台的；如果是落到诸侯国的大夫的手上，那么经过五世很少有不垮台的；如果落在大夫的家臣的手里，经过三代很少有不垮台的。所以孔子说，"天下有道"，国家政权就不能落在各个诸侯国的手里。由此可见，孔子强调，为了保持社会的安定，为了维护一个社会的统治秩序，加强中央领导的权威，是非常重要的。当然，我们应当用马克思主义的历史唯物主义来分析这个问题，孔子所要维护的是奴隶主阶级的统治，他所说的中央集权，是一种剥削阶级对被剥削阶级的压迫和统治，这是应当彻底否定的。但是，孔子思想中的这一精神，对中国社会的发展是有重要影响的，对它在历史上所起的作用，也要作辩证的分析。在今天，国家政权和中央领导的权威，是建立在广泛的人民大众的民主和自由的基础之上的，这是我们必须认识清楚的。

儒家的整体主义思想，对弘扬中华民族的爱国主义，起了重要作用。从孟子的"杀身成仁"、"舍生取义"，到范仲淹的"先天下之忧而忧，后天下之乐而乐"，直到顾炎武的"天下兴亡、匹夫有责"和林则徐的"苟利天下生死以，岂因祸福避趋之"，都可以说是从中国古代儒家的整体主义出发的。

3．提倡人伦价值

儒家强调每个人在社会人伦关系中的地位及其所应有的义务与权利。人在社会生活中，必然会发生各种不同的关系，因此，就必须要有各种不同的规范来调节人们的各种不同的关系。中国传统伦理道德的一个重要的特点，就是它非常重视每个人在人伦关系中的地位及其价值，强调每个人都必须要根据规范的要求，来尽自己应尽的责任。我们可以看到，早在《尚书》中就提出了"五教"的思想。根据《尚书·舜典》中的记载，在当时，"五教"已经成为社会上人们公认的五条重要的道德规范。据说，舜在未继承尧的帝位以前，就非常注意自己的道德修养，涵养"父义"、"母慈"、"兄友"、"弟恭"、"子孝"这五种人伦要求。后来，他继承了帝位，就委派当时一个叫契的人为掌管教育的司徒，并且对契说："契，百姓不亲，五品不逊。汝作司徒，敬敷五教，在宽。"这意思是说，在老百姓中间，父母兄弟子女之间都不和顺，现在让你去作司徒，要认真地进行五种教育，要注意对他们宽厚。这里所说的五种教育，就是"父义、母慈、兄友、弟恭、子孝"。在《左传·文公十八年传》中，季文子引臧文仲之言，使史克告曰："高辛氏举八元，使布五教于四方：父义、母慈、兄友、弟恭、子孝，谓之五教。"在《左传·昭公二十六年》中记载了齐国的晏子同齐侯的一段对话，晏子告诉齐侯说："礼之可以为国也久矣，与天地并。君令、臣共、父慈、子孝、兄爱、弟敬、夫和、妻柔、姑慈、妇听，礼也。君令而不违，臣共而不贰，父慈而教，子孝而箴；兄爱而友，弟敬而顺，夫和而义，妻柔而正；姑慈而从，妇听而婉：礼之善物也。"在这段话中，晏子对中国古代的道德规范"十义"，作了一个更为全面的解释。

孔子继承了春秋以前关于五教的思想，在上述这些关系中，孔子尤其重视父子关系和君臣关系在各种人伦关系中的地位和作用。《论语》中记载，当齐景公问孔子如何治理国家时，孔子回答说："君君、臣臣、父父、子子"。这就是说，要想治理好一个国家，首先要做到，做国君的要像个做国君的样子，做臣子的要像个做臣子的样子，做父亲的要像个做父亲的样子，做儿子的要像个做儿子的样子，如果君臣父子都能够履行自己在人伦关系中所应尽的责任，那么，国家也就自然可以治理得很好了。孔子特别重视"孝"，把"孝顺父母"看作是人和人一切关系的出发点，从而达到维护封建社会的整体利益和国家利益的目的。正是从这一要求出发，"孝"被称为一切道德的根本，是所有教化的出发点。《论语》开宗明义第一章就提出："其为人也孝悌，而好犯上者，鲜矣，不好犯上；而好作乱者未之有也。君子务本，本立而道生。孝悌也者，其为仁之本欤！"（《论语·学而》）孔子认为，对父母不但要养，而且要敬。他说："今之孝者，是谓能养。至于犬马，皆能有养，不敬何以别乎?"(《论语·为政》)儒家强调"孝子之有深爱者必有和气，有和气者必有愉色，有愉色者必有婉容。"(《礼记·祭义》)儒家思想认为，可以从一个人对待父母的态度，来推断他对待国家、民族的态度，只有对自己的父母孝顺，才能够对国家忠诚。如果对抚育自己的父母都不能爱，又怎样希望他去爱国家、爱民族呢? 所谓"求忠臣于孝子之门"，也正是从这一前提出发的。到了战国时期，孟子根据当时社会中的人伦关系的新的情况，也概括为五个大的方面，并提出了处理关系的准则，即"父子有亲、君臣有义、夫妇有别、长幼有序、朋友有信"。孟子所提出的这五种人伦关系，包括了父子、君臣、夫妇、长幼、朋友之间的相互关系，并提出了处理这五种关系的五个不同的原则。父子有亲，是说父母对子女应当慈爱，子女对父母应当孝敬；君臣有义，是说国君对臣子有礼，臣子对国君应当尽忠；夫妇有别，是说丈夫应当主管外面的大事，妻子只应管理家内的事情；长幼有序，是说年长的应当在前面，年幼的应当有秩序地在后面；朋友有信，是说朋友之间，相互要诚实守信。孟子所概括的这五种人伦关系，基本上反映了当时人际关系的实际情况，他所提出的处理这五种关系的五个原则，对于调整当时的人和人之间的各种关系，是有利的。正因为如此，它在历史上受到人们的重视，并且发生着重要的影响。汉代以后，思想家们为了更好地调整不断变化着的人际关系，相继提出了一些新的原则，如董仲舒提出了"仁、义、礼、智、信"五常，宋代的思想家们又提出了所谓"忠、孝、节、义"四大德目等，并不断强化在人伦关系中每个人的责任，强调人伦价值的重要意义。

4. 追求精神境界和理想人格

追求精神境界，向往理想人格，是儒家思想的一个重要内容。孔子主张，在物质生活基本满足的情况下，把追求崇高的理想人格，作为人生诸种需求中一种高层次的需求。他甚至认为，即便在物质生活条件极端困苦的情况下，只要抱有一种高尚的追求，仍然可以生活得乐观愉快、奋发有为。他认为他的学生颜回，就具有了这种境界。他说："贤哉，回也！一箪食，一瓢饮，在陋巷，人不堪其忧，回也不改其乐。贤哉，回也！"（《论语·雍也》）孔子谈到他自己时也说："饭疏食，饮水，曲肱而枕之，乐亦在其中矣。不义而富且贵，于我如浮云。"（《论语·述而》）这里的意思是，由于孔子已经具有了一种崇高的人生追求，所以尽管是只能吃粗粮、喝白开水，穷得睡觉时弯着胳膊当枕头，在这样的生活中也是有很大乐趣的；相反，对于那些用不正当的手段所得到的富贵，对孔子来说，就像天空中的浮云一样，不会去理会它。叶公问孔子的学生子路，怎样评价孔子的为人，子路不知道怎样回答。孔子知道后对子路说：你为什么不这样说：他的为人，可以说是，为了追求一个崇高的理想，经常发奋得忘记了吃饭，高兴得忘记了忧愁，连快要老了都不知道，他就是这样一个人啊！"其为人也，发愤忘食，乐以忘忧，不知老之将至云尔。"（《论语·述而》）正因为孔子自己有这种精神，所以他也能特别称赞颜回的这种精神。宋代的儒学家程颢、程颐在教导他们的学生时，还特别要他们寻找和体会，为什么在艰苦的条件下，孔子和颜回会有这样的快乐，这就是儒家所说的"孔颜之乐"。儒家所强调的这种对崇高理想人格的追求，又往往成为实现"杀身成仁"、"舍生取义"、无私奉献、勇于牺牲和爱国爱民的精神支柱。从《论语》中所强调的孔、颜之乐，到《孟子》中的"忧乐天下"和"富贵不能淫、贫贱不能移、威武不能屈"以及"唯义所在"，就是这种追求在人生中的体现。儒家所提倡的这种对崇高理想人格的追求，又总是同"自强不息"、"刚健有为"、"愤发图强"、"知其不可而为之"的人生态度联系在一起的。尽管这种崇高的追求，对一般人来说，并不能"一蹴而就"，甚至很难达到，但是儒家强调，即使是"虽不能至"，仍然要抱着"心向往之"的执著追求，持之以恒地不断努力。

在追求精神境界和理想人格方面，孟子提出了"天爵"和"人爵"的不同。孟子说："有天爵者，有人爵者。仁义忠信，乐善不倦，此天爵也。公卿大夫，此人爵也。"（《孟子·告子上》）孟子所说的"天爵"，就是由一个人的道德行为、道德品质在人民群众中所自然形成的一种道德"爵位"，这是一种最高尚的"爵位"，是一个人的人格价值的最高体现。他所说的"人爵"，就是他在社会上所获得的政治爵位，它只能由别人所给予而又随时可能被别人所罢去的一种职位，所以它同一个人的人格价值并无必然的联系。针对当时社会中的一些人只知道追求权势而不要道德的情况，孟子又说："古之人，修其天爵，而人爵从之；今之人，修其天爵，以要人爵，既得人爵而弃其天爵，则惑之甚者也，终亦必亡而已矣。"孟子认为，古时候的人，修养自己的道德爵位，政治爵位也就随着来了；现今的人修养自己的道德爵位，却是为了追求自己的政治爵位，而一旦获得了官场中的政治爵位，也就把道德爵位抛弃了，这是一种非常糊涂的想法，其结果是连自己的政治爵位也不能保住。他还提出了所谓"良贵"的思想。他认为，一个人在一生中，一定会有许多追求，其中最值得追求的，并不是权力和爵位，而是自己的道德人格。他说："欲贵者，人之同心也。人人有贵于己者，弗思耳。人之所贵者，非良贵也。赵孟之所贵，赵孟能贱之。"（《孟子·告子上》）孟子认为，追求富贵是所有的人的共同愿望，这是大家都承认的。但是，对每一个人来说，都有一个对自己来说最贵重、最值得追求的东西，但这却是许多人所不曾仔细考虑的。孟子提出，这个最值得追求的东西就是他所说的"良贵"。"贵"，在中国古代有贵重和值得追求的意思，用今天的话来说，就是有"价值"。因此，所谓"良贵"，就是最有价值、最值得人们追求的东西。这个东西是什么呢？在孟子看来，就是高尚的道德追求和理想人格。

在追求崇高的精神境界上，儒家把"至善"作为最高的道德境界，把"圣人"作为最完善的理想人格。在儒家的经典《大学》中，提出了"大学之道，在明明德，在新民，在止于至善"，认为学习的目的就是：一是要明悉自己本有的善良的德性；二是要把自己明悉了的善良的德性，推以及人；三是要努力使自己的品德修养，达到"至善"的最高的境界。儒家认为，至善虽然是一个极高的道德境界，每个人不一定都能够达到，但是，为了修养自己的品德，都应该而且必须知道有一个最后当止的境界。只有认识了和明确了这样一个最高的境界，一个人的修养，才能有一个明确的目标。如果没有至善这样的目标，在修养的过程中，往往就会迷失方向。

5．强调修养践履的重要

儒家认为，为学的目的就是要"陶冶性情"、"变化气质"，从而达到成圣成贤的目的。因此，在树立崇高的理想信念和道德人格的同时，儒家认为，最重要的就是要通过"修身"、"躬行"来达到提高道德品质的目的。

儒家从"人性善"出发，认为人人都有与生俱来的"恻隐"、"羞恶"、"辞让"、"是非"之心的"四端"，只要能发扬"本心"、启迪"良知"，再通过长期的切磋琢磨，就可以达到尧舜的道德水平。孔子提倡"修己"、"克己"和"慎独"，提倡"见贤思齐焉，见不贤而内自省"、"见善如不及，见不善如探汤"，曾子要求自己每日"三省吾身"，孟子更主张"养性"、"养身"、"善养吾浩然之气"。宋明道学家们更加在修养的"功夫"上用力，强调自省、存养、克治、知耻、慎独和躬行的重要。

在中国古代儒、墨、道、法的思想中，儒家不但特别重视修养，而且尤其重视所谓"修养的功夫"，即强调要用种种修养的手段，以求达到修养的目的。儒家认为，一个社会的道德规范和道德原则确立之后，最重要的就是要使这些道德原则和道德规范能够很快地转化成人们的思想品德和行为实践，养成良好的道德习惯，形成完善的道德人格。如果一个社会的道德原则和道德规范不能够在人们的思想和行为中发生作用，那么，一切道德教育和道德要求，都只能是一句空话。正是由于这样一个原因，儒家把修养的功夫，看作是解决这一问题的根本的保证。早在孔子的时候，他就非常强调"克己"、"内省"、"修己"和"自省"等，但是，孔子对这些修养的方法和要求，没有作详细的发挥。孔子的学生曾子，虽然把"吾日三省吾身"作为自己修养的要求，并规定了修养的三个方面的内容，但也没有具体地说明他到底是如何进行修养的。孟子进一步发展了孔子的思想，在提出"修身"、"养性"和"我善养吾浩然之气"的同时，又进一步回答了何为"浩然之气"的问题，谈了他是如何修养那种"浩然之气"的。孟子认为，他所说的"浩然之气"，是一种"至大至刚"的正气，如果能够不去伤害它，而且用正义去培养它，它就能"塞于天地之间"，即充满了上下四方，无所不在。一个人如果能够具有这种正气，他就能够不受外界一切邪恶的引诱，保持自己善良的本心，就能够为一切正义的事业而献身，成为一个道德高尚的人。他认为，在天即将黎明的时候，一个人的思想，正处于一种能够清醒辨别善恶是非的状态中，因此，应当很好地进行修养和反省。他指出，这种"浩然正气"，必须与"义"和"道"相配合，它是长期的"正义"的思想和行为积累而成的，不是偶然的正义行为所能取得的，只要做一件有愧于心的不道德的事，那种"浩然之气"也就疲软了。他一方面强调要认真地去培养这种"浩然之气"，另一方面又指出，这种"浩然之气"的培养，必须遵守循序渐进的规律，要持之以恒，不能拔苗助长。到了宋明时代，由于受到道家的思想、特别是佛家思想的影响，儒家的修养的理论和实践，有了更进一步的发展，更加重视所谓"修养的功夫"。宋明的理学家们，大多数都强调"静坐"和"内省"的意义，认为这是道德修养的一个最基本的方法。

儒家的经典《礼记·大学》中明确提出，"修身"是齐家、治国、平天下的前提和基础，也是儒家所以强调"修身"的根本的目的。为了使一个国家能够国泰民安、兴旺发达，儒家强调"自天子以至庶民，壹是皆以修身为本"。一个人如果不重视"修身"，也就根本不可能去治国和平天下。所以说，要想使国泰民安，就必须要在全国人民中间，强调道德修养的重要。《大学》中又说："其本乱而末治者否矣，其所厚者薄，而其所薄者厚。未之有也。"这就是说，从最高的国君，到最下层的老百姓，每一个人的道德修养是最根本的。犹如树的根和叶的关系一样，只有根深，才能叶茂。国家的兴旺犹如一个树的茂盛的枝叶，只有树根很深，树叶才会茂盛，如果树根枯萎了，又怎么能有茂盛的枝叶？在儒家的人性论中，孟、荀各执一端，一个主张发扬人的善良本性，一个主张要加强教育来"化性起伪"；一个是"反身而诚"，一个是礼法教化，但都主张通过教育和修养来提高人的道德品质，以达到成圣成贤的目的。

二、儒家思想治国安民的五个原则

从上面的分析中，我们可以看到，中国儒家虽然是一个学术派别，但这个学派又是同政治密切相联系的，是以治国安民、经世致用、稳定社会、协调关系、完善人的德性为最终目的的。儒家思想强调，在治理国家、对国家进行管理时，最主要的有以下五个原则：

1. 利民、惠民、富民和教民、化民、导民

儒家认为，在治理国家时，一方面要利民、惠民和富民，另一方面更要教民、化民和导民。管理国家的统治阶级，既要使老百姓能够富裕起来，又不要使他们有争财夺利之心，即既要使他们得到利益，又要减少和消除他们自私自利的思想。

孔子主张"因民之所利而利之"，这是孔子教导他的弟子从政的一个主要原则。什么是"因民之所利而利之"呢？就是说，要根据老百姓的要求和实际可能，使他们得到能够得到的利益。因为，只有这样，才能够达到孔子所说的"惠而不费"的目的，即既能使老百姓得到实际的恩惠，又不要花费国家的支出。在《论语》中，我们可以明确地看到，孔子认为，一个有道德的人，决不应当追求个人的私利，另一方面，他又主张要给老百姓以利益。他还强调，对老百姓要"恭、宽、信、敏、惠"。所谓"惠"，就是要给老百姓以恩惠，因为"惠则足以使人"；他还特别同他的弟子冉有谈到治理一个人口众多的卫国时，首先就是要设法使这个国家的老百姓富起来。据《论语》中记载："子适卫，冉有仆。子曰：'庶矣哉！'冉有曰：'既庶矣，又何加焉？'曰：'富之。'曰：'既富矣，又何加焉？'曰：'教之。'"孔子还认为，在"富民"、"利民"和"惠民"的同时，要注意"均"。他说，"不患贫而患不均"，他认为"均无贫"、"和无寡"，强调人和人之间不应该贫富差距过大，否则就引起患乱，而人和人之间的和谐，对一个国家的稳定是最重要的。

孔子在注重"富民"、"利民"和"惠民"的同时，又特别强调"君子喻于义、小人喻于利"。他认为，如果一个人只知道追求个人的私利，这个人就必然会成为一个没有道德的小人。他还说，在人与人的相处中，如果一个人只知道按照个人的私利去行事，就会招来周围人对他的怨恨，即他所说的"放于利而行，多怨"。孔子所说的"利"，在大多数的情况下，主要是指个人的私利，因此，儒家认为"欲利于己，必害于人，故多怨"。另外，当孔子的学生子夏问如何从政时，孔子说："无欲速，无见小利。欲速则不达，见小利则大事不成。"这里，孔子认为，在政治上要从长远的观点看问题，不要仅仅注意眼前的狭隘的利益而忽视了根本的利益。总之，为了成"大事"，就不能看到"小利"。这是儒家的政治思想。《孟子》继承并发展了孔子的这一思想，对此作了进一步的论述。孟子认为："民事不可缓也，诗云：'昼尔于茅，宵尔索绹，亟其乘屋，始播百谷。'"（《孟子·滕文公上》）统治阶级最重要的就是要使老百姓有必要的物质生活条件，使他们有一定的物质生活保证，才能使他们有稳定的、健康的思想。也就是说，只有使老百姓有一定的产业的收入，他们才能遵守一定的道德观念和行为准则。这就是他的"恒产"、"恒心"说。下面两段话，可以代表孟子的这一思想：

　　民之为道也，有恒产者有恒心，无恒产者无恒心。苟无恒心，放辟邪侈，无不为已。及陷乎罪，然后从而刑之，是罔民也。焉有仁人在位罔民而可为也？是故明君治民之产，必使仰足以事父母，俯足以畜妻子，乐岁终身饱，凶年免于死亡。然后驱而之善，故民之从之也轻。（《孟子·梁惠王上》）

　　五亩之宅，树之以桑，匹妇蚕之，则老者足以衣帛矣。五母鸡、二母彘，无失其时，老者足以无失肉矣。百亩之田，匹夫耕之，八口之家足以无饥矣。（《孟子·尽心上》）

　　只有使老百姓有"恒产"，才能有"恒心"，否则，忍饥受寒，老百姓就会胡作非为、违法乱纪，什么事都可能做得出来。等到他们犯了罪，然后去加以处罚，这等于陷害。哪有有道德的人掌握政权却做出陷害老百姓的事呢？

　　所以说，一个英明的君主，在规定人们的产业时，一定要使他们对上能赡养自己的父母，对下能够养活自己的妻子和儿女；如果遇到了好的年成，全家都能够丰衣足食，不幸碰上了坏年景，也不至于饿死。然后再引导他们走上善良的道路，老百姓也就能够很容易的听从了。

　　那么，对于老百姓来说，一个家庭应当有哪些基本的条件需要满足呢？孟子提出了他自己的标准。用五亩的地方来盖房屋，并在房下栽培桑树，由妇女来养蚕缫丝，老年人也就能够有足够的丝和棉来穿了。在家中能养五只母鸡，两只母猪，并使它们不断繁殖，老年人就可以有足够的肉吃了。每个家庭能够分到一百亩的土地，由男人们去耕种，八口人的家庭，也就可以吃饱饭了。

　　孟子在强调"恒产"的重要时，更强调要"教民"，最重要的就是要去掉老百姓的争利求名之心。《孟子》一书开宗明义第一章，就是对梁惠王的对话。他说："万乘之国，弑其君者，必千乘之家；千乘之国，弑其君者，必百乘之家。万取千焉，千取百焉，不为不多矣。苟为后义而先利，不夺不餍。"（《孟子·梁惠王上》）因此，如果一个国家内的人，"上下交征利"，那么这个国家也就危险了。孟子认为"未有仁而遗其亲者也"，从统治者的利益出发，最重要的是要教育人民去掉争"利"之心。

在汉代，儒家学者复兴了儒学，进一步发展了儒学教民、导民的思想，并使之与统治阶级的意识形态结合起来。《周礼》治民思想有二：一是大宰之"八统"（一曰亲亲，二曰敬政，三曰进贤，四曰使能，五曰保庸，六曰尊贵，七曰达吏，八曰礼宾）；二是大宰之"九两（"一曰牧，以地得民；二曰长，以贵得民；三曰师，以贤得民；四曰儒，以道得民；五曰宗，以族得民；六曰主，以利得民；七曰吏，以治得民；八曰友，以任得民；九曰薮，以富得民），根据其总的精神，施教是其核心部分。汉代的统治者，将施教于万民作为国策固定下来，以后的统治阶级有所增损，对中国社会产生极其重要的影响。

2．德教为先

在治理国家中，儒家主张"明德慎罚"、"德主刑辅"和"德教为先"的思想，也就是在法治和德教的关系中，更加重视道德教育的作用。

从中国的政治统治的历史来看，先秦是儒、法并行时期。秦国则是先秦各个诸侯国中一个强调法治、实行严刑峻法的国家。秦国从秦孝公采纳商鞅的意见，实行变法之后，彻底地批判并否定了儒家的"德治"的思想，把"法治"作为治理国家的唯一的指导原则。根据商鞅奖励耕战、发展农业、增加生产、扩大军备的政策，经过一百多年的努力，终于结束了长达几百年的战乱和动荡时期，实现了中国的统一。但谁也没有想到，秦国在取得了这个伟大的胜利之后仅仅14年，秦朝竟被灭亡。汉代建立政权后，在长达一百多年的时间内，政治家、思想家们进行了一次如何接受秦亡教训的大讨论，从而进一步肯定并发展了儒家的这一"德主刑辅"的思想。

　　儒家在治理国家中的"德主刑辅"的思想，可以追溯到西周初期的周公姬旦。西周的统治者们取代了商朝的统治以后，继承了商朝的王权神授的思想，宣称他们是受天之命来统治国家的。周公根据商朝滥用刑法最终导致灭亡的教训，提出了一个统治者一定要"以德配天"和"敬德保民"，主张通过自身道德的提高和加强对老百姓的道德教育来感化老百姓，强调要"明德慎罚"。西周的统治者们看到"天命靡常"，也就是说，天命不会老是让哪一姓来统治一个国家，只有那些有德的人，才能得到上天的保佑。正因为"皇天无亲，唯德是辅"（《*尚书·蔡仲之命*》），所以，对于统治者来说，最重要的就是要自己"有德"，并且能够对老百姓少用"刑罚"，多进行道德教育。孔子继承了周公的思想，提出"道之以政，齐之以刑，民免而无耻；道之以德，齐之以礼，有耻且格"（《*论语·为政*》）的思想。这就是说，在政治统治方面，如果只用政令来教导他们，用刑法去约束他们，老百姓可以免于犯罪而不知道犯罪是可耻的。如果能用道德教育来感化他们，用道德规范来约束他们，老百姓不但不犯罪，而且还知道犯罪是可耻的，这样就能够提高人们的道德品质，改善社会的道德风尚。对于一个统治者来说，孔子强调要"为政以德，譬如北辰，居其所而众星拱之"。意思是说，如果一个国君能够以"德"来统治老百姓，他就会像北斗星一样，坐在那里不动，而别的众星就会围拱着他。孟子强调"仁政"，使"德治"思想得到了进一步的发展。

　　孟子认为，在治理国家方面，有两种根本不同的方法和道德，一个是他所赞成的"王道"，另一个就是他所反对的"霸道"。他反对一个统治者用强力的方法，使老百姓服从，主张用道德感化的方法，使老百姓心悦诚服。他说："以力假人者霸，霸必有大国；以德行仁者王，王不待大——汤以七十里，文王以百里。以力服人者，非心服也，力不赡也；以德服人者，中心悦而诚服也，如七十子之服孔子也。"（《孟子·公孙丑上》)孟子所说的"力",也就是人们所说的"刑罚"的强制;他所说的"德",就是人们所说的"德教"。在治理国家中,孟子特别强调礼和乐的教化作用,他所大力称赞的"王道",基本上来说,一个是统治者自己要有道德,另一个是必须要用道德感化的方法来教育人民,不要用压服的手段来对待老百姓。

汉代贾谊、陆贾等人进一步分析了刑罚和道德的本质作用。贾谊认为:"凡人之智,能见已然,不能见将然。夫礼者禁于将然之前,而法者禁于已然之后,是故法之所用易见,而礼之所为生难知也。"贾谊认为,道德教育的作用,"贵绝恶于未萌,而起教于微眇,使民日迁善远罪而不自知也",因此,道德教育和感化的目的,就是要"以德去刑",所以孔子说:"听讼,吾犹人也,必也使勿讼乎。"贾谊认为一个社会的安危,都是有许多事情不断积累而造成的,"安者非一日而安也,危者非一日而危也,皆以积渐然,不可不察也。人主之所积,在其取舍。以礼仪治之者,积礼仪;以刑罚讼治之者,积刑罚。刑罚积而民怨背,礼仪积而民和亲。故世主欲民之善同,而所以使民善者或异:或导之以德教,或驱之以法令。导之以德教者,德敬洽而民气乐;驱之以法令者,法令极而民风哀,哀乐之感,祸福之应也。"贾谊这篇被鲁迅称做"西汉一代最好的政论"的"治安策",是他写给汉文帝的治国纲要。毛泽东说,这篇文章"全文切中当时事理,有一种颇好的气氛,值得一看"。强调"德治"的重要、对德治与法治的不同作用的深刻的分析,是这篇论文的一个主要内容和指导思想。

汉初的思想家们,都特别注意研究秦亡的原因,他们认为,只有正确认识了秦始皇灭亡的原因,才能够从中吸取教训,从而巩固汉朝的统治。

贾谊认为:"秦王续六世之余烈,振长策而御宇内,吞二周而亡诸侯,履至尊而制六合,执捶拊以鞭笞天下,威震四海。南取百越之地,以为桂林象郡,百越之君俯首系颈,委命下吏。乃使蒙恬北筑长城而守藩篱，却匈奴七百余里，胡人不敢南下而牧马，士不敢弯弓而抱怨。于是废先生之道，焚百家之言，以愚黔首。隳明城，杀豪俊，收天下之兵聚之咸阳，销锋铸锯，以为金人十二，以弱黔首之民。然后斩华为城，因河为津，据亿丈之城临不测之溪以为固。良将劲弩守要害之处，信臣精卒陈利兵而谁何，天下已定。秦王之心，自以为关中之固，金城千里，子孙帝王，万世之业也。"从贾谊的这段话来看，在秦始皇消灭六国而统一中国之后，军事、政治的力量都十分强大，威震四海，本来是一个长治久安的大好事业，对国家的兴旺发达，有着极为美好的前景。而且，经过春秋战国特别是战国末年的一百多年的大规模的战乱，人民也极其希望有一个安定的环境，"夫寒者利短褐，而饥者甘糟糠，天下之嗷嗷，新主之资也；此言劳民之易为仁也"，在贾谊看来，只要有一般的领导能力，正确地使用贤良的臣子，适当满足老百姓的要求，大家就会很高兴地安居乐业，任何图谋不轨的人，都不会得到人民的支持。

但是，谁也没有想到，这么强大的一个秦国，竟然在秦始皇统一六国后短短的14年的时间，遭到了彻底的覆灭。而陈涉是一个"瓮牖之子，氓隶之人，而迁徙之徒，才能不及中人，非有仲尼、墨翟之贤，陶朱、猗顿之富"，"率罢散之卒，将数百之众而转攻秦。斩木为兵，揭杆为旗，天下云集响应，赢粮而景从，山东豪杰俊遂并而亡秦矣"，一个小小的秦国，经过一百多年的六个国君的努力所最终建立起来的一个大国，秦始皇本来想一世、二世一直传到万世的天下大业，在他死后还"坟土未干"的时候，就很快地灭亡了，这到底是什么原因呢？贾谊认为就是："仁义不施而攻守之势异也。"贾谊的意思是说，秦朝的统治者，在取得全国胜利以后，形势已经发生了根本的变化，没有认识到在新情况下仁义道德的重要作用，以致原有的人人争夺、相互争利的思想不断发展。由于当时的统治者不懂得"安民可予行义，危民易于为非"的道理，最终导致了自己的灭亡。

儒家在强调道德教化重于刑罚的同时，也强调刑罚的重要，因为这是每一个统治阶级为维护政权所必须的。在孔子活着的时候，郑国发生了"盗"乱，郑国对此进行了镇压。《左传》中记载了这件事，说孔子知道后，说了一段很重要的话："郑子产有疾，谓子大叔曰：'我死，子必为政。唯有德者能以宽服民，其次莫如猛。夫火烈，民望而畏之，故鲜死焉。水懦弱，民狎而玩之，则多死焉。故宽难。'疾数月而卒。大叔为政，不忍猛而宽。郑国多盗，取人于萑苻之泽。大叔悔之曰：'吾早从夫子，不及此。'兴徒兵以攻萑苻之盗，尽杀之。盗少止。"仲尼曰："善哉，政宽则民慢，慢则纠之以猛。猛则民残，残则施之以宽。宽以济猛，猛以济宽，政是以和。"（《左传·昭公二十年》）

从这里就可以清楚地看出，孔子虽然强调道德教育的重要，但为了维护统治阶级的政权的稳定和巩固，对于犯上作乱的人，他还是主张要坚决加以镇压的。孔子也认为，"政宽则民慢"，即只进行道德教育而不用法律制裁，老百姓就会怠慢而不守规矩，甚至会犯上作乱，所以必须要"纠之以猛"，即对他们施以刑罚。如果只知道用刑罚来镇压人民，那么老百姓就会残忍和暴戾，应当及时地"施之以宽"。自从孔子讲了这句话之后，"猛以济宽，宽以济猛，政是以和"的思想，就成了儒家的既要"刑罚"又要"德教"的两手并用的思想，人们把它简称为"猛宽相济"。

3．统治者要"以身作则"

在政治统治中，儒家强调统治者"以身作则"的重要作用。孔子讲过很多这样的话。他说："政者正也，子率以正，孰敢不正?"（《论语·颜渊》）"苟正其身矣，于从政乎何有? 不能正其身，如正人何?"（《论语·子路》）孔子还特别重视统治者所颁行的政令能否得到执行，是同国家统治者自身的"正"与"不正"有密切关系的，"其身正，不令而行，其身不正，虽令不从"。当鲁国的大夫季康子问孔子如何治理国家时，孔子特别强调，如果统治者能够以身作则，他的道德还能够对人民起到道德感化的作用。《论语》记载：季康子问政于孔子曰："如杀无道，以就有道，何如？"孔子对曰："子为政，焉用杀？子欲善而民善矣。君子之德风，小人之德草，草上之风，必偃。"（《论语·颜渊》）季康子认为，治理一个国家，应该先杀掉那些无道的人，用以成就那些有道的人。但孔子不同意他的话，却提出了一个统治者在道德上"以身作则"的重要。他的意思是说，君子的品德好比是风，小人的品德好比是草，风吹到草上，草就必定会跟着倒向风吹的方向去。在以身作则方面，儒家的从政道德，尤其强调自身廉洁的重要。孔子甚至认为，如果国君能够克制自己的欲望，朴素廉洁，老百姓就会受到感化，也就不会有追求享乐、生活侈靡和抢劫别人财物的行为。《论语》中记载："季康子患盗，问于孔子。孔子对曰：苟子之不欲，虽赏之不窃。"对于一个从政者来说，孟子更特别强调，一个有道德的人，在取与不取之间，应当以身作则。他说："可以取可以不取，取伤廉。"这就是说，对于那些可以拿来归于自己，也可以不拿来归于自己的东西，就不要去拿。拿了这些东西，虽然并不违反法律和道德，但对于一个从政的人来说，却伤害了自己的廉洁。三国时蜀汉政治家诸葛亮说："非法不言，非道不行，上之所为，人之所瞻也。……故人君先正其身，然后乃行其令。身不正则令不从，令不从则生变乱。"（《诸葛亮集·便宜十六策》）明代的著名思想家、道德家薛瑄更进一步指出，"廉"也有高低层次之分。他说："世之廉者有三：有见理明而不妄取者，有尚名节而不苟取者，有畏法律、保禄位而不敢取者。见理明而不妄取，无所为而然，上也；尚名节而不苟取，狷介之士，其次也；畏法律、保禄位而不敢取，则勉强而然，斯又为下矣。"（《薛瑄全集·薛文清公从政名言录卷二》）后世儒家认为，一个统治者应当在三个方面以身作则。陈宏谋在他所编著的《从政遗规》中指出"当官之法，唯有三事：曰清、曰慎、曰勤。知此三者，则知所以持身矣"，又说"唯俭足以养廉"。儒家认为，统治者好比一个人的身体，老百姓就好比他的影子，"身正影必正"、"未有身正而影曲、上治而下乱者也"。正由于这种原因，儒家强调要"举贤才"，使那些有能力而且有道德的人来统治人民。

4. 以民为本

早在周代时期，开明的政治家、思想家和有识之士就注重"民"在安定社会、治理国家中的作用，"因民"、"保民"、"获民"、"庇民"、"托民"、"爱民"等频繁地出现在早期的各种文献典籍之中。鲁大夫引《尚书·大誓》说："民之所欲，天必从之。"（《左传·襄公三十一年》）要求当政者注意满足老百姓的要求。陈逢滑说："臣闻国之兴也，视民如伤，是其福也；其亡也，以民为土芥，是其祸也。"（《左传·哀公元年》）意思是说，臣下听说国家的兴起，看待百姓如同受伤的人，这是它的福德；国家的灭亡，把百姓看作粪土和草芥，这是它的祸殃。儒家继承了春秋时期的这些"民本"思想，强调人民大众是社稷、国家之根本，认为"民惟邦本"。（《尚书》）孔子强调"爱人"、"宽则得众"。孟子则强调"民贵君轻"（民为贵、社稷次之、君为轻），荀子进一步提出"君舟民水"，指出水可以载舟，亦可以覆舟。荀子在《王制》中说："传曰：君者，舟也；庶人者，水也。水则载舟，水则覆舟。……故人君者，欲安，则莫若平政爱民矣，欲荣则莫若隆礼敬士矣，欲立功名，则莫若尚贤使能矣，是君人之大节者也。"儒家认为统治者要与民同乐，不能超出老百姓的水平去追求享受而为老百姓所怨恨。因此，必须关心广大劳苦大众的疾苦，要使广大劳苦人民得到实际的利益，只有这样，国家的统治才能长治久安。

儒家的民本思想，在孟子的"民贵君轻"中有着突出的反映。孟子说："民为贵，社稷次之，君为轻"，他把老百姓看作是一个国家的根本，是最重要的，并且认为，除了人民之外，一个国家的政权，比国君还要重要，如果把这三者在一起来比较，那么，国君是最轻的。

这些思想，也可以说是儒家从政治上看到了人民的重要。从一定的意义上来说，孟子的这一思想，是儒家关于统治经验的一个极其深刻的总结。尽管统治阶级及其思想家们，不可能真正认识到人民的历史作用，但是，他们知道，离开了人民的拥护，要想维护自己的统治，是不可能的，也正是从这一点出发，一个聪明的统治者，总是要随时随地考虑到老百姓的利益。

5. 任人唯贤

在任用官吏上，中国古代的传统、特别是儒家，强调任人唯贤、反对任人唯亲，在德才兼备的要求下，更注重人的道德品质。

孔子在《论语》中强调要"举贤才"，就是要把那些有道德、有才能的人，推举到领导的岗位上来。《论语》中有一段孔子同鲁哀公的对话，进一步说明了孔子的"举贤才"的思想。

哀公问曰："何为则民服?"孔子对曰："举直措诸枉，则民服；举枉措诸直，则民不服。"

鲁哀公是一个昏君，他任用了那些没有道德和没有才能的人来治理国家，所以老百姓都不服。孔子回答他的问题时说，你应当选拔那些正直的、有道德的人来治理国家，并罢黜那些邪恶的人，老百姓就会服从统治了；如果你选拔那些邪恶的人来治理国家，罢黜那些有道德的、正直的人，老百姓当然也就不会服从统治了。

孔子自己也是一个非常尊重贤人的人。他认为"贤者识其大者，不贤者识其小者"。他自己说要"见贤思齐焉，见不贤而内自省也"，又说："君子尊贤而容众"，说明他对有贤德的人是十分尊敬的。

孟子继承了孔子的"举贤才"的传统，强调在治理一个国家时，一定要使"贤者在位"和"能者在职"，要求"贤者"能够居于掌握政权的地位。孟子也主张"尚贤"，他认为一个统治者，应当"尊贤使能，俊杰在位"，应当"贵德而尊士"，只有这样，一个国家才能得到很好的治理。

在《晏子春秋》一书中记载，当郑国的大夫叔向到齐国去访问时，他同齐国的大夫晏婴的一段对话，反映了中国古代道德传统对品德的重视。

叔向问晏子曰：意孰为高？行孰为厚？对曰：意莫高于爱民，行莫厚于乐民。又问曰：意孰为下？行孰为贱？对曰：意莫下于刻民，行莫贱于害民。

根据民国初年的刘师培的考证，此段引文中的四个"意"字，都是"德"字之讹。因为古代的"德"字的写法，是上面一个"直"字，下面一个"心"字，字形和今天的"意"字很接近。由此看来，意孰为高，当作德孰为高，意莫高于爱民，当作德莫高于爱民，意孰为下，当作德孰为下，意莫下于刻民，当作德莫下于刻民。刘师培的这一理解是正确的，这一理解，体现了中国古代思想家们对这一问题的认识。

一般来说，在任用人才的问题上，儒家是注重德才兼备的，但儒家更强调任人唯贤，反对任人唯亲。儒家特别强调，一个国君在治理国家中，"得贤则昌，失贤则亡"，"治国之道，务在举贤"和"官人无私，唯贤是亲"。

任用人才，必须处于公心，外举不避仇，内举不隐子。在《左传·襄公三年》和《吕氏春秋》中，都曾记载了祈黄羊的故事。晋国中军尉祈黄羊退休离任时，晋悼公要他推荐任事的人，他立即举荐了解狐。晋悼公听了很吃惊，说解狐不是你的仇人吗？他回答说，你问的是谁能代替我作为你的大臣，不是问谁同我有仇啊！以后，悼公又请他举荐一个领兵的将才，祈黄羊举荐了祈午，悼公同样吃惊地问他，祈午不是你的儿子吗！他又回答说，你问的是谁可以担任将领，没有问他是不是我的儿子啊！这两个人都很称职，所以我才举荐了他们。孔子对这件事称赞地说："善哉！祈黄羊之论也。外举不避仇，内举不避子。"（《吕氏春秋·去私》）在中国长期的政治统治中，对中央和地方官的考察，还往往以其所举荐的人的优劣而衡量其本身对国君的忠与不忠。这种荐贤才、举贤良的传统，在一定程度上和一定范围内，对中国的政治生活，也能起到一定的积极作用。

在德才关系上，儒家更加重视一个人的道德品质的作用，强调要以德统才。司马光在他所写的《资治通鉴》中，对于德才关系，作了全面的论述。他说：夫才与德异，而世俗莫之能辨；通为之贤，此其所以失人也。夫聪察强毅之谓才，正直中和之谓德。才者，德之资也；德者，才之帅也。云梦之竹，天下之劲也，然而不骄揉，不羽括，则不能以入坚。堂溪之金，天下之利也；然而不熔范，不砥砺，则不能以击强。是故才德全尽为之圣人，才德兼亡为之愚人；德胜才为之君子；才胜德为之小人。凡取人之术，苟不得圣人、君子而与之，与其得小人，不若得愚人。何哉？君子挟才以为善，小人挟才以为恶。挟才以为善者，善无不至矣；挟才以为恶者，恶亦无不至矣。愚者虽欲为不善，智不能周，力不能胜，譬如乳狗搏人，人得而制之。小人智足以遂其奸，勇足以决其暴，是虎而翼者也，其为害岂不多哉！夫德者人之所严，而才者人之所爱，爱者易亲，严者易疏，是以察者多蔽于才而疏于德。自古以来，国之乱臣，家之败子，才有余而德不足，以至于颠覆者多矣，岂智伯哉！故为国为家者苟能审于才德之分而知所先后，又何失人之足患哉！

三、正确对待中国古代传统文化和传统道德

对于中国古代传统文化和传统道德，包括儒家的孔孟之道，我们一定要正确地对待，既要继承其中的精华，弘扬其中的优良部分，又要剔除其中的糟粕，批判和否定其中的消极因素。儒家强调等级制度和尊卑关系，这当然是错误的，但儒家思想中，也确实包含着很多合理的因素，这是我们应当加以分析的。由于儒家思想同社会政治之间

所特有的关系，因此，吸取其中的合理的内容，对克服我国当前政治生活中的某些消极因素，是有帮助的。总而言之，对儒家的思想，要采取一分为二的态度。如儒家等级制度是错误的，它提倡尊老、敬贤和尊师，则是好的。儒家强调孝顺父母，我们也应加以分析，其中宣扬愚忠愚孝的部分，当然是错误的，但子女应当尊敬父母和赡养父母，则是应当弘扬的。儒家讲"先义后利"、"见得思义"、"见利思义"等，也有合理的因素，应当加以继承。我们现在搞社会主义市场经济，也要搞竞争，但是，我们所提倡的竞争，与资本主义市场经济条件下的竞争，是不同的，我们提倡的是公平竞争，反对见利忘义，反对见"小利"而"忘大义"。我们要建立的是社会主义的现代化国家，在义利关系上，我们应当强调集体主义的价值导向，而不能允许用自私自利、见利忘义思想来腐蚀我们的干部和群众。最近几年来，个人主义思想在我国社会生活中又有些沉渣泛起，这对我们的改革开放和社会主义现代化建设是十分有害的，我们不能容许那种把个人利益强调到高于一切的思想，不能容许那些置民族利益于不顾的专门谋自己私利的行为。我们应当坚持以马克思主义为指导，加强集体主义的教育，加强国家利益、民族利益、社会利益高于个人利益的教育，努力弘扬中华民族的优良传统。同时，要十分注意警惕西方意识形态、价值观念对我们的渗透和腐蚀。总之，对于中国古代的传统文化，我们要认真地研究和分析，去其糟粕，取其精华，以利于古为今用。

关于儒学复兴的问题

汤一介

汤一介，1927年2月16日生于天津，原籍湖北省黄梅人，1951年毕业于北京大学哲学系。现任北京大学哲学系资深教授，博士生导师。北京大学儒藏编纂与研究中心主任，承担教育部2003年《〈儒藏〉编纂与研究》哲学社会科学研究重大课题攻关项目。1990年获加拿大麦克玛斯特大学(McMaster University)荣誉文学博士学位，2006年获日本关西大学荣誉科学与文化博士学位。曾任美国俄勒冈大学(1986)、澳大利亚墨尔本大学(1995)、香港科技大学(1992)、加拿大麦克玛斯特大学(1986、1990)、香港城市大学(1999)客座教授。1996年任荷兰莱顿大学汉学院胡适讲座主讲教授，1997年任香港中文大学钱宾四学术讲座主讲教授。

中华民族正处在伟大民族复兴的进程之中，民族的复兴必然与民族文化的复兴相关联，而"儒学"在我国的历史上曾居于主流地位，影响着我国社会生活的方方面面。因此，儒学的复兴和中华民族的复兴是分不开的，这是由历史原因形成的。儒学自孔子起就自觉地继承着夏、商、周三代的文化，从历史上看它曾是中华民族发育、成长的根，我们没有可能把这个根子斩断。如果我们人为地把中华民族曾经赖以生存和发展的根子斩断，那么中华民族的复兴就没有希望了。因此，我们只能适时地在传承这个文化命脉的基础上，使之更新。就目前我国发展的实际情况看，我估计在21世纪儒学作为一种精神文化在中国、甚至在世界(特别是在东亚地区)将会有新的发展。为什么儒学会有一个新的发展？原因当然是多方面的，有政治的、有经济的原因，但与"西学"(主要指作为精神文化的西方哲学等等)对中国传统文化(特别是儒学)所进行的全方位的冲击有着密切的关系。正是由于"西学"对中国文化的冲击，使得我们对自身文化传统有个自我反省的机会。我们逐渐知道，在我们的传统文化中应该发扬什么和应该抛弃什么以及应该吸收什么。因而在长达一百多年中，我们中国人在努力学习、吸收和消化"西学"，这为儒学从传统走向现代奠定了基础。

在新世纪，我们国家提出了建设"和谐社会"的要求，而在我国传统儒家思想中包含着"和谐社会"的理想以及可以为建设"和谐社会"提供大量的思想资源。《礼记·礼运》的"大同"思想可以说是为中华民族勾画出一幅"和谐社会"的理想蓝图。《易经》中的"太和"思想经过历代儒学思想家的发挥，已具有普遍和谐的意义，所以王夫之说"太和"是"和之至"(和谐的完满状态)。《论语》中的"礼之用，和为贵"、"和而不同"，《中庸》的"中和"以及朱熹对"中和"的解释等等，为中国哲学提供了一种世界观和思维方式。所有这些都是我们今天建设"和谐社会"的有意义的资源。德国哲学家雅斯贝尔斯(1864—1920)曾提出"轴心时代"的观念。他认为，在公元前500年前后，在古希腊、以色列、印度、中国、古波斯都出现了伟大的思想家。在古希腊有苏格拉底、柏拉图，以色列有犹太教的先知，印度有释迦牟尼，中国有孔子、老子，古波斯有索罗亚斯特，等等，形成了不同文化传统。这些文化起初并没有互相影响，都是独立发展起来的。这些文化传统经过2000多年的发展，在相互影响中已成为人类文明的共同精神财富。当今，世界各地的思想界出现了对"新轴心时代"的呼唤，这就要求我们要更加重视对古代思想智慧的温习与发掘，回顾我们文化发展的源头，以响应世界文化发展的新局面。雅斯贝尔斯说："人类一直靠轴心时代所产生的思考和创造的一切而生存，每一次新的飞跃都回顾这一时期，并被它重新燃起火焰。自此以后，情况就是这样。轴心期潜力的苏醒和对轴心期潜力的回忆，或曰复兴，总是提供了精神力量。对这一开端的复归是中国、印度和西方不断发生的事情。"①例如，我们知道，欧洲的文艺复兴就是把其目光投向其文化的源头古希腊，而使欧洲文明重新燃起新的光辉，从而对世界产生重大影响。中国的宋明理学（新儒学）在印度佛教文化的冲击后，充分吸收和消化了佛教文化，"出入佛老，而反求之六经"，再次回归先秦孔孟而把中国儒学提高到一个新的水平，并对朝鲜半岛、日本、越南的文化发生过重大影响。

为什么我们可以说，在进入21世纪，经过一段时间之后也许会出现一个"新轴心时代"呢？上面引用的雅斯贝尔斯那段话，对我们应有启发："轴心期潜力的苏醒和对轴心期潜力的回忆，或曰复兴，总是提供了精神力量。对这一开端的复归是中国、印度和西方不断发生的事情。"当前，中华民族正处在民族复兴的过程之中，而民族的复兴要以民族文化的复兴为精神支柱，毋庸讳言，"国学热"的兴起，可以说预示着，我们正在从传统中找寻精神力量，以便创造新的中华文化，以"和谐"的观念贡献于人类社会。我们可以看出，自上个世纪末，我国学术界出现了重视对中国传统文化研究的趋势，而进入21世纪逐渐成为一种社会潮流，"读经"、"读古典诗词"，恢复优良的道德教化传统，蔚然成风，不少中小学设有读《三字经》、《弟子规》、《论语》、《老子》等等的有关课程内容。社会各阶层、团体、社区也办起了读古代经典的讲习班和讲座等等。这一潮流，也影响着我国的高层领导人。特

① 卡尔·雅斯贝尔斯著，魏楚雄、俞新天译：《历史的起源与目标》，华夏出版社1989年版。

别值得注意的是，中国一批知识分子在深入研究中国自身文化传统的同时，对当今世界文化发展的总趋势更加关注和有较深的研究了。他们知道，中国文化必须在传承中更新，这样中国文化才得以真正的"复兴"，而"重新燃起新的火焰"。因此，我们期待着和各国的学者一起为建设全球化形势下文化上的"新轴心时代"的早日到来而努力。在欧洲，经过解构性的后现代主义对"现代性"思潮的批判之后，出现了以过程哲学为基础的"建构性的后现代主义"，他们认为："建设性的后现代主义对解构性的后现代主义的立场持批判态度，……以建构一个所有生命共同福祉都得到重视和关心的后现代世界。"①建构性的后现代主义认为，在崭新的时代，每个人的权利都获得尊重，如果说第一次启蒙的口号是"解放自我"，那么新世纪的第二次启蒙的口号则是尊重他者，尊重差别，他们提出"人和自然是一生命共同体"的宇宙有机整体观，以此反对"现代二元论的科学主义和工具理性"。里夫金在他的《欧洲梦》中强调，在崭新的时代，每个人的权力都获得尊重，文化的差异受到欢迎，每个人都在地球可以维持的范围内享受着高质量生活（不是奢侈生活），而人类生活在安定与和谐之中。②因此，他们认为，必须对自身的前现代传统某些观念加以重视，要重视两千多年前哲人的智慧。印度在1947年取得了独立。在它争取独立的过程中，许多民族运动的领袖都把印度的传统思想作为一种精神武器。早在上个世纪中期印度思想家戈尔瓦卡就提出：印度必须建立强大的印度教国家，他特别强调"印度的文明是印度教的文明"。1985年国大党的"诞生是印度民族团结和复兴的标志"。他们认为，只有把印度人民的宗教热忱和宗教精神注入到政治中，才是印度觉醒和复兴的必要条件。因此，印度民族的复兴必须依靠其自身印度教的思想文化传统。在进入21世

---

① 《为了共同福祉——约翰·科布访谈》，王晓华访问记，上海《社会科学报》2002年6月13日。

② 杰里米·里夫金：《欧洲梦》，杨治宜译，重庆出版社2006年版。

纪，印度国大党连续取得选举的胜利，印度社会"是靠共同的宗教、文化、历史、种族、语言和其他亲缘关系所结合起来的同质民族"。这有力地说明印度正是"新轴心时代"兴起的一个重镇。①这是不是可以说，在全球化的情况下，中国、印度和欧洲都处在一个新的变革时期，他们都将再一次得到了"复兴"的机会？我认为，雅斯贝尔斯的看法是有远见的。这里，我必须说明，我并没有要否定其他民族文化也同样将会得到"复兴"的机会，如拉美、北非等等，但是，无论如何，中国、印度、欧洲(欧盟)的"复兴"很可能预示着"新轴心时代"的到来。

当前在我国对儒学有着种种不同的看法，这并不奇怪。这是因为在我国历史上对它就有种种不同的看法，特别是在"西学"进入后，对它的看法更是五花八门，有褒有贬，直到最近对儒学的看法也是众说纷纭的。有的学者提出重建中国儒教的构想。他们认为，"必须全方位的复兴儒教，以应对西方文明全方位的挑战"。因此，主张把儒教立为国教，在我国恢复所谓自古以来的"政教合一"。②而对这样观点有来自两个方面的批评：一是来自"自由主义派"，他们认为"儒教救国论"是对当代民主政治的反动，是对"平等"观念的践踏。把"儒教"立为"国教"，将会使"儒教意识形态化，为专制主义服务"。③另一是来自马克思主义学者的批判，他们认为"儒教救世的想象实质是道德作用的自我夸大"，也是"以天道性命的形上学来追求王道政治，这样只能重踏封建专制的陷阱"，"真正的救世主只能是马克思主义"。④还有一批学者，他们从维护和发扬儒家思想出发，对儒学作充分的肯定，以实现儒学的现代化，例如现代新儒家认为"内圣之学"可以开出适合现代民

---

① 参见汝信总主编：《世界文明大系·印度文化卷》，刘建等著，中国社会科学出版社2004年版。

② 蒋庆：《关于重建中国儒教的构想》，《中国儒教研究通讯》第一期，2005年12月。

③ 见于《儒学"第四次浪潮"激辩儒教》，载《社会科学报》2006年2月23日。

④ 同上。

主政治的"外王之道"，儒家的"心性之学"可以发展出科学的认识论系统。有学者还提出"文化中国"的观点。这些看法，也受到众多学者的质疑。有的学者提出，21世纪是东风压倒西风的世纪，儒学将可以拯救人类社会。当然还有一些学者认为，孔子的儒家学说是维护专制统治的工具，在五四运动时期已被否定，今天再把它推崇到至高地位，无疑是历史倒退。有位北京大学的学者认为，北京大学是"五四运动"的发源地，在北京大学建立"孔子学院"或儒学院，有悖于"五四精神"。不过我们也可以看到已经有一批学者在潜心地对"儒学"进行着深入的研究，以全球化的眼光研究儒学对当今人类社会可有之贡献，并取得了丰硕成果，如此等等。对"儒学"的看法真是仁者见仁，智者见智了。有上述种种看法，并且可以公开讨论，说明我们的社会在进步，因为思想文化问题只能自由讨论，在贯彻"百家争鸣"的方针中不断地在理性的对话中前进。

由于儒学是历史的产物，又有两千多年的历史，因此对它有种种不同的看法应当说是很自然的。在今天全球化、现代化的时代，我们应该或可能怎样看儒学；我认为也许可以从三个不同的角度来考察儒学，一是政统的儒学，二是道统的儒学；三是学统的儒学。(1)政统的儒学。政治化的儒学曾长期与中国历代专制政治结合，它所提倡的"三纲六纪"无疑对专制统治起过重要作用。儒家特别重视道德教化，因而对中国社会在一定程度上起着稳定的作用。但是，把道德教化的作用夸大，使中国重"人治"而轻"法治"，而且很容易使政治道德化，而美化政治统治；又使道德政治化，使道德成为为政治服务的工具。当然，在专制政治统治的压迫下，儒家的"以德抗位"、"治国、平天下"的"王道"理想也并非完全丧失。不过总的说来，政治的儒学层面对当今的社会所可继承的东西并不太多，它存在着较多的问题。(2)道统的儒学。任何一个成系统有历史传承的学术派别，必有其传统，西方是如此，中国也是如此，从中国历史上看有儒、道、释三家，都有其传统。儒家以传承夏、商、周三代文化为己任，并且对其他学术有着较多的包容性，他们主张"万物并育而不相害，道并行而不相悖"。但既成学派难免就会有排他性。因此，对"道统"的过分强调就可能形成对其他学术文化的排斥，而形成对异端思想的压制，在历史上某些异端思想的出现，恰恰是对主流思想的冲击，甚至颠覆，这将为新的思想发展开辟道路。(3)学统的儒学。指其学术思想的传统，包括它的世界观、思维方法和对真、善、美境界的追求等等。虽不能说儒学可以解决人类社会存在的一切问题，但儒学在诸多方面可对人类社会提供有意义的、较为丰厚的资源是无可否认的，应为我们特别重视。我这样区分，并不是说这三者在历史上没有关系，只是为了讨论方便，为了说明我们应该更重视哪一个方面。基于此，我认为，当前甚至以后，儒学的研究不必政治意识形态化，而且儒学应更具有"海纳百川"的气度，在与各种文化的广泛对话中发展和更新自己。

既然我们对儒学要特别重视的是其"学统"，那么我们应该如何从"学统"的角度来看儒学，我有以下四点看法：(1)要有文化上的主体意识。任何一个民族的生存与发展必须植根自身文化土壤之中，只有对自身文化有充分的理解与认识，保护和发扬，它才能适应自身社会合理、健康发展的要求，它才有吸收和消化其他民族文化的能力。一个没有能力坚持自身文化的自主性的民族，也就没有能力吸收和融化其他民族的文化以丰富和发展其自身文化，它将或被消灭，或被同化。(2)任何文化要在历史长河中不断发展，必须不断地吸收其他民族文化，在相互交流与对话中才能得到适时的发展和更新。罗素说得对："不同文明之间的交流过去已经多次证明是人类文明发展的里程碑。"[①]在历史上，中华文化有着吸收和融化外来印度佛教文化的宝贵经验，应该受到重视。在今天的全球化时代，面对西方的强势文化，我们应更

---

① 《中西文明的对比》，见罗素：《中国问题》，学林出版社1996年版。

加善于吸收和融合西方文化和其他各民族的优秀文化，以使中华文化更具有世界意义。(3)社会在不断发展，思想文化在不断更新，但古代思想家提出和思考的文化(哲学)问题，他们思想的智慧之光，并不因此就会过时，有些他们思考的问题和路子以及理念可能是万古常新的。在《大哲学家》一书中，雅斯贝尔斯认为：在科学方法的运用上，我们可以说我们所处的时代是超过了亚里士多德，但就哲学本身而言，我们很难再达到苏格拉底和柏拉图的水准。哲学历史的某些发展是显而易见的，但我们并不能由此得出结论说，后代的哲学家就一定超过前代。(4)任何历史上的思想体系，甚至现实存在的思想体系，没有完全正确的，没有放之四海而皆准的绝对真理的学说，它必然有其局限性，其体系往往包含着某些内在矛盾，即使其中具有普遍意义(价值)的精粹部分也往往要给以合理的现代诠释。恩格斯在《反杜林论草稿片断》中说："在黑格尔以后，体系说不可能再有了。十分明显，世界构成一个统一的体系，即有联系的整体。但是对这个系统的认识是以对整个自然界和历史的认识为前提，而这一点是人们永远达不到的。因而谁要想建立体系，谁就得用自己的虚构来填补无数空白，即是说，进行不合理的幻想，而成为观念论者。"①罗素在其《西方哲学史》中说："不能自圆其说的哲学绝不会完全正确，但是自圆其说的哲学满可以全盘错误。最富有结果的各派哲学向来包含着显眼的自相矛盾，但是正为了这个缘故才部分正确。"②我认为这两段话对我们研究思想文化都很有意义。因为任何思想文化都是在一定历史条件下产生的，它不可能完全解决人类社会今天和明天的全部问题，就儒学来说也是一样的。正因为儒学是在历史中的一种学说，才有历代各种不同诠释和批评，而今后仍然会不断出现新的诠释、新的发展方向、新的

---

① 见于恩格斯：《〈反杜林论〉一书附录》中《世界是有联系的整体·对世界的认识》一节，北京大学编译资料室译，1961年9月。
② 罗素著，马元德译：《西方哲学史》下册，商务印书馆1988年版，第143页。

批评，还会有儒家学者对其自身存在的内在矛盾的揭示。在人类社会进入全球化时代，不断反思儒学存在的问题（内在矛盾），不断给儒学新的诠释，不断发掘儒学的真精神中所具有的普遍性意义和特有的理论价值，遵循我们老祖宗的古训"日日新，又日新"，自觉地适时发展和更新其自身，才是儒学得以复兴的生命线。

复兴儒学要有"问题意识"。当前我国社会遇到了什么问题，全世界又遇到了什么问题，是复兴儒学必须考虑的问题。对"问题"有自觉性的思考，对"问题"有提出解决的思路，由此而形成的理论才能是有真价值的理论。当前，我国以及全世界究竟遇到些什么重大问题？近一二百年来，由于对自然界的无量开发，残酷掠夺，造成生态环境的严重破坏。由于人们片面物质利益的追求和权力欲望的无限膨胀，造成了人与人之间以及国家与国家之间的矛盾与冲突，以至于残酷的战争。由于过分注重金钱和感官享受，致使身心失调，人格分裂，造成自我身心的扭曲，已成为一种社会病。因此，当前人类社会需要解决，甚至今后还要长期不断解决的"人与自然"、"人与人"（"人与社会"、"国与国"、"民族与民族"）、"人自我身心"之间的种种矛盾问题，无疑是人类要面对的最大课题。其中"人"的问题是关键。

针对上面提出的三个方面的问题，我认为，儒学可以为当今人类社会提供若干有益的思想资源。

（一）儒家的"天人合一"（合天人）的观念将会为解决"人与自然"之间的矛盾提供某些有意义的思想资源

1992年世界1575名科学家发表的《世界科学家对人类的警告》说："人类和自然正走上一条相互抵触的道路。"造成这种情况不能说与西方哲学曾长期存在"天人二分"的思维模式没有关系。罗素在《西方哲学史》中说："笛卡尔的哲学，……它完成了或者说接近完成了由柏拉图开端而主要因为宗教上的理由经过基督教发展起来的精神与物质二元论……笛卡尔体系提出来精神和物质两个平行而彼此独立的世界，研究其中之一能不牵涉另外一个。"①这就是说，在西方哲学中长期把"天"和"人"看成是相互独立的，研究"天"可以不牵涉"人"；研究"人"也可以不牵涉"天"，这自然是一种"天人二分"的思维模式。（但进入20世纪，西方哲学有了很大变化，已有西方哲学家打破"天人二分"的定式，如怀德海。②而中国"天人合一"是说在"天"和"人"之间存在着相即不离的内在关系，研究其中一个必然要牵涉另外一个。《周易》是中国思想最古老的书，它是中国哲学的源头。《郭店楚简·语丛一》："易，所以会天道人道也。"《周易》是一部会通天道、人道所以然的道理的书。也就是说它是一部讲"天人合一"的书。对如何了解"天人合一"思想，朱熹有段话很重要，他说："天即人，人即天，人之始生，得之于天；即生此人，则天又在人矣。""天"离不开"人"，"人"也离不开"天"。人初产生时，虽然得之于天，但是一旦有人，"天"的道理就要由"人"来彰显，即"人"对"天"就有了责任。如果"人"能对"天"有所敬畏，尽其保护之责，则"人"与"天"自然和谐了。"天人合一"作为一种世界观和思维模式，它要求人们不能把"人"看成是和"天"对立的，这是由于"人"是"天"的一部分，破坏"天"就是对"人"自身的破坏，"人"就要受到惩罚。因此，"天人合一"学说认为，"知天"（认识自然，以便合理地利用自然）和"畏天"（对"自然"应有所敬畏，要把保护自然作为

---

① 罗素著，马元德译：《西方哲学史》下册，商务印书馆1988年版，第91页。
② 《怀德海的〈过程哲学〉》（刊于2002年8月15日上海《社会科学报》）中说："（怀德海）的过程哲学（process philosophy）把环境、资源、人类视为自然中构成密切相连的生命共同体，认为应该把环境理解为不以人为中心的生命共同体。这种新型生态伦理，对于解决当前的生态危机具有重要的现实意义。过程哲学是生态女性主义的思想之根，因为生态女性主义的哲学基础是彻底的非二元论，是对现代二元思维方式的批判，而怀德海有机整体观念，正好为它提供了进行这种批判的理论根据。"可见，现代一些西方哲学家已经对"天人二分"的二元对立的思维模式作出反思，并且提出了"自然"与"人"构成"密切相连的生命共同体"。

一种神圣的责任）是统一的。①"知天"而不"畏天"，就会把"天"看成一死物，不了解"天"乃是有机的生生不息的刚健大流行，所以《周易·乾·象》中说："天行健，君子以自强不息。"这即是说"天"与"人"为持续发展着的"生命的共同体"。"畏天"而不"知天"，就会把"天"看成外在于"人"的神秘力量，而使人不能真正得到"天"（自然）的恩惠。所以"天人合一"思想要求"人"应担当起合理利用自然，又负责任地保护自然的使命。"天人合一"这种思维模式和理念应该说可以为解决当前"生态危机"提供某些有意义的资源。

（二）"人我合一"（同人我）的观念将会为解决"人与人（社会）"之间的矛盾提供某些有意义的思想资源

"人我合一"是说在"自我"和"他人"之间存在着一种相即不离的内在关系。为什么"自我"和"他人"之间存在着相即不离的内在关系？《郭店楚简·性自命出》中说："道始于情。"人世间的道理（人道）是由情感开始的，这正是孔子"仁学"的出发点。孔子的弟子樊迟问"仁"，孔子回答说："爱人"。这种爱人的品质由何而来呢？《中庸》引孔子的话说："仁者，人也，亲亲为大。""仁爱"的品德是人本身所具有的，爱自己的亲人是最根本的。但孔子的儒家认为"仁爱"不能停留在只是爱自己的亲人，而应该由"亲亲"扩大到"仁民"以及"爱物"。孟子说："亲亲而仁民，仁民而爱物。"②所以《郭店楚简》中说："孝之放，爱天下之民"，"亲而笃之，爱也；爱父继之爱人，仁也。"如果把爱自己的亲人扩大到爱他人，那么社会不就可以和谐了？如果一个国家、一个民族把爱自己国家、自己民族的"爱"扩大到对别的国家、别的民族的爱，

---

① 康德的墓志铭上写着："有两样东西，我们愈经常愈持久地加以思索，它们愈使心灵充满不断增长的景仰和敬畏，在我们上之的星空和我心中的道德法则。"是不是说，康德也认为应对"天"有所敬畏呢？这和孔子的"畏天命"是不是有相通之处呢？

② 见《孟子·尽心上》。

那么世界不就可以和平了吗？把"亲亲"扩大到"仁民"，就是要行"仁政"。在《论语》中虽然没有出现"仁政"两字，但其中却处处体现着"仁政"思想，如"博施于民，而能济众"、"举贤才"、"泛爱众"、"导之以德，齐之以礼"等等都是讲的"仁政"。孔子的继承者孟子讲"仁政"，意义也很广泛，我认为最重要的是他说："民之为道也，有恒产者有恒心，无恒产者无恒心。"意思是说，对老百姓的道理，要使老百姓都有一定固定产业，他们才能有一定的道德观念和行为准则。没有一定的固定产业，怎么能让他有相应的道德观念和行为准则呢！所以孟子说："夫仁政，必自经界始。""仁政"，首先要使老百姓有自己可以耕种的土地。我想，我们今天要建设"和谐社会"，首要之事就是要使我们的老百姓都有自己的固定的产业。就全人类说，就是要使各国、各民族都能自主地拥有其应有的资源和财富，强国不能掠夺别国的资源和财富以推行强权政治。所以强调"人"与"人"、"国家"与"国家"之间的协调和相互爱护的"人我合一"思想，当今对建设"和谐社会"、"和谐世界"应是有意义的。

（三）"身心合一"（一内外）将会为调节自我身心内外的矛盾提供某些有意义的思想资源

　　"身心合一"是说肉体生命与精神生命之间存在着一种相即不离的和谐关系。儒家认为达到"身心合一"要靠"修身"。《郭店楚简·性自命出》中说："闻道反己，修身者也。"意思是说，知道了做人的道理，就应该反求诸己，这就是"修身"。所以《大学》认为，"修身"、"齐家"、"治国"、"平天下"，"自天子以至于庶人，壹是皆以修身为本，其本乱而末治者否矣。"《中庸》里面也说："为政在人，取人以身，修身以道，修道以仁。"社会靠人来治理，让什么人来治理要看他自身的道德修养，修养是以符合不符合"道"为标准，做到使社会和谐就要有"仁爱"之心。这里，把个人的道德修养（修身）与"仁"联系起来，正说明儒家思想的一贯性。《郭店楚简·性自命出》中说："修身近至仁。"修身是为达到实现"仁"的境界的必有过程。因此，儒家讲"修身"不是没有目标的，而是为了"齐家"、"治国"、"平天下"，即希望建设"和谐社会"的。《礼记·礼远》中所记载的"天下为公"的"大同"社会就是儒家理想和谐社会的蓝图。如果一个社会有了良好的制度，再加之以有道德修养的人来管理这个社会，社会上的人都能"以修身为本"，那么这个社会也许就可以成为一个"和谐的社会"，世界就可以成为一个"和谐的世界"吧！

在儒家看，解决上述的种种矛盾其中"人"是关键。因为，只有人才可以"为天地立心，为生民立命，为往圣继绝学，为万世开太平"。是不是我们可以说，当今人类社会遇到的问题，儒学可以为其提供某些有意义的思想资源？善于利用儒学资源来解决当今人类社会存在的种种问题，是不是可以说为儒学的复兴提供了机会？当然，我们必须注意到，孔子的儒家思想并不是十全十美的，它并不能全盘解决当今人类社会存在的诸多复杂问题，它只能给我们提供思考的路子和有价值的理念（如世界观、人生观、价值观等等的理念），启发我们用儒学的思维方式和人生智慧，在给这些思想资源以适应现代社会和人类社会发展前途新诠释的基础上，为建设和谐的人类社会作出它可能作出的贡献。

如上所说，如果儒学中有可以提供为解决今日人类社会存在的种种问题的思想资料。那么，我们可不可以问：这些能为解决人类社会存在的思想资源有没有某种"普世价值"（universal value）的意义？照我看，也许可以说儒家的某些思想有着"普世价值"的意义。从历史上看，任何思想、观念都是在一定民族或国家中产生的，因此这些思想、观念都有其特殊的含义，并和其整体文化体系相关联。例如，儒家的"己所不欲，勿施于人"是基于孔子的"仁学"而有的；基督教的"博爱"是基于"在上帝面前人人平等"（或由此引发出来的"在法律面前人人平等")而有的①；佛教的"慈悲"是基于其"普度众生"而有的，《智度论》卷27中说："大慈与一切众生乐，大悲拔一切众生苦。"因此，不同民族、国家所提出的思想、理念从一定意义上说都有其"特殊价值"。但是，我们往往会发现正是某些有意义的"特殊价值"具有"普世价值"的意义。因为，某些思想、理念的"普世价值"往往是寓于"特殊价值"之中的。因此，"价值论"是一种受到哲学、伦理学以及其他学科非常重视的学说。当前，我们讨论中国文化、儒家学说当然要考虑其对人类文化的"特殊价值"，但同时我们决不能忽视其文化中的"普世价值"的意义。从理论和现实的意义上说，如果不承认在文化中有"普世价值"，那么很可能走上文化上的"相对主义"，认为没有"真理"（那怕是相对的真理），只能是"公说公有理"、"婆说婆有理"，这样在文化中就不可能形成有意义的对话，找不到共同的话语，因而很难对解决人类社会遇到的共同问题达成"共识"。否定人类文化中有"普世价值"对当今世界全球化将是一种消极力量，是不利于人类社会合理发展的。同时，如果我们不讲文化中的"普世价值"，那么其他文化，特别是西方文化（美国文化）却大讲"普世价值"，这岂不是说我们把讲"普世价值"的权利让给了西方文化，这将有助于西方鼓吹他们的所谓"普世主义"（universalism），而使他们拥有了"话语霸权"。因此，我们应把人类文化中可有的"普世价值"与西方所鼓吹的"普世主义"区分开来。上述儒家学说中关于"天人合一"、"人我合一"、"身心合一"的思想中一定包含着"普世价值"意义的宝贵资源。而且各民族的优秀文化中都不能没有"普世价值"意义的资源，盖因"普世价值"往往寓于"特殊价值"之中，这大概是我们不得不长期研究"共相"与"殊相"关系之哲学问题的原因。因此，在我们研究儒家思想时，固然要特别注意其对人类社会能作出的特殊贡献，同时也必须揭示其对人类社会有着"普世价值"意

---

① 《圣经·马太福音》记有耶稣的《登山教训》，其中说："使人和睦的人有福了，因为他必称为上帝的儿子。"

义的思想。最后我想把费孝通先生的一个极有意义的有关"文化"间关系的几句话，推荐给大家：他认为在文化间，应是"各美其美，美人之美，美美与共，天下大同"。每种文化都应了解自身文化对人类社会可有的贡献(各美其美)；同时也应了解其他民族文化对人类社会可有的贡献(美人之美)；把各个民族的优秀文化汇集在一起，形成人类社会所共有的"普世价值"意义的价值观(美美与共)，人类社会将会进入"和谐社会"的"大同世界"。

司马迁说的"居今之世，志古之道，所以自镜也，未必尽同"是很有道理的名言。我们生活在今天，要了解自古以来治乱兴衰的道理，把它作一面镜子，但是古今不一定都相同，需要以我们的智慧在传承前人有价值的思想中不断创新。因此，我们今天的任务是对自古以来的有价值的思想(包括儒家思想)进行现代诠释，创造适应现代社会需要的新学说、新理论。

儒家的人生价值观

钱 逊

> 钱逊，1933年生。清华大学思想文化研究所教授。1953—1981年在清华大学任马克思主义理论课教师，1982年后转攻中国思想史，主要研究方向：先秦儒学、中国古代人生哲学。曾任清华大学思想文化研究所副所长、所长。著有《论语浅解》、《先秦儒学》、《中国古代人生哲学》、《中国传统道德》（全书副主编，《理论卷》主编）、《〈论语〉读本》、《论语初级读本》等。1999年退休。校外学术兼职：中华孔子学会副会长，国际儒学联合会副理事长、中华炎黄文化研究会理事。

一、人禽之辨

谈人生价值，首先要认识人自己，回答"我是谁?"的问题。在儒学中这个问题就表现为对"人禽之辨"，即人和禽兽的区别何在? 人之所以为人的是什么? 这些问题的讨论。

早在春秋战国时代，孟子、荀子就对这个问题作出了明确的回答。孟子说：

饱食、暖衣、逸居而无教，则近于禽兽。(《孟子·滕文公上》)

他从文明发展的历史说，在上古，先民们首先是解决了吃、穿、住等物质生活问题，但是还没有教化，这时的人就还近于禽兽，没有完全摆脱禽兽的境界。所以后来就进行人伦教化，

教以人伦，父子有亲，君臣有义，夫妇有别，长幼有叙，朋友有信。(《孟子·滕文公上》)

荀子说：

水火有气而无生，草木有生而无知，禽兽有知而无义，人有气、有生、有知且有义，故最为天下贵也。力不若牛，走不若马，而牛马为用，何也？曰：人能群，彼不能群也。人何以能群？曰：分。分何以能行？曰：义。(《荀子·王制》)

禽兽有父子而无父子之亲，有牝牡而无男女之别。(《荀子·非相》)

这是从理论上做出的概括和说明。人之所以区别于禽兽而成为人，人之所以高于禽兽，就在其能群，有义；讲人伦，有人文的、精神的生活。

儒学反对仅从人的生物本能看人性。孟子反驳告子"生之谓性"，以人的自然本性为人性的观点说：

然则犬之性犹牛之性，牛之性犹人之性与？(《孟子·告子上》)

又提出：

无恻隐之心，非人也；无羞恶之心，非人也；无辞让之心，非人也；无是非之心，非人也。(《孟子·公孙丑上》)

认为人和禽兽的区别就在人有恻隐之心，羞恶之心，辞让之心和是非之心，而这四心则是仁义礼智的根源和发端。《中庸》又说：

天命之谓性，率性之谓道，修道之谓教。

天赋的善性又是人伦教化的基础。

儒学提出人和禽兽之辨，强调从人和禽兽的区别来认识人，并且

不是从生理上，而是从人伦教化、道德善性上看人和禽兽的区别，实际上是突出了人的社会性。这是理解儒家人生价值观的脚步出发点。

二、人生的两大问题和两项基本原则

儒家思想以能群、有义为人和禽兽的根本区别，人之所以为人之所在，指出了人生的两个基本问题：物质生命与精神生命的关系和群体与个体的关系。

物质生命和精神生命的关系。

人的生活有物质的和精神的两个方面，人的生命也就有物质生命和精神生命两部分。物质生活，衣食住行、两性生活，其基础是自然的生物本能，因而与禽兽没有根本区别；精神生活，人伦道义，则是人所独有的。人之所以区别于禽兽而成为人，人之所以高于禽兽，就在其有精神生活。人的本质、人的价值就都取决于精神生命。中国人对生命有一个说法，叫"性命"。性命，就包含了物质生命和精神生命两个方面，指出了人和禽兽的不同。

看人的问题，不能只看自然本性和物质生活的方面。比如说两性生活。从生物的角度、生理的角度来讲，人和动物都有两性生活，维持种的繁衍，这一点人和动物没有区别。但是人的两性生活和动物又是不一样的，人还有婚姻家庭制度和相应的道德、法律规范。最早的群婚，没有家庭，这和动物的状况还很接近，近于禽兽。随着人类文明的发展，婚姻制度也不断发展进步。从母系社会进入父系社会，又从一夫多妻到一夫一妻，现代社会占主导地位的是一夫一妻制。这是人文的、精神生活的方面，而且这种发展正标志着人类文明的进步。

现在，对于"一夜情"、"第三者插足"这样一些问题，有一种说法，说这些现象是出于人的本性，所以也就是他的权利，只要双方自愿，不损害他人，就不必苛责。对青少年进行性教育，也往往只从生理方面讲，不注意道德教育。这样讲，似乎是依据科学，也有些道理；但它只看生物本能，完全抹杀了社会人文道德的方面，那就是抹杀了人和禽兽的区别，把人降低到禽兽的境地。

物质生命和精神生命二者的关系，用八个字概括，就是"生以载义，义以立生"。物质生命的价值在于"载义"，生命的意义是由"义"赋予。生命是可贵的，因为生命是义的载体。我们常说，生命是革命的本钱，也是做一切事业的本钱，所以要重视生命、珍惜生命。生命又是可以舍弃的，因为生命的意义是义赋予的，丢弃了义，生命就失去灵魂，没有了意义，只是行尸走肉。陷于不义，不如死。也就是"宁为玉碎，不为瓦全"。

从这一个基本认识出发，所以《论语》中提出一个原则："义以为上"，就是在处理物质生活和精神生活的关系时，要把精神生活、道德修养方面放在第一位，物质生活的追求要服从于精神生活的追求，而不是把物质生活放在第一位，一切服从于物质生活的追求。精神生活支配物质生活，还是物质生活支配精神生活，这是区分君子和小人的重要标准。而如果只顾追求物质生活的满足和改善，完全不讲精神生活，不修养自己，没有道德，那在中国传统思想看来，就是近于禽兽。

物质生命和精神生命的关系，也表现在生活中对道义和利益关系的处理上。《论语》中提出，

子曰："君子喻于义，小人喻于利。"（《论语·里仁》）

人们常常引用这句话批评儒家只讲义不讲利，其实这是一种误解。孔子主张义以为上，把精神生活放在首位，并不是反对对物质利益的追求。

子曰："富与贵，是人之所欲也；不以其道得之，不处也。贫与贱，是人之所恶也；不以其道得之，不去也。"(《论语·里仁》)

他肯定富与贵是人之所欲，贫与贱是人之所恶，但是认为对物质利益的追求，对富贵的获得和对贫贱的摆脱，都要遵循道义的标准。这就是"见利思义"的原则。

孟子说：

非其道，则一箪食不可受于人；如其道，则舜受尧之天下，不以为泰。(《孟子·滕文公下》)

不符合道义，一碗饭都不能要人家的；符合道义，那么舜接受尧传给他的天下，也不过分。

所以，孔子和儒家的思想，不是不要利，而是把义放在首位，给利的取舍提出一个标准；用道义制约对利益的追求；也就是"以义制利"。"君子喻于义，小人喻于利。"这句话是说，君子懂得利的取舍要以义为标准，见利思义，义然后取，不取不义之财；而小人则只知道牟利，唯利是图。怎样对待义与利的关系，也就是"义利之辨"的问题，这也是儒学讨论的一个大问题，是区分君子和小人的重要标准。事实上，许多人正是在这个问题上没有把握住自己，贪图不义之财，走上了邪路，身败名裂。

另一个问题，是群体和个体的关系。

人生活在群体中，一刻不能脱离群体脱离他人而独自存在。每一个人既是不同于他人的个体，同时又是群体的一分子。由此，人的生命也有个体小生命和群体大生命两个方面。人要把自己看作群体的一分子，把个人放在群体之中，把个人的小生命融入到群体的、历史的大生命中去，在群体的发展中求自己的发展，实现个体的价值。这个问题上，西方思想是孤立地突出个人，"认识自我，发现自我，实现自我"，凸显出中西文化的差异。

曾子曰："士不可以不弘毅，任重而道远。仁以为己任，不亦重

乎？死而后已，不亦远乎？"(《论语·泰伯》)

曾子说，作为一个"士"，任重而道远。这是对人生的理解。整个的人生是一个什么样的过程？是肩上担有对社会的责任，作为自己的使命；而这个责任是死而后已，要终身为之奋斗，到死才能卸下的。人生不是吃好、玩好，快快乐乐，潇洒走一回，而是仁以为己任，为弘扬仁道死而后已，任重道远的过程。

子路问君子。子曰："修己以敬。"曰："如斯而已乎？"曰："修己以安人。"曰："如斯而已乎？"曰："修己以安百姓。修己以安百姓，尧舜其犹病诸。"(《论语·宪问》)

修己，修养自己；安人，使别人也能安好；安百姓，要把整个的百姓都放在心上，使他们都能安好。修己以安百姓实际就是对"仁以为己任"的具体说明。仁不只是个人的道德修养，而且也是一种社会理想；弘扬仁道就是要修己以安百姓。用古代语言说，就是以天下为己任；用现在的话来讲，就叫为理想社会而奋斗。

孔子一生为救世奔走而不见用，当时的一些隐者曾讥讽孔子为"知其不可而为之"，劝孔子和弟子们追随隐者退隐山林。孔子的回答是：

鸟兽不可与同群，吾非斯人之徒与而谁与？天下有道，丘不与易也。(《论语·微子》)

他说人不可以与鸟兽同群，既然与人同群，就要尽自己的责任；天下无道，就不能不出来奔走。他认为出仕是"行其义也"，是尽自己的责任，是不能废弃的；批评隐者"欲洁其身，而乱大伦"，为了保持自己的清白而丢弃了责任。在隐者看来他"知其不可而为之"是不识时务，傻；在他自己则正是以天下为己任的体现。这也反映了儒家和隐者在个人与群体关系上的不同态度。

常有人批评儒家否定个人价值。其实不然。《论语》说：

君子疾没世而名不称焉。(《论语·卫灵公》)

君子很怕去世以后名不称焉，碌碌无为，默默无闻地了此一生；

领导干部国学大讲堂

从正面说就是追求"青史留名",永垂不朽。这是中国士人、中国知识分子一个很重要的传统。

人总是追求不朽。一些宗教讲灵魂不死,追求死后上天堂,或进入极乐世界。而中国人的追求,就是"青史留名",不是天国,也不是极乐世界,而是在我们所生活的人世间,在我们的后代中留下自己,在历史中实现个人的精神不死。实际上这也是对个人价值的一种重视,只是对个人价值的理解不同,它重视的是在群体中,在历史中实现个人价值。

《论语》里有一章讲孔子对齐景公和伯夷叔齐的评价:

齐景公有马千驷,死之日,民无德而称焉;伯夷叔齐饿于首阳之下,民到于今称之。(《论语·季氏》)

这段话是对具体人物人生价值的评价。一个是评价齐景公,齐景公当时是齐国的国君,孔子对他的评价是"死之日,民无德而称焉"。下面讲"伯夷叔齐饿于首阳之下",伯夷、叔齐是殷商孤竹君的两个儿子,他们在父亲去世之后互相推让继承权,弟弟让哥哥,哥哥让弟弟,都离家出走,到了周的领地。当时周还是商朝下面的一个小邦。后来武王伐纣,他们反对使用武力,曾经进行劝谏。周取代商朝建立周朝以后,伯夷、叔齐为保持气节,不为周朝服务,就隐居到首阳山上,吃野菜为生,最后饿死在山里。孔子的评价是"民到于今称之",老百姓到现在还称颂他们,把他们当成是道德的典范,坚守气节的典范。孔子对齐景公和伯夷叔齐的评价,不是看他们生前拥有的地位和财富,而是看他们死后百姓对他们的评价。这体现了中国人对个人价值的一种理解。我们常常讲百姓心中有杆秤,公道自在人心。每个人的价值都要在后人对他的评价中体现出来,要在老百姓心中的这杆秤上称出来。百姓对一个人的评价不是自己可以决定或争来的。老百姓怎么评价人呢,就看他对百姓做了什么。对社会、对百姓做了好事,百姓就拥护他,纪念他;做坏事,糟害百姓,百姓就反对他,否定他，死后"民无德称之"，把他遗忘了，甚至"不尽骂名滚滚来"。所以，一个人的价值不是看他从社会得到了些什么，而是看他给社会做了些什么，看人们是怎样评价他的。一个人的价值是从他对社会的付出来体现的，对社会所做的一切，老百姓自然会给出一种相应的评价。这不是否定个人的价值，而是把个人和群体结合起来，为群体做贡献，在群体的发展中实现个人的价值。是一种群己统一的价值观。

总之，孔子所提倡的人生追求，主要是回答了这样两个问题：一是，怎么处理物质生活和精神生活的关系；二是，怎么看待个人和群体的关系。对这两个问题的回答，提出了两个原则，一个是"义以为上"，一个是"群己统一"。这是儒学传统中的两项核心价值。这两个问题也是联系在一起的，对物质生活的追求总是属于个人的，不超出个人；对精神生活的追求，则是要追求一种社会的理想，总是超越了个人的范围，是为群体、为他人的。集中为一句话，就是"天下兴亡，匹夫有责"、"以天下为己任"。这就是传统儒学所提倡的人生追求。

三、"杀身成仁"、"舍生取义"，人生追求的最高境界

"义以为上"，"群己统一"，最高的表现就是"杀身成仁"、"舍生取义"。

孔子提出：

志士仁人，无求生以害仁，有杀身以成仁。(《论语·卫灵公》)

孟子说：

鱼，我所欲也，熊掌亦我所欲也，二者不可得兼，舍鱼而取熊掌

者也。生亦我所欲也，义亦我所欲也，二者不可得兼，舍身而取义者也。……生亦我所欲，所欲有甚于生者，故不为苟得也。死亦我所恶，所恶有甚于死者，故患有所不辟也。（《孟子·告子上》）

明确指出道义的价值高于生命；在生命与道义二者不可得兼的情况下，要杀身成仁，舍生取义；生死抉择，惟义所在。

强调杀身成仁，舍生取义，并不是否定个人人格独立。

子曰："三军可夺帅也，匹夫不可夺志也"。（《论语·子罕》）

再强大的军队，它的统帅都可以被剥夺，而一个普通人立下的志向却是任何力量都无法剥夺的；另一方面，从个人来讲，立下志向以后，就应该坚持到底，不因为任何外界因素的影响而改变。这就是对独立人格的强调。还有，大家熟悉的孟子的名言：

富贵不能淫，贫贱不能移，威武不能屈，此之谓大丈夫。（《孟子·滕文公下》）

这是对"匹夫不可夺志"的具体说明。也就是中国传统讲的气节。从上面说到的伯夷叔齐，到苏武、文天祥、林则徐等等，是一个重要的传统，体现了中国儒家的价值观。

所以，"杀身成仁"、"舍生取义"包含着两个方面：它既是为道义理想而献身，同时也是个人人格的完成，体现了个人独立人格与对社会责任的担当的统一，这是孔子儒家人生追求的最高层次的要求和最高的境界。

我们平常对杀身成仁、舍生取义的理解，往往只看到它为理想、事业，为群体献身这一面，想起来总觉得很悲壮。其实在古代的志士仁人那里，成仁取义是他们毕生追求的最高境界。能做到这一点，是个人人格的完成。"求仁而得仁"，是另一番心情。这样讲，可能不好理解。我们可以看一个典型的例子。这个典型就是文天祥。文天祥抗元失败被俘，元人先是劝降，文天祥坚决拒绝，后被关押在土牢里很多年，最后被杀害。在他就义以后，人们在他的腰带上发现了这样一段话，这是他最后的遗言，也是他心声最后的表达。他说：

　　孔曰成仁，孟曰取义，唯其义尽，所以仁至。读圣贤书，所学何事？而今而后，庶几无愧。

"孔曰成仁，孟曰取义"，概括了儒家学说最核心的要求，是文天祥对他读的儒家学说的一个理解。"唯其义尽，所以仁至"，来自于孟子所说浩然正气是"集义"所得，是说要达到最高的境界需要长期的修养、积累。"读圣贤书，所学何事"，我读一辈子的圣贤书学的是什么呢？学的就是这个叫做成仁取义的道理。最后这句话很重要，"而今而后，庶几无愧"，那么我读了一辈子，追求了一辈子，结果如何呢？在生命的最后时刻，回顾一生，自己没有被元的高官厚禄所诱惑，也没有被土牢里各种恶劣条件所动摇，终于坚持到最后，实现了自己的追求，做到这一点了。这样，庶几无愧，终于可以无愧于这一生，无愧于百姓了。这里没有一丝为事业牺牲自己的悲壮，有的只是无憾和欣慰。为理想信念、群体事业献身和个人人格的完成达到了完美的统一。

四、民族精神的思想基础

　　这样的价值观，为历代志士仁人所接受，成为人们安身立命的家园，民族精神的基础。我们世代传诵，几乎家喻户晓的名言，如：

　　先天下之忧而忧，后天下之乐而乐。

　　天下兴亡，匹夫有责。

　　人生自古谁无死，留取丹心照汗青。

苟利国家生死以，岂因祸福避趋之？

都渗透和体现着前面所说的儒家的人生价值观，义以为上，群己统一，以天下为己任。

民族精神是发展的，随时代前进而不断取得新的时代内容。革命战争年代的长征精神、延安精神，建国以后的焦裕禄精神、雷锋精神、两弹一星精神、抗洪精神、航天精神……不同时期所表现出的每一种精神，都有其鲜明的时代特点和内容。但他们的思想基础又是一贯的，都离不开中国传统文化的核心价值。当代的革命精神，是几千年来民族精神的发展。古代的文化传统、民族精神和当代的革命精神，是一个传统的两个发展阶段，而不是两个传统。儒学和中华文化的核心价值、核心精神贯穿始终。

五、两个问题

第一个问题，生命是不是最高的价值？

人们常讲生命是最可宝贵的，没有什么比生命更可贵。现在我们讲儒家的价值观，孟子说所欲有甚于生者，所恶有甚于死者，认为生命并不是最宝贵的。那么，对这两种不同的观点怎样理解呢？这两种不同的讲法，哪个对呢？

其实这两种观点是可以统一的，在各自适用的条件下都是对的。生命是最宝贵的，是相对于物来说的。以人和其他事物相比，在世间一切事物中，人是最宝贵的。"天地之性人为贵"、"最为天下贵"。说生命是最宝贵的，实际就是说人是最宝贵的。所欲有甚于生者，所恶有甚于死者，是就人生价值来说的，说的是物质生命和精神生命的关系。这里的生，是指个人的物质生命。所欲有甚于生者，所恶有甚于死者是说精神生命高于物质生命。二者的统一，关键在对生命的理解。在汶川地震抗震中，对生命的不同理解有着鲜明的表现。一方面是解放军战士在死亡的威胁下，义无反顾地去营救灾民，许多教师为了救孩子不惜牺牲自己的生命，民警、公务人员顾不上救自己的亲人，坚守岗位，投入救灾。他们不是把个人的物质生命放在第一位，而是始终将百姓的安危放在第一位，把理想、信念、责任放在第一位，理想、责任重于生命。他们的行为表现的是把个人与群体、百姓紧密联系在一起，把精神生命放在第一位的中国传统精神，也就是以天下为己任的民族精神。部分教师的牺牲，也体现了杀身成仁、舍生取义的精神。他们付出了个人的物质生命，却实现了精神生命的永恒。他们的这种精神永远为人们所纪念，永垂不朽，并且将激励后人，化为我们民族发展的物质力量。

与汶川抗震主流精神形成鲜明对比的是范美忠的表现。范美忠逃跑情有可原，并不应该过多地责备。问题是他的思想。他说在危难情况下求生是每一个人的本能，既然是本能，那也是每个人平等的权利，所以他逃跑没有错。有人不逃，愿意救人牺牲，是一种选择，也并不高尚。他是将个人的物质生命放在第一位，不顾他人，也不顾精神追求，高尚和卑劣。范美忠也是珍惜生命的。但是他珍惜的只是他个体的物质生命，心中只有生命，没有其他。

所以，只说生命是最高的价值，还是不够的。还要对生命有正确的认识和理解。当然，对于不同的价值观可以选择。但同时也要思考，什么样的价值观更符合社会的需要，更能促进人类文明的发展。汶川抗震，这一点表现得非常清楚。再看整个人类文明发展历史，古今中外所有有所作为的杰出人物，都是把事业理想放第一位，为了理想不惜牺牲自己的生命。没有这样的精神，人类文明不可能有今天这样的发展。

第二个问题，现在我们社会已经是市场经济的社会，中国传统的价值观还有没有现实的基础？

有人把市场经济社会通行的主导地位的价值观概括成两条：一是：以获取最大的物质利益为最高原则；二是：以个人利益为第一。合起来就是以个人的最大物质利益为最高原则。在市场经济条件下，流行这样的思想有其社会基础。而我们所讲中国儒家传统的核心价值，要把精神生命放在第一位，要把个人放在群体之中，恰恰与此对立。所以有人就提出，中国传统的价值观今天还有没有现实基础？这是一个值得认真思考的问题。

这个问题是涉及深刻广泛的问题，一时还无法做出完整的回答。只说一点自己的想法，和大家一起讨论。我想，可以把思路放开一些，从多个方面来思考。

首先，我们能不能完全抛弃传统儒学的价值观。能不能完全接受以个人的最大物质利益为最高原则的价值观？如果否定和抛弃了儒学核心价值和民族精神的传统，完全接受以个人的最大物质利益为最高原则的价值观，会是什么样子？我想，可以说，那就根本不会有长征精神、延安精神及其以后的这一切。还可以说，还会给我们带来西方发达社会所有的种种问题和弊病。

其次，当今的社会中，传统儒学的价值观是否还起着作用？它的基础何在？汶川抗震清楚地表明，传统儒学的价值观是抗震精神的重要思想基础，是抗震取得胜利的伟大精神力量；也说明传统的价值观代代相传，已经渗透在人们生活中，成为现实的传统，有着深厚的基础。

再次，在市场经济环境下，追求个人物质利益的最大化是不是唯一的、最好的选择？现实有一些例子，可以引发一些我们思考。比如中国河北徐水县一个农民企业家孙大午，他从2万块钱养鸡养猪起家，现在有一个大午农贸集团公司，下辖20多个企业，资产上亿。他讲他办企业理念，有这么三句话，"不以赢利为目的，以发展为目标，以共同富裕为归宿。"几年前，有人组织了一些学者和做过农村工作的专家，到他那里参观。当时我们去了十几个人，对"不以赢利为目的"这一条都认为是错的，要他改。他不接受，没有结果。回来后我想，他那么坚持，究竟有没有道理？后来我想通了，他讲的有道理。他说"不以赢利为目的"，是讲他人生的目标，人生的追求。作为一个企业家，办企业不可能不以赢利为目的；不赢利，就没有饭吃，企业也要垮了。但是换一个角度，如果从人生的角度来说，讲做人，就不能以赢利为目的。办企业是要赚钱，但赚钱不是全部的和最后的目的。他后面有两句话，"以发展为目标，以共同富裕为归宿"，最后是要以共同富裕为目标；赢利只是达到这个目标的手段。他实际上也是这样做的。除了办企业之外，还做了很多事情，自己家乡环境的建设，文化的建设，还拿了几千万办一个学校，非赢利的，规模也不小，有两千多学生。

所以从市场经济运行来看，要服从追求最大赢利这个规则，但是从人生来讲，人生的追求可以超越市场经济的追求。换句话说，做企业家和做教师、科学家、医生、律师、公务员等等一样，只是一种职业；在不同职业之上还有做人的共同要求。在市场经济下你即使是企业家，也不应该局限于企业家这个职业的角色，做只知道赚钱不知道精神追求的赚钱机器、经济动物。现在我们提倡儒商精神，做人要学习发扬传统儒家精神，要讲修养、讲道德、讲社会责任，造福社会和人民。这个是可以做到的，和办企业赚钱一点也不矛盾。

另外一个我要提到的是比尔·盖茨。比尔·盖茨是全球首富，他拿出自己很大一部分资金办了一个慈善基金会，来做慈善事业。巴菲特，人家称之为"股神"，在全球也是数一、数二的富翁。他也把85%的家产，捐给比尔·盖茨的基金会去做慈善事业，数额达到406亿美元，排名全球第一。另外一些富豪也有类似的表现。这是不是也说明一些问题，即使在西方世界，人们的精神上也还是可以超越以个人最大物质利益为最高原则的思想境界。这也是值得我们注意和思考的一个问题。如果在现代社会，人们确实可以超越那样一个局限，超越追求最大物质利益的原则的话，那么，应该说，发扬中华传统文化，对于做到这一点会有积极的意义。我们是不是也可以从这个角度来理解中华文化传统价值观的当代价值。

最后，一个重要的问题，弘扬传统优秀的价值观，不是简单照搬。儒学的优秀传统能不能在现代社会弘扬发展，发挥其积极作用，关键在于能不能适应现代社会需要，吸取西方现代思想的合理部分，推陈出新，发展自己。这方面需要做艰巨的工作，儒学的命运取决于当代人的努力，任重而道远。

重塑儒学核心价值观

——"一道五德"论纲

吴　光

吴光，浙江淳安人。1944年10月生。现任浙江省社会科学院哲学所研究员，浙江省文史研究馆馆员。历任浙江省社会科学院哲学研究所所长、新加坡东亚哲学研究所专任研究员、香港中文大学新亚书院"明裕学人"访问教授、日本九州大学访问研究员、台湾中央研究院中国文哲所访问教授、浙江中华文化研究所所长、浙江国际阳明学研究中心主任、杭州师范大学双聘教授暨硕士生导师等职。

兼任国际儒学联合会理事暨学术委员、中国人民大学国学院专家委员会委员、浙江省儒学学会常务副会长兼秘书长、《中华文化研究集刊》与《儒学天地》主编等职。研究方向：中国思想史；研究重点：儒学、道家、浙学。

著有《黄老之学通论》、《儒家哲学片论》、《黄宗羲与清代浙东学派》、《儒道论述》、《古书考辨集》、《古今廉文》等专著，在国内外报刊发表学术论文200余篇。主编《黄宗羲全集》、《王阳明全集》、《刘宗周全集》等大型古籍及《阳明学研究丛书》(11册)、《浙江文化史话丛书》(7册)、《中华文化研究集刊》(8辑)及10多部学术论文集。

古人曰："衣食足而知荣辱，仓廪实而知礼节。"经过30年改革开放，中国国力迅速增强，现已进入"和平崛起"的发展时期。伴随着改革开放的历史潮流，中国人的精神面貌与思想信仰也发生了极大变化。21年前，在新加坡举行的"儒学发展的问题及前景"国际研讨会上，连会议主席杜维明教授也悲叹"儒门淡薄，花果飘零"的现状，历史学家余英时教授则提出了著名的"游魂"说。现在的情形则完全改观，从城市到农村，从学校到企业，从电视台到图书馆，到处在讲儒学。许多市县重修文庙，举行祭孔；不少地方修复书院，开设儒学讲堂或国学讲堂，真可谓庶矣盛矣！作为中华传统文化主流的儒家文化得到了广泛的传播，儒学从百余年来的衰微走上了复兴，其发展形势令人鼓舞。

但儒学究竟是什么？其根本精神与核心价值观是什么？当今如何在新的时代条件下重塑儒学的核心价值观，使之适应现代化与全球化的需要？又如何以简明通俗的语言来概括儒学核心价值观使之深入人心？这是今天亟待讨论的问题。

◀ 儒学核心价值认识史的回顾 ▶

儒学自诞生以来，历代儒家对于核心价值观的认识与表述是代有异同的，既有历久弥新的常道，又有应时制宜的变道。

孔子是儒学的奠基者，他在对弟子或当政者的谈话中提出了20多个道德范畴，如仁、义、礼、智、圣、孝、悌、忠、信、中、和、恭、敬、宽、敏、惠、勇、温、良、俭、让等等，但讲得最多的是仁与礼。他曾对弟子说了"吾道一以贯之"的话。这个"一以贯之"之道，按照曾子的解读，是所谓"忠恕"二字。忠近礼，恕近仁。孔子的核心价值观，可以概括为"仁本礼用"四个字。

孔子的孙子子思，即孔伋，主张以"仁、义、礼、智、圣"为核心价值的"五行"说；又有以"圣、智、仁、义、忠、信"为核心价值的"六德"说①；孟子继承了孔子、子思的仁学思想而有所发展，其核心价值观念是"仁、义、礼、智"四端之心，认为"仁"是恻隐之心，"义"是羞恶之心，"礼"是恭敬之心，"智"是是非之心，并断言"仁义礼智根于心"。

继孟子而起的荀子(荀卿)虽然批评子思、孟轲"案往旧造说，谓之五行"(《荀子·非十二子》)，但却最推崇孔子与子弓，称其为"圣人之不得势者"，并且肯定和继承了孔子所提出的仁、义、礼、乐、恭、敬、忠、信等基本价值观念。如说："仁、爱也，故亲。义、理也，故行。礼、节也，故成。……仁义礼乐，其致一也。君子处仁以义，然后仁也；行义以礼，然后义也；制礼反本成末，然后礼也。三者皆通，然后道也。"(《荀子·大略》)又说："道也者，何也？礼义、辞让、忠信是也。"(《荀子·强国》)可见荀子及其学派在核心价值观方面与孔孟大同而小异，并无根本性的对立。

介乎孟、荀之间的稷下儒家，则提出了"礼、义、廉、耻，国之四维"(见《管子·牧民》)的核心价值观思想，认为"礼、义、廉、耻"乃支撑国家的四大精神支柱，如果四大支柱倒塌了，国家就必然走上覆灭

---

① 参见湖北省荆门市博物馆编《郭店楚墓竹简》之《五行》、《忠信之道》、《六德》诸篇，文物出版社1998年版，第147、161、185页，据李学勤、庞朴、姜广辉等学者考证，《郭店楚墓竹简》中的儒家典籍，大多系子思学派之作，尤其是《五行》、《忠信之道》、《六德》诸篇，可确认为子思所作。

之路。后儒便以"礼、义、廉、耻"加上"孝、悌、忠、信"合称为八德，作为儒家修身、齐家、治国、平天下的道德准则。

到了西汉中期的汉武帝时代，对于儒学核心价值观的概括起了重大变化。汉初70年间，吸取秦王朝"以法为教，以吏为师"、"焚书坑儒，纯任法家"导致二世而亡的历史教训，采用了以"与民休息，无为而治"为主旨的道家黄老之学作为统治思想。黄老学的基本特色是以自然无为的老子"道论"为基础，"因阴阳之大顺，采儒墨之善，撮名法之要"（司马谈：《论六家要旨》）。到了董仲舒，则向汉武帝提出了"抑黜百家，独尊儒术"的政策性建议，从而使官方统治思想从秦始皇的尊法经历汉初尊道进而转变为尊儒的变化。以董仲舒为代表的汉儒在吸收道法、阐发孔子"微言大义"的思想指导下首次提出了以"三纲五常"为核心的价值观理论。其所谓"三纲"即"君为臣纲，父为子纲，夫为妇纲"，所谓"五常"即"仁义礼智信，五常之道"。这个"三纲五常"论，到东汉由皇帝钦定的《白虎通义》里被模式化，因其符合封建统治者维护纲常伦理、稳定社会秩序的政治需要而受到历代专制君主的青睐。它虽然仍是儒家之说，但实际上已偏离了先秦原儒"以人为本，以德为体"的道德人文精神。

由上可见，在先秦百家争鸣时期，儒家价值观的基本范畴是仁、义、礼、智、信、孝、悌、忠、信、和、敬等概念，其中尤以仁、礼二字最重要。到君主专制的封建社会确立以后，才固定化为"三纲五常"的核心价值观。直到辛亥革命推翻帝制、"五四"运动提倡民主、科学以后，那种为君主专制服务的"三纲"思想显然不再适合时代的要求而被淘汰，但传统儒学的"五常"思想并没有丧失价值，而是在新时代继续扮演着核心价值观的角色。

新时代需要重塑儒学核心价值观

　　近百年来，儒学经历了由盛转衰、衰极而盛的两次转折。儒学的核心价值观也经历了从被批判、打倒到重新焕发生命力的转机。然而，现在我们所面对的时代，已不再是闭关锁国以中央大国自居的君主专制时代，也不再是强调无产阶级专政下继续革命的阶级斗争年代，而是实行改革开放、建设中国特色社会主义的新时代，是经济、社会发展进入全球化的新时代，是多元文化共存并进、多元价值互动交融的信息化时代。在这样的时代，任何一种学说都不能扮演一统天下的角色，儒学也不能包打天下，而只能扮演多元文化中的一元角色，即作为道德人文主义哲学发挥其张扬道德、安定人心、扬善化恶、稳定社会的教化作用。新的时代需要与时俱进的新儒学，需要能够适应全球化发展、适应多元文化互相交流需要的新儒学，因此，重新诠释儒学的道德人文精神，根据既有材料重新塑造儒学核心价值观不仅十分必要，而且是当务之急。为此，当今许多有识之士，例如当代海外与港台新儒家的思想代表杜维明、成中英、刘述先、林安梧、龚鹏程等以及中国大陆的新儒家后起之秀，都在殚精竭虑、苦思冥想地提出新见解、甚至构造新体系，也可谓是新见迭出、众说纷纭了。例如，有人提出"三纲一个不能要，五常一字不能少"，有人提出用"一本五常"(即"民本"与"孝、仁、义、中、和"五德)取代传统儒学的"三纲五常"说，有人提出了以两性关系为主轴的公民社会"新伦理"，有人则提出以"公、仁、义、诚、勤"为核心价值的"新五常"说，等等，都反映了儒家学者为适应新时代需要而重塑儒学核心价值观的理论创新。这些新见，虽然各成一家之言，但仍然有待深化，也有待商榷。

在此，我想谈谈20多年来个人理论思考的一得之见。

本人从1988年起，发表了40余篇以儒学的理论结构、根本精神、核心范畴、当代定位为主题的学术论文，出版了一部回顾中国儒学史并探讨未来发展趋势的儒学专著和一部以儒学研究论文为主体的个人文集，另外还主编了四部荟萃国内外学者儒学新论的论文集①。我在这些论文著作中先后提出了若干具有原创性的观点。例如，在《儒家哲学片论——东方道德人文主义之研究》一书，首次将儒学定义为"道德人文主义哲学"，将儒学的根本精神定义为"以人为本，以德为体"的"道德人文精神"；在《从仁学到新仁学：走向新世纪的中国儒学》的长篇论文②中首次将传统儒学的基本思想模式概括为"仁本礼用"，并提出"民主仁学将是适应新世纪需要的儒学新形态"的思想；在《当代新儒学探索》的"导言"中指出，21世纪人类文明走向的基本态势是"经济全球化、政治多极化、社会现代化、文化多元化、价值观念普世化"，"由数千年历史所积累起来的民主、人权、平等、仁爱、和谐、诚信等原本分属于西方或东方文明的核心价值观念将不再区分东西，而日益成为全人类一致接受的普世性的价值观念"；在《儒学核心价值观在构建和谐世界中的重要意义》（载《孔子研究》2006年6期）一文中，论证了儒学核心价值观中具有普世性的价值观念是"仁爱"、"和谐"、"诚信"、"中庸"四大范畴；在《中华和谐文化的思想资源及其现代意义——兼论当代文化发展战略》（发表于《哲学研究》2007年第5期）一文中，首

① 两部论著是：吴光著：1.《儒家哲学片论——东方道德人文主义之研究》，新加坡东亚哲学研究所1989年12月版，台湾允晨文化出版公司1990年6月版，2.《儒道论述》，台湾三民书局1994年6月版，四部论文集是：吴光主编：1.《中华人文精神新论》，上海古籍出版社1998年12月版，2.《当代新儒学探索》，上海古籍出版社2003年4月版；3.《当代儒学的发展方向》，上海，汉语大词典出版社2005年6月版；4.《继往开来论儒学》，浙江古籍出版社2008年4月版；
② 本文系提交1999年台北国际中国哲学会年会的论文，收入沈清松主编的《跨世纪的中国哲学》一书，台北五南出版公司2001年6月版，并以《从孔孟仁学到民主仁学——儒学的回顾与展望》为题发表于《杭州师范学院学报》2001年第6期。

次提出了"一元主导，多元辅补；会通古今，兼融中西"的"多元和谐文化观"。

这些拙见发表后，虽有一定影响，但就表述儒学核心价值观而言，显得还很不系统，也不够简明。近半年来，我在北京、曲阜、广东的儒学研讨会上及在浙江、四川、云南、韩国等地讲学时，着重探讨了重塑儒学核心价值观的问题，提出了"一道五德"新论述，颇有一种"豁然贯通"之感。今特在此奉献一得之见，祈求方家指正！

❰ "一道五德"论的思考方向 ❱

我所谓的"一道五德"论，是指儒学根本之道是"仁"道，而体现这个"仁"道的五常大德是"义礼信和敬"。遵照论述逻辑，我们先来讨论一下儒学系统中的道、德内涵及其关系，然后具体展开对"一道五德"的论述。

（一）孔子与儒家的"道"、"德"论述①

在中国哲学发生学历史上，"道"的概念，从它出现伊始，便是一个富有理性的哲学范畴。道家如此，儒、墨亦然。按照《庄子·天下篇》的说法，古之"道术"本来是一个"无乎不在"的整体，后来"天下大乱，贤圣不明，道德不一，天下多得一察焉以自好"，于是便有了各得"道"之一端的诸子百家之学，那个本来统一的"道术"也变为"百家往而不反"的分裂之道了。因此，百家所论"道"之涵义也就各不相同。例

① 本文所引孔子言论，除另注出处者外，均出于《论语》，因属耳熟能详之句，故不另注篇名、版本、页码。

如，道家之"道"，是一个无所不在、自在自为的绝对观念性本体，儒家的"道"则是集政治、伦理、道德功能于一体的主宰性观念。这里我们不拟详论百家之道的不同内涵，仅就儒家创始人孔子所论之"道"的涵义作些分析。

从记载孔子思想的主要典籍《论语》可知，孔子所论之"道"有多种涵义，概而言之，大致有六：

一是由"道路"引申为"大道"、"原则"之义，如曰"士不可以不弘毅，任重而道远"，"三代之所以直道而行也"，"三年无改于父之道"。这里的"道"，原义为"道路"，引申义为"责任"、"道义"、"原则"；

二是"引导"之义，如说"道之以政"、"道之以德"，"道千乘之国，敬事而信，节用而爱人，使民以时"。这里的"道"，都是"引导"；

三是"学问"之义，如"就有道而正焉，可谓好学也已"。这里的"有道"之人，是指学问精深、道德高尚之人；

四指"理想境界"或"良好政治局面"，如曰"行义以达其道"，"齐一变，至于鲁；鲁一变，至于道"，"可与共学，未可与适道"，这个"道"，是指某种理想的合乎道德的境界。如曰"邦有道，不废；邦无道，免于刑戮"，"天下有道则见，无道则隐"，这个"道"则指某种良好的政治局面。

五是"根本之德"，如曰"志于道，据于德"，"（子产）有君子之道四焉：其行己也恭，其事上也敬，其养民也惠，其使民也义"，"所谓大臣者，以道事君，不可则止"，"君子谋道不谋食……忧道不忧贫"等等，这个"道"，是指个人修养的根本品德，行事为政的基本原则；

六指"根本原则"、"政治理想"或"战略原则"，如曰"吾道一以贯之"，"朝闻道，夕死可矣"，"道不行，乘桴浮于海"，"君子道者三，我无能焉：仁者不忧，知者不惑，勇者不惧"，"人能弘道，非道弘人"，"道不同，不相为谋"。这些，都是指人生信奉的根本原则、政治理想或治理国家的战略思想。

以上六种涵义，最重要、最根本的是第五、六种意义上的道，即以"道"为根本之德，作为人生信奉的根本原则、政治理想和治国安民的战略。后世儒家所论之"道"，尽管在不同场合有不同的涵义，但其主要涵义，也是指信仰的原则、政治的理想与战略。例如孟子讲"得道者多助，失道者寡助"（《孟子·公孙丑下》）、"行天下之大道"（《孟子·滕文公下》），荀子讲"先王之道"（《荀子·礼论》）、"修其道，行其义"（《荀子·正论》），董仲舒称"道之大原出于天"、"明其道不计其功"（《汉书·董仲舒传》），等等，其所论之"道"，就是人生信仰和政治理想意义上的"道"。后儒韩愈《原道》篇所原之"道"，宋儒程颢所"明"之"道"，朱熹所论"修己治人"之道，如此等等，都是根本原则、政治理想、道德境界意义上的根本之道。

儒家所论之德及德与道的关系是怎样的？在儒家思想逻辑中，"道"是根本之"德"，"德"是所得之"道"。儒家之"德"，在通常情况下是指对"道"的体悟、实践，是"道"的具体表现形式。例如孔子所谓"君子之道"的具体表现形式是"其行己也恭，其事上也敬，其养民也惠，其使民也义"这四种"德行"。在《论语》里面，孔子在不同场合下论及大道至德的多种表现形式，例如仁、义、礼、智、圣，中、和、忠、恕、敬，恭、宽、信、敏、惠，温、良、恭、俭、让等等，都可以视为孔子之道的德目。所以儒家系统中的道、德关系实质上是体用关系，道是根本之体，德是道之体现，或曰道体之用，二者不可同日而语。

（二）仁道——儒学的根本之道

那么，儒学的根本之道是什么？孔子以来的儒家所提出的种种价值观念，有没有一个最重要的核心价值观念？我认为是有的。这个最根本、最重要的核心价值观念就是"仁"，儒学的根本之道就是"仁道"。

孔子虽然提出了20多个道德价值概念，但讲得最多的是"仁"。"仁"是孔子学说中最根本、最具普遍意义的道德范畴，是具有核心地位与主导作用的道德范畴，因而是根本之道。孔子说"仁者人也，仁者爱人"，就是对人之所以为人的价值的确立，是儒学道德主体性特性的确立。孟子说："孔子曰：'道二：仁与不仁而已矣。'"（《孟子·离娄上》）这是对孔子根本之道的最精辟的概括。孟子又说："三代之得天下也以仁，其失天下也以不仁。国之所以废兴存亡者亦然。"（《孟子·离娄上》）这是对儒家道德人文哲学的核心价值观念——仁道的精辟概括。

"仁"是什么？其涵义是丰富多彩、与时俱进的。但基本的方面历久弥新。"仁"的基本内涵，第一是人，即所谓"仁者人也"，有道之人首先要了解人之所以为人的道理所在；二是德，孔子所谓"仁者爱人"的基本涵义，就是有道者的根本之德在于爱一切人；三是根本之道，诚如《中庸》所引孔子之言云"为政在人，取人以身，修身以道，修道以仁"，政治的要义在于以人为本，衡量人的标准看他本身的道德修养，道德修养的根本原则在于实践仁道。总之，从其特质而言，"仁"是内在于人的心理自觉。孔子说："我欲仁，斯仁至矣"，"己欲立而立人，己欲达而达人"，就揭示了"仁"的这种特质。然而，这种心理自觉，并非先天具备，而是后天修养而成的。所谓"克己复礼为仁"，就指明了"仁"是通过自我修养回归礼义最终达到"仁道"境界的道路。

儒家以"仁"为根本之道的理论主张，突出了"以人为本"的儒学特质。坚持以人为本，就必须承认人的生存权与发展权，就必须承认人民在国家政治生活中的主宰权，就必须承认统治者的权力来自人民。儒学民本思想在君主专制时代是"君以民为本"，但从明清之际的黄宗羲在《明夷待访录》里提出"天下为主，君为客"以后，其性质发生了变化，即已具有权力来源于民、君是人民请来为民服务的民主启蒙性质。其逻辑的发展必然是从民本走向民主。

"仁"与其他德目的关系又怎么摆呢？这个问题，先儒其实早已作出明确回答。例如孔子在谈到仁与礼的关系时说："人而不仁，如礼何！"宋儒程颢说："仁、义、礼、智、信五者，性也。仁者，全体。四者，四支。仁，体也。义，宜也；礼，别也；智，知也；信，实也。"又说："学者须先识仁。仁者浑然与物同体。义、礼、智、信皆仁也。"[①]程颐也说："仁即道也，百善之首也。"[②]可见，在先儒看来，仁与其他德目并非并列关系，而是体用关系，是本质与现象的关系。仁是道之体，义、礼、智、信是道之用；仁是道德的核心，其他德目是仁的表现形式。因此，我们将"仁"作为儒学根本之道是符合历代儒家对核心价值观的基本认知的。

(三)义礼信和敬——儒学的五常大德

历代儒家对儒学核心价值观的概括，就根本之道而言，一般都指仁道。但对体现"仁"道的"常德"即常现常用的大德，认识却不尽一致。例如孔子有时将仁道诠释为"恭、敬、惠、义"四德，有时释为"恭、宽、信、敏、惠"五德，有时释为"温、良、恭、俭、让"五德，还有"文、行、忠、信"四教之说和"智、仁、勇"三达德之说。子思有"仁、义、礼、智、圣"五行之说，又有所谓"圣、智；仁、义；忠、信"六德之说(见《郭店楚简》之《五行》、《六德》篇)。孟子虽以"圣"为德，也讲诚、信、忠、善等道德概念，但更多的是阐述"仁、义、礼、智"四德，强调"仁义礼智根于心"。荀子虽然批评思孟学派的五行之说，但也一再阐述仁、义、礼、智、忠、信、善、诚等价值观念。至于汉儒董仲舒以后，则大都以"仁、义、礼、智、信"为"五常之德"了。

---

① 《河南程氏遗书》卷二上《二先生语二上》，载《二程集》第一册，中华书局1981年版，第14、16页。

② 《河南程氏遗书》卷二十二上《伊川杂录》，载《二程集》第一册，中华书局1981年版，第283页。

愚见以为，从立足于当今时代的精神需求、同时又最具普世性的价值观念而言，还是以"义、礼、信、和、敬"来概括儒学的"五常之德"比较恰当。

义："义者宜也"。"义"的本义是指合乎"仁"的行为，是"仁"的体现。义又是介乎"仁"、"礼"之间的一个道德原则。故《礼记》有"仁近于乐，义近于礼"的说法。"义"在儒家道德伦理系统中的基本涵义，就是立足仁道，追求合理、适时、正义、公正、公平。在儒学史上，义往往与利组成一对范畴而引起广泛讨论，即所谓"义利之辨"。孔子讲"不义而富且贵，于我如浮云"，并非重义轻利，而是将富贵功利置于道义的基础上，使之合理合法。孟子讲"仁义而已，何必曰利"，也非取义废利，而是强调力行仁道，利在其中。董仲舒讲"正其谊（义）不谋其利，明其道不计其功"，是强调道义的优先性质，而非摈弃功利。但此言确有重义轻利倾向，故南宋浙学代表叶适予以批评，指出"既无功利，则'道义'者乃无用之虚语尔"（《习学记言序目》卷二十三）。可见义利均为儒学所重，两者不可偏废，其基本关系应是"义本利用，义利双行"。

礼："礼"，在儒家道德伦理体系中，既是德性原则，又是伦理原则。作为德性原则，"礼"是内在仁心、善性的外在表现。所以孔子说"人而不仁，如礼何"，主张"克己复礼为仁"。作为伦理原则，"礼"是规范人际关系、区分社会等级差别的准则和制度。诚如孔子所说："不知礼，无以立。"可见"礼"的重要。《礼记·曲礼上》说："夫礼者，所以定亲疏、决嫌疑、别同异、明是非也。……道德仁义，非礼不成；教训正俗，非礼不备……君臣上下、父子兄弟，非礼不定。"《礼器》篇说："礼也者，合于天时，设于地财，顺于鬼神，合于人心。理万物者也。……礼，时为大，顺次之。"说明礼是具有广泛功能并且与时俱进、顺应物理的伦理原则。"礼"还有"敬"、"让"、"忠"、"信"等多重道德含义，这些含义，也都是内在仁心的外在表现。

信：《中庸》说："诚者，天之道也。诚之者，人之道也。""诚"是真实无妄的客观存在，是天道。"诚之"就是要人们守这个诚，就是"信"，是人道。"信"的基本涵义是诚实、守信、守法，它体现了实事求是、尊重客观实际和守信、守法的精神。古往今来，凡讲诚信者必定受到尊崇。"诚信"是立身之本，也是立业、立国之本。所谓"民无信不立"，是要求治国者取信于民，才能受到人民拥护。

和：即提倡中和之道。《中庸》说："喜怒哀乐之未发谓之中，发而皆中节谓之和。中也者，天下之大本也；和也者，天下之达道也。致中和，天地位焉，万物育焉。"可见"中、和"为儒家之大德。《论语》说"礼之用，和为贵"、"君子和而不同"等等，都说明"和"为大德，不可或缺。在当代，尤有必要坚持执两用中、和而不同、多元和谐的精神。

敬：敬源于"仁"而合于"礼"。"礼"主要是制度习俗，"敬"则是行为态度。如"庄敬"、"修己以敬"的"敬"即然。敬的内涵极其丰富：一曰敬天，即敬畏天道，尊重客观，追求"天人合一，万物一体"的整体和谐局面；二曰敬祖，敬畏祖宗，孝敬长辈。孔子曾说，人与犬马之"孝养"的不同之处在于人怀"敬"德，"不敬，何以别（人兽之养）乎！"（《论语·为政》）三曰敬师敬友，敬师者必重文德，好学深思，敬友者重视人际和谐，团结互助。《弟子规》的基本精神是敬，《孝女经》的基本精神是孝。敬祖、敬长者必孝，故敬可涵孝，"孝"却不能代"敬"。故以"敬"为五常之德，则"孝"在其中矣；四曰敬事敬业，即开创事业，建立事功。《论语·季氏》引孔子之言曰："君子有九思"，其中之一是"事思敬"。所谓"事思敬"，就是要兢兢业业做事，树立良好的职业道德。儒家系统中，除了孔、孟之外，大概要数二程最重视"敬"德了。诚如程颐所说："涵养须用敬，进学则在致知。"[1]又说："敬是持己，恭是接人。……君臣朋友皆当以敬为主也。"[2]可见，"敬"是待人

① 程颐：《伊川先生语四》，载《河南程氏遗书》卷十八，《二程集》第188页。
② 同上书，第184页。

接物、处理人际关系的日常大德。

人们或许要问："智"为传统儒学"五常"之一，你为何将"智"排除在当代儒学的核心价值观之外？我的理由有三：一是要强调儒学核心价值观的道德人文意义，上述"一道五德"较之其他价值范畴，更能体现儒学的道德人文价值；二是"智"在传统儒学价值观中虽有"智慧"之义，但主要是指"是非之心"、"知识"之智，是科学判断而非道德判断，因而可归入知识论系统；三是传统儒学包罗万象、包打天下，当代儒学则只扮演多元文化中的一元角色，不能也无须包打天下，在当今科学昌明的时代，"智"的作用已经主要由科学来承担，而不必包含在儒学的核心价值观之内了。孔子虽有智、仁、勇之说，但不一定都作为核心价值观念。如"勇"是呈现气力、表现果敢精神的武德，却称不上是核心价值观念。"智"也如此，尤其是重塑当代儒学核心价值观，完全可以不把"智"归入五常之德，但我们并不否认其为儒学德目之一。

"一道五德"价值观的现代性与普世性

儒学是具有鲜明实践性的学问，可以说生活中处处有儒学，处处需要儒学。如政治生活中不同政治力量的和平共处与合作共赢，经济生活中运用《论语》加算盘的智慧经营企业，开创竞争与和谐相辅相成的良性发展局面，在日常生活中谨守仁道，用义、礼、信、和、敬的道德原则处理人际关系等等，甚至生老病死，婚丧节庆，都奉行着儒学的道德原则，正所谓"百姓日用而不知"，从而表明儒学是能适应现代政治、经济、文化生活的活学问，而不是仅仅存在于故纸堆和博物馆的死学问。

中国自1978年实行改革开放以来，中国共产党提出"建设中国特色社会主义"的理论，提倡"实事求是"的思想路线，进而提出"以德治国"的方针，提出建立"小康社会"、"和谐社会"、"和谐世界"的目标，提倡以"八荣八耻"为主要内容的"社会主义荣辱观"，其中无不借鉴或吸收了儒学的理念与智慧。所谓"中国特色社会主义"首先是"中国特色"，而"中国特色"首先是传承了数千年的以儒学为主流的中华传统文化，离开了中华传统文化，就没有中国特色了。而"实事求是"的观念范畴，则源自于汉代儒家王充与班固的著作。[①]至于"八荣八耻"之说，如果一一分析起来，实际上可以说是儒学"仁义礼智信"的现代扩充版。其"服务人民"者，仁也；"崇尚科学"者，智也；"热爱祖国、团结互助"者，义也；"诚实守信"者，信也；"遵纪守法"者，礼也。其"辛勤劳动"、"艰苦奋斗"者，则与中华传统美德之"君子自强不息"如出一辙。这清楚地说明，我们现在提倡的社会主义核心价值观，与儒家传统文化的核心价值观有着不可割裂的内在思想联系，这也正是儒学具有现代性的生动证明。

再就世界发展的趋势而言。当代世界发展的大趋势，自上世纪末以来，全世界都处在一个全球化、现代化的进程之中。具体表现为：经济发展的一体化、政治趋势的多极化、文化格局的多元化、价值观念的趋同化。在价值观方面，尽管在可预见的将来，全人类还不可能建立一个全球统一的、独一无二的价值观，但随着东西方文化交流的日益广泛与深化，一些原本根植于西方或东方文化土壤的核心价值观

---

① 王充在《论衡·对作篇》自述其写作宗旨是"《论衡》实事疾妄，无诽谤之辞"。"实事疾妄"者，实事求是、反对虚妄之谓也。班固在《汉书·河间献王传》称赞河间献王"好学修古，实事求是"。这是"实事求是"的最早出处。据史料记载，王充在京师受业太学时，曾师事班固之父大儒班彪。王充比班固大5岁，班固13岁时，王充见到他，颇为欣赏，对班彪说"此儿必记汉事"。可见二人谊属同门，同有"实事求是"思想当非偶然。

念越来越表现出普世性，即普遍适用，能为全人类所普遍接受并付诸实践的特性。例如，原本根植于西方的自由、民主、人权、法治观念，原本根植于东方的仁爱、礼义、和谐、诚信、中道等观念，现在已经突破地域的界限而日益成为全人类都能接受的普世性价值观念。

然而，在这个全球化、现代化的进程中，人类社会出现了许多重大的弊病与危机，诸如核战争的威胁，全球暖化的危险进程，生态失衡、环境污染的问题，物欲膨胀、资源浪费的问题等等，并且伴随着信仰失落、道德堕落、享乐主义、拜金主义、人格扭曲等等现代精神疾病。这些社会弊病与危机，有些可以通过发展科学、完善制度去解决，但科学与法制并非万能，在这些弊病与危机的背后，往往隐藏着深层的价值观的冲突。例如核威胁，往往是由于某些黩武主义者的征服欲望所导致；全球暖化的危机，则除了现代工业发展的必然结果之外，还存在一种眼光短浅的享乐主义和自私自利的价值选择。所谓"心病还需心药医"，精神的疾病只能用精神的方法去解决。而在解决现代社会的精神弊病方面，儒学传统的道德人文精神及其"一道五德"价值观是大有用武之地的。如果各国的当政者真正能够尊重人的生存发展权力，真正认识"以人为本"的重要意义，真正抱持对人类的仁爱之心与负责态度，则上述问题是不难控制与解决的。所以，从一定的意义上说，现代社会正在呼唤儒学的核心价值观，期望运用儒学的道德智慧去缓解或消解人类的精神疾病。而作为"以道自任"的儒者，也应该自觉承担起弘道的责任，为弘扬儒学以"仁道"为根本之道、以"义礼信和敬"为常用大德的道德人文精神而恪尽其责。

在重塑儒学核心价值观、弘扬儒学道德人文精神的弘道实践中，有必要特别强调的是，置身于全球化、现代化进程中的儒者，一定要保持清醒的认识，切不可盲目自大，而应深入认识中西文化的互补性，摈弃那种"唯我独尊"的霸权主义逻辑。近年来，随着中国和平崛起势头的日益强劲，某些中国文化本位论者或曰新国粹主义者提出所谓"河东河西论"、"东风压倒西风论"、"东方文化统治论"、"中国世纪论"等种种缺乏常识的理论观点，似乎21世纪是中国称霸世界、中华文化统治全球的世纪，是美国急剧衰落、西方文化全面没落的世纪。在我看来，这类观点是典型的一元独断主义和文化沙文主义，是根本违背儒家"己所不欲，勿施与人"的仁道精神与"和而不同"的和谐理念的。我敢断言，在21世纪甚至更长的时间，尽管中国与亚洲将会强大到可与美国、欧洲平等相处的地位，但美欧与西方文化决不会像某些预言家们所预言的那样急速衰落乃至消亡，而是会继续保持强势的存在。未来的世界，仍将是一个多极共存并进的世界，未来的世界文化，也将是一个多元文化沟通互补、和而不同的格局。在这个格局面前，作为拥有数千年儒学传统的中国人，应该树立"以人为本"的科学发展观与"多元和谐"文化观，为建设一个真正富强、民主、和谐、文明的现代中国与理性、繁荣、和谐、文明的未来世界而努力奋斗！

儒家人生道德智慧

肖群忠

肖群忠，男，哲学博士，中国人民大学哲学院教授、博士生导师，兼任中国人民大学图书馆副馆长，伦理学与道德建设研究中心副主任。曾获"全国优秀博士学位论文奖"（2002年）。"教育部新世纪优秀人才培养计划"（2005年）入选者。"中国人民大学十大教学标兵"（2009年）称号获得者。

主要从事伦理学与中国传统伦理研究。曾在《哲学研究》、《光明日报》等报刊杂志发表学术论文150余篇，已出版学术著作有：《中国民众传统人生智慧》（1990年）、《君德论——[贞观政要]研究》（1995年）、《孝与中国文化》，（2001年）、《中国孝文化研究》（2002年）、《道德与人性》（2003年）、《伦理与传统》（2006年）、《中国道德智慧十五讲》（2008年）、《贞观政要评注》（2010年）、《天职与敬业》（2010年）。

众所周知，儒家学说在中国传统文化中居于核心地位，对传统中国社会文化和中国人的思想和生活发挥了重要的影响。那么，儒家思想的根本特点是什么？在我看来，它主要是一种道德本位的思想，中国文化的伦理本位或德性文化特点主要是由儒家塑造的。当然这里所谓的道德是广义的，它不仅包括规范和德性意义上的道德观，而且包括人生观和价值观。在进行干部教育的过程中，中央一直强调要对干部进行人生观、价值观和道德观的教育，因此，我这一讲主要想以"儒家的人生价值观"为题来与大家学习讨论。儒家在道德学说上非常丰富，人应该如何做事？应该如何做人？这样的规范论和德性论的道德观，往往是以人生要有怎样的人生态度？什么样的人生是有价值的这样的人生观、价值观问题为前提的。本文就"儒家的人生价值观"问题来讨论。

在这样一个话题下，我准备讲三个问题：一、自强不息的人生态度与干部的从政心态；二、义以为上的价值观和干部的廉政建设；三、独善其身的安身立命之道与干部的修养境界。我认为这三个问题既是儒家人生价值观的三个根本性问题，又对干部形成正确的人生观、价值观与道德观具有重要的启发意义和针对性，愿意与大家学习、讨论、共勉。

一、自强不息的人生态度 与干部从政心态

人应该如何对待自己的生命过程？人应该如何对待既有的社会关系？是道法自然还是积极有为？是积极入世还是消极隐世甚至是出世？这些问题是一个人基本的和总体的人生态度，这种总体的人生态度决定着我们对其他人生具体问题的思想方法和对待态度。对这一问题，我国古代儒道释三家给出了不同的答案，儒家主张积极入世，自强不息，厚德载物。而道家则主张道法自然、无为超越，而佛教则主

张出世济世。也就是说儒道释三家在人生总体态度上为我们提供了"入""隐""出"世三种基本态度。

中国传统文化学派众多，思想丰富，特别是儒道释三家影响更大。在讲这一个问题时，我们主要是讲儒家的积极的人生价值观，但从比较的角度也会涉及一些道家思想。

现代著名哲学家张岱年先生曾把《易传》中的"天行健，君子以自强不息，地势坤，君子以厚德载物"作为中华民族精神的集中体现。这确是一家之言，的确，这两句话集中概括了我国儒家学派的总体人生态度：即刚健有为，自强不息，厚德载物，宽容待人。

这两句话是对两种最基本卦象的解释，"乾"为纯阳之卦，有刚健向上的意思，象天；"坤"为纯阴之卦，有博厚宽容的意思，象地。依据"三才"之说，人居天地之间，与天地合德。故人应效法天地之道，自强不息，有为奋进，此是君子的立身之本；同时还应像大地一样，具有博厚的胸怀，承载万物，包容众有，此是君子待人接物之方。儒家的人生态度最核心的就是这样两点：即刚健有为，自强不息，厚德载物，宽容待人。

《系辞下》说："天地之大德曰生。"意思是天（即自然）的运动刚强劲健，相应于此，君子应刚毅坚卓，奋发图强。《周易》中还有多处强调了这种效法天体刚健运行，做人要走正道，生命不息奋斗不止的思想，这是对中华民族刚健有为、自强不息精神的集中概括和生动写照。

刚健有为，自强不息，强调人的奋发有为的精神品质，强调人本主义，对人自身的力量充满了信心。《周易》的这种思想，在孔子那里发展为一种有为向上、积极进取的人生态度。孔子不相信鬼神，《论语·述而》中记载："子不语怪、力、乱、神。"他说："务民之义，敬鬼神而远之，可谓知矣。"（《论语·雍也》）孔子关注的是社会人生，强调的是人的决定性作用。为了实现他心中的政治理想即恢复"郁郁乎文哉"的东周以前的奴隶制盛世，为了推广他的学说并以其学说影响社会，他一生都在积极发奋努力，至到终老。他说："士志于道，而耻恶衣恶食者，未足与议也。"(《论语·里仁》)他鄙视"饱食终日无所用心"的人生态度。纵观孔子的一生，可以说是一种"发奋以忘食，乐以忘忧，不知老之将至"(《论语·述而》)的"知其不可而为之者。"(《论语·宪问》)孟子认为"天时不如地利，地利不如人和。"(《孟子·公孙丑下》)他将人事看作事物成败的关键。荀子认为"天行有常，不为尧存，不为桀亡。应之以治则吉，应之以乱则凶。"(《荀子·天论》)彰显出人在社会发展中的地位和作用。他提出"制天命而用之"，表现出对人对自身力量的坚定信心。正是基于这种自信，刚健有为、自强不息才成为中华文化对人的基本品质要求。这种为了追求社会理想和天下大义，主动承担、努力进取，百折不挠、自强不息的精神曾长期影响中国士人和百姓，培育了中华民族精神并鼓励人们奋发进取，建功立业。

刚健，刚是指有进取精神，不屈服于外力，健是指具有持久力。孔子非常看重"刚"的品德，将其视作有为的必须条件。他说："刚毅木讷近仁。"(《论语·泰伯》)"三军可夺帅也，匹夫不可夺志也"(《论语·子罕》)，孔子认为"士不可以不弘毅。任重而道远。仁以为己任，不亦重乎？死而后已，不亦远乎？"(《论语·泰伯》)孔子在周游列国时，也曾遭遇到生活的困顿和挫折，以至被袭击。他却没有发生过动摇。孟子推崇"富贵不能淫，贫贱不能移，威武不能屈"(《孟子·滕文公下》)的大丈夫气节都是对刚毅品质的强调，也就是说，在儒家看来，人不仅要有自强不息、努力奋斗的精神，要想有所作为还必须以刚毅的品质作为前提。不仅要刚毅，而且还要有不断进取、持之以恒的精神。要有不畏艰难困苦的勇气和毅力，要有赴汤蹈火也在所不惜的精神，也就是像孔子那样"知不可为而为之"，这样，才能实现远大的理想和社会功业。

儒家这种积极有为、自强不息的精神，曾被后世所认同，它对中国政治、士人和百姓的人生态度曾发生了深远和长期的影响。

比如，汉初统治者采取的是与民休养生息、无为而治的黄老之学，但到了汉武帝时期，正因为国力逐渐强盛，统治者又想开拓疆土、建功立业之时，儒家这种积极有为的人生观就适应了统治阶级的需要，因此，才会有"罢黜百家，独尊儒术"的策略，儒家才上升为统治者的国家哲学。

在孔子和儒家文化的这种人生价值精神的陶冶教育下，积极有为，自强不息成为我们中华民族的优良传统和民族精神。这种精神激励着历代的仁人志士为了民族大义、天下兴亡、百姓福祉而不懈努力，建功立业。比如，岳飞的"精忠报国"，范仲淹的"先天下之忧而忧，后天下之乐而乐"，文天祥的"人生自古谁无死，留取丹心照汗青"，张载的"为天地立心，为生民立命，为往圣继绝学，为万世开太平"，顾炎武的"天下兴亡，匹夫有责"，林则徐的"苟利国家生死以，岂因祸福避趋之"，这些为了国家民族的利益公而忘私、积极进取、杀身成仁、舍生取义的自强不息的精神是在儒家文化的涵育下形成的，也是中华民族自强不息精神在不同历史时期的表现。正是依靠这种精神，中华民族才能在任何艰难险阻面前永不屈服，锤炼成为一个富有理想、自强不息的民族。

《周易·坤》中说："地势坤，君子以厚德载物"，"坤厚载物，德合无疆"。大地的气势厚实和顺，君子应增厚美德，像大地那样厚重广阔而容载万物。天地间有形的东西，没有比大地更厚道的了，也没有不是承载在大地上的事物。所以君子在做人与处世时，要心胸开阔，立志高远，要严于律己，宽以待人，以厚德对待他人，无论是聪明、愚笨还是卑劣不肖的都给予一定的包容和宽忍。

厚德载物，要求人们处世崇尚道德的价值，就像大地那样有宽大厚重的胸怀，这样才能承载万物，以深厚的德泽育人利物。就是说，想要能够载物，必须有厚德。所以，做人首先要强调进德、厚德、明德，不断提高自身的道德修养。成德成人，这是人生和事业的基础和根本。正如《大学》中所说的那样，"自天子以至于庶人，壹是皆以修身为本"，而且，这种修身是齐家、治国、平天下的根本和前提，也就是说只有内圣才能外王，道德是人生之基，是治国之要，是幸福之本。因此，所谓厚德载物要求人们尊崇道德的价值，以德为本，修身为先。

另外，厚德与宽容是相互作用、相辅相成的。《论语·子张》中说"君子尊贤而容众"，《尚书·君陈》说："有容，德乃大。"认为能够宽厚容人，才是最高最美的道德。人只有像大地那样修德以厚，才能获得人生的意义与价值。这种精神在孔子那里发展为一种宽仁敦厚的处世待人之道，以及一种温良恭俭让的个人品质。在人际关系上，要严以律己，宽以待人，"修己以敬"（《论语·宪问》）而"求诸己"（《论语·卫灵公》）。"躬自厚而薄责于人，则远怨矣。""己所不欲，勿施于人。"（《论语·卫灵公》）"能行五者于天下，为仁矣。……恭、宽、信、敏、惠。恭则不侮，宽则得众，信则人任焉，敏则有功，惠则足以使人。"（《论语·阳货》）

孟子认为为仁之要务，就在于先正己身，宽以待人，得不到对方的理解，甚至对方以"横逆"暴己时，都要反身从自己一方找原因。"反身而诚，乐莫大焉。强恕而行，求仁莫近焉。"（《孟子·尽心上》）对于仁者而言，就是要自觉地、诚恳地以推行恕道为最大的快乐。荀子也以其"兼服天下之心"的处世之道发展了儒家这种厚德载物的精神。"兼服天下之心：高上尊贵不以骄人，聪明圣知不以穷人，齐给速通不争先人，刚毅勇敢不以伤人。不知则问，不能则学，虽能必让，然后为德。……无不爱也，无不敬也，无与人争也，恢然如天地之苞万物。如是则贤者贵之，不肖者亲之。"（《荀子·非十二子》）所谓"兼服天下"，即要求人具备天覆地载的宽广博厚胸怀，待人接物，不自恃以骄人、穷人、先人、伤人、敬爱宽容，辞让而不图报，这样人人都会贵之、亲之。

自强不息体现了儒家对人生的积极入世的总体态度，而厚德载物则体现了儒家基本的人生价值观，就是认为在人生、人世中要崇尚道德的价值，并且以厚德而载物、而修己待人。作为从事社会管理的领导干部首先要有自强不息、顽强拼搏、开拓进取的精神，另外，就是要具有厚德载物的崇高道德，这样才会使管理众人之事的政治活动具有人际合作的道德基础。因此，儒家的这种基本人生态度应该成为干部的基本人生价值观。

总之，儒家的人生态度，一是强调自强不息的精神，这是我们人生的动力桨，另一方面强调崇尚道德价值，厚德载物，这是我们人生的方向盘和粘合剂。干部职业在社会生活中处于管理岗位，担负着重要的使命，显然是一个入世的职业，因此，一般来讲，凡是从事这一职业的人往往都是信奉儒家学说的，要树立"以天下为己任"的胸怀，要有为民请命，敢于承担的精神，要有"当官不为民做主，不如回家卖红薯"的责任感。

儒家与道家是中国文化的阴阳两极，道家思想产生于不得势的没落阶级的人生情境和现实遭际，先秦道家出于隐士，这些隐士多半来自于当时的没落贵族。因此，其人生态度总体上是消极的，其处世的基本态度是隐世、无为、超越与自由。从而与儒家思想形成一个入与隐、积极入世与自然无为的相互补充关系，对中国文化、中国人的人生实践、中国人的性格形成都产生了重要的影响，可以说是阴阳互补平衡。儒道互补成为中国人精神生活结构和人格特质的重要因素。由于篇幅关系，这里我们不可能来展开讲道家思想了。总之，我们希望干部的从政心态，应以儒家为主，以道家为补充，以隐世的态度去干入世的事业，进退总相宜。邦有道则仕，邦无道则卷而怀之。得意则儒则进，失意则道则退。

现代著名学者钱穆先生有言："大体言之，儒家主进，道家主退，乃中国儒学自中庸，流传以下，无不兼融道家言。故知进必知退，乃中国人文大道之所在。"①儒家是强心剂，道家是清醒剂，儒家使人关注社会价值，道家使人关心自我的超越价值，儒家使人振奋，道家使人安逸。儒道互补，进退相宜，这是中国人从儒道中获得的伟大的人生智慧，唯有依此，中国人才能获得了推动社会进步的动力，才能实现自身的心身平衡。那么这种智慧对于干部形成正确的从政心态、保持心理平衡、不计较一时一地的荣辱得失，肯定是有重要的人生启迪意义的。

二、义以为上的价值观与
干部的廉政建设

二、义以为上的价值观与
干部的廉政建设

义利观是中国传统价值观的首要问题。所谓"利"一般认为是指物质利益，"义"就是伦理规范。义利观就是道德原则与物质利益何者具有价值优先性的问题。宋代朱熹甚至说："义利之说，乃儒者第一义。"（《朱文公文集》卷二十四，《与延平李先生书》）"利"字早在甲骨文、金文等中就有，是会意字，以刀割禾，意为收获。中国古代经济以农业为主，禾为重要收获物。收获为利，引申出获利、利益、有利等，主要泛指利益特别是经济利益。"义"，"义者，宜也"（《中庸》），便是"适宜"的意思，后来则代指人类社会活动和人际关系中应当遵循的道义原则和道德规范。

不仅在古代中国，义利观是人生和道德要选择的首要问题，在当代中国市场经济条件下，这一问题变得更加突出和重要。

---

① 钱穆：《现代中国学术论衡》，岳麓书社1986年版，第41页。

发展经济，谋求个人利益的最大化，功利主义，是当代中国在发展市场经济的条件下一段时期内的社会主导价值取向，这在一段历史时期内或一定的生活范围内也是有其必然性与合理性的，但如果将其片面化，对利益的诉求不用道义原则加以指导和规约，就会出现很多社会和人生问题，如社会生活全面"一切向钱看"，必然会带来贪污腐败，权钱、权色、钱色交易，使社会生活出现诸多弊病，也使很多人面对利益和金钱的诱惑丧失原则，从而给自己的人生带来毁灭性的灾难。近些年来，常常听到很多高官因腐败而落马的报道，令人感叹。例如，据报道说，原江西省副省长胡长清，也是一个文人出身，能奋斗到副省长这个位置，其能力智商肯定不比一般人低，可偏偏就是在义与利这个人生根本选择面前，犯糊涂，不能坚持原则，连一般老百姓都知道"君子谋财，取之有道"，可就是如此高位、如此高智商的人却在面对诱惑时忘了这一基本的价值观，最终落个掉脑袋的人生悲剧，据报道，在狱中，胡长清求情说，别杀我，我书法好，就让我在狱中用写字为人民服务吧！胡是个文人，书法确实好，过去当副省长时，别人求副字也求不到，不过，死到临头，才有这样的请求，不免让人觉得可笑，也感到可怜可悲，最终也未能免去死罪。是利益钱财重要呢，还是人的生命重要呢？连普通老百姓都知道"生不带来，死不带去"的道理，可面对诱惑时，如此高位、高智商的人竟然就是要钱不要命。这种高官落马的人在当代中国为数不少，丢了脑袋的不仅有副省级、省级干部，也有副委员长级的成克杰，当然还有尚未掉脑袋的最高级别的原政治局委员、上海市委书记陈良宇，因此，不论是普通老百姓，还是高官，人的一生，时刻要处理好义与利这个问题，否则，搞不好就是掉脑袋的事，从正面来说，我们应该过一种理性的，符合道德的善生活，起码使自己的人生平平安安，平安即是最大的福。被处死这当然是一种恶死，身首分离，遗臭万年，钱财不都是身外之物吗？所谓生不带来，死不带去，又何必为财而掉脑袋呢？当然就有人信奉"人为财死，鸟为食亡"的价值观，那也没办法！

可见，义利之价值观选择，在当代中国是多么重要的一个选择啊，这不仅关系到我们社会的文明状态、社会治理，而且是我们每一个人不能不思考的重要价值观问题。那么，在这个问题上，古代先哲们给我们留下了什么样的智慧？对我们的社会，对我们的人生提供了怎样的启发借鉴，就让我们稍微仔细一些来讨论这个问题吧！

在中国思想史上，各家各派的义利观大致说来可分为三种观点：一是儒家的重义轻利论，二是法家、墨家的功利论，三是道家的超义利论。总体来讲，在中国思想史上是儒家的观点占据统治地位。因此，中国传统义利观具有明显的道义论特点。

儒家是道德学派，具有道德至上主义和道德理想主义特点。因此，其价值观自然是重义轻利。所谓重义轻利是说，作为一种价值观，儒家认为，在利与义之间，义是更为优先与重要的价值。因此要"义以为上"、"见利思义"、"见得思义"。另外一种观点，就是重视功利的功利主义思想。这在先秦，可以体现为法家的利以生义论和墨家的义利并重论。到了宋明时期，有李觏、王安石、陈亮、叶适等人在义利观上也是属于功利论的思想。明末清初的一些学者在义利观上也是持功利主义观点的。如李贽、黄宗羲、颜元等。中国传统义利观还有一种观点就是道家的超越义利论。道家崇尚自然，少谈义利，其"义利观"很有特色。老子说："绝圣弃智，民利百倍。"(《老子·十九章》)庄子则认为"众人重利，廉士重名。"(《庄子·刻意》)主张"不拘一世之利。"(《庄子·天地》)反对人为求利，而以崇尚自然为利。

从总体上看，如前所述，中国传统价值观具有道义论特点，也就是说在义利关系上是更加重视义即道德原则的价值，而不像西方特别是近代西方那样，功利主义占有统治地位。具体来讲，这种道义为先的价值取向有如下几个方面的要点：

1. 义以为上、舍生取义

这就是说在处理义利关系时，要把义放在重于一切、高于一切的地位。墨子认为："万事莫贵于义。"(《墨子·贵义》)孟子也讲得很透彻："非其义也，非其道也，禄之以天下，弗顾也，系马千驷，弗视也。非其义也，非其道也，一介不以与人，一介不以取诸人。"(《孟子·万章上》)如果不符合义和道，就是把天下都给我作为俸禄，我连理也不理，好马几千匹，我看都不看一眼。甚至，为了义可以"舍生取义"。必要的时候，不仅是财产，连自己的生命，都可以舍弃掉。"鱼，我所欲也，熊掌亦我所欲也；二者不可得兼，舍鱼而取熊掌者也。生亦我所欲也，义亦我所欲也；二者不可得兼，舍生而取义者也。"(《孟子·告子上》)利最大、最根本的莫过于生命，如果面临生命与道义两者的价值冲突时，宁死也要保持义，可见把义的价值提到了一个无以复加的地位。虽然对于大多数百姓的日常生活而言，这种义以为上、舍生取义的精神并不是时时都会面临的价值冲突或二难选择，因而是一种理想境界，但作为部分仁人志士的高尚精神却是我们民族精神的精华，在中国历史上曾经发挥过非常积极的意义。如文天祥的"人生自古谁无死，留取丹心照汗青"就是这种舍生取义精神的光辉实践。历史上好多仁人志士也是以此为自己行为的价值方针的。重要的是，作为一种价值信仰，这种价值观就是把义视为最高的价值，有了这种信仰，固然不是每个人都会面临生与义的选择和考验，但这种对义的坚定信仰，会使人做事有原则，视义和荣誉为生命，这种价值信仰对提升人的道德人格是不可缺少的精神气节。

2. 见利思义、以义制利

儒家的重义轻利的价值观，并不反对人们的正当利益，因为这是人的生存所需要的，但在日常生活中，人们要以义指导利，制约利，也就是说利的获得必须以道德的手段来获取，强调"利"服从"义"，义是利的价值标准。

"见利思义"，见得思义，以义统利。不管是获取经济利益还是政治利益，都要以是否符合义为标准。"富与贵，是人之所欲也；不以其道得之，不处也。贫与贱，是人之所恶也；不以其道得之，不去也"。（《论语·里仁》）"君子爱财，取之有道"。"君子之仕也，行其义也。"（《论语·微子》）在日常的一般的义利选择中，面对那些有利于自己的东西，首先要自问是否合乎义，根据义来决定取舍，必要时要怀义去利；当然强调"利"服从"义"，并不否定个人的正当物质利益，只是强调要"宜"、"适"、"得当"。对个人应当得到的正当利益，要尽可能满足；不应得到的，就不可强求。问题不在于要不要个人利益、利益多少，而在于是否合理，是否正当。见利、见得不能忘义，而应思义。荀子"先义后利者荣，先利后义者辱"也正体现了这一思想。那么，什么才是见得要思的义呢？这主要是看这个利是不是自己应该得到的，另外应该看它获得的手段是不是正当的？如果是自己的正当劳动收入，那就当仁不让，如果是以损人利己、以权谋私甚至是违法乱纪的手段获得的利益，那就坚决不能拿，这种情况下伸手必被捉。当我们一遇到利益问题时，我们就应该想想，利益的获得是不是符合道德，见得思义。这样就不会善恶不辨，荣辱不分甚至连是否违法也不顾了，否则，必然会给自己带来灾难。

3．义为利本，义以生利

这是我们传统义利观一个非常重要和优秀的思想。这表明我们不是不要利，而是要大利，根本的利，长远的利，也说明义和利的辩证联系。义是获取长远之利的根本，义有可能产生利。《左传》讲："德、义，利之本也。"（《左传·僖公二十七年》）这种义以生利，得到了社会实践的证明。如徽商胡雪岩开钱庄以诚信为本，在一段时间内似乎暂时失去了一些小利，而其良好的诚信声誉则使他不仅赚了大钱，而且也受到了人们的尊重。宋儒朱熹认为君子应只理会义，而利就会自来。这个理论非常有现实意义，在现代市场经济活动中，如果企业家都能以此来处理义利问题，我们的市场精神与市场机制就会建立起来，从而推动经济和社会的全面和谐发展。市场经济不仅应是法治经济，而且也应该成为一种道德经济，道德是谋取经济与社会可持续发展的手段，是我们的道德资本，坚守道义，必然使我们获得良好信誉，而信誉也就是效益。

4．兴天下利，利济苍生

中国传统义利观，各家均是一种整体主义的公利追求。重公利是中国传统义利论的特质。先秦义利论在理论形态上虽然学派纷争，理论旨趣不同，政治主张歧异，但儒、墨、道、法四大家在重公利这一点上别无二致。宋明理学认为天理人欲之分乃公私之别，"天理"是指"公天下之利"，"人欲之大公，即天理之至正"，重义也即重公利。儒家义利论取代其他各家而独居一尊，成为主导的价值标准与价值导向，成为官方的意识形态，重公利的传统也得以发扬光大。各家都主张以经邦济世乃至治国平天下为己任。兴利要兴天下人之大利，而不是一个人暂时的小利，要用利救助，润泽天下老百姓，这才是真正讲利。这种精神，这种气概是几千年来我国思想家们孜孜以求并付诸实践的优良传统。他们讲的是国家民族之利，这才是真正的利之所在。这样的利是最高尚的，是义和利的高度统一。

义利问题是价值观的首要和核心问题，这是由人的存在的二重性决定的，我们经常说神是有灵无肉，动物有肉无灵，而人是有肉有灵，一方面人是一种肉体感性存在，这决定了人必然有物质需要和物质利益，否则，人就不能生存。但另一方面人又是一个理性的社会性存在，人的存在与生活都是社会性的，人的利益谋求和获得必须要遵循一定的原则，否则就会导致弱肉强食的自然状态。由此不仅需要契约、法律等规范原则来调节人的利益关系，而且要用道德、道义这种软规范来调节人的利益关系。义利观的选择，不仅是个体的人所要选择的人生价值问题，而且是一个社会首先要面临的重大价值选择。

第一，义利统一：当代中国社会的价值选择

人的存在具有肉体与灵魂、物质与精神的双重性，这就决定了人必然有物质需要与精神需要，社会主义生产与建设的目的就是要不断地满足人民群众不断增长的物质和文化需要。因此，作为从事生产组织与管理的社会和政府，首先在价值观上要坚持功利主义的价值观，也就是要以增加社会生产总量、谋求经济与社会发展，增加人民福祉作为社会决策与管理的价值观，促进经济发展，提高效率，鼓励人民群众发家致富，达到民富国强的功利目的。

同时，发展是可持续发展，发展不仅仅是经济发展，而且是物质文明、政治文明、精神文明、社会文明的和谐发展，利益的谋取必须符合道德的要求，不能见利忘义，不能以损人利己等非道德的手段来获取不正当的利益，作为社会发展策略，也不能光注重效率，也要注重公平，这样社会才会和谐稳定，才会带来可持续发展，才会不仅有高度的物质文明与经济成就，也有高度的社会、政治与人的文明。因此，坚持义利统一，是当代中国社会的基本价值方针。

要做到这一点，首先要改变过去那种义利两极对立的思维方式。从传统义利观演变的历史进程中，我们可以看到古代的"重义轻利"和近代的"重利轻义"，都是以两极对立的思维方式为支撑的。在强调革命理想、集体利益时，出现了忽略个体利益的倾向，甚至把个体利益当作"资本主义尾巴"来割除。在肯定个体利益，允许一部分人先富起来时，又冒出来"见利忘义"，"一切向钱看"的倾向。只有改变非此即彼的两极对立的思维方式，树立起综合、系统、全面的辩证思维方式，义利统一的现代价值观才能真正确立起来。过分坚持道义论，就会重蹈过去不重视人民群众的物质利益，"宁要社会主义的草，不要资本主义的苗"的极左思潮，搞穷过渡，影响经济与社会发展，使人民富裕与物质幸福的需要不能得到满足。另一方面，如果只重视发展经济，而不是坚持"君子谋财，取之有道"的价值原则，那么，就会出现

见利忘义、坑蒙拐骗、违法乱纪、杀人越货等社会丑恶现象，影响社会的稳定与和谐，影响社会文明和精神文明、道德文明的建设，可见，我们必须在社会价值观与决策层面坚定不移地坚持义利统一的价值观。

另外，要真正把这种义利统一的价值观落实到社会实践中去，还要在实践中研究探讨各种行之有效的制度安排和机制创新，使利的谋求合乎道德的要求，使道德的追求与相应的权利相对应，这样就会不断强化这种义利相统一的价值观，使中国社会的管理决策与民众的社会实践真正实现义利统一，从而促进社会的和谐健康发展。

第二，义以为上，是主体人生选择的价值追求

生而逐利，欲富欲贵，趋乐避苦，是人的一种自然趋向，是不用强调就会自然形成的一种行为趋向，在人的客观存在方面，我们也要尊重人民群众的这种物质利益追求的合理性，但义利观作为一种价值观，它不是一个实然的人生事实问题，而是一个价值的选择与追求问题。因此，在这个意义上，从人生主体的修养角度看，应该以"义以为上"、"以义制利"为主体人生选择的价值追求。

一方面，从消极的方面来看，坚持以义制利、见得思义、见利思义可以防止我们在利益的诱惑面前犯错误甚至违法犯罪。在改革开放、发展市场经济的社会历史条件下，这一点显得非常重要。当代社会各种利益的诱惑极大地激发了某些人人性中潜存的原欲，有的人在利益面前不能保持清醒的头脑，重则以权谋私，铤而走险，轻则见利忘义，为了利益，可以不要人格，不要原则，不要精神，这种情况使一些人变成了经济动物，失去了做人的精神气象，使有的人从官员变成了阶下囚。因此，我们一定要坚持义以为上的原则，以道义作为衡量利益的价值尺度，该得的就得，该拿的就拿，而不该得、不该拿，就坚决不能伸手，正如陈毅同志曾有诗云："莫伸手，伸手必被捉。"

另一方面，从积极方面看，坚持义以为上可以提升我们的人生价值、人格尊严。作为人确实离不开必要的利益，但一个人太利欲熏心，就会沦为一个小市民气十足或市侩气很足的没有人格水准的人。他们可能得到了一些小利，但却失去了做人的尊严。而坚持义以为上的人，就会在利益诱惑面前表现出其"出污泥而不染"的高尚情操与独立人格，就会做"富贵不能淫，贫贱不能移、威武不能屈"的大丈夫，就会在利益面前做到像孔圣人所讲的那样，"不仁而富且贵，于我如浮云"的境界，而安仁乐道，甚至在涉及义与利的尖锐对立而不能两全时，做到"舍生取义"的境界。生命是人的最大的利益，为了义，连生命都可以舍弃，这样的境界是非常高的。坚持义以为上的价值观，可以增强我们做人的道德纯洁性，形成坚强的道德人格，做人有原则，不仅在人生的长途中不会犯错误，而且，会因义而乐，心态平和健康，达到"仁者不忧"和"仁者寿"的人生境界。

三、独善其身的安身立命之道 与干部人生修养境界

自汉武帝以来，在长达两千多年的历史中，儒学思想曾经成为中国社会占据统治地位的官方意识形态，"半部《论语》治天下"的名言体现出人们对儒学的治国安邦作用的认识和重视。实际上儒家学说还有另一方面的内含和功能，这就是它可以以其思想向其学者和信众提供一种在世修养和思想寄托的安身立命之道。也就是说通过学儒就是不信佛、不入道也可以获得一种人生的大道、终极信仰和心安理得的心身平衡之术，从而安身立命，宠辱不惊，心安理得，心平气和。这种

安身立命之道，既不是像佛教那样看破红尘，寄托来世，也不像道教那样期求成道成仙，而是依靠学儒者自觉加强学习、领悟、修养，从而获独善其身，以德安身立命。对于今天的学儒者、修儒者，儒学中包含的这种安身立命、修身养性的内含和功能也许更加重要。这是儒学所能贡献给当代中国人的重要思想资源和宝贵财富，也是我们重新重视儒学的内在原因。领导干部不仅是社会群体中的领袖人群，要入世做官，从事社会管理，同时也首先是个普通人，在政治上也有得势的时候，也有不遇的时候，因此，加强自己的人生修养，懂得儒家的安身立命之道，就会永远立于不败之地，而且会提高自己的人格品位和人生境界。

孟子说："古之人，得志，泽加于民；不得志，修身见于世。穷则独善其身，达则兼善天下。"(《孟子·尽心上》)儒家的安身立命之道，广义上包括穷达两种人生境遇应如何自处，即孟子所言"穷不失义，达不离道"，达不离道，要求我们不要得意忘形，不要同流合污等等。但在我看来，所谓儒家的安身立命之道的问题语境主要是针对"穷"时的状况而言的。所谓穷就是儒者的理想不能实现，人生的境遇处于一种相对不得志甚至是困厄的状态。在这种理想与现实相冲突的情形下，如何做到安身立命，似乎才更有意义，《史记·孔子世家》所言："不容然后见君子"。儒家确实具有鲜明的入世主义精神，但在理想难以实现时，儒家学说本身就提供了如何安身立命的精神资源支持。君子之学，不仅仅是为通达显世，也是要解决如何在困厄不得志的情形下而不困惑，遇到忧患而意志不衰退，懂得祸福生死的道理，而思想上不动摇，有定见的问题。儒家学说可以使我们进退总相宜，穷达皆缘义，"穷则独善其身，达则兼济天下"。因此，在现代社会，学习儒家学说，恐怕对于大多数人来说，并不是要以此来治世，而是要使自己安身立命。

那么，安身立命的含义是指什么？如何才算做到了安身立命？如何才能达到安身立命或换言之儒者是凭借什么样的精神力量达到了安身立命的境界的？这是我们想探讨并想努力回答的问题。

身者何物也？谓一己之肉身也，自己之身家性命也，自己之现实人生也，安身首先包括存身、护身。人的肉体生命的存在离不开正常和基本的物质生活条件即衣食住行，因此只有"利用"才能厚生，人的肉体物质存在是安身的基础。护身，就是保护自己的肉体生命不受伤害，如不立于危墙之下，不登高临危，在险恶的人生与政治环境中保护自己的身家性命，这可谓都是安身之含义。正如孟子所言："知命者不立乎岩墙之下。尽其道而死者，正命也；桎梏死者，非正命也。"(《孟子·尽心上》)

安身不仅是一个事实问题，也是个价值问题，作为事实问题包含儒者的衣食住行、生死寿夭、功名利禄等等，但如何看待这些存在状况，使自己能安之所素，不为所动，保持心安之状态，这是个价值问题，这才是真正的安身，因此，所谓安身的本质是安心或心安，也就是对个人的人生遭际有正确的认识，从而乐天知命。因此，安身问题最终就归结为立命问题。

那么，如何才算是立命或如何立命呢？对此，儒家最经典的论述是孟子，他说："尽其心者，知其性也。知其性，则知天矣。存其心，养其性，所以事天也。夭寿不贰，修身以俟之，所以立命也。"(《尽心上》)可见，儒家或儒者的安身立命之道，就是独善其身，修身养性，终身不二，"道德本身便成为儒者安身立命之处。"①安身立命，当以道德为本为要，可见，儒家不仅把道德看作是治平天下的根本，而且也把它看作是个人安身立命的基础。

承认穷达，贵贱，吉凶成败，这都是命，是受"时"、"数"等客观因素的制约，但人却要保持独立人格精神，高扬"身可抑而道不可屈"

---

① (德)罗哲海著：《轴心时期的儒家伦理》，大象出版社2009年版，第340页。

的气节，培养淡泊于名利富贵的心态。要恪尽人力，不懈地修养和弘道行仁，如有不得，安之若命，也就是承认命，淡然处之，安之若素。对仁义道德这些求之在我者，要求尽心修养，不稍懈怠；对于声色味臭、四肢安逸等物质享受，是求之在外者也，是得还是不得不是完全由我的人力所决定的，人们要抱持一种"求之有道，得之有命"的态度，要求人们不作妄求，安之若命。君子要修道德，习仁义，立忠贞，知天乐命，宠辱不惊，富贵不动，安之若素。

那么，具体来说，怎样才算达到了安身立命？或者说一个安身立命的儒者具有哪些特征呢？在我们看来，起码有以下几点：

1．知命、立命的人生定见

"子曰：'道之将行也与，命也；道之将废也与，命也'。"(《论语·宪问》)在孔子看来，道之将行将废这都是命。天命是一种不可知的宿命或一种客观的必然性，客观命运与主观努力总是有一致或不一致之处，理想和现实也是有差距的。因此，人要立命，先要知命，这是立命的认识前提。"求之有道，得之有命。"(《孟子·尽心上》)孔子曰："不知命，无以为君子也。"(《论语·尧曰》)只有知命，才能乐天，虽积极入世，努力奋斗，自强不息，厚德载物，但这些都是属于"求之有道"的范畴，至于能不能得，那则是"命"了，知命与努力是儒家思想的一个问题的两面，努力是其动力积极性要素，而知命则是其解压平衡机制。因此，一个能安身立命的儒者必然对义命关系有正确认识和定见，一个君子必然是知命之人。

2．独善其身的道德追求

如前所述，我们认为儒家的安身立命之道是儒者在不得志情况下的自处之道，如果说治平天下之道是儒者的进取之道的话，那么，安身立命之道也就是儒者的退守之道。在达的遭际下，我们自然要兼济天下，而在穷的状态下，我们就只能或更要独善其身了。本来，修身就是齐家、治国、平天下的基础和根本，只有内圣才能外王，那么，在没有政治参与，不能推广我们的大道于天下时，我们就更要独善其身，"修身以见世"。道德的追求是儒家的根本目标，我们对此要终身守之，始终不渝，不管在达时还是穷时都要修德，在穷时更应"穷且愈坚，不坠青云之志"。要"富贵不能淫，贫贱不能移，威武不能屈，此之谓大丈夫。"（《孟子·滕文公下》）

3．安之若素的行为方式

《中庸》有言："君子素其位而行，不愿乎其外，素富贵，行乎富贵；素贫贱，行乎贫贱；素夷狄，行乎夷狄；素患难，行乎患难；君子无入而不自得焉。在上位不陵下，在下位不援上，正己而不求于人则无怨。上不怨天，下不尤人。故君子居易以俟命，小人行险以徼幸。"所谓安身也就是安其所处之位而行事，所谓素位而行也就是守着自己现时所处的地位而行事，不羡慕行其地位以外的事，君子无论处于何种地位都能怡然自得，不假外求，居心平易以待天命。这是不是说一个安身立命的君子就不去积极努力改变自己的命运了呢？如前述，努力与安命是一个问题的两个方面，这主要是一种心态和思想方法，俟命不就意味着等待改变命运的机会吗？但当运数机遇还未到时，就要安之若素，有一颗平常心。就如姜太公之赋闲钓鱼，诸葛亮之出山前的乐躬耕于陇亩，不正是在"依待天时"吗？既是如陶渊明之"采菊东蓠下，悠然见南山"，已永无进的机会，也不失其志与德，安然处之。

4．心安情乐的精神状态

如果说安之若素是安身立命之儒者的行为特征，那么，心安情乐就是其心理精神状态。心安就是由于他们对自己的命运有清楚的认识，对自己的行为有良好的自控，对自己的道德有高度的自信，对自己的人格操守有充分的自尊，因此在心理上形成了一种心平如境、不假外求、安之若素、怡然自得的平和状态，用现代话说就是他们心理特别平衡，按伊壁鸠鲁的话说就是"灵魂的无纷扰"。不仅如此，他们的精神状态是快乐的，得志时，乐其政，不得志时，乐其道。《荀子·子道》中说："子路问于孔子曰：'君子亦有忧乎？'孔子曰：'君子，其未得也，则乐其意，既已得之，又乐其治，是以有终身之乐，无一日之忧。小人者，其未得也，则忧不得，既已得之，又恐失之，是以有终身之忧，无一日之乐也。'"这就是说，只有君子即有道德的人才会有长久的快乐而无一日忧愁，小人则是有长期的忧愁而无一日之快乐。因为君子无非是为自己得道或者将道贯彻在政治治理中，而小人之乐主要是为了得利，故得不到痛苦，得到了又怕失去，因此，天天都处于一种忧愁的状态中。而君子即使在不得志时甚至陷于贫穷困厄时，他们也不改其乐。孔子曾赞扬他的学生颜回："贤哉，回也！一箪食，一瓢饮，在陋巷，人不堪其忧，回也不改其乐。贤哉，回也。"（《论语·雍也》）生活极其贫困，一般人都难以忍受，颜回却非常高兴。"子曰：'饭疏食饮水，曲肱而枕之，乐亦在其中矣。不义而富且贵，于我如浮云。'"（《论语·述而》）到了宋明理学阶段，周敦颐提出"孔颜乐处"，就是指的孔子和颜回这种安贫乐道的忧乐观，即不为自己的处境不好而忧，却为能在困难条件下坚持道义而乐。俗语"君子坦荡荡，小人常戚戚"就是对这种状态的最简明的概括和认同。

何以能安身立命？是人需要安身立命，安身立命的主体是人，人的主体性是安身立命的内在根据和主体力量。那么具体来说这种主体的内在根据和力量在我看来包括以下几方面：

1．德者得也的价值信念

儒学或中国伦理学的一个重要价值信念，即德者得也，即有德者不仅可以得道、得民得天下，而且可以得利得福。人的"命"运遭际是随"义"而定，善有善报，恶有恶报，一个人的吉凶福祸之命是上帝对他的善恶行为的报应，所谓"皇天无亲，唯德是辅"。《左传·襄公二十三年》也说："祸福无门，唯人所召。"《白虎通》认为"天道福善祸淫"。这种观点可以说是儒家占主导地位的观点和价值信念，只有这样，才能鼓励人们修德见世，以德化人，成己成物。虽然在历史上曾经也有王充的性命两异论即"命""义"两异，个人的吉凶福祸贫富贵贱虽由命定，但与他的善恶操行无关。在现实中往往又有大量性与命分离的状况，性与命的矛盾成为一个客观的存在，但是儒者和大多数中国人还是坚信福善祸淫的价值信念。价值信念在某种意义上也是一种信仰而非理性，它并不完全因客观上的福不一致而改变，这也许就是信仰与理性的不同所在。在儒者的精神生活中这种价值信仰是他们安身立命的最深层的精神支撑。即使在陷于困境时仍然对这种信念保持着真诚的信仰，即使在现实生活中这种道德的努力几乎无法从现世得到回报，他们也绝不放弃，也不计较个人的成败，从而把儒者引向一种内在的、近乎宗教般的信仰和坚强的人格。

2．义以为上的价值标准

儒家或儒者的首要价值观就是坚持道德的至上性，义者宜也，义以为上是一个安身立命之儒者终生的行为价值标准。也就是说他们的做人行事一切均以义为标准，"不义且富且贵于我如浮云"。"富与贵是人之所欲，不以其道得之，不处也；贫与贱是人之所恶也，不以其道得之，不处也。"（《论语·里仁》）"非其义也，非其道也，禄之以天下，弗顾也，系马千驷，弗视也。非其义也，非其道也，一介不以与人，一介不取诸人。"（《孟子·万章上》）如果不符合义和道，就是把天下都给我作为俸禄，我连理也不理，好马几千匹，我看都不看一眼。"不仕无义。……君子之仕也，行其义也。道之不行，已知之矣。"（《论语·微子》）君子出来做官，是履行义务、弘扬道义。但也不是一味参政，参政还是避政，仍是以是否合于道义为标准。有道则仕，无道则避。"道不行，乘桴浮于海。""邦有道，则知；邦无道，则愚。"（《论语·公冶长》）"天下有道则见，无道则隐。邦有道，贫且贱焉，耻也；邦无道，富且贵焉，耻也。"（《论语·泰伯》）"邦有道，则仕；邦无道，则可卷而怀之。"（《论语·卫灵公》）"义之所在，不倾于权，不顾其利；举国而与之，不为改视。重死持义而不桡，是士君子之勇也。"(《荀子·荣辱》)甚至，为了义可以"舍生取义"。必要的时候，不仅是财产，连自己的生命，都可以舍弃掉。"鱼，我所欲也，熊掌亦我所欲也；二者不可得兼，舍鱼而取熊掌者也。生亦我所欲也，义亦我所欲也；二者不可得兼，舍生而取义者也。"(《孟子·告子上》)利最大、最根本的莫过于生命，如果面临生命与道义两者的价值冲突时，宁死也要保持义，可见把义的价值提到了一个无以复加的地位。正是因为义以为上是儒者行为的价值标准，他们心有定见，行而有方，不假外求，惟义是从，从而体现出一个安身立命者的行为特征。

3. 良心人格的主体力量

"为仁由己，而由人乎哉？"求仁得仁，吾欲仁斯仁至矣。"君子求诸己，小人求诸人。"(《论语·卫灵公》)"三军可夺帅也，匹夫不可夺志也。"(《论语·子罕》)清醒而坚强的自我是安身立命的基础，自尊自爱，修己以敬，"人不知而不愠，不亦君子乎？"(《论语·学而》)"君子病无能焉，不病人之不己知也。"(《论语·卫灵公》)"君子周而不比，小人比而不周。"(《论语·为政》)"君子矜而不争，群而不党。"(《论语·卫灵公》)"君子和而不同，小人同而不和。"(《论语·子路》)"穷不失义，达不离道，穷不失义，故士得己也，达不离道，故民不失望也。"(《孟子·尽心上》)既然是人自己在安身立命，因此，一个道德的自我，一个坚强的人格，一个良好的心态是任何外在的功名利禄，权势外律所不能改其志的，"君子忧道不忧贫"，超然物外，不动心，自认行事正确的内心信念，可以抗拒一切外在诱惑和压力，只要问心无愧，一个人就可以迎战千军万马。"尔那一点良知，是尔自家底的准则。尔意念着处，他是便知是，非便知非，更瞒他一些不得。尔只不要欺他，实实落落依着他做去，善便存，恶便去，他这里何等稳当快乐。"(王阳明：《传习录下》)王阳明这段话清楚的论述了良心和人格对一个人安身立命所起到的重要作用，人只要具备良心这个主体力量，自当会实现

"稳当快乐"的安身立命之境界。一个自觉自律的道德自我，使行为与判断既不受利己之心，也不受他律的支配，它进行思考及反省并具有一种内在归隐的性质。荀子宣称人类的心是一个绝对自主的器官，"心不可劫而使易意，是之则受，非之则辞。"(《荀子·解蔽》)孟子说，如果必要的话，"大丈夫"将"独行其道"，而且"威武不能屈。"(《孟子·滕文公下》)荀子更补充说："天下不知之，则傀然独立天地之间而不畏。"(《荀子·性恶》)他并不害怕死亡以及体制的惩罚或社会的轻视，而只会因为违反个人理想和自尊而感内心羞愧。这种良心人格的道德主体性是儒者安身立命最重要的依据和凭借。

4．唯吾德馨的精神回报

儒者最根本的特点就是遵奉儒家尚道崇德的精神以安身立命，这种不懈追求的不断积累终会获得"富润屋、德润身，心广体胖"(《大学》)的结果，使儒者获得一种"立德、立功、立言"的不朽功业，使儒者因德高才广而获得一种"修身见于世"的"名立"状态。对于名满天下之追求，以及社会对儒者高风亮节的认可和赞扬，对儒者的自我超越和安身立命起到了一种积极的鼓励作用，尤其是看重身后之名，达到"三不朽"的境界，更成为传统士人安身立命的重要精神动力。孟子的"天爵人爵"之说，荀子的"义荣势荣"之辨都给儒者这种重视道德的内在价值和尊严及其所带来的内在荣誉和自尊发挥了强有力的精神支持作用。道德荣誉感不仅来自社会和他人的承认，更重要的来自于一种自我肯定和自尊。因为在儒者看来，持道守善本身就是对自己的最大回报。道德行为者在其中寻得了安宁以及不为外界所动的自我认定。就如孟子所说的"反身而诚，乐莫大焉。"(《孟子·尽心上》)

总之，儒家人生价值观中的积极入世、有所承担、自强不息的人生观，义以为上的价值观和独善其身的安身立命之道是儒家学说的核心内容，对我们领导干部形成正确的从政态度、加强廉政建设、提高自己的人生修养境界均有重要的启发意义。

漫谈儒家经典

——《四书》

陈 来

陈来，男，1952年生于北京，祖籍浙江温州。清华大学国学研究院院长，清华大学哲学系教授，北京大学哲学系博士生导师。现任全国中国哲学史学会会长、教育部社会科学委员会委员、教育部教学指导委员会委员等。曾任哈佛大学、东京大学等多所大学客座教授、国际中国哲学会(ISCP)副执行长。1991年被国务院学位委员会、国家教委授予"有突出贡献的中国博士学位获得者"。1992年被授予国家级"有突出贡献的中青年专家"。1998年被教育部评为"跨世纪人才"。曾获得中国图书奖二等奖(1992)、国家图书奖提名奖(2002)、宝钢全国优秀教师奖(2003)、北京高等教育教学一等奖(2004)、高等教育国家级教学奖二等奖(2005)等奖项。

主要研究领域：中国哲学史，主要研究方向为儒家哲学、宋元明清理学、现代中国哲学。

专著有：《朱子哲学研究》、《朱子书信编年考证》、《有无之境——王阳明哲学的精神》、《宋明理学》、《哲学与传统：现代儒家哲学与现代中国文化》、《古代宗教与伦理——儒家思想的根源》、《人文主义的视界》、《现代中国哲学的追寻——新理学与新心学》、《古代思想文化的世界》、《中国近世思想史研究》、《诠释与重建——王船山的哲学精神》、《竹帛五行与简帛研究》等。

　　"四书"是一个晚出的概念。在文化史上，"四书"是相对于"五经"而言的。"五经"在历史上叫作"六经"，分别是：《诗》、《书》、《礼》、《乐》、《易》、《春秋》，后来《乐》失传了。这六部经典肇始于西周，成熟在春秋时代，据历史记载，孔子对这六部经典做了删订。为什么要删订呢？显然有一些内容是比较庞杂的，通过孔子的整理，使它更有条理、次序，当然也去掉了一些孔子认为不必要再继续流传的文献。孔子可能有一些偏见，他是比较保守、比较正统的人。他的基本立场是社会责任。比如看到诗歌里面爱情的诗太多了，他可能就砍掉一点，尤其是爱情的诗有些讲得比较露骨的，他觉得不好，可能就把它去掉了。但是，我想除了这部分以外，有关历史文化传承的、有关思想解说的，孔子都没有删。孔子不仅是创立儒家学派的大师，而且是中国整个上古文明的一个最伟大的继承者。没有孔子删订"六经"和儒家传承经典的自觉，是不可能有中华文明的发展的。

　　"六经"不是某一个宗教、宗派的经典，而是中华文明的经典。一般认为，中国的文明至少从夏商周三代开始。孔子对三代的文化非常敬仰，以继承三代文化为己任，这是孔子一生的志向。三代文明的精华就沉淀在"六经"里面。所以"六经"不是一家一派的东西，是公元前三千年以来的中华文明的经典。儒家是传承中华文明和经典的主要力量。道家是反文化的，道家是不注重传承的。我们看老、庄，都不是做这个的，到了汉代才有了解释老、庄自身的东西。法家是反对《尚书》、《诗经》的，因为法家比较重视实用。墨家也是重实用。墨家是从一个小生产者的角度出发，什么东西有益于农民的生产、生活，这就是好的，念那么多诗有什么用？法家主要是讲富国强兵，怎么使整个国家强大，能够打败敌人，就行了。至于文化素质、价值道德这些，统统不重要。在先秦的诸子百家里就是这样一个状态。

到了汉代，由国家出面，承认"五经"是国家的经典，给它一个很高的地位。国家指派专门的人员来解释它、传承它。从汉代到唐代，都是以"五经"加《论语》和《孝经》作为国家的经典。这个经典体系有一个核心概念、有一个关键词：周孔。"周"就是周公，"孔"就是孔子。我们今天讲"孔孟之道"，那个时候不叫"孔孟"。周孔是跟"五经"联系在一起的。《尚书》等经典都是在周代形成的，周公是对周代文明的形成有主要贡献的一个大政治家、大思想家。可以说，从汉代到唐代一千年左右的时间，中国人在思想文化领域的权威就是周孔，跟这个相配合的就是"五经"。

到了宋代，从11世纪开始到清末，最重要的经典就是"四书"，最重要的精神文化的权威是孔孟。从周孔到孔孟，从"五经"到"四书"，是中国文化、典籍和精神权威的一次重大的变化。这个变化不是根本性的断裂，因为周孔和孔孟是连续的。这个连续性到了宋代就有了一个新的概念叫"道统"。用一个"道统"的观念把从周孔到孔孟这个谱系构建出来了。这样，中国人的思想文化权威就不是一个两个人了，而是一个谱系。这个谱系的说法是借鉴了佛教"传灯"的谱系，这样使得中国文化有了一个更好的表达。

《论语》是记录孔子思想的材料；《孟子》主要是孟子自己的著作；《大学》和《中庸》是《礼记》里的两篇。"四书"的次序不是固定的。比如朱子是从学习的次序来安排的，他把《大学》放在第一位。我们今天不按朱子的来讲，我们按照时代的先后来讲，就是《论语》、《大学》、《中庸》、《孟子》这样一个顺序。《论语》记载的是孔子的思想，孔子(公元前551—前479年)是在公元前6世纪中期出生，时代是比较早的。孟子的生卒年没有孔子这么确定，卒年大体是公元前300年左右。从公元前300年再往上推80多年，那就是孟子大概的生年。这样，孟子生活的时代应该是公元前4世纪，跟孔子差了一百多年的时间。《大学》、《中庸》，现在一般认为就是在这一百多年中间形成的。

"四书"这个集合称谓，是很晚的一件事情。"五经"合称至少在汉代已经有了，但是"四书"不是这样的。《论语》开始是单行的，虽然在汉代已经有了经典的地位，从"七经"到"十三经"里都有《论语》，但没有跟"四书"当中的其他的东西混在一起。长期以来，在"七经"、"九经"、"十一经"、"十二经"里面是没有《孟子》的，就是说在唐代以前的经典里面是没有《孟子》的。《孟子》入经是宋代。《大学》、《中庸》是《礼记》的两篇，《礼记》在汉代不是经，但还是很受重视的。到了后来，在"九经"、"十一经"、"十二经"里面，《礼记》就入经了。《礼记》里面有很多的篇章，从宋代开始，《大学》、《中庸》的地位开始突出了，甚至可以说，早在唐代就开始突出起来了。

如果我们不从儒家的角度来看，《中庸》受到大家特别的注意就更早。在南北朝时期就有一些受佛教影响很深的学者，包括有名的梁武帝，都注解过《中庸》。《礼记》里面有那么多篇他们都不注意，为什么单单注意《中庸》呢？因为《中庸》一些比较深奥的道理比较容易和其他的哲学相结合。从儒家的角度开始重视它是从唐代开始。唐代的韩愈特别重视《大学》。唐代佛教盛行，比较主张民族文化的学者就非常焦虑，觉得佛教是一个外来的文化却在中国大行其道。这个不满不仅仅是一个文化民族主义的成见，而是认为佛家的整个的精神、价值的方向跟中国社会的结构不合，由此就跟中国文化不合。佛教是一个出世主义的宗教，一个正式修行佛教的人是要出家，放弃自己原来生活的身份，也放弃自己对那些实体的责任。这是中国社会的大忌，因为中国社会是一个宗族、宗法社会，它最重视的是家庭的亲情。人对父母、兄弟、子女的情意和责任是中国文化里面特别是儒家最最重视的，整个国家是建立在这个基础之上的。出家，放弃了你对家庭、社会的责任，放弃了对国家的责任，去追求一个更高的精神的修行，这当然有道理。但是从儒家来讲，这是对中国社会结构的一个破坏。怎么样从理论上来反对它呢？就是《大学》。《大学》讲：修身、齐家、治国、平天下。唐宋的儒者认为，修身是为了齐家、治国、平天下。修身没有齐家、治国、平天下是不能成立的。韩愈祭出《大学》这个法宝，主要是用它来打击佛教。我们的经典是讲格、致、诚、正、修、齐、治、平。

韩愈的弟子李翱更重视《中庸》。佛教在精神上面有一套哲学，有一套对人生的看法、修行的理解，也就是我们说的本体论、心性论、功夫论。它有一套很细密的东西。而这套东西是很吸引人的。人的精神要有一个安顿处，人生有很多苦恼、痛苦要消除，这正是佛教所具备的。韩愈可以从政治上、伦理上打击佛教，可是不能从根本上回应佛教在文化上、精神上带来的挑战。所以，从中国文化本位的角度，从儒家的角度来讲，要真正正视佛教文化的挑战，必须要从《中庸》开始，利用本土的资源加上吸收佛教、道教的营养，发展出一些新东西来，才能与之抗衡。在《中庸》和它的解释里面可以找到这些精神性的东西，所以《中庸》的地位就开始突出起来了。

到了北宋，这个已经慢慢成了大家的一种文化的共识。北宋的科举考试从仁宗的时候开始就赐给进士出身的前几名《大学》、《中庸》，已经很突出地把《大学》、《中庸》拿出来了。《孟子》在这个时候地位也提高了，但是还有争议，北宋有很多思想家是反对《孟子》的。比如司马光，他就反对《孟子》，这说明到这个时期还没有完全了解《孟子》的意义。到了南宋，这个问题才基本解决。

北宋的哲学家二程（程颢、程颐），他们的语录里面大量讨论《大学》、《中庸》的问题。到了二程的四传弟子朱熹（1130—1200），他生活在南宋的前期，他从20岁开始，把北宋以来的对这四种文本的解释作了几十年的钻研。他60岁的时候在福建漳州作太守，在此期间，他把这四种文本集合在一起，从此就有了"四书"这个名号。对"四书"，他自己有著作，关于《论语》的叫《论语集注》，《孟子》的叫《孟子集注》，

《大学》的叫《大学章句》，《中庸》的叫《中庸章句》，所以《学》、《庸》的叫"章句"，《论》、《孟》的叫"集注"，合称《四书章句集注》，后来更简单的称呼就叫《四书章句》或者《四书集注》，后者更流行。"章句"就是分章、断句；"集注"是把前人对这个经典的注解集合在一起。当然这个收集不一定是求其周全，他可能是经过选择的。比方说，朱子的《四书章句集注》，主要的是以二程、二程朋友以及二程的弟子、再传弟子的注解作为主要的收集对象，他用的是道学家、理学家的注释。他在《大学》和《中庸》里边特别讨论的分章问题，在《论语》、《孟子》里是不用谈的，因为那两个文本都是很成熟的，没有什么争议。但是《大学》的篇目从二程开始就有争议：这个本子是不是错了？"错了"不是说我们今天说的对错的"错"。古代的竹简，一根一根的，从中间用两道绳子编连起来，时间久了之后绳子就容易烂，那竹简就散了，重新编的时候就可能编错了，把上一根编到下一根了，这就叫错简，这在历史上是很常见的。二程那个时候就说《大学》里面好像有错简，因为它的次序好像不对。这个问题就属于章句的问题。这样一来，就形成了一个以孔子的《论语》为首，以孟子之书为终，其他两篇在孔孟之间的经典体系。如果我们用人物来概括的话，这个经典体系就是以孔孟为中心，因为这里边，《大学》和《中庸》的作者不太明确。

朱子活着的时候，朝廷对他是不太重视的，晚年的时候甚至压制他、打击他，叫他"伪学之魁"，伪学的头子，把他的官也罢了。可是朱子死了十几年之后，宋理宗有一天对朱子的儿子说：你父亲写的《四书集注》我仔仔细细地看了，这个书写得太好了，我恨不能起他于地下，当面跟他谈谈、向他请教。朱子是花了一辈子的时间来研究"四书"的，他48岁的时候已经写好了《四书章句集注》，然后又经过20多年的修改，临死的时候还在床上改《大学》的注释。他在当时可以说是最有名望的，以他这样一个最有名望的人下了一辈子功夫做的东西当然受到大家的认可。朱子死了70多年以后，南宋就灭了。元代皇庆年间的时候，国家正式决定科举考试以朱子的《四书集注》为标准，以后一直到明清都没变。所以，"四书"从宋代开始一直到元明清就变成了教育领域和思想文化领域里面最有影响的经典。

那么"四书"为什么能取代"五经"的地位呢？是不是仅仅因为朱子本人的影响力呢？我想不能这么说。其中一个理由，朱子曾经讲过："五经"跟"四书"相比，"五经"好比是粗禾，带着皮的稻谷，还没经过加工；"四书"是精米熟饭，不仅处理过了，而且都做熟了。意思就是说，"五经"的内容还是很粗、很庞杂的，要从里面取其精华出来，就是"四书"。我想这是非常贴切的，这主要是从道德价值来讲的。这一点，大家如果了解一点基督教的历史，也可以看出来。从《旧约》到《新约》的转变也是这样的。从耶稣降生以来，《新约》的影响越来越大，《旧约》当然也没有被放弃，但是除了犹太人比较重视《旧约》以外，可以说基督教还是主要强调《新约》。因为《新约》里边道德的教训非常集中。福音书里边都是道德教训，而《旧约》里边还有很多历史、诗歌、仪式这样的内容，这也正是我们在"五经"里边看到的。比如说《诗》，三百篇有哪几篇能真正如"四书"给我们一些人生的教训、道德的指引？有些爱情诗，还有一些一般的诗歌，很多是民歌，没有一种明白的道德教化的内涵。《尚书》，它实际上是古代国君发布的一些公文、文告，很多是属于历史的文献，真正那些道德教训的东西不集中。"四书"就不同，《论语》通篇都是人生的教训；《孟子》通篇都是他的思想教化；《中庸》一上来全都是"子曰"，都是孔子的话。这里有它的必然性，一个文化的发展，要把它的价值凝练起来，要突出价值，使它能够更便于人们来掌握这个文化的核心价值。所以不是说朱子个人就有这么大的力量，从文化发展的本身，从经典发展的本身来看都存在这样的趋势。

以上讲了从"五经"到"四书"一个大概的演变背景。接下来我们把这四部书简单地进行一下介绍。

《论语》这个名字应该很早就有了。刚才我讲到《礼记》，《礼记》这部书的作者是比较杂的，现在学术界大体上认为它是七十子及其后学所撰作的。孔子的弟子中贤人七十，称为七十子。孔子死了，七十子就开始讲学了，传承儒家的文化。其中特别是子夏，我们以前讲子夏传经。七十子也带学生，他们还有弟子。七十子和他们的弟子我们统称为七十子及其后学。当然不排除《礼记》有一些篇章在《孟子》后边，因为七十子的后学不断传承，其中一派就传到孟子了。还有其他诸子，他们也有传承。这些人一代一代往下传，一直到了战国末期。所以一般我们认为，它是战国时期儒家的作品，因为孔子死了以后很快就进入战国了。在《礼记》里有一篇叫《坊记》，里面已经有《论语》的名字了。里面有一句："《论语》曰：'三年无改于父之道，可谓孝也。'"这就是《论语》的话，可见在那个时候已经有了《论语》的书名了。《坊记》的时间在什么时候呢？这个跟《中庸》有关系，照历史上的讲法，《坊记》和《中庸》都是出于子思子。子思是孔子的孙子，这样说来，到了孔子孙子辈的时候，《论语》这部书已经编成了。《论语》不是孔子自己写的一本书，那里面都是"孔子曰"——就是孔子说的，由别人记录下来的，谁记录的呢？当然是他的学生记录下来的，一定是七十子这些人跟孔子学习的时候记下来的，孔子死了以后，把这些编起来，就是我们今天看到的《论语》。

《论语》是现在我们研究孔子最主要的、最直接的文献。我刚才讲，《论语》的名字在孔子的孙子这一代已经有了，但是流行并不是很广。也可能只是弟子之间知道这个书叫什么。古人有时候书是不写名字的，我们现在看很多竹简，只写一个篇名，没有一个总体的名字。因此，《论语》就有不同的叫法，比如汉代有人引用孔子话的时候，说"传曰"，"传"这个字其实不是仅仅针对《论语》这一本书的，很多东西都可以叫"传"，不是经的东西很多都可以叫传。《论语》这个名字到底怎么解释？我们用《汉书·艺文志》的讲法："《论语》者，孔子应答弟子时人及弟子相与言而接闻于夫子之语也，当时弟子各有所记。夫子既卒，门人相与辑而论纂，故谓之《论语》。""论语"的"语"就是孔子应答弟子、时人以及弟子听老师说的话；"论"就是"辑而论纂"，编辑起来，"论"是按照一定的次序的意思。汉人去古未远，我们据此来理解，《论语》就是弟子们传录的那些话，把它编辑起来，使它有条理，这个就是其原始的意思。到了后代还有很多的说法，但都没有这个说法时代早，这个讲法已经被大家接受。

古人认为，《论语》的成书有几个人扮演了主要的角色。比如汉代的著名学者郑玄，说《论语》是"仲尼、子夏等所撰定"，很突出子夏。子夏对经典的传承功劳最大。另外，汉代有一位学者叫赵岐，他是最早注《孟子》的人，他就不那么突出个人，他说："七十子之俦汇集夫子所言，以为《论语》。"到了宋代，开始更重视《论语》，二程讲："《论语》之书，成于有子、曾子之门人。"也就是说属于七十子及其后学。为什么呢？因为《论语》里面很奇怪，孔子说的当然是"子曰"、"夫子曰"，其他的学生就说"子贡"、"子路"，唯独对"有子"、"曾子"用了"子"，明显地对这两个人是更加尊敬的，因此他们认为这个书是在有子、曾子的门人的手里编定的。这样的讲法也不能说没道理。其实这个讲法在唐朝柳宗元就已经这样讲了。我认为今天也不一定作这样的断定，知道有这个讲法以及它的由来也就够了。

《论语》的第一个版本叫《鲁论语》，有20篇，光从篇数来讲，跟我们今天所见的《论语》是一样的。《鲁论语》是鲁人所传的那个本子。第二个本子就是《齐论语》，齐国、鲁国都在山东，齐国的文化也很发达。孔子长期生活在鲁国，但是弟子很多都是齐国人。孔子死了以后，齐国变成了一个讲学的中心。《齐论语》不是20篇，是22篇，多了《问王》、《知道》两篇，这个在汉代也是很流行的。但是，这个传本今天已经没有了。清代有学者辑出了一些《齐论语》，凑成了一卷。我们今天用的《论语》是《齐论语》呢还是《鲁论语》呢？应该说都不是。我们今天用的叫《张侯论》，这个人叫张禹，他是安昌侯，爵位很高。汉代的官员学习的时候，都是要学习《论语》的，张禹他学的本来是《鲁论》，后来他"兼讲齐说"，也吸取了一些《齐论语》的讲法，兼采二者之善定了一个本子，"号曰张侯论"。这个本子，据《隋书·经籍志》记载，说他去除了《齐论》里的《问王》、《知道》，仍然是用《鲁论》为基础，也采用了《齐论》的一些字句。

关于《论语》历来的注解，有几种，第一个就是郑玄注，他的注释是以《张侯论》为本。郑玄注之外，比较著名的是何晏的《论语集解》，这已经是三国的时候了。何晏根据的本子还是郑玄的定本。何晏本来是玄学的一个代表，何晏的《集解》里，有很多是玄学家的解释，这是他这个书的特点。接下来，是南朝皇侃的《论语义疏》，这里面也有很多玄学家的解释，因为他生活在这个时代。这个书在南宋就已经没了。但是在唐代的时候，《论语义疏》就已经传到日本，所以在清朝的乾隆时代，从日本又把这本书找了回来。《论语义疏》之后，我想比较重要的是《论语正义》，这是北宋的邢昺作的，时代是在宋真宗时期。这个书在皇侃的《义疏》基础上进一步加以删订、扬弃，也有他自己个人的一些见解。最后呢，当然就是朱子的《论语集注》了。朱子在30多岁的时候就编过《论语要义》，把北宋以来儒家对《论语》的解释都编辑起来。到了他40多岁的时候，改为《论语精义》，去掉了那些不是理学家的解释。到了48岁的时候，他写了《论语集注》，又在保留的12家理学家的注释里面挑了比较精要的，编成了这个书。之后，他还怕大家不明白，又写了一本书叫《论语或问》，他就解释：我每条注解为什么是这么解释的，比如说理学家的解释有12家，为什么在这一条的解释里只引了这两家。他做了一些解释、发挥。朱子关于《论语》的著作有很多，最有名的，就是《论语集注》。这个书，一方面接受了汉代经学解释的一些方法，比如对字义的训诂，先告诉你这个音念什么，然后告诉你这个字怎么讲；同时，《集注》又是一个理学家的著作，他的真正发明的地方是在义理的解释，怎么样把其中的道理用理学家的解释讲出来。所以说，朱子的《论语集注》是比较全面的，一方面继承了汉代解经的方法，另一方面从理学上、哲学上来阐发它的义理。

到了宋代，《中庸》才和《论语》、《大学》、《孟子》合称"四书"，变成一个独立的文本。关于"中庸"这两个字的解释，汉代的大经学家郑玄说："名曰中庸者，以其记中和之为用也。庸，用也。"唐代很多人也是用这个解释，为什么叫"中庸"，因为它"记中和之为用也"。中、和是《中庸》里边两个重要的概念，意思就是说把中和的道理怎么加以应用，所以叫"中用"，"庸"就是"用"。不过在郑玄自己对《中庸》本文的解释里面，他对"庸"字有另一个解释，说："庸，犹常也"，"常"就是不变，常道。到了宋代，二程给它一个新的解释，这个解释也是一千年来影响比较大的。其言曰："不偏之谓中，不易之谓庸。""中"就是不偏，"不易"就是不改变，就是"常"，这个不是从"用"字来讲，跟郑玄的解释就不一样了。"不偏之谓中，不易之谓庸"是从字面进行解释，下面他们又做了一个阐发："中者，天下之正道；庸者，天下之定理。""不偏之谓中"还是比较普遍的，凡是不偏的都可以叫作"中"，不偏的东西有很多啊，那你这儿讲的是什么"中"？"中者，天下之正道"，讲的是天下的正道。"庸"呢？很多东西也是不易的，那你讲的"庸"是什么？讲的是天下之定理。不管是讲"中"还是"庸"，都是跟"道"、"理"联系在一起的，强调的是正道、定理。

最有影响的解释，当然还是朱子的。《四书集注》历元明清三代，影响后世社会六百多年。朱子的解释又不同，主要是对"庸"字的解释。"中"是什么？"不偏不倚"，这是继承了二程的讲法，不仅如此，他又加了一个"无过不及"，既不是过分，也不是不够，这个很重要。"庸"是什么呢？"庸，平常也。"我们现在说这个人庸庸碌碌，"庸"字也确实有这个意义。所以你看，"庸"有"用"的意思，也有"常"的意思，很普通、平常。这个当然也有朱子的深意，因为从字义上来讲，"庸"字也有这样的用法。他为什么特别强调这个"平常"呢？他认为平常的东西才能长久。他经常说你大鱼大肉能天天这么吃吗？可是粗茶淡饭天天吃就没问题，这是他举的一个例子。那些你看起来好的不得了的东西，反而不见得能长久，这是他对"中庸"思想的一个表达。

关于《中庸》的作者，在《史记》里面有一个记载：孔子有一个孙子叫孔伋，字子思，"年六十二，尝困于宋，子思作《中庸》"。就是说他60多岁的时候被困在宋国，然后作了《中庸》。除了《史记》的记载以外，可能还有别的来源。比如郑玄说："孔子之孙子思伋作之，以昭明圣祖之德。"为了表彰他的祖父的德行。子思在宋代以前不是很出名的，在汉代以及后来的魏晋，人们认为子思一共作了四部书，除了《中庸》，还有《表记》、《坊记》、《缁衣》，这四篇都是在《礼记》里。近年出土文献里边也出了相关的东西，1993年在湖北荆州出土的竹简里就有《缁衣》，时代在公元前300年。就是说那个墓主人下葬的时期大概就是孟子死的时候，因此墓中的竹简应该是在孟子以前。因为在墓里随葬这些东西，一定是流行了很长的时间、有一定的权威性、大家很珍视并且经常看，才会随葬。看起来应该已经存在了100多年了。古人的时代不像现在知识爆炸的时代，都是慢慢念、慢慢流传的。比孟子的时代再早100年，那就正好是七十子及其后学的时代。所以从年代上讲，即使不是子思所作，也是跟子思及其学生那个时代差不多的人作的。这也证明了古人说的《缁衣》、《中庸》这些东西都应该是同一个时代的作品，在孟子稍前。值得一说的是，《中庸》的前19章和20章以后，有些人认为是两个部分，内容是不一样的，只有前19章才是《中庸》，后边的不是。我想也不必这么拘泥，从内容上看，前面和后面确实不一样，怎么处理这个问题呢？我想可以把《中庸》本身分为上下，这在古代的文献里也不少。有些人认为前19章是子思作的，20章以后是子思学派作的，这个当然也可以，但是没有必要把这两部分变成两个名字。古人的作品跟我们今天的著作权的观念不一样，比如《庄子》，现在是33篇，不见得都是庄子一个人写的，有的是庄子后学写的，但是可以统称《庄子》。很多古书都是学派性的作品，把子思作《中庸》理解为子思学派作《中庸》也是可以的。

《孟子》，比较重要的是它跟《论语》、《中庸》的关系，这是近年讨论比较多的一个地方。照古书上来讲，孟子跟子思有很密切的关系，这个关系主要是思想的关系。至于这个思想的关系是不是一个授受的关系，这个还不是非常确定。《史记》和汉代的古书都说孟子"学于子思之门人"。大家看《四书章句集注》的《孟子序说》，这是朱子在注解《孟子》以前先把这个书的背景做了一个交代。《史记》："孟轲，驺人也，受业子思之门人。"下面有个小注："赵氏曰：'孟子，鲁公族孟孙之后。'"赵氏就是赵岐，汉代第一个给《孟子》做注的人。照这个说法，孟子的出身还是不错的，他是鲁公族，鲁国有三个公族，季孙、孟孙、公孙，他是属于孟孙这一系的。可是到了孟子出生的时代，家道已经衰落了，孟母还是很辛苦的，要织布啊，而且看起来孟子的父亲在孟子很小的时候就死了。孟子的字，《汉书》有两种说法，还不确定。"驺人也"，在曲阜附近，就是今天的邹城。"受业子思之门人"，这句话古人有争论，比如《史记索隐》说这个地方多了一个"人"字，原来就是"受业子思之门"，而且赵岐注和《孔丛子》等书都说："孟子亲受业于子思"，但是呢，"未知是否？"朱子在写的时候不做肯定。古书有两种说法，我们现在看到的经典文本是有这个"人"字的，但是有人认为这个"人"字是多了。这一多和一少就差了一辈。关于这个问题，后来也有很多人写文章来算，认为按照时代来说，孟子是见不到子思的，孟子虽然活了八十多，子思也活了八十多，那也见不到面。所以现在大家都认为，受业于子思之门人是正确的。事实上这一点，孟子自己也讲过，他说："予未得为孔子徒也"，我没有机会作孔子的徒弟，"予私淑诸人也"，他不是孔子的徒弟那是肯定的了，年代相差太多，但要是学于子思，他肯定会说出来，可是他没说学于子思，而是"私淑诸人"，这个"诸"就是"于"，私淑于谁？他没有指出来。私淑就是不是正式的、亲身的受学。所以我们推测，孟子他应该是私淑于子思之门人，不见得是亲自跟人家学，但是确实受人家学问的影响。孟子出生的时候，孔子死了已经一百多年了，说明什么呢？孔子的弟子都死了，不可能有活着的弟子。

《序说》里当然说了很多的话，比如"道既通"，学到东西了，把"道"学到手里了，之后孟子就"游事齐宣王，宣王不能用"，到齐国游说齐宣王，齐宣王不能用他。"适梁，梁惠王不果所言"，这个时候孟子已经60多岁了，"不果所言"，不能肯定他说的话，"则见以为迂远而阔于事情"，认为他讲的那套东西都比较迂阔，不用他。"当是之时，秦用商鞅，楚用吴起，齐用孙子、田忌。天下方务于合纵连横，以攻伐为贤。"当时大家都搞富国强兵，谁能打仗谁就是贤者，而孟子不是这样，他"乃述唐、虞、三代之德"，从尧、舜讲到三代，讲他们的德行，所以跟这些要富国强兵的国君不和。最后"退而与万章之徒序《诗》、《书》，述仲尼之意，作《孟子》七篇"。我们现在这个《孟子》就是七篇，跟司马迁讲的是一样的。就是说孟子到了晚年，就不再参与政治了，不去游说诸侯了，与他的学生万章等人作了《孟子》七篇。主要讲什么东西呢？第一，序《诗》、《书》，继承"五经"的思想；第二，述仲尼之意，继承孔子的思想。

孟子这个人是很会说的，逻辑性很强。他确确实实是以继承和发扬孔子的学说为己任的，他自己说过："乃所愿，则学孔子也。"如果你问我的愿望是什么，就是要学孔子。孔子的意愿就是继承周公，孟子的意愿就是学孔子，所以不管是"周孔"还是"孔孟"，确实是有一个一脉相承的连结。孟子的时代当然是比孔子的时代要好一点了，孟子到哪个国家的时候，哪个国家都要送黄金给他。那个时候的风气就是这样，有学问的人来了，国君都是要送重礼的，马车、随从都有。偶尔

领导干部国学大讲堂

有国君不送的话，那在当时来讲还是一件事啊，大家要议论的。孔子的时代，士人在诸侯国里发挥作用的空间还是比较小的。孟子的时代，国家之间的竞争比较强。孔子的时代，大家还是不能自由竞争，还受制于周天子的秩序。

现在我们回到"四书"的本题。如果我们把"四书"作为一个整体，从理论上来讲，"四书"里面什么样的精神是最重要的？如果我们参考今天时代的要求和今天时代的认识，我想还是"忠恕之道"最重要。关于这一点，我想找出几句话来，大家共同来探讨。在《论语》里边有这样的话："子贡问曰：'有一言可以终身行之者乎？'"老师你能不能告诉我一句话，这一句话可以一辈子奉行它，可以照着它来做，一辈子受用。"子曰：'其恕乎！'"孔子回答说：那就是恕啊。那什么是"恕"呢？"己所不欲，勿施于人"。这个是出在《论语·卫灵公》篇。

第二段材料，有一个人叫仲弓，也是孔子的学生，问怎么理解"仁"。因为"仁"这个字在孔子的思想里是最重要的一个字，孔子对于西周以来文化的发展主要在这个"仁"字。"仁"这个字不是孔子的发明，但是在西周和春秋的文化里，都没有把它当作一个最重要的概念，而孔子在《论语》里面有一百多次谈到这个"仁"字，不仅次数多，而且把这个"仁"字作为最重要的概念。因此，他的学生就经常问怎么理解这个"仁"、怎么实践"仁"这些问题。孔子就回答说："出门如见大宾，使民如承大祭。己所不欲，勿施于人。在邦无怨，在家无怨。""出门如见大宾"就是说你走上社会，跟别人打交道，"如见大宾"，你见到一个很尊贵的客人，你的态度当然是很恭敬的，充满了敬意和谨慎。同样，"使民如承大祭"，"使民"，我想根据仲弓问这个话的场景和他自己的身份，他可能是一个使民者，是个领导。怎么样领导百姓呢？首先要有一个态度——"如承大祭"，就好像你参加一个非常重大的祭祀的仪式，那你就不能随随便便，你要非常严肃、恭敬。可以说这一条和刚才说的那一条都是强调"敬"。这个是《论语》里面特别重要的。

子曰:"忠恕违道不远。"你做到忠恕的话,离这个道就不远了。这个是《中庸》里边引用的孔子的话。怎么样做到忠恕呢?"施诸己而不愿,亦勿施于人。""己所不欲"我想就不用解释了,"施诸己而不愿,亦勿施于人",也是这个意思。"施诸己而不愿",如果有一件事情,别人加在你身上你不高兴,那你也不要施加给别人,这就是"己所不欲,勿施于人"的另外一个讲法。语录在记的时候可能语气上稍微有些分别。我们看,在前面一个地方,子贡问的时候,"己所不欲,勿施于人"是作为"恕",这里讲"忠恕",所以我们今天讲"忠恕之道",它的一个核心的观念就是"己所不欲,勿施于人"。下面接着说:"君子之道四,丘未能一焉。"大家看,君子之道有四项,处理人际关系有四项,我哪一项都还没有做好,这当然是他的谦虚了。"所求乎子,以事父未能也;所求乎臣,以事君未能也;所求乎弟,以事兄未能也;所求乎朋友,先施之未能也。""所求乎子,以事父未能也",就是我要求我儿子怎么对待我,我有没有用这样的态度来对待我的父亲呢?"所求乎臣,以事君未能也",我要求我的臣下怎么对待我,我有没有用这样的要求对待我的君主呢?"所求乎弟,以事兄未能也",我要求弟弟怎么对待我,我有没有把这个要求用来对待我的哥哥呢?"所求乎朋友,先施之未能也"也是一样。这四项是"己所不欲,勿施于人"的具体化,这是《中庸》里面关于"忠恕之道"的一个具体的表达。

接下来呢,就是《大学》。我们看《四书章句集注》也有类似的思想:"是以君子有絜矩之道也。"朱注里面有解释,"絜,度也。矩,所以为方也"。"度"就是"量","矩"就是所以为方。没有规矩,不成方圆,君子是有一个标准去衡量的。下面讲:"所恶于上,毋以使下;所恶于下,毋以事上。"你讨厌你的上司怎么对待你,你也不要用这个态度对待你的部下,你讨厌你的下属怎么对待你,你也不要用这种态度去对待你的上司。这个跟我们刚才讲的那个《中庸》里边讲的那些是一样的，这都是忠恕之道的具体化。"所恶于前，毋以先后；所恶于后，毋以从前；所恶于右，毋以交于右；所恶于左，毋以交于右；此之谓絜矩之道。"也就是我们刚才讲的这些原则。如果我们比照"四书"里边其他的东西，这个规矩就是"己所不欲，勿施于人"，就是所谓的"忠恕之道"。

但是，"忠"和"恕"到底有什么分别呢？《论语》里边也讲了："己欲立而立人，己欲达而达人。"这个我们一般认为是表述"忠"。你自己认为是好的东西，你也要把这个好的东西给别人，你自己喜欢发达，你也应该让别人也发达，当然这个"达"字不仅仅是发达。关于"忠"和"恕"的论述都是以"己"和"人"作为框架的，以"己"为出发点，然后以己推人。我自己不要的东西，我也不要加给别人；我自己喜欢的，也应该让别人分享。这是构成孔子思想或者说"四书"思想的最重要的一个精神原则。今天来看，它不仅是处理人际关系的一个基础保障，而且也是处理国际文化关系、宗教关系一个可靠的基本法则。

"儒学复兴"的定位与思考

张 践

张践,男,汉族,1953年3月出生。中国人民大学继续教育学院教授,中国人民大学宗教高级研究院专任研究员,中央民族大学客座教授,国际儒学联合会理事、儒学普及工作委员会主任,中国实学研究会常务副会长。长期从事中国宗教史和中国哲学史的研究工作。

独立完成或合著:《中国宗教通史》(上下卷,本书2003年获得教育部人文社会科学科研成果一等奖)、《中国历代民族宗教政策》、《宗教·政治·民族》(本书2007年获得吴玉章科研成果一等奖)、《民族宗教关系的社会理论考察》、《中国春秋战国宗教史》、《中国宋辽金夏宗教史》、《中国民国宗教史》、《宗教与民族》、《中国佛教》、《世界中世纪宗教史》、《中华文明史·宗教卷》、《哲学与当代文化》、《德性与功夫——中国人的修养观》、《国学三百题》等10余本,在各种专业核心期刊发表学术论文百余篇。

21世纪是中国和平崛起的世纪。伴随着中国经济、政治的复兴,在文化领域也出现了一股强劲的"儒学复兴"运动。全国人大通过决议,将清明、端午、中秋等传统节日定为国家法定假日;在中小学教材中，传统文化的内容开始占有越来越大的比重，一些地区的中小学中，还开展了国学经典诵读活动；教育部决定，将中国对外的汉语教学中心，一律改成"孔子学院"，到目前为止，已经有几百所"孔子学院"分布在世界各地，向全世界人民传播中国文化；2008年奥运会的开幕式上，孔子的三千弟子齐声朗诵"有朋自远方来，不亦乐乎"，将儒学热推向了高潮。那么，在中国人民梦寐以求的现代化逐渐实现之日，为什么会反而出现一种以传统文化为主要内容的儒学复兴运动呢？儒学复兴会不会对当代中国的现代化建设和民主化进程造成负面的影响呢？这一系列问题都需要我们这些进行儒学研究的学者给予回答，这样才能保证儒学复兴运动健康、顺利发展。

一、儒学复兴引起的"忧虑"

从上个世纪90年代逐渐展开的儒学复兴运动，在思想界引起了一些"忧虑"。"忧虑"首先来自于传统的"马哲"阵营，习惯于意识形态一元化时代的思想家，对于突然将曾经的评判对象变成共处的伙伴十分不习惯，于是不能以传统国学取代马克思主义的指导地位，不能将儒学意识形态化，与马克思主义对立只能死路一条之类的指责不一而足。这类的忧虑集中到一点，就是担心儒学会冲击了马克思主义的"主导"地位。著名的马克思主义哲学家方克立先生认为："用这样的观点来看今日马克思主义与儒学的关系，我认为将其定位为主导意识与支援意识的关系是符合实际的。不是把儒学看成是完全消极过时的负面意识，而是把它的积极内容转化为支援意识，这对社会主义意识形态建设是有利的。"(《关于马克思主义的三点看法》，《红旗文稿》2009年第

1期）也就是说，马克思主义是"主导意识形态"，而儒学则是"支援意识"，两者之间的关系是主导与服从的关系。另一位马克思主义哲学家许全兴教授指出："要区分作为意识形态的'儒学复兴'与作为学术流派的'儒学复兴'，前者决无可能，后者则有可能和需要。"（《"儒学复兴"之管见》）他在文章中具体解释说，儒学不能成为社会意识形态，只能成为一种学术流派。在当前形势下，不许儒学意识形态化是马哲阵营的一种"共识"。

　　另一种"忧虑"来自那些积极推进中国民主化进程的"西学"阵营，长期与"德先生"和"赛先生"为友，使他们对两千多年专制制度及其思想甚为抵触，担心儒学的复兴将会引起封建主义思想的回潮，传统的德治主义观念将会影响国家民主化进程，干扰了依法治国。形成于自然经济时代的儒学，可能会影响青少年对科学知识的尊重，妨碍国人对科学知识的热衷，使中国又回到"两耳不闻窗外事，一心只读圣贤书"的时代。黎明先生是这方面的极端主义者，他说："中国孔儒，是中国人同样经过了两千多年的折腾才最终留下来的一堆具有完整体系的政治教条，可以说是中国文化中最集中的传统'毒瘤'，正是因为有了它，后来的中国人基本上与人类文化和文明的'真理、真实、真诚'的逻辑的主旋律完全绝了缘，从此，中国人不仅创造不了真正的科学，而且根本就不懂得什么才是人类的真知识、真道德、真伦理。"（《"活路"与"死路"——西方哲学与中国"孔儒"》）按照他的看法，儒学只是过时的政治教条，其中没有任何科学真理的成分，只能把人引向愚昧。他又说："我们完全可以这样来设想，如果西方文化从来甚至永远都不与中国人接触的话，将会如何？那么中国人就将永远地都只会惟一坚持孔子及其儒家的'文化'传统到自己的死亡……中国人就将永远都不会知道什么是真正的人人平等、言论自由、思想自由、学术自由、新闻自由、政治参与的自由、人权、宪章、宪政、法治、民主、自由、科学、普世价值，等等。"（《为什么中国人必须下大决心铲除儒家传统？》)儒家文化将永远停滞在古代社会，其中没有任何民主、自由、人权等普世价值。中国人如果想获得这些"普世价值"，只能乞灵于西方。

对于上述指责，我们不能仅仅看成是无端的挑剔，当职业从事儒学研究的学者尚无法对什么是"精华"、什么是"糟粕"给出一个比较一致的结论时，上述忧虑并非完全无益。笔者当然也没有能力超越群雄，当下就对如此复杂的问题给出现成的答案，但是只想借此机会，就儒学在当代社会不能干什么和能干什么发表一家之言以就正于方家。

二、儒学不应当成为政治意识形态

意识形态是一个可以从哲学、政治学、经济学、社会学等多学科的角度诠释的概念。马克思主义哲学从社会存在与社会意识的关系入手，强调意识形态是对经济基础的反映，并具有为经济基础服务的性质。政治学家则更进一步，从政治体系的角度看待意识形态，"它把意识形态当作一种具有行动取向的信念体系，一种指导和激发政治行为的综合的思想观念。"[1]也就是说，意识形态是具有明确的指向性的，可以直接指导政治行为的思想观念，可以激发本民族、阶级、阶层、集团所有成员的意志，使他们为着某种共同的目标而努力。在整个社会意识形态体系中，政治意识形态处于绝对主导的地位。其他类型的意识形态，如哲学、宗教、伦理、文艺等等，都必须接受它的指导和

---

[1] 王浦劬主编：《政治学原理》，中央广播电视大学2004年版，第211页。

调节。因为政治意识形态是政治利益最直接的表现者，受到政治权力的直接控制。不同时代的政治权力掌握者，都努力运用自己手中的政治意识形态，通过家庭、学校、传媒、社团、政治符号对全社会的公众进行教化，从而实现"政治社会化"。政治社会化的过程，就是社会个体成员接受政治合法性信念，形成政治文化的过程。

政治权力合法性是政治学的一个重要概念，英国著名政治学家迈克尔·罗斯金等人认为，一个权力要想维持下去，就必须在社会上获得"合法性"，他在《政治科学》一书中指出："合法性是政治科学中最重要的观念之一。它最初含义是指国王有权即位是由于他们的'合法'出身。中世纪以来，合法性的意思增加了，它不再只是指'统治的合法权利'，而且指'统治的心理权利'。现在的合法性意指人们内心的一种态度，这种态度认为政府是合法的和公正的。"[1]当然，任何政治权力的建立，首先要有一定的暴力基础，但是仅仅依靠暴力维持的政权是难以持久的，因此它必然会运用自己手中的权力在人民心目中树立自己权力的合法性依据。美国当代政治学家莱斯利·里普森认为："面对权力，公民们还有支持或者反对的选择，面对权威，服从则是每个人义不容辞的责任。抵制权力是合法的，抵制权威则是不合法的。如果说权力是赤裸裸的，那么权威就是穿上了合法性外衣的权力。"[2]

在古代中国，自汉武帝"罢黜百家，独尊儒术"以后，儒学就成为历代王朝的合法性基础，也就是说，成为古代国家的政治意识形态，直至清王朝的灭亡。由于儒学的这种特殊作用，使儒学形成了特殊的传播方式，即紧紧地依托于政治权力机构，利用权力作为学术发展的动力。在当代国学复兴，儒学重新获得了合法身份的时候，一些急于恢复中国传统文化的学者，很自然地也想到了简单地照搬古代的经

---

① 迈克尔·罗斯金等著，林震等译：《政治科学》华夏出版社2001年版，第5页。
② 莱斯利·里普森著，刘晓等译：《政治学的重大问题》，华夏出版社2001年版，第58页。

验，仍然在国家的特殊政策下发展。所以恢复儒学"国教"地位，使儒学成为当代政权合法性基础之说，使一些激进的"新儒家"学者，具有了"儒教原教旨主义"的色彩。笔者认为：儒学重新成为政治意识形态在当代中国不仅不可行，而且也不利于儒学自身的发展。

从不可行的角度看，当代中国的社会性质，是由共产党领导的有中国特色的社会主义社会，马克思主义是社会主义社会的惟一合法性基础。所以儒家原教旨主义甫一出笼，立即遭到了马克思主义者的迎头痛击，指出儒家文化只能成为现代化建设事业可资利用的文化资源，但是绝不能允许儒学意识形态化。所谓防止儒学意识形态化，是指不许儒学染指政治权力合法性依据的地位。其实这里所说防止儒学意识形态化一说并不确切，因为儒家无论作为政治、哲学、宗教、伦理、文学中任何一种，在马克思主义的语境中，都属于意识形态的组成部分。马克思在《政治经济学批判》的序言中指出：决定人类社会发展的是两对基本矛盾：生产力与生产关系的矛盾，经济基础与上层建筑的矛盾。"考察这些变革时，必须时刻把下面两者区别开来：一种是生产的经济条件方面所发生的物质的、可以用自然科学的精确性指明的变革，一种是人们借以意识到这种冲突并力求把它克服的那些法律的、政治的、宗教的、艺术的或哲学的，简言之，意识形态的形式。"①显然意识形态包括多方面的内容，儒学无论作为哲学、宗教、伦理、艺术中的哪一种，都应当包含在意识形态范畴之中，说防止儒学意识形态化，实在有悖于马克思主义的原理。其实这些作者想要表达的观念是不允许儒学成为国家的政治意识形态。作为政治权力合法性的依据，各种意识形态都有论证的作用，但是最主要的功能，还是由政治意识形态发挥的。古今中外的各种政权，其政治意识形态都是惟一的，但是在政治意识形态之外，也允许其他各种意识形态存在。中国古代儒家取得了"独尊"的地位，但是法家、道家、兵家、佛教、道

①《马克思恩格斯选集》第2卷，人民出版社1972年版，第83页。

教……等等意识形态的元素仍然存在。而当代实行思想自由政策的西方国家，也毫不犹豫地宣布，其政治意识形态只有一种。正如亨廷顿所说："人们常说美国人的特点就是笃信'美国观念'所体现的自由、平等、民主、个人主义、人权、法治和私有财产制这样一些政治原则，由这样的信念团结在一起。……理查德·霍夫斯塔说得最简明扼要：'我们国民幸运，没有几种意识形态，而只有一种。'"① 所以有中国学者认为："在任何国家，作为政权合法性依据的官方意识形态只有一种，这里探讨的主要是作为政治统治工具的官方意识形态。"② 因此，在政治意识形态之外存在着其他各种哲学、宗教、伦理、文学的意识形态是必然的。

从儒学自身发展的角度看，成为政治意识形态并非一种学说发展的幸事。古代儒学取得了令其他学说忌妒的"独尊"地位，但是恰恰是这种地位也在很大程度上窒息了儒学自身的发展。除了统治阶级利用的特殊原因，就一般政治意识形态的本质属性而言，作为政权合法性的依据，要求其政治意识形态必然是稳定的、相对便于操作的，这样才会出现董仲舒所希望的"上有所持"、"下知所守"，"统纪可一而法度可明，民知所从矣。"（《汉书·董仲舒传》）但是儒学也因此付出了代价，国教的特殊地位和儒者国民最高阶层的身份，使得汉代以后的儒学失去了先秦儒学的变革、抗争精神，失去了很多自我否定、创新的机会。到了中国帝制社会后期，"科举制"、"八股文"、"四书五经"成了桎梏人们思想的工具，所以谭嗣同才喊出"焚诗书以愚黔首，不如即诗书以愚黔首"。此时似乎除了"打倒孔家店"，已经几乎没有思想变革之途。

从发展中国家的历史经验看，原教旨主义的路径也不是现代化的可通途。在中国进行现代化的艰苦摸索同时，中东的伊斯兰国家、南

---

① 塞缪尔·亨廷顿著，程克雄译：《我们是谁？》新华出版社2005年版，第41页。
② 杨光斌主编：《政治学导论》，中国人民大学出版社2000年版，第74页。

亚的印度也在进行同样的实验。20世纪60年代以后，这些国家同样遇到了现代化的瓶颈，在强烈的传统宗教影响下，伊斯兰原教旨主义和印度教原教旨主义甚嚣尘上。但是历史的经验证明，尽管是出自轴心时代的古老文明，但是原封不动的照搬照抄，与盲目模仿西方的经验一样不可行。印度、中东国家现代化进程的严重挫折，已经昭示后人原教旨主义的道路不可行。[①]儒学毕竟诞生于2500多年以前，又经过了2000多年帝制社会思想家的反复注释，今天已经很难确定哪些是孔子的"原旨"，哪些是后人的添加。即使全是圣人的原典，直接用来指导21世纪的现代化建设实践，也难免缘木求鱼，南辕北辙。从这种意义上讲，某些崇尚"西学"专家的忧虑并非全是无的放矢，保持对原教旨主义的一定张力也是必要的。

◀ 三、儒学应当成为国民文化的终极价值 ▶

根据维基百科："在社会研究中，政治意识形态是一组用来解释社会应当如何运作的观念与原则，并且提供了某些社会秩序的蓝图。政治意识形态大量关注如何划分权力，以及这些权力应该被运用在哪些目的上。"政治意识形态的主要职能是对政治权力的合法性进行论证，直接规定调节各社会利益集团关系的原则，对于社会其他意识形态也有指导作用。但是政治意识形态不需要，也不能够承载其他意识形态的功能，否则就不需要哲学、宗教、伦理、文学等等其他意识形态了。

---

① 参见拙作：《民族宗教关系的社会理论考察》，宗教文化出版社2009年版。

胡锦涛总书记在中国共产党十七大报告指出："弘扬中华文化，建设中华民族共有的精神家园。"所谓精神家园，笔者以为就是终极价值，除此之外难以作其他解释。什么是终极价值？一般认为就是一个文化体系中最高的、最后的、不证自明的思想依据。例如基督教中的"原罪"和"救赎"，伊斯兰教中的"认主独一"等等。中华文化以儒家为例，"刚健有为"的奋斗精神，"厚德载物"的宽容品格，"仁爱和平"的民族性格，"以人为本"的入世倾向，"以和为贵"的群体和谐意识，"以礼为序"的差等观念，"经世致用"实践精神，"民贵君轻"的人本意识，"天下为公"的大同理想等等，都是中国文化的终极价值。当代中国出现的国学热、儒学热，就是广大群众在经济复兴的同时，努力追寻终极价值理想，解决"我们是谁？"的文化认同运动。

历史上曾经一些迷信权力的狂人，也曾试图利用权力创造一种终极价值，如秦始皇和李斯搞的"以法为教，以吏为师"，但实践证明只能是短命的。在当代"科学独断论"的影响下，也有人试图用科学的方法为文化体系提供终极价值，但是科学的本性是实证的，价值的本性的是超越的，用科学方法证明出来的终极价值，总是很快就在实践面前露出了马脚。所以终极价值的来源，目前看尚无出马克斯·韦伯所说"先知神启型"和"道德楷模型"两大类型。西方国家走的是"先知神启型"的道路，康德用严谨周密的哲学理论证明，人的思维不能用于"自在之物"，故道德伦理只能用实践理性来解决，也就是信仰上帝。在康德以后，西方文化体系中工具理性和价值理性走上了二元化的道路。尽管科学获得了长足的发展，但是基督教信仰仍然是全部文化体系的终极价值。中国经历了春秋战国的思想巨变，再想恢复传统神灵的神圣性已经不可能，中国人沿着孔子、孟子的思想轨迹走上了"道德楷模型"卡里斯玛模式，具体表现就是中国古代社会长期流行的"圣贤崇拜"。《礼记·祭法》："夫圣王之制祭祀也：法施于民则祀之，以死勤事则祀之，以劳定国则祀之，能御大灾则祀之，能捍大患则祀之……

非此族也，不在祀典。"这实际上是对古代宗教中圣贤崇拜的理性化解释，那些被世代祭祀的圣贤，如神农、燧人、有巢、社稷、烈山、尧、舜、禹、汤、文、武、周公等等，都是因为他们有功于族人，所以世代香火不绝。后代祭祀他们，并非因为他们是何方的神圣，而由于他们是本民族的英雄。这些圣贤的英雄业绩，其实正是整个民族长期实践的结晶，虽然不是出于某某神祇的启示，但是具有与先知预言一样神圣的效力。孔子、老子等先哲在轴心时代写出的经典经过了几千年的历史检验，已经变成了不证自明的公理，可以成为全体国民日常生活的精神指南。

一个民族、一个社会必须根据时代的发展和社会的变迁，不断修正自己的前进轨迹，变革社会制度。但是一个民族、一个社会无论如何变化，总会有一些基本的东西不能变，或者说不会变，这样才能保持其特有的民族性，稳定社会。西方国家在文艺复兴时代，对黑暗的中世纪进行了严厉的批判，基督教受到的冲击绝不亚于儒家文化。但是基督教并没有因此消亡，除了少数思想家走上了无神论的道路，大多数思想家则是走向改造基督教，重新诠释基督教的道路。欧美主要发达国家，都走上指导国家政治生活的政治意识形态与指导公民道德生活的终极价值分途的道路。在启蒙运动中激烈批判基督教的思想家卢梭，朦胧地提出了一个大胆设想——建立"公民宗教"（Civil Religion）。他说："每个公民都应该有一个宗教，他信仰的那种宗教能够使他们热爱自己的责任，这却对国家关系重大。"[1]在他看来，没有宗教信仰的人，就是一个没有道德的人，一个不遵守法律的人，也就是一个无恶不作的人。所以公民都应当信仰宗教。但是这个宗教不是中世纪那种排他性的基督教，而是经过宣言重建的"公民宗教"，"公民宗教教条应该简单，条款不多，词句精确，也不必注释。全能的、智

---

① 卢梭著，州长治译：《社会契约论》，载：《西方四大政治名著》，天津人民出版社1998年版。

慧的、仁慈的、先知而又圣明的神明之存在，未来生命，正直者幸福，坏人遭惩罚，社会契约与法律的神圣性——这些都是正面的教条。反面的教条我只把它限于一条，那就是不宽容。它是属于我们所已经否定过的宗教崇拜的范围之内。"①经过教外启蒙思想家和教内宗教改革家双向努力，"公民宗教"的实践在欧美大多数国家已经基本实现。一方面国家制定宪法规定了政教分离的原则，防止任何宗教再度获得国教的特殊地位，另一方面基督教作为整个欧美政治文化的底色，成为政治权力合法性的文化符号，道德理论的终极依据，对于西方资本主义社会的发展，起到了稳定价值、和谐群体、消解矛盾、提供理想的作用。

当代中国正处于急剧转型、高速发展的时期，我们国家用30年的时间走过了西方国家几百年的历程。但是不可否认，在高速的发展过程中，也出现了一些严重的社会问题，其中社会两极分化、惟利是图、环境污染、资源浪费等等问题是任何国家现代化过程中都难以完全避免的；而价值紊乱、诚信缺失、心态冷漠、人伦失范等等问题，则是传统文化断裂，社会转型急剧所造成的中国特有问题。儒学的复兴恰恰是对症下药的一剂良方，1948年，德国历史学家雅斯贝斯揭示了"轴心时代"这样一种文化现象。他指出：在经历了史前文明和古代文明以后，在大约公元前800年至公元前200年的时间内，在世界范围内出现了一些最不平常的历史事件，以后"直至今日，人类一直靠轴心期所产生、思考和创造的一切而生存。每一次新的飞跃都回顾这一时期，并被它重燃火焰，自那以后，情况就是这样，轴心期潜力的苏醒和对轴心期潜力的回忆，或曰复兴，总是提供了精神动力。"②无论在社会生活还是在个人精神生活层面，经过现代意义诠释的，以儒、

---

① 卢梭著，州长治译：《社会契约论》，载：《西方四大政治名著》，天津人民出版社1998年版。
② 雅斯贝斯：《历史的起源与目标》，华夏出版社1989年版。

释、道为核心的中国传统文化，可以为我们提供足够的文化资源，使我们重建起建设现代化社会的终极价值，稳定社会、平衡精神、和谐家庭、消弭矛盾，这是儒学可能也应当发挥的社会作用。

儒家法哲学简论

俞荣根

俞荣根，汉族，1943年1月生，浙江诸暨市人，西南政法大学教授，博士生导师。享受国务院特殊津贴专家，国家有突出贡献的中青年专家，首批入选"当代中国法学名家"。重庆市人大常委会立法咨询专家，重庆市政府立法评审委员会主任委员。

历任西南政法大学副校长、重庆社科院院长、九届全国政协委员、重庆市二届人大常委会委员（驻会）、重庆市二届人大法制委主任委员等。

兼任中国法律史学会常务理事、中华孔子学会理事、中国孔子基金会学术委员、中国儒学与法律文化研究会副会长、重庆市法学会副会长、重庆市人大制度研究会副会长等。曾应邀赴日本神户大学、香港城市大学访问讲学，受聘担任孔子研究院高级研究员，同济大学、香港城市大学、西南大学等多所高校兼职教授。

独著有《儒家法思想通论》、《道统与法统》、《儒言治世》、《艰难的开拓——毛泽东的法思想与法实践》、《文化与法文化》、《从儒家之法出发》等，合著《孔子的法律思想》、《中华法苑四千年》、《羌族习惯法》、《中国传统法学述论——以国学为视角》等10多种，主编《中华大典·法律典·法律理论分典》，主编司法部法学教材部审定教材《中国法律思想史》等，主编《天宪》等丛书和系列书，发表学术论文250多篇。获国家级二等奖1项，省部级一等奖3项、二等奖3项、三等奖十多项。

比较法学和比较法律史学将世界上不同文化背景下形成的法律传统称之为法系，并有大陆法系、海洋法系、伊斯兰法系等区分，中华法系为其中重要的世界性法系之一。中华法系的形成和发展离不开儒家思想，儒家法哲学是中华法系之魂。正是由于儒家法哲学的主导作用，中华法系在法律制度层面上不断儒家化，使儒家法哲学有了切实的制度载体，实现了法哲学与法制度的高度契合，并在司法审判和法律救济中形成儒家式的运作原理和方式，进而使全社会的法意识、法心理、法思维方法无不打上儒家法哲学的烙印。可以说，不懂得儒家法哲学便无从破译中国古代法之谜，也无法真正了解中国现代法的特征及其发展趋势。

◆ 辨误：关于法家法治和儒家自然法 ◆

　　思想史界和法学界对儒家法哲学的认识不一致，这原本是正常的，但其中的一些误解理当廓清。

　　误解之一：认为儒家是人治主义，法家是法治主义。
　　人治、法治并不是中国法哲学史上固有的概念。众所周知，儒家有"为政在人"、"治人"等说法，但它们不等于人治；法家有"以法治国"、"垂法而治"等提法，但它们不同于法治。人治与法治，作为一对政治学和法学范畴，是随着近代的"西学东渐"之风从西方引入中国的。

实际上，法家的"垂法而治"、"以法治国"中的"法"，主要是指刑和罚，都是强调君主要独掌权势和权术，用严刑重罚来治国、治臣、治民、治别人，并不涉及君主本人守不守法的问题。法家是将君主置于法律之上的，只讲臣民应无条件地服从君主之法，所以韩非子说："尽力守法，专心于事主者为忠臣。"①法家的宗旨是君主专制："权者，君主所独制也"②，"权制独断于君则威"③，"独视者谓明，独听者谓聪。能独断者，故可以为天下主"④，"王者独行谓之王"⑤。事实也正是如此，对韩非学说佩服得五体投地的秦始皇，虽有许多"法式"，但都为其一人制驭天下、役使臣民而立，也依其个人意志而改废。他的"焚书坑儒"，他的赋役"三十倍于古"，有什么法律依据？没有。他的意志就是法，实际上是无法无天。

法家思想中使人们最感痛快的莫过于"刑无等级"⑥、"法不阿贵，绳不挠曲"⑦、"刑过不避大臣，赏善不遗匹夫"⑧的主张，总起来说是"信赏必罚"四个字。这在当时和后世确有一定的积极意义。不过，有积极意义是一回事，是不是法治是另一回事。首先，"信赏必罚"的主体实为专制君主，即赏罚之权操于君主一人之手，"信赏必罚"不过是君主治吏役民的手段。其次，赏与罚相比，罚重于赏，罚多赏少，用商鞅的话说，叫做"刑九赏一"⑨。再次，法家主张"以刑去刑"，而"以刑去刑"的要害在于轻罪重刑，使罪刑不相等。他们的逻辑是："行

---

① 《韩非子·忠孝》。
② 《商君书·修权》。
③ 同上。
④ 《韩非子·外储说右上》。
⑤ 《韩非子·忠孝》。
⑥ 《商君书·赏刑》。
⑦ 《韩非子·有度》。
⑧ 同上。
⑨ 《商君书·去强》。

刑，重其轻者，轻者不至，重者不来，此谓以刑去刑。"①轻罪重罚本身就是反法治主义的。最后，"刑无等级"的主旨在于君主以重刑严惩威胁自己的大臣，保持和巩固已得的独尊地位。

可见，法家的"以法治国"实非法治。恰恰相反，法家最卖力地推行君主独擅权势，是极端的君主个人专制主义者，也是最典型的人治主义者。

诚然，儒家亦应归入人治主义。这是因为它的整个思想体系以君主主义为归宿。君主制度的本性是人治而不是法治。因此，儒法两家都是人治主义者，区别只是在程度上，法家表现为极端的君主个人专制之人治，儒家表现为相对的君主主义之人治。这说明用法治主义与人治主义相对立的法哲学观及其思维方式来研究和评价儒家、法家的法哲学就失去了意义。

误解之二：儒家法哲学是自然法思想。

"自然法"无论是作为一个法哲学范畴，还是作为一种法的理论学说和思维方法，也是从西方引入中国的。当时，不少中、西学者在研究和评价中国古代法哲学时，都运用了"自然法"的方法，并断言儒家法哲学属于"自然法思想"，或认为儒家之礼"是自然法"。

在西方法哲学史上，自然法思想有深厚的历史和文化传统，各个历史时期有不同的理论形式。因此，什么是自然法，也众说纷纭，莫衷一是。尽管如此，其基本面还是清楚的。这就是：自然法就是理想法，它是一切人定法、实在法的最终依据、原初摹本，是评价、批判人定法的价值标准，是人们对法的公正、正义的最高追求。自然法的法学思维方式是将理想法与实在法、神法与人法、不变法与变动法、先验法与经验法分开，归根结底是将天与人分开，表现为一种两极对

---

① 《商君书·靳令》，《韩非子·饬令》。

立的思维模式，从而获得自然法的至上性、神圣性、绝对性、永恒性。

儒家法哲学则与之不同。

首先，儒家的天道观是"天人合一"的，强调人对自然的参与，而不是服从或改造。天、地、人并称"三才"，组织成为一个宇宙大化流行的系统。人通过悟性可以直感地把握天道，天道、天理都在人的经验之中，不在人类之外。天参与人事，人亦参与天地之化育。先秦儒家中，荀况以主张"天人之分"著称，但他的"天人之分"旨在强调人通过主观努力，利用"天时"、"地财"，可以参天地而赞化育，故曰："天有其时，地有其财，人有其治，夫是之谓能参。"①这完全不同于西方自然法观念中的天人两极对立模式。儒家的"天"、"地"之法不存在于"人"法之上，亦不在"人"法之外，而就在"人"法之中。"天"法就是"地"法，就是"人"法，反过来也一样，三者相参相融，本是一统的、一体的。因此，不能把"天"、"地"之法与"人"法割裂开来说成是自然法。同样，也不能将"人"法从"天"、"地"之法中游离出来看成是人定法。

其次，儒家以"天道"、"天理"为理想法，但同时认为，惟有圣人能把握"天道"，体认"天理"，创制礼法，治理天下。于是，"天道"完全融进了"圣人之道"。儒家极力主张时君世主的实在法应符合理想法，即符合"先王之道"和"先王之法"，其办法是"法先王"、"法圣人"。先王、圣人成为"天道"、"天理"的体现者、代表者，又是"王道"之法的最高制定者，成为后世君主的实在法的渊源和评价标准。而"先王"、"圣人"都是有血有肉、有爱有恨的人，不是六合之外的神或理性。他们同样有家有室，并不是不食人间烟火的神，而是实实在在的人；只不过不是平庸之人，而是伟人、圣人。这样，在儒家那里，人

---

① 《荀子·天论》。

与自然，实在法与理想法通过先王、圣人合而为一，混沌不分。这就与西方的自然法观念不同。在西方自然法学说中，理想法，或者说，一切实在法的评价标准，不在人类社会之中，而要到人类社会之外或之上去寻找。而在儒家那里，理想法就是"先王之法"，先王、圣人不过是理想法的人格化身。这样，评价时君世主的当代法、实在法的价值标准，就根本没有必要到外在的自然理性或至高无上的上帝那里去寻找了。

总之，儒家法哲学与西方自然法思想存在着诸多差异，归纳起来有：

西方自然法的法哲学基础是天人分离的，而儒家之法则是天人合一的。自然法是神性的、先验的、思辨的，儒家之法是人性的、经验的、直感的。

自然法作为至高无上的理想法，是形而上的，一般不直接干预人定法的管辖领域，不直接进入司法程序。儒家的"天道"、"天理"或"礼"就不同，往往集理想法与实在法于一身，可以直接进入司法程序。

自然法给人格的上帝或精神的、理性的"上帝"保留了位置。上帝在每个人的心中，人人可以与上帝对话，在上帝面前大家一律平等。这就是说，自然法属于每一个人，在自然法面前人人平等。因此，自然法的法理学讲的是个人本位、权利本位。与之不同，儒家之法崇尚的是家族本位、义务本位，每个人都被编织在亲亲、尊尊、长长这张以血缘为中心的人伦之网中。其外表关系则为父子、兄弟、夫妇及由之扩展的君臣、朋友、师生；其内在精神则为仁、义、孝、悌、忠、信。于是，个人不见了，人的价值只在于恪守人伦义务。单个人都是人之子，天下之人都是一君之臣民，也是君父之子民。子之于父，子民之于君父，决无平等可言。这样，在自然法中孕育的作为西方政治哲学和法哲学的最基本范畴——公民，在儒家之法中就不可能产生了。儒家之法只有子民而无公民。

因此，儒家法哲学不属于自然法思想。

◆ 立说：关于儒家伦理法 ◆

儒家法哲学的最基本的特征在于伦理性。简言之，儒家之法是伦理法①，儒家法哲学是伦理的法哲学。它以家族主义伦理为基点，将宗法伦常作为法的精神或灵魂；君权是父权的延伸，国是家的扩大，体现家国一体和君父一体这样一种基本特点。"伦理法"同西方的"自然法"、"理性法"一样，是一个法哲学范畴。它所揭示的中国古代以儒家思想为指导的法哲学的基本特征是宗法伦理或家族人伦。

---

① 1982年，我在自己的硕士论文中提出"儒家伦理法"后，有的学者认为"伦理"一词也是来自西方的，同"自然法"这个范畴一样。此后，我在《中国法律思想史简编·前言》(广西师范大学出版社1987年版)、《儒家伦理法批判》(《中国法学》1990年第二期)、《儒家法思想通论》(广西人民出版社1992年版，1998年修订再版)等论著中作了比较详细的考辨。史料证明，"伦理"一词在中国的汉初已经使用。它与古希腊的Ethics一词的词义有所不同。Ethics主要指风俗、习尚，而不是家族人伦秩序。在西方文化体系中，将研究道德问题的哲学称为伦理学，而道德主要是一种个人的行为规范，因此，伦理学往往与个人行为相联系，不同于儒家的家族主义伦理。古希腊时代，虽也有相当于中国儒家的"人伦"、"伦常"一类的观念，但希腊人却宁愿把"人伦"理解为"神伦"，而不是像儒家那样理解为血缘亲情和以此为基准的家族行为规范。因为，希腊人认为人世间的氏族都由群神派生出来，所以一切违反伦常的行为就是渎神，人间社会本无伦常，伦常来自"神伦"。这种观念是西方古代文化中神权法和宗教法思想的渊源。与之不同，儒家"伦理"是人的，而不是神的，是家族的道德，而不仅是个人的道德，只有在血缘家族群体中才能确定伦理行为的价值和准则。所以，"伦理"一词，不能视为一个西方文化概念，而是道地的中国文化的固有概念。近代学人将亚里士多德等古希腊学者著作中的Ethics译为"伦理"，正是因为古汉语中早有"伦理"一词。后来，"伦理"一词因这些译著而广为流传，只不过是"词侨"归国现象。

儒家伦理法哲学的基本含义包括以下三个层面：第一，它是把宗法家族伦理作为大经大法的法哲学体系；因此，第二，在这个体系中，宗法家族伦理被视为法的渊源、法的最高价值，伦理凌驾于法律之上，伦理价值代替法律价值，伦理评价统率法律评价，立法、司法皆以伦理为转移，由伦理决定其弃取；并且，第三，在现实的社会生活和政治生活中，以伦理代替法律，伦理与法律之间没有明确的界限，宗法伦理道德被直接赋予法的性质，具有法的效力。

就第二点含义而言，儒家伦理法就是儒家的理想法、永恒法、最高法，它是法的价值论模式；就第三点含义而言，伦理法既是理想法，同时又是实在法，既是形上的、价值的，又是形下的、实用的、可操作的，具有双重性。

儒家伦理法虽然也起到了如西方自然法、理性法、神法那样的理想法功能，但不纯粹是思辨性的理想法，它是中国古代经济、政治和社会的客观实在的法哲学结晶，有着它自身的一些特点。这些特点是：

其一，世俗性。

它植根于古代的宗法血缘家庭和以自然经济、家庭农业为基础的农业社会的深厚土壤之中。其伦理是实实在在的、活生生的世俗伦理，不同于以超凡出世为特征的宗教伦理，也有别于那种先验的以"自然正义"为基本内容的理性伦理。儒家的世俗伦理不是神秘的信仰，而是安身立命的准则、生活实践的规范。

其二，宗法性。

儒家伦理法以血缘情感为心理基础，以宗法人伦为主要内容。儒家是崇礼的，儒家就是礼家。在中国的夏、商、周和春秋时代，礼就是法。古人说，礼是圣人顺天道、因人情而制作的。顺天道，即顺宗法伦理之道；因人情，即因宗法伦理之情。无宗法，就不成其为礼，无礼就无法，非礼即非法。从这个意义上说，伦理法即礼法，亦即宗法性的法。

其三，"法先王"的运思模式。

礼是由圣人即先王所制。这些圣人或先王是将伦理价值和法律价值、将天道和人情融为一体的最高典范，是完美的道德和优良的法律的创制者，也是这些道德的化身和这些法律的执行者。"法先王"的运思模式向世人昭示："先王之道"、"先王之法"是一切现实法的渊源及其最高评价标准和根本价值目标，是国家立法、司法、执法的最终依据。正是这一"法先王"的运思模式，沟通了从理想法到实在法的联系，完成了儒家伦理法同时兼具理想法和实在法的双重功能。

其四，具有广泛的强制机制。

由于儒家伦理法具有理想法和实在法一身而二任的功能，它进入司法和法律救济程序就必须有保证系统。这个保证系统是由古代国家、宗法血缘家庭组织及其文化心理等等共同创造的。它首先是以国家的系统暴力为主要手段的直接政治强制，此外还辅之以家庭强制、宗族强制、乡党强制等，形成种种无形的绳索，以保证伦理法的有效运行。

这样，我们就可以把儒家伦理法同自然法、宗教法、规范法等等法哲学体系区别开来。

第一，儒家伦理法是道德和法律的混同，它是规范体系，但不同于典型的规范法。

典型的规范法是道德与法律相分离，具有严密的法律规范形式。然而，在人类文明的早期，道德与法律的混同几乎是一切法哲学类型的共同特征，摩西律法、伊斯兰法等无不如此。

第二，儒家伦理法是世俗的、宗法的人伦道德与法律的混同。

儒家伦理法以血缘情感为基础，以血亲家庭作载体，完全是活生生的、日用的、经验的，不同于先验的理性正义或超验的宗教道德。如果说，摩西律法、伊斯兰法以及一切宗教法为了规范人类生活的秩序，不得不借助信仰主义，靠超人的、冥冥中的神的力量来树立人类法的权威。那么，儒家伦理法则连这个形式都不需要。伦理法的权威是靠"先王"、"圣人"来维系的，而不必求助于天国的至上神。

第三，儒家伦理法既具有理想法的价值，而又同时具有实在法的功能，沟通两者之间的力量就在于圣人的人格和圣人的政治法律活动。

圣人集理想法与实在法于一身，既是理想法的化身，又是实在法最高权威、最高立法者和执法者。而这种沟通的基础则在于天人合一、家国一体的思维模式和政治、社会组织方式。因此，儒家伦理法不同于西方自然法。自然法与人定法是相分离的，它必须通过人定法才能规范人的法律生活。

综上所述，儒家伦理法完全是一个独特的、中国式的古老法哲学形态。它在思维形式、价值本体、范畴体系、制度结构、运行机制、操作艺术等方面都有着不同于世界上其他各大法哲学形态的特色。

析论：关于儒家之法的原则

儒家的政治理想是王道政治，其治国方略不是法律至上，而是遵循一条"修身、齐家、治国、平天下"的路线，即当政者带头完善自身的道德，模范地遵礼守法，并首先管理好自己的家庭和家族，进而管理好国家，最终达到天下太平。所以，儒家所讲的法和法律，是放在王道政治的总框架中来思考的，带有原始系统思维的特点。儒家的伦理法哲学便是王道政治的法哲学，它所包含的原则都是以王道政治为目的的。这些原则主要有——

家族主义和义务本位。家族主义实质上就是伦理主义，或宗法人伦主义。孔子认为搞好家庭内的"孝"、"友"关系就是搞好了政治。中国古代是一个宗法社会。在宗法社会中，君主政治以家族伦理为基点，君主具有国家元首和全国最高家长的双重身份。因此，君是"君父"、民是"子民"，不存在"公民"意识，只有"子民"观念。天子为万民父母，百姓是天子的"子民"。王道政治，就是所谓"以孝治天下"。于是，孝与不孝远远超出了家族的范围，不再是一个道德品行的问题，而成为关系政治根基、社会治乱的重大法律问题。因此，立法、司法都采取家族主义原则，广泛适用家族连带责任。这样，中华法系的律典中种种维护和体现以孝为核心的宗法伦理的法律原则纷纷设立，亲亲相隐、存留养亲、复仇原宥、父母在子孙不得别籍异财等等条文由此而兴，不孝、不义、内乱等"十恶"大罪也由此而定。

这里需要说明的是，作为一种法律体系，只有权利的规定而没有义务的规定，或反过来，只有义务的规定而没有权利的规定，都是不存在的。儒家主张伦理本位、义务本位，不是一概否认权利。由于儒家法哲学以家族主义为基点，而"家"是一个集合体，也是权利和义务的统一体。只不过，"家"所享有的法定权利由家长代行，家长握有财产、婚姻等民事和经济活动权利的代行权以及轻微的刑事处分权。有权亦有责。家长对外代表家庭，管理家庭，负有保障家庭人力资源增殖和财产增值的职责。

德礼为主、刑罚为辅。"明德慎罚"(加强道德教化，谨慎地使用刑罚)、"德主刑辅"(以道德教化为主，以刑罚惩处为辅助手段)的思想起源于公元前一千多年的西周初年。孔子把这一思想发扬光大，认为"道政齐刑"，只能做到"民免而无耻"，只有"道德齐礼"，民才能"有耻且格"，①由此奠定了儒家以德礼为主(为本、为体)刑罚为从(为末、为辅)的治国原则。《唐律疏议》开宗明义，确立了"德礼为政教之本，刑

---

① 《论语·为政》。

罚为政教之用"的法律原则,将"德主刑辅"这一儒家法哲学思想法典化。

若从社会控制、犯罪的预防和矫治的角度来看,德礼为主、刑罚为辅是一种"标本兼治、重在治本"、重在教育预防的古老而综合性犯罪控制学说。应当指出的是,这一学说中有着明显的道德至上论的不良倾向。

在礼法、德刑关系中还涵摄着一个人与法的关系问题。重德礼、行德教和礼教,自然需要贤人治国。所以,孔子要求"举贤才"①,认为"为政在人"②;荀子强调"有治人,无治法"③。"治人"即是"贤人"。他们所谓的"贤人"、"治人",都是遵礼守法的典范。因此,儒家重视贤人、"治人"不见得是不要法律和刑罚。他们认为,"圣人之法"、"先王之法"是最优良的法律,关键是要有"治人"去执行;"三代"得治,是由于有"治人",春秋战国大乱,是因为无"治人"。所以孟子云:"徒法不能以自行"。不能把贤人、"治人"一概斥为人治主义。现代法治同样需要选贤与能。儒家在人与法的关系上,主张一种良法与治人兼备的思想。

中庸主义。孔子把"中庸"视为君子的最高道德。儒家的重要经典《中庸》篇,专论中庸思想。西周的青铜器铭文和《尚书》中不少关于"中罚"、"刑中"的记载。孔子说:"礼乐不兴,则刑罚不中;刑罚不中,则民无所措手足。"④"中罚"、"刑中",都是讲司法中要公平正直、不偏不倚、不轻不重、无枉无滥、不杀无辜、不诬无罪。可见,中庸是一条司法原则,是儒家法哲学的一个重要范畴,一个重要的方法论原则。

孔子认为,中庸的基本含义一是"中";二是"和";三是"时"。

---

① 《论语·子路》。
② 《礼记·中庸》。
③ 《荀子·君道》。
④ 《论语·为政》。

"中"，是准确、得当、合度、合规、合法。"和"，是适当、适宜，"无过"也"无不及"。"时"，又称"权"，合起来是"权时"。"权"对"经"而言。"经"是原则性。"权"，指通权达变，讲的是不违背原则的灵活性。"时"，是审时度势，讲的是顺应时势作不离原则的变通处置。"权"、"时"既要求坚定的原则立场，又要求有把握时势的敏锐的洞察力和应变能力。简言之，所谓"权"、"时"，就是审时度势，在事物的变动中通权达变，灵活处置，而臻于中道。

"中"、"和"、"时"等等，从哲学方法论的角度来看，都是讲如何保持事物质的稳定性，反对极端化、片面性、固执的思维方法，依时间、地点、条件的变化而权衡利弊、顺应时势、损益改作，体现了求和谐、求适时、求合宜、求稳定的思维方法和行为方法，而这些恰恰是法律方法论中最值得重视的。法律要求一定的稳定性，立法应当顺时因势，司法必须合宜适度。所以，中庸主义作为法哲学方法论和法律艺术是极有价值的。

如，儒家一方面提倡尊君尊父，宣扬忠、孝，一方面又鼓励臣下"从道不从君"，敢于犯颜直谏，鼓励卑幼"从义不从父"，力图在两者之间求中和、求中节，形成为儒家处理君臣关系、父子关系的法律准则和行为准则。

又如，前面论到的德刑相辅而又有主有次、有本有末以达到和谐、中正、稳定，也体现了中庸主义的方法和艺术。

"天理——国法——人情"的相互调谐。儒家认为，立法应当"应天理，顺人情"，执法也应当"应天理，顺人情"。又认为，天与人相通，"天理"与"人情"相通。"天"代表民，"天理"就是民心、民意，就是民之理、人之情。"天理"、"人情"中，最根本的内容是宗法伦理。天理、国法、人情三者的相互协调，是儒家伦理法哲学最为重视的治国原则。天理、国法、人情三者之间是一个相互制约的等边三角形关系链（见图）：

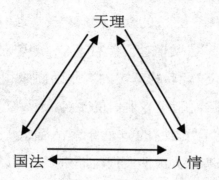

这里，"国法"渊源于"天理"，以"天理"为最高依据，而"国法"之"应天理"，就是"顺民情"、"从民心"。所以，是否合乎"天理"是评价"国法"好坏的标准，违背"天理"的"国法"会被认为是恶法、非法之法"。"人情"不是私情，而是民情。"国法"应合"人情"，才是良法。"人情"又须得到"国法"的控制和矫治，不然，一切都顺着人情，人人都顺着人情，就会导致无序状态。但反过来，"国法"对"人情"的矫治和控制也必须顺人情而为，不是逆人情而为，必要时，还得依人情而有所变通，这是一种极高的治国和执法艺术了。所以，在中国古代，法律至上、程序优先等原则是不存在的。以撰写《中国科技史》闻名于世的英国汉学家李约瑟博士，对中国古老的、扑朔迷离的政治法律哲学有着独具慧眼的见解。在《四海之内》一书中，他写道：

中国人有一种深刻的信念，认为任何案件必须根据它的具体情况进行裁判，也就是说，就事论事。①

"就事论事"是综合"天理"、"国法"、"人情"三个方面的因素加以折中平衡。

古代中国，这种"就事论事"而形成的法律原则和司法案例多得不可胜数。例如，自汉代开始，司法中就有一条规定：家庭内的成员犯

---

① 李约瑟，劳陇译：《四海之内》，三联书店1982年版，第77页。

了罪可以相互隐瞒，可以不作证或作伪证。其根据就是基于先天血缘（如父子、兄弟）和后天形成的家缘（如妻妾、奴婢）关系之上的情义，如子女对父母的"孝"、父母对子女的"慈"、弟弟对兄长的"悌"等等。实际上，这种"情义"背后的真实内容是因血缘和家缘获得的亲属权利。但古代中国人不去强调权利，而更钟情于讲"人情"，以为"人情"符合"天理"，是高于"国法"的，即所谓"人情大于王法"。

　　又如，为父母等亲人或朋友报仇而杀了人可以减免刑罚，甚至要当作英雄来表彰。它的理由也是出于"孝"之类的伦理道德。人们基于"孝"的道德，认为亲人被杀而不报仇，就是不孝不义之人，甚至连做人的资格都没有了，因此报仇才是符合"天理"、"人情"的。这一古老的原则直到20世纪30年代也还受到重视。1935年，天津出了一个为父复仇的女子施剑翘。她的父亲原是直隶军混成旅旅长，1925年被军阀孙传芳俘虏后用极不人道的手段杀死。时年20岁的施剑翘立志为父报仇，终于在1935年11月将孙传芳击毙。事后，施剑翘从容自首。依当时法律，她应处10年以上有期徒刑，乃至死刑。因为她是为父复仇，成了人们心目中的巾帼英雄，天津地方法院从轻判处其有期徒刑10年。但社会舆论仍为施女士愤愤不平。于是，河北省高等法院将其减刑3年，理由是施的杀人动机是出于"孝道"。施女士服刑后，冯玉祥、李烈钧、于右任等国民党要员20余人又联名上书，请求政府特赦施氏。全国工商界、学界也纷纷上书要求释放这位"女中豪杰"。这样，国民政府主席林森于1936年10月14日发布特赦令，对施剑翘实行特赦。特赦中说："……论其杀人行为，固属触犯刑法。而以一女子发于孝恩，奋力不顾，其志可哀，其情尤可原……"明确认为，"孝"的"天理"和"人情"高于"国法"的效力。

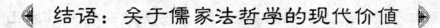

结语：关于儒家法哲学的现代价值

20世纪以来，在中国宏伟壮丽而又步履维艰的现代化运动中，反传统主义的文化价值取向一直居高不下。"儒家思想是现代化的阻力"的观点，曾是人们实现现代化的主要的文化价值观和思维方法论。于是，儒家思想遭到了猛烈的批判和否定。然而，它至今打而不倒，不死不僵。法的领域也同样如此。从法制层面上看，无论是立法体系、法律体例、法条内容、立法制度、立法原则，还是司法程序、司法体制、诉讼审判原则等等，无不朝着非儒家化、非传统化的方向奔进。换言之，无不是从国外引进的，是西化的。在这里，孔子死了，儒家死了。然而，从文化的深层次上考察，儒家思想在法意识、法心理、法行为、法价值等深层次上仍然活着。

其实，文化的现代化和世界化并不意味着传统的中断与终止，或以这种中断与终止为必须的基础。儒家法哲学固有过时了的、非恒常性的内容，又有凝聚了中华民族法文化特质的、恒常性的价值。它作为一个民族的主要文化遗传是无法抛弃的，也不应当随意抛弃的。

儒家法哲学在近代社会里没能发展出以自由、民主、权利与法治为主要内容和标志的近现代政治与法律文化。追根究底，有两个方面的原因值得重视，一是其法哲学的内容，二是其法哲学的方法。

儒家法哲学是伦理的法哲学，以宗法伦理为主要内容。宗法伦理在人际关系上以父子关系为主干，其伦理道德亦以父慈子孝为核心。儒家将其推衍为政治关系，以君为"君父"，以民为"子民"，君主俨然全国百姓的最高家长，各级官吏也成为这位最高家长的代表，以"代理家长"身份治理一方百姓，故有"父母官"之称。以宗法伦理作为古代政治和法律的心理基础和道德法则，对维系古代社会的政治、法律、秩序来说，不失为一种高明的手段。但这样做的结果，作为民主政治的最基本的思想基因和政治法制范畴的"公民"观念就再也生长不出来了。中国古代社会的政治意识和法意识中，只有"子民"而没有"公民"。"公民"是一个以个体的自然人为对象的范畴，在"公民"范畴中蕴含着权利、平等、自由等近现代政治和法治的最根本的价值，它是一个法律范畴。与之不同，"子民"则是一个宗法人伦道德范畴，它所指的是一个地位卑贱的群体，意味着对"君父"尽忠尽孝的义务。这样，儒家法哲学就在内容上与现代政治所要求的自由、民主、平等、法治等观念无法对接了。

儒家以"天道"、"天理"为理想法，认为，三代"先王之法"是"天道"、"天理"的最好体现，是尽善尽美的良法。本来，"天道"、"天理"是形而上的，是至高无上的法律价值本体，是理想法。三代"先王之法"则是形而下的，指夏、商、周三个朝代之法，具体地说，就是夏禹王、商汤王、周文王和周武王制定的法。显然，它们是三代的实在法。但儒家认为，三代"先王之法"完全与"天道"、"天理"相符合、相重叠。于是，三代"先王之法"成了既是可操作的实在法，又是理想法，而且是一个比"天道"、"天理"等抽象的理想法更为切实的、更便于把握的评价尺度。所以，儒家的理想法不是高居于实在法之上的、外在的信仰理性或绝对理性，不同于西方的自然法。然而，问题正出在这儿。儒家将"天道"、"天理"等理想法落实到三代"先王之法"上，三代"先王之法"既是理想法，又是可操作的实在法，一身而二任。这个双重结构使儒家的法哲学把"天道"、"天理"与三代"先王之法"之间，即理性的、形上的理想法与经验的、形下的实在法之间"对立"和"紧张"消解了，两者之间缺乏了张力。西方的自然法学说把自然法设计得无比完美、神圣和神秘，从而为人定法留出了极大的空间。人类为了建立有效的法律秩序以接近自然法，不断地完善、创造人定法，从而为民主、法治提供了发展的动因和前景。儒家所设计的三代"先王之法"是十分具体的，使之与现实的当世之法之间的空间太小，从而难以开出广阔的法律秩序和法治发展。因而，三代"先王之法"，包括其内含的"天道"、"天理"等等原理不能直接构成体系完备的、不断完善的民主政治体系和法治规范体系。这样，使得儒家法哲学又在方法论上无法育出现代政治。

但是，儒家思想、儒家法哲学自身没有发展出现代化，不等于不能适应现代化，也不等于不能进行现代化的改造与转化。儒家法哲学中的许多合理因素是现代政治和法治所需要的，甚至是可以补救西方式的现代政治和法治所不足的。这里举出两个例子。

其一是调解制度。

中华民族一向以团结互让著称于世，这是调解赖以生存的社会道德和风俗土壤。而调解的文化之根，在于儒家中庸、和谐的法心理和法意识。在古代社会，止争息讼曾是一个地方官政绩的标志之一。当然，其中存在着漠视和压制人民诉权的负面性。今日中国的人民调解制度对古代的调解进行了改造，既尊重人民的诉权，又发扬团结互让的优良民风，吸纳了经过改造的儒家中庸、和谐的文化精神。

其二是犯罪预防和罪犯教化制度。

对罪犯实行"惩罚与改造相结合，以改造人为宗旨"的方针是中国监狱制度的一大特色。劳动是人之成为人的基本条件，也是人的基本权利和基本义务。好逸恶劳、不劳而获为万恶之源。劳动可以培养人尊重社会、遵守纪律、珍惜劳动成果的良好品德和习惯，从而有力地促使罪犯矫正恶习，养成健康的心理和情感，早日自新而复归社会，成为自食其力的守法公民。犯罪可以预防和罪犯可以教化的主张植根于儒家的人性论。儒家认为人性是善的，即使人的自然欲念是恶的，但可以通过礼教变成善的。这种人性论对人抱有积极乐观的态度，不承认有天生的罪犯，与西方那种从人种、颅相及体型、血型和遗传上寻找犯罪原因的理论大相异趣。儒家以其人性论为基础而提出的关于犯罪预防和罪犯教化的学说，将德礼与政刑相结合，家庭、社会与国家相结合，是一种古代的、综合型的预防犯罪与矫治犯罪的理论，为中国建立新型的、以改造罪犯为特征的监狱制度提供了良好的历史文化基础和民族心理基础。

综上分析，儒家法哲学以宗法伦理为主要内容的体系与现代民主政治有相悖的一面，但其中不少合理因素经过重新诠释或改造可以适应或有助于民主法治体系。现在特别需要警惕和防止的是宗法伦理的滥用。如，中国民营企业中比较普遍存在的家族制管理模式，司法和执法中屡禁屡惩而不止的公共权力家族化、私人化、商品化现象等，都是需要下大气力整治的。面对新世纪的挑战，在世界文化一体化和多元化的交错发展中，一方面善于汲取西方法治文化之长，一方面正确弘扬自己传统的优秀或无害层面，中国的政治与法治的现代化终将走出自己的新路。

走出儒家看儒学

——从文化交流的视角看儒学的命运

蔡德贵

蔡德贵，山东大学教授、博士生导师，巴哈伊研究所所长，兼任中国孔子基金会学术委员、季羡林研究所副所长，中国社会科学院巴哈伊研究中心学术委员和东方文化研究中心特约研究员，中国宗教学会理事、中国孔子学会理事，中国人民大学孔子研究院学术委员。曾任《文史哲》主编、《孔子研究》主编。1995年获国务院颁发的社会科学突出贡献证书、享受政府特殊津贴，1997年被选拔为山东省专业技术拔尖人才。

主要著作：《阿拉伯哲学史》、《沙漠里的沉思——阿拉伯人的哲学与宗教》、《阿拉伯近现代哲学》（主编）、《季羡林传》、《修身之道》、《犹太卷》（主编）、《当代伊斯兰阿拉伯哲学研究》（主编）、《当代新兴巴哈伊教研究》、《道统文化新编》、《中国哲学流行曲》、《当代东方儒学》、《择善而从——季羡林师友录》、《东方学人季羡林》、《真情季羡林》、《季羡林写真》、《五大家说儒》、《中国和平论》、《季羡林之谜》、《筷子、手指和刀叉》、《孔子vs基督》、《季羡林的一生》、《季羡林年谱长编》。

季羡林先生最近一些年来多次强调文化交流是人类社会前进的动力之一，全人类都蒙受文化交流之利。如果没有文化交流，这个世界不知会是什么样子。把这个观点用到观察儒学的发展历史上，同样是合适的。（季羡林：《论东西文化的互补关系》，《中国儒学年鉴》创刊号）。

儒学从它产生的那天起，其命运就跌宕起伏，充满了变数。2500年来，儒学所遭到的曲折难以计数，但是在遭遇曲折和坎坷之后往往又奇迹般地恢复生气。究其原因，就是因为儒学与儒学以外的思想文化进行了不断地交流。由于文化交流，儒学既不断受其他思想文化的影响，也不断影响其他思想文化，保持了生命的活力，也使儒学的世界影响不断扩大。儒学发展到今天，已经成为世界思想文化遗产的一部分。甚至1988年在巴黎召开的"面向21世纪"的第一届诺贝尔奖获得者国际大会上，一批国际著名学者和诺贝尔奖得主探讨了21世纪科学的发展与人类面临的问题，会议临近结束时，1970年获得诺贝尔物理学奖的瑞典科学家汉内斯·阿尔文博士发表了非常精彩的演说，得出了如下结论："人类要生存下去，就必须回到25个世纪之前，去汲取孔子的智慧。"

对于这段话，笔者曾经加以引用，但是引用的说明不是太准确，把它误认为大会结束时发表的宣言。笔者在1992年《齐鲁学刊》上发表的《东方各国的儒学现代化》，引用了马来西亚华文《南洋商报》1990年4月9日发表的《儒家思想与现代社会研讨会报道》一文中所述的话：1988年1月，75位诺贝尔奖获得者聚集巴黎，在会议宣言中明确声明："如果人类要在21世纪生存下去，必须回头到二千五百年前去汲取孔子的智慧。"据说再早刊登这种说法的杂志是山东的《走向世界》，1989年第5期里面的文章《古今人对孔子的评价》，是由新加坡东亚哲学研究所所长吴德耀写的，其中有一段话："1988年1月，全世界的诺贝尔奖得奖人在法国巴黎开了一次会议，结束时做了一个破天荒的宣言说：'如果人类要在21世纪生存下去、必须回首2500年，去吸取孔子的智慧。'"他也是把这段话误认为会议的宣言。后来这句话的真实性受到过怀疑，一直到2003年，中国国家图书馆图书采选编目部副主任顾犇研究员经过了多年的调查之后，确认了这次会议的存在，并且在访问澳大利亚时，经过多方联系找到了《堪培拉时报》15年前的原文。《国际先驱导报》(International Herald Leader)，2003年1月17日(第32期)第3版发表了胡祖尧的文章《诺贝尔奖得主推崇孔子？：悬案十五年终揭晓》说：1988年1月24日，澳大利亚的《堪培拉时报》发表了一篇发自巴黎、题为《诺贝尔奖获得者说要汲取孔子的智慧》的文章，文章的作者是帕特里克·曼海姆。该文称，1988年在巴黎召开的"面向21世纪"第一届诺贝尔奖获得者国际大会上，一批国际著名学者和诺贝尔奖得主探讨了21世纪科学的发展与人类面临的问题。在会议的新闻发布会上，汉内斯·阿尔文博士发表了非常精彩的演说。他是1970年获得诺贝尔物理学奖的瑞典科学家，他在其等离子物理学研究领域的辉煌生涯即将结束的时候，得出了如下结论："人类要生存下去，就必须回到25个世纪之前，去汲取孔子的智慧。"显然，这证明那段话不是会议的宣言，而是学者个人的观点。但是这并不能影响这段话的重要性，它证明了儒家的思想已经得到世界的认同。

但到今天，国内学术界和普通民众仍有不少人在问，儒学到底会走向何处？有的学者，一回忆近代以来儒学的命运，从太平天国到义和团运动、五四运动，当然最激烈的是"文化大革命"，都对孔子有过不同程度的冲击，尤其是"文化大革命"，几乎把孔子彻底打倒的残酷现实，就有一种战栗感。但又不理解为什么在"文革"之后不久，在20世纪80年代以后，很快地又出现了讨论儒学的现象，出现了儒学复苏的迹象，最近还出现了把儒学新教化的呼声。要回答这个问题，必须认真回顾一下儒学的历史命运，通过文化交流的视角来观察儒学的发展，可能会对儒学的命运有一个清楚的看法。

原始儒家由仁学到仁政、王霸道，思想文化的交流已经开始

儒学，从孔夫子创立到现在，有两千五百多年的历史了。在这两千五百多年的历史里，儒学的命运，一直是不平坦的。如果说，大致可以划分一个时期的话，那么，孔子、孟子、荀子，这三位大师，基本上属于原始儒家，最早的儒家。

孔子一生坎坷，早年丧父；少年贫贱，多能鄙事；中年坎坷，家境衰落；晚年多难，饱经忧患。他有报国济世之才，也有匡扶社稷之力，却被国君若即若离甚至敬而远之。在鲁国，他有幸从政，时间虽然不到四年，但当过中都宰、小司空、大司寇，也代理过国相，有不少政绩，但终因与当权者政见不同而离职，开始了周游列国的生涯。14年中，他带领弟子游历十几个国家，东奔西走，席不暇暖，得到的却是颠沛流离，饱尝辛酸：宋国遇险，匡城被围，陈蔡绝粮，因谗去卫，"栖栖惶惶，知其不可为而为之"（《论语·宪问》），潦倒落魄之态，"若丧家之犬"（《史记·孔子世家》）。孔子自己哀叹："道不行，乘桴浮于海，从我者，其由乎！"（《论语·公冶长》）无可怀疑的是，孔子在这种经历中已经和其他的思想文化发生了交流。他问礼于老聃，在齐国闻韶乐，三月不知肉味。这些都是文化交流。

通过这种交流，孔子建立了一套完整的仁学体系。"仁"是处理人

与人之间关系的准则，"仁"要具体落实到爱人上，而爱人不是抽象的，要通过恭、宽、信、敏、惠、敬、忠等条目的实施，来处理好人与人之间的关系。由这种仁爱之心推广发展到孟子的仁政，而施行仁政，便可以得天下。所谓的仁义、仁学也就是我们今天所说的人学的一部分。孔子所提倡"仁爱"，就是人要有爱人之心，一个最基本的要求就是，孔子提出了类似于今天道德金律的"己所不欲，勿施于人"。季羡林先生提出来说，这八个字，到共产主义，也很难做到。所以，这是一个非常高的道德标准，孔子在那样一个时代，能提出这样一个思想，建立起一套仁学的思想体系，是非常难能可贵的。

孟子生当战乱之世，其时"杨朱、墨翟之言盈天下"（《孟子·滕文公下》），他以"正人心、息邪说，距诐行，放淫辞"（《孟子·滕文公下》）为己任，觉民救世，自发地去保卫儒家道统。孟子接续孔子的思想，提出一套完整的仁政思想体系，提倡"穷则独善其身，达则兼善天下"和"富贵不能淫，贫贱不能移，威武不能屈"（《孟子·滕文公下》）的人格精神，对后世产生了极大的影响，被尊奉为仅次于孔子的"亚圣"。"道既通，游事齐宣王，宣王不能用。适梁惠王于不果所言，则见以为迂远而阔于事情"，在"天下方务于合从连衡，以攻伐为贤"的情况下，"述唐虞三代之德，是以所如者不合"。只得"退而与万章之徒，序诗书，述仲尼之意，作孟子七篇。"（《史记·孟子荀卿列传》）他享受过"后车数十乘，从者数百人，以传食于诸侯"（《孟子·滕文公下》）的尊荣，其声势之大，超迈前贤，但终其一生也是与失意和挫折为伍的。孟子本来是邹国人，后来长期在齐国居住。作为儒家思想一个继承者，他并不拘于儒家思想的局限，而是采取一种开放的心态。儒学发展到孟子的时候，就吸收了很多新的齐文化的内容，吸收的结果，是孟子把孔子的仁学思想，发展成一种仁政的学说，由仁爱之心，发展为统治者、最高的领导要关爱自己的百姓，要施仁政，儒家的思想又发展了一步。孟子发展了孔子的"礼治"和"德政"思想，提倡"王道"，主张"仁政"，并以此到各国游说诸侯。孟子非常重视孔子的说法"己所不欲，勿施于人"，自己则提倡贤者处世，以公天下之心为心，乐则与天下同乐，忧则与天下同忧，"乐民之乐者，民亦乐其乐；忧民之忧者，民亦忧其忧。乐以天下，忧以天下，然而不王者，未之有也。"(《孟子·梁惠王下》)这样的思想通过孟子提出来，和齐国统治者多次交谈，得到了传播，这样的"仁政"思想，就得到了扩大。孟子所说的"王道"，是"以德行仁"。他认为："行仁政而王，莫之能御也"(《孟子·梁惠王上》)。就是说，以"仁政"统一天下，是谁也阻止不了的。他认为实行"仁政"，首先要争取"民心"，统治者应以"仁爱之心"去对待民众。他还提出要重视民众，他说："民为贵，社稷次之，君为轻。"(《孟子·尽心下》)仁政主张是以性善论为理论依据的。性善论的基本含义、性善论的深刻之处在于强调人性首先应当是人的社会属性，而不是人的自然属性；肯定人生价值，鼓励人们追求完满的人生境界，带有强烈的理想主义色彩，确立了儒家特有的价值取向。这样的经历和思想的形成，明显也是思想文化交流的结果。

到了第三位大师荀子，他本人虽不是齐国人，但长期在齐国居住，游学于齐国。荀子作为孟子之后的儒家代表人物，"有秀才"，在齐王"聚天下贤士于稷下"(《风俗通义·穷通》)之时，齐襄王时"最为老师"(《史记·孟子荀卿列传》)。他出于儒学，又与其他流派的思想文化进行交流，吸收诸子百家之长，成为诸子百家学说的集大成者。荀子的思想对中国两千多年的封建社会产生了广泛而深远的影响，以至于近代学者谭嗣同说："二千年之政，皆秦政也……二千年之学，皆荀学也。"(《仁学》)在范雎相秦期间(公元前266年—前255年)，荀子到秦国见过秦昭王。昭王问："儒无益于人之国？"荀子回答说："儒者法先王，隆礼义，谨乎臣子而致贵其上者也。人主用之，则埶在本朝而宜；不用，则退编百姓而悫；必为顺下矣。虽穷困冻馁，必不以邪道为贪。无置锥之地，而明于持社稷之大义。嗃呼而莫之能应，然而通乎财万物，养百姓之经纪。埶在人上，则王公之材也；在人下，则社稷之臣，国君之宝也；虽隐于穷阎漏屋，人莫不贵之，道诚存也。仲尼将为司寇，沈犹氏不敢朝饮其羊，公慎氏出其妻，慎溃氏踰境而徙，鲁之粥牛马者不豫贾，修正以待之也。居于阙党，阙党之子弟罔不分，有亲者取多，孝弟以化之也。儒者在本朝则美政，在下位则美俗。儒之为人下如是矣。"对于昭王"然则其为人上何如"的问题，他回答："其为人上也，广大矣！志意定乎内，礼节修乎朝，法则度量正乎官，忠信爱利形乎下。行一不义，杀一无罪，而得天下，不为也。此若义信乎人矣，通于四海，则天下应之如讙。是何也？则贵名白而天下治也。故近者歌讴而乐之，远者竭蹶而趋之，四海之内若一家，通达之属莫不从服。夫是之谓人师。诗曰：'自西自东，自南自北，无思不服。'此之谓也。夫其为人下也如彼，其为人上也如此，何谓其无益于人之国也！"（《荀子·儒效》）

　　荀子曾在赵与临武君在赵孝成王前议兵，提出了"善用兵者"，"在乎善附民"的主张，以"王兵"说折服临武君的"诈兵"说，赵孝成王和临武君都称"善"（《荀子·议兵》）。但赵王"卒不能用"。于是他只好离开父母之邦而到齐国。齐国当时是齐王建在位，但朝政由"君王后"（襄王后）控制，荀子向齐相进言，论述齐国内外大势，劝他"求仁厚明通之君子而托王焉与之参国政、正是非"，并对"女主乱之宫，诈臣乱之朝，贪吏乱之官"的弊政进行批评。结果"齐人或谗荀卿，荀卿乃适楚，而春申君以为兰陵令。"（《史记·孟子荀卿列传》）荀子在楚为兰陵令也不是一帆风顺的。他任职不久，就有人向春申君进谗，于是他只好离楚而回到赵国。在家邦，荀子算是得到了较高的礼遇，被任为"上卿"。在齐国都城闻名退迩的稷下学宫里，他"三为祭酒，最为老师"。他在稷下学宫里培养造就了一大批学者。这个学宫，非常相似于今天的高等学校，但又不是纯本科学校，而是带有研究院性质的学校，近似今天的大学加社会科学院。战国时期的许多大思想家，孟子、荀子、宋钘等都出入过稷下，还有一些名不见经传或者说后人知道并不多的，如淳于髡、邹衍、邹奭等阴阳家的、法家的、道家的等等人物，所谓九流十家，或者说百家争鸣的主要派别都在稷下学宫里聚集过。所以，荀子在里曾"三为祭酒，最为老师"，实际上作为稷下学宫的大学校长。他培养了大批大师级学者，弟子满门。他的思想，就是使儒学到了一种王道和霸道并重，这样的一个地步。所以，荀子的思想里，更多地吸收了齐文化里道家和法家的思想，但是从本质上他又没有离开孔子思想。所以，在原始儒学思想家的三位大师那里，已经有了细微的差别。这些差别与思想文化的交流是有紧密的联系的。

尽管三位儒家大师付出了极大的努力，但是即使到战国末期，儒家的思想在众多的思想流派里边，还只是百家中的一派，或者说九流中的一派。战国中期以后，它的地位稍微有一点儿提高，和墨家的思想被并称为"显学"。所谓的显，就是显要，从九流十家中突出起来。儒学这时候和墨家平起平坐，但是有时候，墨家的势力甚至更大一些。

原始儒家的三位大师，得到后人的尊敬，孔子被尊为"至圣"，孟子为"亚圣"，荀子为"后圣"，但是他们的儒学之路却都不平坦。这也预示着以后儒学的发展之路不会平坦。值得注意的是，在原始儒家这里，思想文化的交流就已经开始了。作为儒家创始人的孔子问礼于道家创始人老子，孟子在齐国稷下学宫与淳于髡切磋，荀子则在稷下吸纳百家之学，这些交流使儒家从起初就保持了一种活力，从孔子的仁学发展到孟子的仁政，再发展到荀子的王霸道，从而使儒家能够生生不息。

从九流十家到独尊儒术，仍然离不开交流

到秦始皇建立秦朝，采取"焚书坑儒"的政策，很多儒家的著作，也被秦始皇焚烧了。所以，在秦始皇时期，应该说，儒家思想也受到了很大程度的冲击。

到了汉初，儒家的学说也并没有受到重视。刘邦在称帝之前，儒生郦食其前去求见，沛公麾下的骑士曰："沛公不好儒，诸客冠儒冠来者，沛公辄解其冠，溲溺其中。与人言，常大骂。未可以儒生说也。"郦生不得已，只得以一个狂生酒徒的身份求见。"郦生至，入谒，沛公方倨床使两女子洗足，而见郦生，入，则长揖不拜，曰：'足下欲助秦攻诸侯乎？欲率诸侯破秦乎？'沛公骂曰：'竖儒！夫天下同苦秦久矣，故诸侯相率攻秦，何谓助秦？'郦生曰：'必欲聚徒合义兵诛无道秦，不宜踞见长者。'于是沛公辍洗，起摄衣，延郦生上坐，谢之。郦生因言六国从横时。沛公喜，赐郦生食，问曰：'计将安出？'郦生曰：'足下起纠合之从，收散乱之兵，不满万人，欲以径入强秦，此虎口者也。夫陈留，天下之冲，四通五达之郊也，今其城中又多积粟。臣善其令，请得使之，令下足下。即不听，足下举兵攻之，臣为内应。'于是遣郦生往，沛公引兵随之，遂下陈留。号郦生为广野君。"（《史记·郦生陆贾列传》）到刘邦称帝时，儒生陆贾常于身边称《诗》《书》，刘邦大骂："乃公居马上而得之，安事诗书！"陆生曰："居马上得之，宁可以马上治之乎？且汤武逆取而以顺守之，文武并用，长久之术也。昔者吴王夫差、智伯极武而亡；秦任刑法不变，卒灭赵氏。乡使秦已并天下，行仁义，法先圣，陛下安得而有之？"高帝不怿而有惭色，乃谓陆

生曰："试为我着秦所以失天下，吾所以得之者何，及古成败之国。""陆生乃粗述存亡之征，凡著十二篇。每奏一篇，高帝未尝不称善，左右呼万岁，号其书曰《新语》。"(《史记·郦生陆贾列传》)

汉王朝创立之初，刘邦很为如何约束自己手下的将领们而犯愁，当时制度草创，仪法简约，武将饮酒争功，酣醉妄呼，拔剑击柱。叔孙通知汉高祖有厌烦之心，趁机上言："夫儒者难与进取，可与守成。臣愿征鲁诸生及臣之弟子共起朝仪。"汉高祖问："得无难乎？"叔孙通说："五帝不同乐，三王不同礼。礼者，因时世顺人情者也。臣可颇采古礼与秦仪杂就之。"随即建立了一套繁琐的礼仪制度来限制部下们的行为，"皇帝辇出房，百官执职传警，引诸侯王以下至吏六百石以次奉贺。自诸侯王以下莫不振恐肃敬。至礼毕，复置法酒。诸侍坐殿上皆伏抑首，以尊卑次起上寿。觞九行，谒者言'罢酒'。御史执法举不如仪者辄引去。竟朝置酒，无敢讙哗失礼者。"享受了三拜九叩首的皇家礼节，汉高祖有了深刻体会，"吾乃今日知为皇帝之贵也。"(《史记·刘敬叔孙通列传》)

此后儒家思想的重要性开始被汉朝统治者所注意，但是汉初的几代皇帝并没有把儒学看得多么重要。汉初统治者们信仰的是道家思想，当时被称为"黄老之学"，因为汉初的统治者认为，用黄老道家的"无为而治"，可以缓解社会矛盾。所以，在汉初就用了道家黄老的思想。推行"黄老之学"的结果，使当时的社会矛盾确实得到了减缓，生产力得到了提高，但是作为一种皇朝，或者说最高的封建统治者，他不可能长期实行"无为而治"。到了汉武帝时，就"废黜百家，独尊儒术"，正式确立了儒家思想在中国思想界的统治地位。

汉武帝是一个开明的皇帝，他多次"举贤良对策"。结果儒家大师董仲舒在《天人三策》里提出了一个响亮的口号——"罢黜百家，独尊儒术"，希望汉武帝能够废除其他的各家思想，把儒家思想的大旗竖立起来。

董仲舒虽然提倡"罢黜百家，独尊儒术"，但他本人实际上并没有做到独尊儒术，我们看看他的著作《春秋繁露》，他把儒家的、道家的，还有阴阳家的思想融为一体。尤其是他吸收了齐国阴阳家邹衍的很多思想，所以，董仲舒的思想也是文化交流的结果，其思想体系被称之为"天人感应"论的神学目的论体系。他这样建立的那一套，所谓的"罢黜百家，独尊儒术"的体系，主要是把儒家和阴阳家融合为一体。所以他们的统治，让百姓看来，是符合天意的。所以，从汉武帝以后的中国历代皇帝都把"奉天承运，皇帝诏曰"作为自己诏书的开头语。实际上，这一点并不是纯儒家的，而是儒家和阴阳家思想结合的结果。也就是从这个时候开始，儒学开始了它自己的分野。这个分野，就是从董仲舒之后，可以分为三大块，一块是政治儒学，一块是学术儒学，一块是民间儒学。

　　政治儒学，是从汉武帝开始，历代皇帝都采取了儒家和阴阳家相结合的思维模式。从汉武帝开始，几乎每一个皇帝都到泰山去进行封禅。所谓的封禅活动，就是向天下百姓告知，作为一个皇帝，是受之于天命的。所以，从那个时候开始，皇帝被称为"天子"，政治儒学，实际上就被皇帝和皇朝登基的时候独霸了。

　　本来应该说，孔庙在政治儒学里，有一些作用，但是，孔庙作为政治儒学的一个工具，并没有很好地发挥政治儒学的作用。孔庙后来是作为民间儒学的一个载体，发挥了作用，其民间儒学的作用比政治儒学的作用反而更大一些。所以，作为政治儒学的一部分已经死亡。学术界有人提出儒学的博物馆化，所谓的博物馆化，就是儒学不存在了，只能在博物馆里，在历史教科书上找到。这个观点，如果用在政治儒学上，应该说是非常恰当的。作为儒学为封建帝王服务的那部分，确实是走向死亡了，而且在现实社会中，也不再有其作用了。

　　但是另外的两类儒学和政治儒学情况就不是完全相同，和政治儒学是有区别的，尤其是学术儒学。民间儒学的命运比较坎坷，而学术儒学则充满了变数。就学术儒学领域来看，从孔子、孟子、荀子一直到今天，它经历了五个比较大的发展阶段，第一个阶段是"儒术独尊"的阶段，具体来说，就是孔、孟、荀这三位大师。他们基本上是在百家争鸣中"儒术独尊"，是比较纯净的儒学，但是即使是"儒术独尊"，儒学里边也有文化交流的成分。

新里程碑：三教合一与四教会通，开创思想交流的新局面

孔、孟、荀以后的多数儒家在学派上，对外部文化，有的是对道家，有的是对道教，有的是对佛教，都是有所吸收。这样就形成了第二个阶段的学术儒学，就是儒道互补型的。这个类型的儒学，以魏晋时期最突出。魏晋时期，儒道互补型的儒学分为两个方向，一个是儒家思想和道家思想互补的，一个是儒家思想和道教思想互补的，都各有侧重。魏晋时期，有不少的思想家，包括魏晋玄学里边很多名人，应该说，都属于这种儒道互补型的。

后来，佛教在中国的势力越来越大，经过唐代韩愈等人的"排佛"和"反佛"，但是最后，排佛反佛，都没能消灭佛教，佛教的势力反而越来越大，这个时候，很多思想家也注意到了，佛教里面，也确实有儒家思想里所没有的内容。佛教里边，抽象思维的水平非常高。所以到宋明时期，很多思想家就开始从佛教里吸收一些形而上学的内容，来补充儒家思想，建构儒家的形上体系。

从宋代开始，到明末完成的"宋明理学"，基本上就是第三个阶段的儒学，或者说第三个阶段的学术儒学，就是"三教合一"型的儒学，

把儒家的、道家的和佛家的融合为一体，不管是以程朱为首的理学派，还是以陆王为首的心学派，他们大体上都是把三家融合为一了。不过，在融合的时候，有所区别。程朱突出的是理，而陆王突出的是心，一个是强调了客观，一个是强调了主观。但是，在三家融合方面，他们是没有什么区别的。这明显也是文化交流的结果。

第四个阶段，是在明末清初。这个阶段，出现了一个儒家的新里程碑，那就是四教会通的"儒家"。所谓的"四教会通"又分为两个方向，一个是儒、释、道与基督教会通的，因为基督教进入中国，遭到过不少挫折，一直到明末，可以说，才在中国从某一种程度上立住了脚，而且，开始有人来系统地研究基督教。就是在这个时候，形成了一小部分把儒家、道家、佛家和基督教这四种思想融合为一体的学者，比如徐光启。但是这些学者，是从中国人的角度来理解基督教。所以，中国到现在为止，我认为还并没有形成过有中国为特色的基督教。就是因为并没有把这四种学说非常有机地结合在一起。因此这个方向上的"四教会通"基本上是失败的。另一方向的"四教会通"，就是儒、释、道、清的融合。所谓的清，就是今天的伊斯兰教，那时叫清真教。因为伊斯兰教传入中国，经过了非常漫长的时期，最早把伊斯兰教传入中国的人，基本上是经商的商人，阿拉伯商人、波斯商人、土耳其商人。因为一开始，他们把主要的精力放在经商方面，他们没有精力做文化的交流工作。在开初的几百年期间，伊斯兰教在中国，也就是在信仰伊斯兰教的那些人范围之内传播，没有和中国传统文化很好地结合起来。到了明末清初，因为这些阿拉伯人、波斯人或者土耳其人的后裔，逐渐地和中国社会融合在一起了。有的就慢慢地形成了中国的一个一个的少数民族，尤其在回族里面，像李贽这样的人就是回族里面的精英，李贽的父亲就是一个伊斯兰教徒。除了李贽之外，另外一批非常有作为的思想家，以刘智、王岱舆、马复初等人为代表，他们就把儒、释、道和伊斯兰教非常巧妙地结合在一起，而且他们用儒家的基本概念来解释伊斯兰教的一些范畴，取得了非常好的效果。其中的王岱舆，写了一本书叫《清真大学》。所谓的《清真大学》，实际上就是用伊斯兰教的观点，来解释儒家的思想。《清真大学》由美国哈佛燕京学社社长杜维明领导的一个班子翻译成英文。在美国用英文出版以后，在美国引起很大的反响，他们没有想到，在明末清初，在伊斯兰思想家里面，竟然出现这样一位抽象思维程度高的学者和思想家。这一类型学者的影响，现在不仅仅是在中国受到重视，而且在国外，在美国的哈佛都受到了重视。所以，四教会通型的这一批学者的影响不可小看。他们的思想结晶也是文化交流的产物。

儒家发展到今天，已经进入了一个新的阶段。这个阶段，我把它叫做"多元融合型"。这个多元融合型的儒学，实际上开始于当代新儒家。当代的新儒家，不管是梁漱溟也好，熊十力也好，后来在港台的唐君毅、牟宗三、徐复观、张君劢，不管是哪一个人，实际上都是把中外东西方的各种思想文化融合在一起。所以在牟宗三的哲学体系里面，既可以看到中国哲学，也可以看到西方哲学。甚至还可以看到印度哲学的影子。

所以，在这些当代新儒家的思想里，就不仅仅是对儒学，或者对儒家思想简单的重复，而是一个重新的架构。但是，我对当代新儒家的重新架构和国内很多学者的看法不一样，国内很多学者，是充分肯定他们新儒家的工作。而我个人觉得，新儒家的路子好像走错了。为什么走错了？就是说，新儒家的好多代表人物，都是沿着更为抽象的方向来发展儒学。以最著名的牟宗三为例，他把西方哲学的很多概念和中国儒家的一些概念结合起来，提出了甚至连哲学家也解释不通的一些理论。比如说，他有一句非常引起争议的话，叫做"良知的自我坎陷"，良知本体，作为能够认识自我的本体。本来通过像王守仁那样的"良知人皆有"，发挥良知的作用，可以使人去做善事。但是牟宗三提出的"良知的自我坎陷"，这个良知本体怎么自我"坎陷"？牟宗三在自己的著作里没有说清楚。而当代新儒家，包括牟宗三的一些学生也解释不清楚，所以，像这样的哲学概念，越来越玄的概念，普通老百姓是不可能理解的。那么，普通百姓不可能理解的概念，于社会何益呢？

所以我觉得，当代新儒家有些人走的路子是不对的。可是当代新儒家有一些学者培养的几个学生，我这里说的，主要是指杜维明和成中英，我觉得他们走的路子，和他们老师走的路子实际上不完全一样了。最近这两年，我特别注意美国的这些儒学研究者，所以，我最近也写成了一篇文章，叫做《试论美国的儒家学派》。有的人提出疑问，说儒学是中国人的特产，怎么美国还有儒家学派，但是，现在事实确实明摆着，美国确实是出现了两个有显著特色的儒家学派。这一点都不奇怪，因为儒学既是中国的也是世界的，每个世界公民都有权发展儒学，美国学者也不例外。

美国的儒家学派，一个是波士顿儒家，一个是夏威夷儒家，波士顿儒家这个概念的提出，不是我首先提出的，而是由波士顿儒家代表人物之一的白诗朗首先提出来的。波士顿儒家以查尔斯河为界，分为两派，就是以杜维明为首的一派和以John H. Berthrong（白诗朗）为首的一派，他们有所不同的地方仅在于一派尊重孟子，一派尊重"荀子学"。而他们的一个共同点，就是都主张对话。所以，我把波士顿儒家的基本特征概括为"对话派的儒家"，其基本观点就是，在当今社会里，东方文化和西方文化应该对话。尤其是杜维明，他和塞缪尔·亨廷顿是同事，但是多年以来，亨廷顿提倡的是"文明冲突论"，而杜维明坚持和亨廷顿辩论，他认为文明之间不应该冲突。文明除了对立的一面，更应该主张的一个观点是"对话"和沟通，尤其是在世界一体化步伐加快的时候，只有通过对话，才能缓解矛盾，才能够加强交流。

我认为像杜维明他们所做的这种工作，是很好的，他们多次召集儒家和伊斯兰教的对话、儒家和基督教的对话，召开了不少次国际研讨会。在哈佛大学，几乎每几年都要开一次对话会议。还有一次是在马来西亚开的。我觉得对话的结果是非常好的。可能会议上有一些争论，而争论对于沟通东西方文化之间的交流，所起的作用非常大。

除了坚持对话以外，波士顿儒家发挥了另外一个作用，杜维明还坚持把儒家的思想通俗化，尤其是把儒家的一些经典翻译成美国普通百姓能够接受的英文版。我觉得这种工作，对传播或者扩大儒家影响是功德无量的。

从夏威夷儒家来讲，它的代表人物是成中英。成中英本人也是当代新儒家的学生，但是，他特别注重的是用现代话语来注译儒家的著作，所以夏威夷儒家也可以把它定名为诠释派儒家。诠释派儒家和对话派儒家不同的根本，就是诠释派不仅注意儒家思想的通俗化，而且，同时也注意用现代话语来解释儒家的传统经典。用现代话语来解释儒家的传统经典，这个工作如果做好了，传统文化的现代化，就有了基础。所以，我觉得儒家思想发展到今天，确实是到了多元汇合型的阶段。如果像夏威夷儒家和波士顿儒家他们所代表的那一种方向，能够得到继承和发扬光大的话；如果大陆的学者都能像他们一样，把儒学的普及始终当作自己工作的一个重点的话，我觉得儒学的命运可能会更好一些。但是，如果儒学学者继续把它关在书斋里面，仅仅作为学者自己研究的对象，儒学怎么可能复兴呢?! 只有把儒学变成广大群众都能接受的，都能听得懂的，这样的儒学，才可能是有用的儒学。

从20世纪90年代初，我自己特别注意有关"实用儒学"的研究。我写过一篇文章，题目是《实用儒学刍议》，发表在1996年的《东岳论丛》上。我的意思是，现代的儒学研究，不应该再争论儒学的是非功过。因为现在即使在学术圈里边，还有人否定儒家思想，认为一无是处。最近互联网里还有人发过这样的一篇文章：中国最大的弊端就是孝道文化，说孝道文化害死了中国人，害死了中国。实际上这样的文章都是非常极端的。从另一个角度来讲，对儒家吹捧得无以复加的也有，就是认为儒家思想根本没有任何的缺点毛病。显然，如果在这个领域里我们争论来争论去的话，永远也争不出一个结果来。所以更应该注重儒学的实用化。

◀ 儒学世界化，找到与现代社会 ▶ 接轨之契合点

　　现在，学者们应该花大气力、花大功夫去做的，就是认真地到儒家经典著作里，把儒家的经典著作里面能和现代社会接轨的，能为现代社会所用的东西挖掘出来。这样，使它成为一种实用的儒学。当今社会有人已经这样做了。比方说，香港孔教学院院长汤恩佳先生，一直把香港的孔教学院作为推广儒家思想的实验场。从小学开始，学生们就开始读儒家的经典著作，让儒家思想经典著作里边和现代接轨的思想发挥作用。他们做得是不错的。另外，在新加坡，李光耀担任总理期间，在中学里推广过"儒家伦理"教学的课程，是作为当时宗教教育的一门课程。据说这门课程开设的结果，是在中学生里边出现了新的气象，一般的中学生对西方的物质主义比较鄙薄了，犯罪率也比较低。那一段推广的结果，据说效果是非常明显的。和新加坡学者交流的时候，他们对那一段非常有好感。从大陆来讲，山东有两个企业，对于儒家思想的推广做得比较好，一个是海尔，海尔总裁张瑞敏对中国传统文化非常了解。他盖的一个海尔大楼就是根据天圆地方的中国传统建筑思想设计出来的。而且在他的治厂理念里边，也用了很多儒家的思想。另外一家企业是威海的钓鱼竿生产厂家，叫光威渔具集

团。光威集团的老总就叫陈光威，他把儒家很多思想，尤其是把礼义为核心的儒家思想作为厂训。在经营的过程中，也取得了非常好的效果。所以，如果能够把儒家思想里边和当代社会接轨的东西挖掘出来的话，肯定会有所作为的。儒学在国内发展来说，大致有这么一个思路。

然后，再看看儒学在国外的影响。日本的近代实业之父涩泽荣一，写了一本书，非常有名，叫《论语与算盘》。这本书，一开始译成中文的时候，国内很多学者表示疑问，《论语》怎么和算盘结合在一起？实际上涩泽荣一在这本书里，阐述了一种基本思想，叫做道德经济合一论。就是说，你一个人在经商的过程中，不能够光顾赚钱，应该时刻记住孔子的话：不义而富且贵，于我如浮云。这就是说，不仁义的事不要做，不仁义的钱不要赚，要把道德放在第一，把利润放在第二，用《论语》管住算盘，只有这样，你的企业才能够做得好。所以，这个《论语》加算盘的这部书，在日本的影响非常大，翻译成中文后，在中国的企业界也有非常好的影响。所以，从这个角度来说，儒家的命运，如果我们真正能挖掘出它和现代社会接轨的内容，完全可以让它更有生命力。

现在很多人已经认识到，儒学不仅仅是中国的思想文化了，而且是世界的思想文化了。也就是说孔子不仅仅是中国的孔子，孔子也是世界的孔子。孔子作为十大思想家之首，已经得到了世界的公认。历史也证明了这个观点。孔子的思想早在公元1—2世纪就走出中国国门，首先传到朝鲜。在公元3世纪的时候，朝鲜一个学者叫王仁，他带着一本《论语》就到了日本。所以，从公元3世纪开始，日本也有了儒学。从朝鲜儒学和日本儒学来看，虽然，他们都接受了儒家的学说，但是这两个国家儒家的学说发展，又有所不同。也就是说，朝鲜包括后来的韩国发展的儒学，越来越突出的是朱子学，就是"程朱理学"里面朱熹的思想，在韩国当今社会里起主导作用的儒家思想，是朱熹的。而日本的儒学，受孔子的思想有很大的影响。孔子以外，影响最大的是王阳明也就是王守仁的思想。阳明学，在日本的明治维新过程中，发挥了巨大的作用，使明治维新取得了巨大的成功。从东方这两个国家——朝鲜（包括今天的韩国）、日本来讲，儒学的表现形态，又是不同的。

另外，儒学也非常早地传到了越南。有人认为，在秦朝时期，儒学已经进入了越南。但在越南，儒学进入越南的命运比较坎坷。尤其是近代以来，从法国占领越南以后，儒学的地位一直比较低，后来南越的时候，儒学的地位稍高一点。在统一以后，最近几年，才有些学者重新提出，应该在东亚设立一个道场，来保存儒家文化。

儒家思想传入西方，被确认为传入西方的准确时间为1593年。据北京大学著名学者朱谦之教授的研究，他肯定地说，1593年由意大利人利玛窦首先将《四书》翻译成拉丁文，从此西方世界第一次知道了孔子，知道了《论语》，知道了儒家的思想。后来法国的伏尔泰、德国的哲学家莱布尼茨，他们都系统地研究了《易经》或者研究了孔子的思想，而且受了孔子很深的影响。包括莱布尼茨，正是在系统深入研究《易经》的基础上，提出了他的二进位制，这一点在西方世界影响是非常大的。

所以，孔子的思想不仅仅在中国，也不仅仅在东方的日本、韩国和越南，甚至在西方世界，影响也是非常大的。所以一直到1988年2月，75位诺贝尔奖的得主在巴黎开会，瑞典物理学家汉内斯·阿尔文博士在会议结束时的一个结论性的发言，最后有这么一句话，"如果人类要在21世纪继续生存下去的话，那就必须回头到两千五百年以前的孔子那里去汲取智慧。"对于诺贝尔奖得主的这一段话，应该这样来理解：人生在世，他要有三个方面的关系需要处理，或者说，在三个方面要发生关系，一个是人与自然之间，一个是人与人之间，一个是人自身的精神和肉体之间，在这三个方面，都要发生联系。而这三个方面，恰恰儒家的思想都提出了很多非常成熟的思想。在人和自然方面，儒家特别提出"天人合一"，这个天人合一的思想，被有的诗句通俗化为："劝君莫打三春鸟，子在巢中待母归"。对自然界中，一草一木一鸟一兽都要爱护，他们也是自然的一部分，而作为人类，就应该和自然和谐，所以天人和谐、天人合一的思想，是儒家思想非常突出的，而这种思想，对解决环境生态危机是肯定会发挥非常大的作用的。

而人与人之间，或者人与社会之间，这个关系，过去好多人认为儒家的思想大多数是消极的。可是大学者陈寅恪，却提出了自己的一个主张："中国文化之要义，具于《白虎通》三纲六纪之说，其意义为抽象理想最高之境。"哪三纲呢？就是"君为臣纲，父为子纲，夫为妻纲"，这是三纲。六纪呢？"诸父有善，诸舅有义，族人有序，昆弟有亲，师长有尊，朋友有旧"。诸父，这是父亲的这一辈，父亲叔伯这一辈叫诸父。这个兄弟，是第二纪；第三纪是诸舅，就是母亲这一系。然后，族人，就是自己家族里面的一批人。最后是师长和朋友。这是六纪。这句话，当时他的学生季羡林非常不理解。中国文化之要义，怎么就是这三纲六纪呢？在经过一段复杂的研究尤其是经过了长期的实践以后，季羡林对这段话有了新的认识。因为季羡林先生作为一个留学德国近11年的资深学者，他非常了解西方文化，半个世纪以后，他突然大彻大悟。他突然醒悟到，中国这个三纲六纪，闹了半天，人生在世，人与人间的关系就是这三个方面的"纲"加六个方面的"纪"，这九个方面就包含了中国文化的主要精神。如果这九个方面的关系处理好了，那社会就稳定了。但是这九个方面，尤其是三纲，季羡林提出必须加以改造。君为臣纲，应该改造为国家和人民的关系，君改造为国家，臣改造为人民，就是把君和臣的关系，改造成国家和人民的关系。那么国家爱人民，人民爱国家，国家就稳定了。父为子纲，夫为妻纲，也不要单方面把它作为单方面的关系来强调，绝对的服从，应该把它变成一种平等的关系，那么这三方面处理好了，再加上另外六个方面子关系处理好了，那社会肯定稳定。这几年，季羡林先生多次写文章，肯定三纲六纪。

然后，就人自身来讲，活在世上，肯定要不断发生灵与肉的冲突，就是精神世界和物质世界不断地矛盾。尤其是在市场经济的今天，利欲熏心的大有人在，而且挣钱越来越多，还是找不到自己位置的也有，那么在这样的情况下，如何解决人自身肉体和精神的矛盾？儒家特别提倡修身养性，而且通过修身养性不断节制自己的欲望，把自己的物质欲望限制到最低的程度。

在这些方面贯彻儒学，对当今社会确实可以起到一个稳定的作用。所以，儒家的思想，从今天的观点来看，它虽然产生于两千五百年以前，但是直到今天，它确实是有活力的。而且，对它有生命力的部分，还有很多，我们是还没有认识清楚的。

我们作为当代人，应该用当代人的眼光来挖掘儒家思想，挖掘能够和当代社会接轨的思想。而从文化交流的观点来看，更应该把儒学当做一个动态的思想体系，用开放的心态来等待儒学的发展，不断地吸收外部的思想文化因素，完善儒家的思想，补充儒家的思想，发展儒家的思想。同时也使儒学为我们所用，改变我们今天的人生，改变我们今天的社会，使我们的社会更稳定，使我们的社会更繁荣。从这个角度来看，儒家的命运是会看好的，儒家的前途会是会很光明的。

孔子的循时而教

——四十而不惑

【台】赵玲玲

赵玲玲，台湾教育部国家哲学博士(1973年)，台湾辅仁大学哲学博士，德国哲学家柴熙教授Dr.Albert Czench亲炙十年；曾创立台湾东吴大学哲学系并任系主任九年，现任北京大学哲学系道学研究中心研究员，北京大学哲学系中国哲学专业研究生班客座教授，光华管理学院EMBA客座教授、孙文学术思想研究交流基金会董事长。国际儒联及孔孟学会理事，黎明学术基金会董事，中华学术基金会董事，易学、道学杂志顾问，台湾残障体育总会顾问。

主要研究：中国哲学、孔子与中国文化精神、中西哲学史、哲学逻辑、形上学、知识论、易学史。

主要专著：《人生哲学的现代意义》、《生命之歌》、《有理与合理》、《中国哲学与中国前途》、《人的时代意义》、《易经的用世之道》、《孙逸仙哲学思想》、《信仰与情操之美》、《未知生焉知死》等。主要学术论文：邵康节观物内篇之研究，先秦儒道两家形而上思想之研究，魏晋南北朝士人之价值取向与讲学之风，清识、清谈、谈隐，双体四用论，从思维方法学看易经非常态预测学对21世纪之贡献，后现代主义与中国文化内在性承启之省思等。

　　孔子的人生时教，是孔子教给我们具体而微的生命教育实践上的处理方式。因为如果生命过程中的细节问题没有能够拿捏好，想要做事成功，做成君子，经常会心有余而力不足的。孔子认为：人生自15岁束发开始，就必须立志学习做大人的学问，到了30岁的"而立"之年，至少应该具备人道的修养条件——礼与信。既立之后的生命岁月，应该学习做到"内求于己而有所得"的具体言行，也就是真能行道而有所得，成为"有德"之人。如果"不得"，就会产生道德人文生命死亡的悲惨后果。所以"四十而不惑"就成为人生生命的"穷与通"的关键。到底人到了40岁的壮年，应该不惑些什么？应该注意哪些事项？

　　在《庄子·至乐》篇中写了一个孔子和弟子的故事，里面说道："内求于己而不得，不得则惑，人惑则死"。这句话的意思是说：人如果向内要求自己能符合人道、但却无法有所得，反复思考都搞不清楚，依然迷惑的话，结果就要遭殃啦！而人要想求其不惑，就要内求于己而有所得，这不正是孔子要教给我们的吗？

　　仁义都要内求于己，而在做的时候要有得于心。道德的"德"字，就是指"得到了自己对生命的领悟与实践"的意思。一个没有德的人，虽然活着但是他的生命形同死亡。为此之故，我们说人死和活着的区别，不是以他还有没有这口气来判断的，而是以他的心是不是活泼的、真实的来判定的；也就是这个人是不是真的无所迷惑，能够内求于己，掌握住自己。四十而不惑就成为关键。

　　人到四十，很多人经历了许多磨练，不管是成功者抑或是失败者，往往都会有一种懈怠或颓丧的心态。我们经常会听到一句流传已久的俗话说："人过中年万事休"，好像人生已经过半，就这样了，也不必再指望什么了，只会往下沉沦，不会往上提升了。这实在是非常不明智的自我放弃，非常消极，只会让你的人生越发走下坡路。生命在任何时候，都可以通过个人的自觉和努力来提升，这是孔子一直强调的道理。我们就来看看，孔子所讲的四十而不惑是怎样的一个针对人生壮年的忠告。

在过去的解释中，大家一般理解"四十不惑"的意思是，孔子到了40岁就不困惑了，但是，到底孔子不惑什么呢？我们只是空洞地知道他不惑了，可是我相信很多超过40岁的人自问，都会感觉：为什么我到了四十还是有很多迷惑呢。甚至对自己的生命意义、方向及遭遇等，很迷惘、很傍徨、很无奈。我们下面就来讨论，不惑指的是不惑什么，以及孔子是怎么做到不惑的。

对于这个命题，一些理学家有过解释。比如朱熹就说，人到了40岁，对于事物的当然之理都已经很清楚了，没有疑惑了。是不是一定要读很多书，知识学问做得很好的人才能知晓事理呢？其实不是，知晓事理就是通达人情。要能通达人情，跟单纯的读书多少，并没有太大的关系；跟是否在某一方面有专门的技术本领，也没有太大的关系。一个通人情的人做事，是让别人能接受的。

什么样的人做什么样的事，什么缺陷的人就犯什么样的错。我们进一步地来看，一般人到了40岁，遇到的最大的问题、最困难的事是什么。

在《论语·阳货》里孔子说，"年四十而见恶焉，其终也已。"一个人到了年40岁，还让别人讨厌，这样的人就无可救药了。人到四十岁其实比30岁需要立的时候，要更战战兢兢。

一般人都只顾着怎么样才能立足于社会，可是他忘了，立足之后要不让人讨厌才能维持长久。有的人是立足了，但是因言行举止很令人讨厌，于是就招来了严重的祸患。人常常是在40不惑的阶段没做好。到了50、60岁就有了诸多后患，灾难频仍，毁了前半生的成果。

中国有一句俗话，"不怕少时苦，就怕老时苦"，不怕少时有磨难，就怕老来有灾难。而这个老来的灾难往往是因为我们40岁的时候，不懂得不惑之道造成的。特别是在社会上已经有了地位和成就的人，如何在光环中不做错事，不让人讨厌，这恐怕是当下所谓的有钱、有地位、有名望的成功人士最值得关注的问题。很多外人看起来成功的人士，其实他们不见得都很快乐，怎么让自己最后不要有个凄惨的下场？让自己做事不会后悔？让自己在成功之后能够全身而退，不要招来大的灾难甚至是杀身之祸；这些考量的答案都在"四十而不惑"上，是一个重要的关键。学会了三十而立，虽然不易，但不过是孔门教育中的"弟子"的阶段，能做到四十不惑，才能算是"登堂弟子"。让人不讨厌，是成德的更高一层的境界，也是很重要的一个修德的指标。

立，固然难；不惑，更难。要能做到让人家不讨厌，这是非常困难的事。让人讨厌的坏处是什么？招人怨恨，让人对你有报复之心；没有人会给你补台，只会给你拆台；甚至怨恨至深，要构织陷阱，害你身败名裂……

每个人都自认为做得很好，可是人家却不喜欢我，问题一定出在别人那里。但是这种假想和抱怨从来不会解决问题。我们应该从自身的检讨考虑，反求诸己，思考一下都被什么样的人讨厌，为什么自己会让人家讨厌。

招谁讨厌是有区别的，孔子并不是说要取悦于所有的人，更不是说要让所有人都不讨厌你。《论语·子路》里有一段话，特别说明了这个问题。"子贡问曰：'乡人皆好之，何如？'子曰：'未可也'。'乡人皆恶之，何如？'子曰：'未可也；不如乡人之善者好之，其不善者恶之。'"。子贡问孔子，说一乡的人都说这个人好，这样的人算不算是不让人家讨厌的？孔子认为，这不见得。子贡说，那么一乡的人都不喜欢这个人，是不是这个人就非常可恶？孔子也说，不见得，如果一乡的好人善人说他好，恶人不喜欢他，这样才是对的。

孔子强调的四十不见恶于人，是要让你身边的君子不讨厌你，而不是让小人不讨厌你。要想让小人不讨厌你的话，你要讨好于小人，你也必须跟他趋同。物以类聚、人以群分。同类的人才能聚合相应。人真正害怕的，是君子讨厌你。如果让君子讨厌你，那么可以肯定你的行径一定是背离正道的。

　　由于这个缘故，孔子认为交朋友的时候一定要小心。人不能什么朋友都交，"无友不如己者"，你的朋友应该跟你一样，都很在乎做人成功，在乎自己会不会是个君子，有一颗坚定执着的求道之心，这样的人才是应该交的朋友。如果一个人所交的朋友，本身有很大的问题，你为了让他喜欢，渐渐地也就按照他的喜好、习惯和作风行事，近墨者黑，你也会离君子越来越远。朋友是一种彼此在乎、彼此影响的关系，朋友之间会在乎对方的认可。对于一个人来说，找谁来认可你，就跟找镜子照见自己的容颜一样。镜可鉴人，前提是镜子必须是明镜，而不是一面变形的、污浊的镜子。

　　那么哪些人是最让君子讨厌的呢？在《论语·阳货》里，孔子就给了我们明确的回答。子贡问孔子，老师，你是不是也有讨厌的人？孔子说，当然有。我们可以从他列举的这些人中，引以为戒，不要犯这些错误。

　　孔子特别提到了他所讨厌的四种人。第一种，爱说别人坏话的人，他们通常幸灾乐祸，没有仁厚之心。隐恶扬善才是真正的好人，才会不让人讨厌。换句话说，大多数人对周围的人和世界都有相对一致的判断，有些人不是别人不知道他坏在哪里，但是这个坏并不需要我们故意挑出来，告诉别人，以显得自己洞察无碍或者聪明机灵。我的德国老师Dr. Albert Czech是我一生非常敬佩的人，他给了我很好的身教。他从来不批评人，不说别人的问题是非，只说别人的优点。如果他发现别人有一个优点，他就说一个，有两个优点他就说两个，没有优点他就不说话。之后我就渐渐习惯了他的表达方式，当他一句话都不说的时候，那是对人最大的批判和否定，表示这个人一无可取。不批评别人的坏处，只说别人的好处。当他没有好处可说的时候，这个批判比说他的坏处更严厉、更具有客观的杀伤力。

孔子讨厌的第二种人，是居下位的人却去讪笑或去毁谤居上位的人，部下在背后毁谤或者笑话长官，儿女去奚落讽刺他的父母，瞧不起父母。因为这样的人没有敬心，对人不尊敬、不恭敬；这种人也不忠，没有诚意。没有忠敬之诚的人是让人厌恶的。这种人其实很常见。很多人以自恃己长慢待他人，比如自己读了书，但是父母所受教育有限，他便瞧不起父母，动辄指斥；还有些拿了个高学位，或者游历国外，便瞧不起长官，言语轻蔑，恨不能立刻取而代之。

孔子讨厌的第三种人，是勇敢但却无礼的人。这样的人，如果是小人，有勇无义就是强盗，如果是君子，有勇无义也就是作乱。不论是谁，只是一味勇敢，却无视礼义，行事没有分寸，没有尺度，也同样是让人讨厌的。

人本身的提升必然有欲，有欲而不能无求，有求而不能不争，争有时候是不得已，但是争的时候也需有君子之行。先礼再后兵，不是不告而夺，也不是粗鲁无礼，这就是有勇而且有义。

孔子讨厌的第四种人，是一个果敢但却不通事理，不通情理。有的人做事果决，当机立断，但同时却很难理解别人的处境和态度，做事直接，却让人很难接受。这种人容易胡作非为，偏执狂妄，是非常让人讨厌的。

孔子说了自己讨厌的人，又问子贡，你是不是也有讨厌的人？子贡也是成器之人，我们来看看他讨厌什么人。

子贡说他讨厌三种人。

第一种人，侥幸成功，就自以为是，目空一切。我们周遭大概有不少这种人，遇到了一个机会，突然发财了，或者有地位了，于是志得意满，溢于言表，觉得自己非常了不起。子贡觉得，这种人的成功是占了天时地利的便宜，甚至是剽窃别人的成就，得到了一时的、偶然的成功，但却不可一世，认为自己比别人聪明、有智慧，而坚持己见，这会令人觉得不可理喻而讨厌他。

第二种讨厌的人，是不懂得谦逊和服从，却认为自己是勇者的人。他们常常认为，自己是直率的，说实话的，毫不谦逊，攻击别人，顶撞上司，认为上司不行，哪怕自己不行，也有着敢于直言的美德，自以为是一个勇者，行事在理。

我想子贡所说的这种人，在我们周遭也很容易碰到。40岁左右，事业有一点基础，但是也在爬坡阶段，地位也还没有到社会高层，就常犯这种毛病。以能顶撞上司为勇，为能，"我是很直的，有勇气，你们都胆小，不敢顶撞，就是我敢，我就不服。我觉得对的我才服，不对的我就不服。"其实，对与不对如果只以自己为标准，就很麻烦了。这种人一般很难听进劝诫，妄自尊大，见识粗鄙，很难有改过的机会。也是自以为是，行事过分的人，当然是非常让人讨厌的。

第三种讨厌的人，喜欢拿揭发别人的隐私，当做自己正直的表现。子贡认为，这种人假道德，有着虚妄的道德观，而不惜真实地伤害别人。这种假道德的人在中间这个阶层，常常容易屡犯，非常让人讨厌的。

孔子讲的四种人，在社会上层居多，子贡讨厌的三种人，在社会的中层表现居多。那么还有哪些让人厌恶的人呢？

第一种是利口之人。利口之人是佞人，善于讨好别人的人。他们常以谄媚为能事。佞人通常为了要让上面的人喜欢，以非为是、以是为非，颠倒黑白，他们的作为只是为了要谋得职位和利益。他们常会把好事变成坏事，是真正的小人。

第二种是指鹿为马之人。搅乱了别人的方向，这种人是令君子非常厌恶的。

第三种是乡愿之人。乡愿之人同乎流俗，合乎污世，没有是非感。孟子说：（这种人）居之似忠信，行之似廉洁，众人都喜欢他，自以为是。这种人没有自己的主张，风吹四面倒。这种随风转的人，迎合每一个人。别人说东他就东，人家说西他也西。（《孟子·万章篇上》），孔子说：走过我的门口而不进入我室的，我会觉得没有遗憾的只有一种人，这种人就是乡愿之人。孔子对这类人非常讨厌，他甚至评价说："乡愿乃德之贼也。"

第四种是色厉内荏的人，表面上看起来非常威仪，内心其实很怯懦。这种人为了伪装内心的虚弱，而故意装出一副非常有德行的样子，表里不一，就像小人中的穿墙入室行窃的盗贼一般，惹人厌恶。

第五种是道听途说之人。这种人是指入于耳，就出于口，不入于心的人。喜欢散布谣言，听到了些消息，不经过自己认真地思考和考据，就四处去说。是终究无法成德的，所以被视为是"德之弃也者"。韩非子认为，凡事没有经过证明，就去随意散布，这就叫做"诬"；没有经过自己的思考和考察，就随便相信别人所讲的话，这叫"愚"。随便说出去的是诬，随便听进来的是愚，道听途说的人非愚即诬，这种人是很可恶的。

第六种是患得患失的鄙夫。这种人在志愿还没得到伸展的时候，害怕得不到；得到了以后他又怕失掉。所以这种人，在患得的时候，可以不择手段地想方设法去获得；患失的时候，又会用许多手段让自己不要失掉。他们能做出可耻的行为，好比宦官舔痔疮，就是因为怕失去他已有的地位和财富，才会有这样一个可耻的、不要脸的行为。

患得患失的人，从小处讲会做出让人恶心的事；往大了说，就会有杀父弑君的行为。在历史上这类例子很多，为了皇位，很多人可以杀了自己的父亲，迫害自己的兄弟，为什么？因为他想要得时，会杀父弑兄，得到了之后，怕别人篡位，又要杀掉潜在的威胁者。这种人是可鄙之人，也就是让人瞧不起的人。这种人在今天也有很多，虽然没有王位的争夺，但是为了利益和地位，他们会不择手段，无所不为，绝对不能与他共事。

　　以上所列，有孔子说的四种可恶的人，子贡说的三种讨厌的人，还有其余六种，总共加起来有十三种人都是会让人讨厌的。如果人到了40岁，或者超过40了，还有上面说的这些毛病，那就要谨慎小心，不能继续再犯了。让人讨厌的结果是不堪设想的。

　　我们到了40岁时，要加强修德，以免功败垂成。除了要注意不可触犯上面所讲的，这十三种会让别人讨厌的行为之外，还要避免让别人有感受上的不愉快。哪些行为会让人感觉不愉快呢？

　　第一种，说话的时机不对。虽然你说的话都对，但是时机不对，会让人感觉不愉快。

　　第二种，说话的态度让别人受不了，让人觉得受到了屈辱。人有着这种感受，也会讨厌你。总之，不论是教诲或劝谏，都要有所顾忌。单刀直入或贸然行事，都会让人难以接受；应该委婉而行，才不会积怨成仇，弄巧成拙。

　　第三种，那就是虽然我们是要做好事，但是立场要把持住。吕坤在《呻吟语》里谈到，说：路见不平拔刀相助，这是件好事，但却是虽好也坏。为什么呢？你是帮助了那个弱者去对抗强者，但你也就因此而失去了中立者的立场，加入战团，那么这场战斗还是没有结束。

　　有这么一个笑话，一个人家里来一个朋友。这个朋友爱喝酒，主人就叫儿子去打壶酒来。结果这个儿子一去去了半天，酒老是打不回来，父亲奇怪了，出门找儿子去了。他走出去不远就看见他的儿子，站在狭窄的巷子中间，和另一个人面对面，谁也不动。父亲就问儿子怎么回事，儿子说，"他不肯让路，我也不让他。"父亲走过去，告诉儿子，"你把酒拿回去，我在这儿站着"。

　　有时候拔刀相助不见得是好事。当别人有纷争的时候，你是要把纷争平息掉，而不是加入战场，成为对峙的另一方。

　　总而言之，当我们在行直道，或者在行刚道的时候，千万要注意我们的态度，要审慎地选择对方能接受的时机，以及对方能接受的态度与方法。如果你没有考虑别人的感受的话，那么不仅道不能张，而且自己也会因此招祸。历史上很多忠义之士，行直道却遭惨死的下场。不禁，让很多人怀疑到底该不该行直道，该不该做一个正义的人。其实这并不是一个简单的要不要守道德的问题，关键还是怎样行道。怎样行道才能不让人讨厌？其间分寸的拿捏，如何才能恰到好处？著实困扰了历来许多有心学道及行道之人。

正义的人行事，尤其要特别注意不要见恶于人，能够不见恶于人的直道，才真正能起作用。人到壮年，三十而立之后，要能够小心谨慎地要求自己，在理直之下，还能够气和，而不是理直气壮，气壮是伤人的，既伤别人，也伤自己。这就是在培育仁、智、信、义、勇这些常德之后，我们一定要学习的地方。

当一个有道的君子，能够立得更好、立得更对，同时还能有善终的时候，后面的人就会相效而学习之，竞起而承传之。这才是对"道"最大的维护，而不是让自己莽撞地伤害自己，结果让人对行道畏难。这是一个壮年人的社会责任。

"万邦师表"孔夫子

骆承烈

骆承烈，男，汉族，1935年生于山东省济宁市，1956年毕业于山东师范大学历史系。任曲阜师范大学孔子文化学院副院长、教授、硕士生导师。2000年退休时高校教龄45年。兼任中国智慧工程研究会学术顾问、孔子文化全球传播委员会专家顾问团副团长，河南、沈阳、马来西亚等孔子学会及三十多个学术团体的顾问、名誉会长、会长。

自1956年出版《济南惨案》以来，50多年自撰《孔学研究》等35本，主编《儒家思想与社会管理》等26本，任副主编、顾问等60余本。发表文章500篇。撰写、主讲或编导电视专题片《孔子与儒家思想》、《三字经》、《文化巨人孔子》等2600多分钟，均已上卫星播出。最近又创意、主编102集电视教学片《演说论语》。曾应邀到京、沪、台等十七省、市的北京大学、清华大学、中国孔子基金会、中华孔孟学会等学术团体讲学。到日、韩、越、新、马、美、法等国及港、澳、台地区进行学术交流。

1992年被英国剑桥国际名人传记中心授予"国际文化名人"。1997年获世界基尼斯记录"收集孔子像最多的人。"2000年在日本世界展望学会上因研究孔学"仁者爱人"对人类和平幸福做出贡献，被授予奖章。2008年被国务院六部委授予"全国孝亲敬老楷模提名奖"。

1988年，75位世界诺贝尔奖金获得者在法国巴黎集会时，1978年世界诺贝尔奖金得主、瑞典物理学家阿尔文，在大会上提出"人类要在21世纪生存下去，必须从两千五百年前孔子那里去吸取智慧。"话音刚落，得到全场热烈响应，与会人员一律赞成这一说法。这一消息不胫而走，很快为世界各国知道，许多人用各种形式表示赞同。1989年在孔子家乡曲阜召开的世界儒学大会上，新加坡总理吴德耀引用这句话后，立刻在国内外传开。从上个世纪末到21世纪，孔子此人为世界各国景仰，孔子思想风靡世界。这位历史上的文化巨人、伟大的教育家，走出国门，已成为世界名人。当年清康熙皇帝尊称他为"万世师表"，实际上孔子已成为"万邦师表"了。

◈ "万世师表"孔夫子 ◈

从孔子生前到现在两千五百多年，奉行孔子思想者历朝历代、朝野皆是，记载孔子言行的古籍历代不绝于书（笔者主编的《孔子资料汇编》仅魏晋之前的各种古籍就有129种），其弟子及再传弟子记载孔子言行的《论语》，历代奉为圭臬，截至民国以前，《论语》注本至少3000多种。古今学者研究孔子思想者，史不绝书。尤其在教育方面，估价更高。综观孔子这位伟大的教育家，在教育方面，至少有如下一些建树：

1．孔子明确提出教育为社会服务的教育目的

孔子办教育为了培养人才，培养出人才服务于社会。其弟子子夏说："仕而优则学，学而优则仕。"就是说：学习好了能很好地从事政治活动、社会活动。为了把政治活动、社会活动干得更好，就要学习。在他的学生中：冉雍、冉求、仲由都任过季氏宰，仲由还在卫国任过孔悝宰、蒲邑宰，端木赐任过信阳宰，言偃任武城宰，宓子贱、巫马施都任过单父宰，高柴任过武城宰、邱邑宰、郕邑宰、费邑宰。冉求、樊迟在鲁对齐作战中立过功，端木赐更到五国游说，避免了几国争战。其他在各地讲学授徒者比比皆是。子夏教的学生魏文侯，是战国初年第一个崛起的强国之君，其弟子们的这些业绩，历史上史不绝书。

2．孔子执行着重德育及德育智育结合的教育方针

《论语·述而》中记孔子说"志于道，据于德，依于仁，游于艺"。这段话作为孔子的教育方针，是说在培养学生时，首先要他明确自己的志向，其根本的依据是具备各种良好的品德，用仁的方式协调各方面的关系，然后落实到"礼、乐、射、御、书、数"即"六艺"的具体本领上。这一教育方针，突出了德育。在德育的三项上，又先明确志向。有了明确的志向，才有为实现志向而奋斗的决心。高尚的道德是做人的根本，在此根本上，用仁的手段调和上、中、下各方面的关系。重视德育就是重视做人，在此基础上，落实到智育上，有了本领才能服务于社会。这在当时及日后，对人们都有重要的参考价值。

3．孔子是一位"诲人不倦"的老教师

作为一位教师来说，孔子自身要求"循循善诱"、"诲人不倦"，他多次向学生们表示自己的学问对学生毫无隐瞒。其灵活机动的教学方法，对弟子们传授知识时"不愤不悱，不启不发，举一隅不以三隅反"的启发教学方式，以及在对学生性情、水平了解的基础上，因材施教

的办法，都符合人们一般的认知规律，都是一些很好的教学方法。它多年来成为每个忠于教育事业的教师的座右铭。

4．孔子主张"学而不厌"

他勤奋刻苦的学，快乐的学，虚心的学，实事求是的学，学与复习、练习相结合，学时重思考、思考后再学习，学习与实践结合，广泛的学习，全面的学，终生在学，均给人们做出好学的好榜样。难怪人们把孔子誉为天下最好学的人，最会学的人和最学习有成的人。

5．孔子删《诗》、《书》，订《礼》、《乐》，赞《周易》，认真整理古代的文化遗产，又结合现实贯彻自己的观点编写《春秋》

这些作品对人们了解夏、商、周三代历史保持古代文化，溯古求源，在文化上做出突出贡献。孔子还以此作为教材，使学生读有本之书，教育学生，收到了良好的效果，给后世做出了光辉榜样。

6．孔子以"温而厉，威而不猛，恭而安"的神态对待世人，尤其以此仪态对待学生

他对学生们关心、爱护，严要求，勤教导，在学问上是学生们衷心崇拜的良师，在生活上是学生们的严父、挚友。孔子与学生密切的师生关系亦为后世做出典范。

孔子终生从事教育事业，他的一切教育理论，都是从实践中得来的，因而符合科学规律，可信性强，操作性强。古人可学，今人可学，人人皆知孔子是教育事业的佼佼者，是教师的杰出代表。清康熙二十三年(1684年)，皇帝玄烨到曲阜朝圣，亲笔题"万世师表"四个大字(日后刻石立于孔庙圣迹殿内)，是对孔子这位杰出的教育家最公允的评价。

其实，孔子作为人间良师的说法，古已有之。孟子说孔子"集大成"①，即集天下学问之大成；司马迁面对孔子说"高山仰止，景行行

①《孟子·万章下》。

止"，"孔子布衣，传十余世，学者宗之"①；王充说孔子为"道德之祖"②都极高地估价了孔子在学术上、教育上的成就；魏文帝曹丕的一篇诏书中，明确称孔子为"亿载之师表"③；宋徽宗的诏令中称孔子为"百世之师"④；宋高宗称其为"古今之师"⑤；甚至过去孔子后裔曲阜衍圣公府的对联上也写着"天下文官首，历代帝王师"。可知孔子此人，两千年来，在中国人心目中，从来是一位堪为师表的良师，康熙帝"万世师表"的称号，在中国范围内来说可谓恰到好处。

笔者在20年前曾在详尽评述孔子的教育思想后，冠以"万邦师表"的标题，在《温岭孔学》上发表了一篇文章，最近由笔者"创意、改编并作思想点评"的102集《演说论语》之主题歌最后一句，仍以"万邦师表"结束对孔子的评价。

◆ "万邦师表"孔夫子 ◆

孔子不仅是中国伟大的教育家，在世界范围内，也是最早的，最全面的，成就最辉煌的伟大的教育家。

(一)孔子在世界教育史上的地位

1. 世界上有许多哲学家、教育家，孔子是最早的一人。 从世界史的角度上看，古希腊文化最发达。在哲学、教育的造诣上来看，古希

①《史记·孔子世家》。
②《论衡·本性篇》。
③《三国志·魏书·文帝纪》。
④《阙里文献考》卷38宋徽宗《宣圣赞》。
⑤《阙里文献考》卷38南宋高宗《圣贤赞并序》。

腊最有名的有三大哲人，但他们都不如孔子早。苏格拉底生于公元前469年，卒于公元前399年；柏拉图生于公元前427年，卒于公元前347年；亚里斯多德生于公元前384年，卒于公元前322年。而孔子生于公元前551年，卒于公元前479年，他们分别比孔子晚82年、124年、167年。至于美国的著名教育家杜威，比孔子晚2300年，俄国教育家马卡连柯比孔子晚2367年，克鲁普斯卡娅比孔子晚2310年。近年来，美国《人民年鉴手册》列出的世界十大思想家中，除上述柏拉图、亚里斯多德二人晚于孔子外，其他如意大利的阿奎那(1227—1274年)、波兰的哥白尼(1473—1542年)，英国的培根(1214—1294年)、牛顿(1642—1727年)、达尔文(1809—1882年)、法国的伏尔泰(1694—1778年)、德国的康德(1724—1804年)。从时间上来说，孔子更在他们之前。

2. **从思想上深度和广度上来看，他们也不如孔子。**如苏格拉底的哲学是由"自由哲学"转向"善"，伦理学强调道德和知识的统一，在哲学与伦理学上不如孔子思想丰富和现实。柏拉图的哲学体系"理念论"是一种客观唯心主义，其政治思想《理想图》远远不如孔子的大同思想。亚里斯多德在哲学、美学方面都有一些论述，教育学方面他重视体育、美育、智育、德育等方面的发展，强调环境对人的作用等都很好，但远不如孔子在教育思想方面丰富和深刻。对此，美国传教士卫三畏曾说过："孔子的著作同希腊罗马哲人的训言相比，它的总旨趣是良好的。在应用到它所处的社会和它优越的实用性质，则超出了西方的哲人。"至于后世的教育家，则是在继承前人基础上发展起来的，和开基创业的早期思想家更不能相提并论。

3. **作为教育家来说，孔子几十年来在实践基础上创造出许多理论。**包括许多方面，除一般的教育学原理外，诸如教育哲学、教育心理学、成人教育学、终生教育学、职业教育学、心理学、逻辑学、体育教育、美育教育等等方面都有涉及，并已达到一定的高水平，孔子可称为一位全面的、综合的教育大家。

(二)外国人对孔子的评价

1．亚洲各国。以孔子思想为代表的中国文化，中世纪已大量传入亚洲各国。早在唐朝，日本、朝鲜大量向中国派来留学生、遣唐使，带去很多儒家的经典，他们对儒家的创始人孔子十分崇拜，如：

朝鲜儒学家安珦说："夫子之道，垂宪万世"①，学者林翰周说："仲尼之道，天地之元气也。有天地则不能无仲尼之道。"②

韩国现代学者李家源谈及孔子对朝鲜的影响时说："六经之传播东韩，粤自罗(新罗)、丽(高句丽)、济(百济)三国时代。今经悠久数千载。而至李氏朝鲜，以儒学为国是。自日用平常之事，至于经国安民之道，莫不基于儒学的观点。其于首都汉城，肇建大学及四学，列郡三百六十所，皆有乡校，莫不尊崇孔子为圭璧。于是焉通国之士尊尚孔子，殆若神明矣。"③

韩国学者黄俊渊说："众所周知，孔子对中国哲学史的影响是久远的。在朝鲜、日本和越南这些国家的传统社会中，也有孔子的影响。因此，在漫长的历史过程中，由于孔子在远东人民的思想中有如此重大的作用，所以可以说，他是全世界的伟大学者之一。"④

《朝鲜金石总览》中有一幢《京畿道京城府崇三洞经学院文庙碑》，上面刻着"圣莫如夫子，师莫如夫子……自生民以来，未有盛于夫子也……夫子之道益尊于万世，夫子之泽益流于无穷，如天地之无不覆载，如日月之无不照临。"⑤

越南儒学家吴士连对孔子估价极高，他说："前圣之道，非孔子无

---

① 《高丽史》卷105《列传》卷18《安珦》。

② 《儒教勃兴论》。

③ 李家源：《曰若稽古孔子》(载《儒学国际学术讨论会论文集》)。

④ 黄俊洲：《孔子思想所展示的乐之精神》。

⑤ 《朝鲜金石总览》下册851页。

以明；后圣之生，非孔子无以法。自生民以来，未有盛于孔子者。"①

日本古学派创始人伊藤仁斋说："夫子之德实为超迈群圣，夫子之道高于天地。"②

日人犬养毅80年前曾说："全世界之人类，惟孔子为最大人物。其道德学问，亦自中国而普及于东亚及全世界。至今二千五百年，莫不尊崇。"③

日本教育家高桥俊臣说："孔子是'天生的圣人'。他以过人的热心及稀世的人格教导门人。其感化的深远，到现在还支配了东西洋的一面。"④

专为孔子作传的日本作家井上靖说："孔子不仅是中国文化的先哲，而且是全人类的老师。"⑤

日本昭和二年(1927年)日本文部大臣许可颁令作的小学歌曲《孔子颂德歌》，开头一段就是"泰山万世与云齐，泗水千秋流不息。孔子圣德与伟业，同样悠久无穷期。"

新加坡科学馆主席陈共存说："二千多年来的儒家思想是历史所公认的最有价值的理论，发扬道德观念，改造人性的治本方案。"⑥

泰国佛统府副省长威伦·蓬玛勇说："孔子是中国古代伟人，也是世界文化名人。孔子的教育思想值得后人学习。"⑦

2．**欧洲各国**。从汉朝张骞、班超通西域，甘英使大秦以来，中国文化不断传到西方，元朝时马可·波罗更在中国过了十几年，具体了

---

① 《大越史地全书》《本纪》卷八。

② 伊藤仁斋：《论语古义》。

③ 犬养毅：《童子读经尤贵实践道德》(载程涓著《历代尊孔记》)。

④ 高桥俊臣：《日本教育史》。

⑤ 于青《耄耋著'孔子'，耳顺述'论语'——访日本学者井上靖》(载《人民日报》1989年11月23日。

⑥ 陈共存：《在孔子诞辰2540周年纪念与学术研讨会上的致词》(载《孔子研究》1990年第一期)。

⑦ 《光明日报》1990年3月4日。

解和向西方带去以孔子为代表的中国哲学、文化。明清以来西方传教士来华后归国，又对中西文化交流起到一定作用。近世以来，我国又与各国不断交往，于是西欧各国对中国的孔子也有不少看法。如：

俄国的历史学博士瓦西里耶夫说："孔子毕竟是个伟人。他们之所以崇拜他的无限的和不可及的智慧，不是出于盲目的信仰，而是由于许多世纪培育出来的对其完善无比的思想和理念的真诚信念。"[1]

俄国学者佩列洛莫夫说："孔子确是一位哲人，他真正研究了人性的教育问题，力图使人摆脱困惑。"[2]

英国传教士理雅各说："过去他（孔子）是中国人中的中国人，现在正如所有的人相信他那样，又以最好的和最崇高的身份代表着人类最美好的理想。"[3]

英国学者麦禅说："夫黄金法律所谓'己所不欲，勿施于人'，其首先发明斯义者，实由于此行星上得未曾有之最大人物则孔子是也。"[4]

在英国与美国合编的《大不列颠百科全书》之《儒学》条中，曾写着这么一段话："这位无名的鲁国教师的哲学概念，也同样对中国和大半个东亚文化体系的形成，发挥了如此强烈的影响。那么孔子必须被承认为世界历史上最有影响的人物之一。"

法国哲学家伏尔泰对孔子十分崇拜，他室内挂着孔子像，他曾说："多么可悲，西方人也许应该感到羞愧……竟要到东方找到一位智者……他在公元前六百余年便教导人们如何幸福的生活……这位智者便是孔子……自他之后，普天之下有谁提出过更好的行为准则？"[5]

世界上最标准的资产阶级革命是1789年的法国资产阶级革命，在

---

① 瓦西里耶夫：《中国的迷信、宗教和传统》。
② 佩列洛莫夫：《儒家人性观对欧洲和俄国文化名人的影响》（载《孔子研究》1988年第二期）。
③ 理雅各：《孔子生平及其学说》第95页。
④ 程垿：《历代尊孔记》第18页。
⑤ 杨焕英：《孔子思想在国外的传播与影响》第167页。

革命前由雅各宾党领导人罗伯斯庇尔领着制订的《人权和公民权宣言》中，明确地写着："自由是属于所有人做一切不损害他人权利之事的权利。其原则为自然，其规则为正义，其保障为法律，其道德界限则在下述格言中：'己所不欲，勿施于人'（孔子语）。"①

德国传教士佛希里曾说："孔子集群圣之大成，故孔教根本之深，不惟在已往，且有功效于将来；不惟深入中国之人心，且有功效于世界。"②

德国学者赫斯说："如果我们更衡量一个历史人物是否伟大，我想只有一个标准，那就是要看那个人影响的广度、长度和强度。如果这个标准加在孔子身上，孔子就是世界上最伟大的人物之一。"③

瑞典学者胜雅律说："在西方人眼里，孔子可以说是中国传统文化的代表和象征。毫无疑问，他在西方舆论中是最有名气的中国人。"④

3．美洲各国。自18、19世纪以来，美国以"门户开放"的名义，派出许多人到中国来，在政治、经济、文化方面与中国大量交往。出于各种不同目的，也接触到中国传统文化，了解了孔夫子，许多人对孔子也发表过不少高论。如：

美国学者艾默生说："孔子是中国文化的中心"、"孔子是世界各民族的光荣"、"孔子是哲学上的华盛顿。"⑤

美国学者甘霖更直截了当地说："孔子不独为一国之圣人，实为万国之圣人。"⑥

美国历史学家威尔·杜兰说："从汉到清，孔子的学说主宰中国两

---

① 法兰西《人权和公民权宣言》第六条。

② 陈焕章等著：《孔教论》序言。

③ 赫斯《中国古代史》纽约英文本第242页。

④《一个当代西方人眼里的孔子》（载《孔子诞辰2540周年纪念与学术讨论会论文集》第1754页）。

⑤《孔子知识词典》第240页。

⑥ 程埴：《历代尊孔记》第34页。

千年之久，中国的历史，就是孔子思想的影响史……在今天，要医治由于知识的爆发、道德的堕落，个人及国家的品格衰弱，以及那使人遭致那种混乱而起的痛苦的，实在没有比孔子的学说和教条这剂药方更好了。"①

《美国大百科全书》第七卷《孔子》条中写着："孔子至高无上的形象，在耶稣纪元以前已经在古代的'诸子百家'中树立起来。两千多年以来，孔子的思想一直是官方的信条和国家的风尚，甚至被一些人看作国家的宗教。……虽然孔子的大同理想没有实现，但孔子的中国已享受到了和平和繁荣，并且创造了举世无双的协调和悠久的文化。多少世纪以来，中国的邻邦，如朝鲜、日本、琉球群岛、越南都选定了孔子作为他们的圣人和先师。"

美国前总统里根，在孔子2533年诞辰前《致祭孔大典筹委会主任委员朱正介的信》中也说："孔子高贵的行谊与伟大的伦理道德思想，不仅影响了他的国人，也影响了全人类。孔子学说世代相传，提示全世界人类丰富的做人处世的原则。"

一位美籍华人学者姜浩锡在其《儒教研究西方资料探索：回顾与展望》一文中，更直接地说出自己的看法："孔子不再是中国的孔子，由于他太伟大了，不宜于由一国一族专有，他是世界的孔子。"②

位于南美洲乌拉圭的学者爱兰娜说："孔子学说讲 伦理道德、济弱扶倾思想，是维系人伦关系和社会安定、促进国家进步、达致世界和平的精神力量。孔子是人道主义者，他的讲信修睦、世界大同的主张，蕴含了人生修养和谋求人类幸福达到世界和平的伟大理想。"（《孔子研究》1988年第一期）

南美洲阿根廷的学者阿·戈、法西亚斯，20年前到孔子故乡考察，和我们一起座谈后，他回国便正式出版专门研究孔子的著作《孔子

---

① 威尔·杜兰：《中国与远东》。
② 此文载《儒学国际学术讨论论文集》（1989年齐鲁书社出版）。

和马丁·菲特罗》。书中说："从孔子开始在教育上采取有教无类的做法，不论其民族、宗教信仰、种族以及社会政治和文化地位，他把所有的人都纳入和睦的关系之中，以家庭为核心，然后推广到全人类。"

以上多例，仅为一些外国有识之士对孔子的看法。他们都认为孔子不仅是中国的，也是世界的。这些评论语言出自大量外国人之口，不能不发人深思。外国人都认定孔子是世界的孔子，我们中国人更应理直气壮地承认这一事实啊！

三、孔子教育奖对"万邦师表"的认同

孔子作为中国乃至世界上最伟大的教育家，多年来已为世界各国所公认。自1896年瑞典科学家诺贝尔去世，设立世界性的"诺贝尔奖金"以来，此奖金主要评各国自然科学方面的专家。一百多年来，人们在世界各国，找不到一个最合适的社会科学界代表人物。在我国改革开放节节胜利、国际地位日益提高的新形势下，新的世纪之初从孔子家乡曲阜、济宁、山东、中国，向联合教科文组织建议，联合国教科文组织经过认真研究、比较，2005年确定设立"孔子教育奖"。这一奖项，一年颁发一次。诺贝尔奖金个人可以申请，而孔子教育奖规定个人或单位报给国家，只有国家申请才可以受理。至于被授予这一奖项的对象，则主要是发展中国家，最基层的农村教育、落后地区的教育、女童教育。这一奖项的基本精神就是孔子"有教无类"的主张。如近几年被评的对象都是欠发达国家中这些国家的基层教育工作者。

20多年前，一位韩国学者对孔子的"有教无类"曾作过很高的估价，他说：

在中华民族的文化发展史上，孔子的教育思想是灿烂夺目的，孔子在往古专制时代，独倡私人授徒讲学之风，打破西周以来贵族教育之传统，主张"有教无类"，把教育普及于平民，开展了中华民族发展文明的智慧与力量，打开了广阔的教育领域，此可说是特有中国最初的重大历史意义的一大教育革命创举。

随之不断的有国际交流而扩大之中，孔子的文化教育思想影响世界也不断扩大之。依有关考证，孔子思想早已于西元4、5世纪之间往东传入朝鲜与日本，在近代东西方文化交流中也说，自从孔子思想传入欧、美之后，学术界就说比西方哲学之祖古希腊"苏格拉底"还在上，称孔子为东方的"怪圣人"，称苏格拉底为西方的孔子。再来比较此两位的话，孔子创立的教学理论之深大与崇高，比苏格拉底又超越，又特出。其创立理论的时期也比苏格拉底早半个世纪。依此比较来看，孔子教育是世界性合一的定论，可说是保有崇高的地位。[①]

两千五百多年前，孔子"有教无类"的主张，为世界各国所认同、所执行。联合国教科文组织对"孔子教育奖"的设立，已经承认孔子是世界上最伟大的教育家。

最伟大的教育家"有教无类"的教学理念永远正确，最伟大的教育家的教育思想，世界各国应该学习，最伟大的这位教育家是世界各国人民之良师。

"万世师表"孔夫子，说的是时间概念。两千多年来，他的教育思想仍有价值，值得历代后人学习。"万邦师表"说的是空间概念，孔子不是一地一国的人物，他是世界各国人民的师表，大量事实说明国内外许多人对此已经认可，因此，我们可以理直气壮地说：

"万邦师表"孔夫子！

---

① 金世汉：《研究孔子之教育哲学思想》（载《孔子诞辰2540周年纪念与学术讨论会论文集》1509页）。

阴阳之患与恶化定则

——从《庄子》的寓言故事谈起

王　蒙

王蒙，1934年生于北京。祖籍河北省南皮县。中央文史研究馆馆员。曾任中共中央委员、全国政协常委、文化部长、政协文史和学习委员会主任、作协副主席等。曾获意大利蒙德罗文学奖、日本创价学会和平与文化奖，并获俄罗斯科学院远东委员会荣誉博士、澳门大学荣誉博士、约旦王国作协名誉会员等称号。曾出访十余个国家和地区，又被国内数十个大学聘请为教授或名誉教授。

从少年时代即参加了革命。解放后从事共青团工作。1953年开始写作，其小说《组织部来了个年轻人》引起了巨大反响。1958年在政治运动中受挫。曾在新疆生活工作劳动16年。"文革"结束后至今发表了大量小说、评论、诗歌逾千万字。

讲完颜回去卫的故事，再讲叶公子高使齐的故事。如果说颜回赴卫的故事的核心难题是人文与威权的较量，那么叶公子高的困难则在于他本人的压力，他的不自由、不逍遥感，尤其是其中关于阴阳之患的讨论，颇有新意。

叶公子高将使于齐，问于仲尼曰：“王使诸梁也甚重，齐之待使者，盖将甚敬而不急。匹夫犹未可动，而况诸侯乎！吾甚栗之。子常语诸梁也曰：‘凡事若小若大，寡不道以懽成。事若不成，则必有人道之患；事若成，则必有阴阳之患。若成若不成而后无患者，唯有德者能之。’”

叶公子高在出使齐国之前，请教孔子，他说：这次，王给我的出使齐国的使命非常重大，而齐国是有一定之规的，它可能给你以礼遇，但不会当真给你办事的。齐王不慌不忙，不理不睬，你拿他有什么办法？别说齐王了，就是一般老百姓，你有求于他，他不拿你的事上心，你不也是没辙吗？我叶公子高如何能不肝儿颤呢？孔子您对在下说过，大事小事，都要依道而行才能成功。一个事办不成了，你会受到人主之道(人间各种规则)的垢病惩罚。一个事办成了，你会受到阴阳之道(天道尤其是生理病理之道生命之道)的厌恶惩戒。能够做到似成似不成，说不上是成不是成了，或者不管它成还是不成，反正不因为办事当差而受惩戒找麻烦，那就要看你的德行与修养了，那就要真功夫啦！

这段事写得相当实在，贴近日常生活、贴近人世间现实、贴近经验。不像出自神妙玄秘的《庄子》，倒像出自市井或中低层官场的谈论。受命于王，不得踏实，当差不自由，自由莫当差，自然如此，莫不如此。说“齐之待使者，盖将甚敬而不急。匹夫犹未可动，而况诸侯乎！”显得别致而又平实，也是人人眼中所有、哲人笔下所无，是庄子头一遭这么说出人际关系的某一个方面。先秦的诸子百家，都是义正词严，臧否分明，是就是是，非就是非，不留回旋余地，都是讲大道、大德、大话、大道理、大帽子，都在那儿“为天地立心，为生民立命，为万世开太平”，从来没有说过某某侯国国君“甚敬而不急”的老实话、无奈话、形式与内容相悖的话。甚敬，当然是好话，是传统文化，是"礼"。不急，是事实，是不可能按照对方的要求办事。你要办的是你的事，是你在急，他急什么？

其实今天的一些人际关系、公司际关系、地际省际关系、国际关系的特点也是甚敬而不急。公关或外交礼节总是要讲究的，满足你的要求，办成你希望办成的事，不会急的。所谓急人之所急，多半是套话而不是实际的操作。庄子能体会这种侯国之间的甚敬而不急，这其实是总结出了一条规律，点破了一条尴尬。

更有创造性的说法则是"事若不成，则必有人道之患；事若成，则必有阴阳之患"。这就叫两难。事办不成了，受主子或群体或同事的物议、埋怨直至惩罚，你会陷入人际规则的麻烦。这比较易于理解。是的，因为你既当差就得办事，你与人世间诸人、诸团体、诸权力集团已经结成了权利与义务的关系，你有责任完成主子与群体的嘱托。不然，你肯定找倒霉。谁能不在乎这样的办事压力呢？

事成有阴阳之患，则是庄子的一大发明发现。什么叫事成有阴阳之患呢？任何一件事功的完成，都是为人世间、人间世注入、添加一个新的因素，你会打破原有的平衡，你会引起各种不平衡，引起类似阴阳失调的麻烦。还有，一件事办成了，你也必然付出了应有的代价，耗费了你的脑力、体力、金钱与各种资源，你自己也会感到类似阴阳失调的麻烦与疲劳，包括生理病理上的若干问题。事成，还会引起进一步的贪欲野心，你会渴望得到更大的成功，更大的承认、记功、褒奖、酬劳、晋升名誉，使你自己阴阳失调，虚火上升，失眠躁郁乃至感染炎症。

所谓没有功劳也有苦劳，没有苦劳也有疲劳；所谓阴阳不调、气血两亏(或两亢)、内热外寒、邪气郁积……所谓枪打出头鸟，木秀于林、风必摧之；所谓能者多劳与能者招妒；所谓月圆则亏、水满则溢、盛极必衰、合久必分、人无千日好、花无百日红都是阴阳之患。这方面的麻烦，除了庄子，中外还少有哲人从此角度讲过。

而且事情办成了，你满足了老板的要求，却说不定伤害了另一些人，此得彼失，此喜彼怨，老板希望你成事，周围呢？同仁呢？更不要说对立面了，他们因为你办成了事而不平衡，那就不仅是你自己阴阳失调，连世界都因某事之成而产生出新不平衡来了。

比如一些无知小儿经常闹腾什么为什么中国无人获得诺贝尔文学奖金，为什么当代中国没有鲁迅没有大师。果真有人得到诺奖了，果真有人被尊为当代鲁迅大师了，你以为就天下太平了吗？不，绝不可能，只能是更不平衡了，更闹起阴阳之患来了。

办不成事是一种灾难，办成了事却按不住消不掉阴阳之患，是另一种灾难。

产生阴阳之患，这也是大成若缺的一个构成部分，一个必然表现。

"若成若不成而后无患者，唯有德者能之。"这一句话泄露了天机，若成若不成，太妙了，你不能执着于成与不成，你不能太计较于成与不成，你要了解办事在成与不成之间还有许多空间，还有许多中间状态，可能是部分的成，同时具有部分的不成，可能是有意种花花不活，无心插柳柳成荫。不要以为办事只有成与不成两种模式，即零和模式。例如，你去了齐国，没有完成侯王给你的使命，但增加了相互了解，或者你在那儿发现了重要情况，发现了重要的可用的人才，那也是成。你压根就不必那么在乎成或不成，成与不成之间其实可以互换互变共生。成又如何？登得高跌得重，成功大发了就像把汽球吹得太大，快要爆裂啦。不成又怎么样？不成了你牛不起来了，说不定能过两天太平踏实的日子。若成若不成才是最佳境界，不理论不介意成不成才是阴阳调理的最好结合点。

当然当初庄子未必想得这样多，但是若成若不成的提法能够给我们很大启发。真是比狐狸还狐狸呀！

比如运动员，特别是那些大有希望、成绩卓越的运动员。输了落埋怨，不必解释。赢了呢？更不踏实了，压力更大了，伤病杂症、媒体舆论、鲜花奖章、风言风语，如果没有成功的心理减压，如果不是在奋勇拼搏、更高更快更强的同时有胜败乃兵家常事、塞翁失马安知非福的广阔思路，还真够他们呛啊。

为什么说"而后无患"证明有德呢？成与不成的考验，并不是谁谁都经得起的，你经历了胜败，你经历了成与不成，你经历了人道之患与阴阳之患的碾压，你还囫囫囵囵，全须全尾，平常正常，自得其乐，这是何等地坚强，何等地豁达，何等地老练，何等地不可战胜！你没有德，谁还算得上有德？

吾食也执粗而不臧，爨无欲清之人。今吾朝受命而夕饮冰，我其内热与？

叶公子高说，我平常吃东西很粗糙清淡，从来不上火。可这一回，早晨得到委派，晚上就吃上冰块（喝上冰水）了。我有了内热了吗？

这话说得幽默。令人想起"王老吉凉茶"的电视广告片，一个人脑袋瓜上冒火苗，一大群人脑袋上冒火焰，冰与冷水从天而降，拿起凉茶来痛饮，人世间、人间世，是虚火之世、浮躁之世、高烧之世啊！请看美国人的餐饮习惯，不论吃什么，先来一大扎凉水，并且在大扎里堆满了一半冰块。他们怎么这么大火！庄子其人其书，是比王老吉还王老吉的精神与智慧的冰茶啊！

吾未至乎事之情，而既有阴阳之患矣，若不成，必有人道之患。是两也，为人臣者不足以任之，子其有以语我来！

却原来叶公子高还没有到达目的地办事，已经闹起阴阳之患，即生理之患来了，而办不成事的话，更会有人道之患、官场之患，我身为人臣，却完不成任务，能不麻烦吗？您老能给我说点什么吗？

不是如孔子所说事办成了闹病或遭遇灾祸，而是一听任务就阴阳不调起来，这又幽默上了。却原来，有些时候，有些事情，王命本身就是阴阳不调的产物，就是病患或者灾祸的根由呀。然而这种牢骚是不中用的臣子的牢骚，或旁观的孔子的葡萄酸，换一个角度，例如王侯们老板们，会怎么讲呢？

仲尼曰："天下有大戒二：其一，命也；其一，义也。子之爱亲，命也，不可解于心；臣之事君，义也，无适而非君也，无所逃于天地之间。是之谓大戒……"

庄子又借着孔子的口讲自己的大道理了，天下最大的两条戒律，两个压力来源，两方面的义务，两项基本原则，两大伦理系统，一个是天生的(血缘的)关系，一个是人文的关系。子女敬爱双亲，这是命中注定的，不可脱离，不可转移，不可丢在脑后。臣子侍候君王，这是道德所要求的，也是不能转移不能逃避的。走到哪儿都不能忘。所以说，这是最大的戒律、最大的管束。

正像如今的欧美人动辄讲人权一样，先秦诸子喜欢研讨的是人(之义)务，这里的所谓孔子把人务分成天生与人文两种类型，倒也不差。我们今天不但同样重视人对于血缘亲属关系的尊重与责任，也增加了人类对于环境、对于物种、对于大自然的尊重与责任。同时这里有一个"走私"的地方，他把事君说成与爱亲一样地不可动摇怀疑，似乎同样是命中注定，则不无可以商榷之处。至少今人，已经大大地从这个事君的框框里解放出来不少了。

……是以夫事其亲者，不择地而安之，孝之至也；夫事其君者，不择事而安之，忠之盛也；自事其心者，哀乐不易施乎前，知其不可奈何而安之若命，德之至也……

所谓的孔子接着讲解，事亲事君都是无条件的。父母不论在何处，或处于什么境地；君侯不论有什么事务，给你出什么题目，你都要无所挑拣地、不讲价钱地去完成你的义务，使父母平安快乐，使君王心安理得。这才叫孝得当当响，这才叫忠得呱呱叫。孔子说到这里出了一个新词，"不择"与"自事其心"，也就是说，所谓能够作到无条件无挑拣，心甘情愿地尽孝尽忠，其实质是一个你如何自己尽到对自己的内心的义务的问题，是一个关于安排服侍自己的内心状况的问题。

瞧，好一个孔子仲尼老爷子呀，一下子，责任就归于你自身了。父母如何，处境如何，任务如何，难题如何，君王如何，他们的要求的合理性可行性如何，都不重要，都不是根本，你的内心状态，你的内心取向，才是根本问题之所在。你想服侍好双亲与君王吗？先服侍好调整好你的心态。你安排好服侍好你的内心，你的道德义务需要，就不会把一己的悲喜哀乐放到事情的前边，知道自己的不得已，知道自己的无可奈何，而安之若命，现今的说法则叫安之若素，这样的德性，就算是到了家啦。

国人干什么事都把调整好自己的心态放在第一位，足球输了也认为是心态问题，其实心态再好也赢不了欧洲与拉美的强队。

……为人臣、子者，固有所不得已。行事之情而忘其身，何暇至于悦生而恶死！夫子其行可矣……

为人臣，为人子，本来就是身不由己的事儿。专心去尽你的义务，办你应该办的事儿，应该完全不考虑其他，忘掉自身，连考虑自己的生啊死啊都顾不上，更何况你喜欢什么不喜欢什么……你就这样做去就行了。

无私方能无畏，敢情庄子那时候已经有这样的道理在宣讲了。这个说法在理论上是完全正确的，它的力量在于它的彻底性，你想，"行事之情而忘其身"，只考虑做事情的情理，不考虑自身的得失，连患得患失的闲功夫都没有，谁还会去考虑个人的生死呢？连生死都无暇考虑，谁还会去考虑什么这患那患呢？

其彻底性正如老子所说，"吾所以有大患者，为吾有身，及吾无身，吾有何患。"太彻底、太绝对了！及吾无身，叫做身无命无己无悲无喜无得无失无，说嘛嘛无，嘛嘛皆无，无嘛无患，无患无嘛，当然就百分之百地无私无畏了。可惜的是怎么样才能做到无身呢？五脏六腑、气血筋骨皮、五官七窍、四肢神经，要嘛有嘛，头脑中枢意志思虑，莫不牵连着记挂着此身此命此生此事，莫不保护着此身，照料着此身，爱惜着此身，也管束着此身。除非自杀，怎么能做到"无身"呢？

然而老子的此话仍然是名言至理。我想我们可以从风度上理解掌握，从胸怀上掌握。女（汝）固有身，人皆有身，你不能脱离开、背离开众身只考虑你那一身。你不能过分地身呀身，私呀私，己呀己的没完。你要懂得必要时轻身舍身的可能性与正义性。将正常情况下的爱身护身与考验时刻的轻身舍身结合起来，它的道理就完全了。

这一段关于为人臣人子的不得已处的教导，倒真像是孔孟之言，而不甚像老庄之语了，中华呀中华，它的精神渊源还是有它的统一性的。

……丘请复以所闻：凡交近则必相靡以信，远则必忠之以言，言必或传之。夫传两喜两怒之言，天下之难者也。夫两喜必多溢美之言，两怒必多溢恶之言。凡溢之类妄，妄则信之也莫，莫则传言者殃。故《法言》曰："传其常情，无传其溢言，则几乎全。"……

这里又讲了一段非常实在的话，表面上看谈得很具体乃至于还有点技术含量。说的是传话的事，侯国间的交往，离得近的靠信用或信件，离得远的靠语言。言语靠使臣传递，而传达双方的或喜或怒之言语，这是天下的难题。双方喜悦了，说话多过分美好，双方为点事发火了气愤了，必然会有过分的恶言恶语。一过分就显得荒唐过分，荒唐了就不可信，人家不信，传话的使者便遭了殃，就变成了传话者的罪过了。因此，《法言》一书或格言中说：传达它们的正常情理，不要传达那些过分情绪化的东西，那就差不多可以保全自己了。

表面上，这说的是传话，实际上可以说是当时的政治生活、社会生活、人际关系上的一个"路线"选择问题。你如果喜欢兴风作浪，挑拨是非，如果你是个好事之徒，秉性乖戾，巴不得有事闹腾，巴不得天下大乱，你好混水摸鱼，投机取巧，乱中取胜，就像中国的"文革"中的"三种人"那样，造反起家，打砸抢烧抓，黑心害人。而如果你本性善良，你会宁愿息事宁人，和为贵，宁作鸽派，宁愿大事化小、小事化无，哪怕自己平平淡淡，默默无闻。喜欢乱子、利用乱子的人往往带有赌徒心理，沙锅砸蒜，一锤子买卖，大起大落，当暴发户，也会陡然灭亡，当替死鬼，不得善终。善良者有时显得无能，得不到足够的喝彩与选票。而庄子希望选择的是后者。

且以巧斗力者，始乎阳，常卒乎阴，泰至则多奇巧；以礼饮酒者，始乎治，常卒乎乱，泰至则多奇乐。凡事亦然。始乎谅，常卒乎鄙；其作始也简，其将毕也必巨。

这又是一个新定律，新发现，我愿称之为复杂化——恶化定则。

这是庄周的一大发现。在人际关系中，在人间世诸事务中，情态常是随着时间的逝去而变坏变恶。

比如巧力角斗，始乎光明正大地斗智斗勇，终于阴谋损招，做过了头就玩邪的了。按照一定的礼节饮酒，始乎彬彬有礼，终于胡醉乱闹，喝过了头就放纵无度了。一起办什么事也是这样，一开头还能互谅互让，往后却变得粗鲁鄙陋起来。万事起头的时候往往比较简明单纯，发展着发展着就复杂化严重化了。

除了庄子这里，我还很少看到人们讨论这个时间与人际关系的恶化复杂化的关系。庄子举的这些例子并不艰深，毋宁说是司空见惯的俗事俗务俗情，这一类事情可以说是人人眼中所有，学者笔下所无。我们还可以补充许多。例如下棋，头几局，双方往往比较文明、守规矩，连下五局，不分胜负，肯定开始有人悔棋、耍赖、讹搅或用言语讥刺对方。例如男女恋爱，开始时多么美好纯情，而发展下去，不堪入耳入目。盖越是夫妻越是熟稔，没有距离，没有文明礼貌，各自显出了最最不堪的那一面。亲子兄弟朋友，开始时亲密无间，后来反目成仇，如孙膑庞涓的故事，多了去了。国民党在黄花岗七十二烈士时期，何等崇高壮烈，后来呢？一个政治家，一个官员，开初时也是心怀壮志理想，随着时间的流逝却可能变成贪腐或滥权分子。我们闹文学的也是如此，开始拿起笔来时如醉如痴，崇高伟大，呕心沥血，字字珠玑(至少主观上希望如此)，后来呢，争名逐利，文人相轻，作敲门砖，攀缘权贵，虚情假意，无病呻吟，卖弄风骚，丑态百出的也不是没有啊！

这可能是成长发育的代价，孩童是美好的，但他或她总要长大成人。这可能是由于人性的弱点直至险恶，所谓人做点好事并不难，一辈子做好事就不容易了。所谓保持晚节大不易。喜新厌旧，亲戚远来香，君子之交淡如水，就是因为太熟识太亲近了容易放松对自己的控制，放肆了就会大显原形，而当初显示的往往是自己最好的那一面。

这可能是文化发展的另一面，人往智谋化直至阴谋化上发展，你无可奈何。这可能是理想主义的悲剧，理想如此美好，理想常常被现实修理得面目全非。无怪老庄喜欢婴儿，喜欢远古，喜欢结绳纪事、无舟无车无交往的时代。你可以说这是老庄对于历史的反动(此反动不含政治上的贬意)，历史在前进，社会在前进，文化在前进，我们当然需要向前看，谁也拉不住历史与时代的脚步。但也不是不允许实事求是地、学理地、理性地时不时来一个回头看，明智地看到历史的前进运动中付出的那么多惨重代价。从中追求新进展，珍惜已有的美好，防止前行中的颠簸与污染，减少不必要的代价。

至于把这个恶化定则放在这里讲，则有慎始慎终、物极必反、不要追求太过(下面就要讲了)的意思。说不定，还有急流勇退，不要恋战，该上就上，该下就痛痛快快地下的意思。善哉，此乃金玉良言也。

……言者，风波也；行者，实丧也。夫风波易以动，实丧易以危。故忿设无由，巧言偏辞。兽死不择音，气息茀然，于是并生心厉。克核大至，则必有不肖之心。应之，而不知其然也。苟为不知其然也，孰知其所终！故《法言》曰："无迁令，无劝成，过度益也。"迁令劝成殆事，美成在久，恶成不及改，可不慎与……

言语可能兴风作浪，行为可能患得患失。有了风波就容易轻举妄动，有了得失就会产生危殆的思虑与现实。怒火中烧不一定有什么了不起的缘由，一句过分的不讲道理的言辞就能搅动人心。就像一头野兽，临死也就顾不上吼声的掌控了，它连喘出来的气都含着忿怨，自然会挑起吞噬伤害之心。为人为政太苛刻了，说话做事太过分了，也会激发起不正常的心态。某人某时为此种苛刻过分而作出反应，自己都不知道自己为啥要这样反应。这其实与野兽听到厉声就要吃人是一样的道理。而如果你连自己（或旁人）为什么有异常反应也搞不清楚，你又如何能控制这种异常反应的危险后果呢。所以《法言》有道是，不要（轻易或擅自）改变命令，不要（过度）去劝导促进办成一件什么事情。过了度就增加了麻烦，修改命令，撮合成事，都是有危险的，做好了固然能记录永久，做砸了只恐怕想改也来不及改了。你可要小心从事啊！

这一段用现代语言来说，就是"外事工作，授权有限"，从事这类人间世工作的人最忌添油加醋。无怪乎手机段子有言："有一句说一百句，是文学家，那叫文采；有一句说十句，是教授，那叫学问；有一句说一句，是律师，那叫严谨；有两句说一句，是外交官，那叫风范……"

更深一步则是探讨言语与心愿的陷阱。言语的失当会造成意想不到的灾害，用心太过，也会恰恰走到原意的反面。尤其是当差公务的人，社会上的有机知识分子，能不慎乎？

这些地方说明了庄子的敏锐与犀利，世相人心，安危成败，入世深深、入木三尺，逃不过庄子的超强监视、透视、扫瞄、存储与信息处理。庄周其人，厉害呀！他如果去做官，应该不乏精明，他不做，一是没有机会，二是太精明了，也就太高明了，也就绝对不会、死活不会孜孜求官，而宁愿选择无之用，逍遥养生啦。

且夫乘物以游心，托不得已以养中，至矣。何作为报也！莫若为致命，此其难者？

不如你能随着外物的变化而变化，以优游潇洒的心态度过每一天，依据着各样的不得已、不得不在意的戒律来自我控制，保全自身的适中适度，也就很好了。不必考虑那么多后果与回报，传递君命，不加私心，这又有什么为难的呢？或者，这不已经是难能可贵了吗？

这里又有点大隐隐于朝的意思了。叫做外儒而内道，叫做以出世的心态完成入世的使命。人的处境各样，有的人难免要入世当差，但只要保持清醒冷静，保持警戒而又主动的精神状态，不使自己陷入患得患失、恶化定则、招惹是非、阴阳之患、人道之患，更能急流勇退，内心逍遥，你就得救啦！

回顾这一段，它的结构颇具匠心。先说叶公子高的出使工作压力。他虚火上升，盼成怕不成。孔子对他的安慰不是说必成，而是说成不成都有麻烦。孔子用来取代叶公子高的零和模式的虚火的不是双赢模式，而是双输模式，不是double win而是double loose，成不了事，固然要倒君王的霉，成了事，还要倒老天爷的霉。双输虽然晦气，但是能使你冷静，等于让你喝点冰水，不必盼一个怕一个想一个躲一个，不是投机，不是押宝，不会瞬间大起大落，没有胜负生死之争，只有此亦一倒霉，彼亦一倒霉，背着抱着一边沉，压根不必因过于介意而起虚火。

然后，这位所谓孔子，同样是用消极的论点来取代你的恐惧与焦虑。事君事父，都是无法逃避的，是不得已的跑不掉的义务，你明白了这一点以后，反倒踏实了许多，败火了许多。而且归结为事心，你的心就是这样长的，要对君父尽义务，还有啥可说的？没有价钱可讲，没有得失可以商量。面对君父没商量。前面是个崖，你也给我跳去吧！这也是置之死地而后生。没商量的事，你还焦虑个啥？得失个啥？

此论甚为绝门，提倡与动情地讴歌逍遥游的庄子大讲人间事的不得已性、非逍遥性。这也是世人皆知美之为美，斯恶矣。世人皆知逍遥之为逍遥，斯不得已矣，世人皆知不得已之不得已，斯逍遥矣。既然知道是不得已了，也就服了，顺了，老实了，低头认账了，坚决照办了，不想逃避不想超脱不想在这样的事君事父的大戒中搞什么逍遥自在了；不想搞逍遥自在了，而且进一步明确这正是自身内心的需要，事君事父最终其实仍然是事自己的心；事心，也正是曲线逍遥，这就叫无奈中的逍遥，逍遥中的无奈。不无奈，何来逍遥之渴望，无不得已，何来自在之心声，不渴求逍遥，哪儿来的对于不得已即无奈的深刻体认直到跪拜服膺？正像老子讲的高下相倾、前后相随一样，逍遥自在与无奈不得已也是孪生兄弟一样，形影不离，长相厮守。

话锋略略一转，当官差也要注意息事宁人，人间世并不那么好玩，玩着玩着就会恶化起来，莫名其妙地为一句话为一个恶声就想吃人……千万不要挑拨事非，不要当真掺和太过，不要只进不退，不要恋战无已，掌握好自己的分寸，别拿自己太当回事，别越位，别将自己往君王的战车上绑得太紧，进要进得聪明，退要退得潇洒。即使在公务是非种种不得已之中，还要维持自身的超脱与逍遥。

从人间世看逍遥游，我们体会到，人们是：因不得已而求逍遥，因逍遥而知其不得已，知其不得已而逍遥之，知其逍遥而不得已之，知其不得已而（顺从）不得已之，是知其逍遥而得以逍遥之的前提。知人间世的恶化原理而更加作好逍遥退步抽身——的准备，以逍遥游之心而处人间世诸事，这也是处理人间诸事的"众妙之门"。

道家、道教与中国文化

牟钟鉴

牟钟鉴，山东烟台人，中央民族大学哲学与宗教学学院教授、博士生导师。毕业于北京大学哲学系中国哲学史专业研究生。1966—1987年曾在中国社会科学院世界宗教研究所工作。社会兼职：中国宗教学会副会长、国家社会科学基金项目学科评审组专家、国际儒学联合会理事、国家行政学院兼职教授、山东泗水尼山圣源书院院长等。2000年获全国优秀教师称号。2006年获第二届北京市高等学校教学名师奖。

主要学术工作：早年研究重点在儒学、道家与道教、儒佛道三教关系；近期研究重点在中国宗教史、民族与宗教、社会主义与宗教。

主要学术论著：《中国哲学发展史》前四卷、《吕氏春秋与淮南子思想研究》、《中国宗教与文化》、《道教通论——兼论道家学说》（主编兼作者之一）、《中国道教》、《儒学价值的新探索》、《走近中国精神》、《中国宗教通史》（作者之一）、《宗教·文艺·民俗》、《概说中国宗教与传统文化》、《全真七子与齐鲁文化》（第一作者）、《探索宗教》、《老子新说》。主编《宗教与民族》、《民族宗教学导论》。

《中国宗教通史》获2003年教育部第三届中国高校人文社会科学研究优秀成果奖宗教学一等奖。《全真七子与齐鲁文化》获2006年北京市第九届哲学社会科学优秀成果奖二等奖。四人合著的《中国宗教与中国文化》四册获第五届吴玉章人文社会科学一等奖。

中国一百多年来，从一个堂堂中华帝国变成一个贫困落后、被动挨打的半殖民地国家，中国人是不甘心的，有志之士都想很快改变落后状态，千方百计寻找中国落后的根源，以便改革图新，来不及对传统文化认真进行研究，就觉得根子是我们的文化不好。我们应该承认我们的文化有不好的方面，任何文化都有糟粕的成分，但是我们的文化有非常优秀的传统，其精华的成分有独特的价值。而民国以来许多中国人全盘否定自己的文化，认为只有全盘西化，中国才有出路。而他们评判文化优劣的标准只有科学与民主，缺少人类学、社会学、文化学、宗教学、心理学等多学科的开阔视野。当时先进的思想家不论政治信仰如何都是反传统的，整个中国笼罩在文化激进主义思想大潮之下，时间长达大半个世纪。从五四运动，到"文化大革命"达到了顶点。我举三个例子。一个是提出打倒孔家店的口号，否定孔子和儒学。今天看这是一个错误的文化口号，因为孔子是中国文化的代表，儒学是中华本明的主干，不应该打倒，也打不倒。在世界上没有第二个文明大国的精英分子哪怕是最激进的分子像中国新派人物那样要打倒自己的历史文化名人。英国没有人要打倒莎士比亚，希腊、罗马的后裔没有人要打倒苏格拉底、亚里斯多德，俄国没有人要打倒托尔斯泰，更不会把国家衰微的责任归咎于古代思想家。中国批孔反儒的后果，使儒学从原来主流的文化变成边缘性的文化，中华文化的主根被动摇了。第二个例子便是宗教取代论的流行。一批有代表性的学者受西方科学主义的影响，认为中国在走向现代化富强繁荣的道路上，宗教没有正面价值，可以被取代。蔡元培提出美育取代宗教论。冯友兰先生提出哲学取代宗教论，梁漱溟提出伦理取代宗教论，胡适、陈独秀主张用科学取代宗教。我们可以看到在宗教问题上，社会主义者和自由主义者，文化保守主义者和文化激进主义者，在取代宗教的目标上是完全达到了一致。但是我们今天可以看到，取代论彻底失败了。因为宗教将长期存在，经过引导和调整，它们可以与现代化相适应。民国时期的先进知识分子主张学习西方的民主与科学是对的，但他们没有看到西方在科学民主背后有基督教。西方的现代化过程并没有取消基督教，而是调适它，使基督教成为现代化过程中稳定社会特别是稳定公共道德的精神支柱。文化激进主义在社会大变动时期、在社会转型时期、在社会革命高涨时期，是不可避免的，它有历史的合理性。但是文化激进主义是勇于破坏而拙于建设，若任其泛滥，也会造成灾难。

第三个例子是汉字落后论和汉字取消论。在民国年间，有一股很强的社会思潮，认为我们的汉字是落后的，妨碍中国的现代化，因此提出了要取消汉字，要走世界共同的拼音的方向。当时瞿秋白、鲁迅，甚至我们党的元老林伯渠等都是这样的主张，觉得我们应该使用拉丁拼音。所以，在1931年，开了一个会，提出11条原则，总的观点是要取消汉字，将来用拉丁拼音来代替。简化字是取消汉字的第一步准备。解放以后很长一段时间，文字改革还是以此作为方向。但是今天汉字的研究和当时不一样了，汉字绝不能取消，它是我们文化的载体，是中华文化带根本性的符号，设若真的被取消，则中华文明的主体将无存身之地，后果是严重的。另外汉字有很多优点，并不落后，与拼音文字相比，表意的汉字是人类文字的一种形式，彼此无高下之别。汉字并不妨碍现代化，现在汉字使用上的现代信息化技术处理已经解决，汉字走拼音的道路既不需要也不可能了。现在的拉丁拼音是作为一种读汉字的拼音方案，不是文字改革的方案。简化字应该说还是应该的，但是有些也简化得不好，如"爱（愛）字无心"、"进（進）字有井"、"亲（親）字缺见"、"产（産）字不生"、"厂（廠）字空空"等，因为当时总的指导思想有问题。举这三个例子是想说明，在文化激进主义大潮下，中国人不可能很客观地认识自己的文化，情绪化的成分很大，而文化问题不同于政治、经济，只能逐步改良，不宜大破大立。改革开放这20多年以来，整个中国文化界的思想方法趋向于理性和多元，对社会主义的理解也丰富起来，打破了以往"左"的思想一统天下的局面。所以，我们现在对中国文化有了新的认识。越来越多的人认识到我们中国文化有非常多的珍品，是很伟大的，很了不起的。我们中国人自己应该有一个新的认识，我们既要超越传统，又要超越反传统，努力把传统与现代结合起来。一个民族没有自己的特色文化是不能自立于世界民族之林的，而只能成为别人的文化殖民地。费孝通先生在他去世之前提出一个很重要的观点叫"文化自觉"，我们这个民族对我们的文化应该克服文化自卑，应该树立文化自信，最后实现文化自觉。文化自觉要求我们对自己的文化的优点、特点有清醒的认识，但也要认识到自己文化的不足，认真地吸收其他文化的优点。文化自信某些时候还带有盲目性。文化自觉要求我们非常理性地对待我们的文化，我觉得这是个很了不起的观点。中国社会长期以来，不仅有一种反传统的思潮，而且重理轻文，现在正在逐渐改变，我觉得非常好。

言归正传，关于道家和道教的哲学文化，我在此说明一点，虽然我自己也做了一些研究，还是远远不够的，只能算是一家之言，供大家参考。

一、道文化是中华民族传统文化的核心组成部分

　　道家和道教的文化叫道文化。因为它以"道"作为其最高的概念、最高的理念。儒家文化可以叫做礼文化，佛教文化可以叫做禅文化。中国的传统文化在佛教传入以前，其核心是"儒道互补"。佛教传入以后是儒、佛、道三教合流。无论前期和后期，道文化一直处在核心的位置上。现代提到中国传统文化，其代表人物是谁？一个是老子，一个是孔子。在我看来，孔子和老子，可称之为大宗师。全世界的文化名人里，够得上大宗师的只有五个人（我的看法）：孔子、老子、释迦牟尼、穆罕默德、耶稣。这五个人创立的信仰、思想流传了几千年，完全跨越了民族和国家，不是一般的思想家所能够比拟的（有的人各领风骚数十年，或者最多上百年）。中国占了两个。我认为孔子是中国的道德大师，中国文化中的道德思想特别丰富。中国是礼仪之邦，自古就有很高的文明程度。这方面的资源主要是孔子和儒家积累起来的。老子我称之为智慧大师。老子现在留下来的书是《五千言》，又叫《道德经》，为什么叫道德经？它最早不是八十一章，是道经和德经，即上经和下经两部，所以叫道德经。可是到现在为止，后人还没有将其内涵完全清楚地诠释出来，无穷无尽地解释使得各家都创发出新思想。这是经典的伟大，任何东西都替代不了。据历史上的学者讲，有三千家之多注《老子》，现在能够看到的有几百家，老子的书已经流传到世界各地。

　　孔子的思想以"仁和"为核心，体现了古代的人本主义与和平、和谐的精神。我们今天讲以人为本，建构和谐社会，孔子早就提出来

了，这是很了不起的事情。我们曾经以阶级斗争为纲，崇尚贵斗的哲学，对孔子的这些思想都加以批判，如"文革"期间的批孔运动，主要批判孔子的仁爱思想、以和为贵、中庸之道。可是从当今看来，孔子的这些思想非常伟大，社会要健康发展，必须以人为本，必须是一个和谐的社会。这是孔子、儒家的思想，那么，老子的思想是以道德为核心，体现了古代的自然主义与自由平等的精神。这一点我解释一下，一般的人提到道德二字，"仁义道德"，觉得肯定是儒家的，最早不是这样，道德这个概念最早是老子提出来的，是道家的思想。道和德是分开的，不是连在一起来使用的。最早联系起来使用的是唐代文学家韩愈，他有一篇文章叫《原道》，讲道德，讲仁义。从此以后，道德成了儒家经常运用的慨念。

老子的道德概念和今天的道德的概念有所不同，今天我们使用的道德概念都限制在伦理的范围，在老子的时候，道和德的概念是宇宙论、本体论的高度。宇宙的真理、宇宙的规律、宇宙的法则可以用"道"来形容，而"德"是指每一种事物里体现的"道"的精神，即"道寓于物者为德"。为什么说道家体现了古代的自然主义？因为老子提出"道法自然"，主张无为而治，即顺应事物的本性和发展趋势，不人为地加以改变。儒家是一种体现伦理性的人文主义精神，老子的思想主要体现为自然主义，道家和儒家正好形成互补。说道家有自由平等就是用的今天的话语了。庄子有篇文章《逍遥游》，"逍遥就是讲个人的自由，强调的是精神自由。至于平等，老子之道最反对占有，它主张"生而不有，为而不恃，长而不宰"，老子要消解"道"的占有欲、主宰性。"道"自然生成万物，但并不主宰万物，和上帝不是一回事，它体现的是一种平等的精神。中国近代思想家林语堂说："儒道两家是中国灵魂和中国文化的两面。"中国人无非儒道两面，他可以没有看孔子、老子的书，但是他的性格体现了一种精神风貌，是儒道互补的。举例说来，中国以前的知识分子做官时是儒家，弃官了，就是道家。因为儒家讲进取，讲治国平天下，忧国忧民，以天下为己任，关心社会，关心集体，有一种积极的参与精神，这是儒家的精神。既然为官，就要担起一定的责任，离开官场，就以道家为精神依托，过好比较自由自在的生活。中国人有"无可无不可"的心理，做事情可以顺其自然，不强行地、刻意地去追求一个目标，如果条件不成熟，可以放一放，譬如"退一步海阔天空"就是道家的思想。儒家有进取的智慧，重视"人文化成"；道家有放弃的智慧，重视"返璞归真"。当进则进，当退则退。中国的知识分子中宗教信徒不多，遇到问题的时候，常用儒道两家的思想来解决，而且可以左右逢源，进退自如。人们觉得进取难，其实放弃更难，因为得到了的不愿放手，结果贪多嚼不烂，不懂得有所不为才能有所为。道家使得中国的知识分子有一种很强的自我调节能力。这里还有个群体和个体的关系问题。儒家的群体意识很强，它考虑问题的角度是基于社会、家族、家庭等，有很强烈的社会责任感和历史使命感，但往往忽视个人的利益和幸福。在中国历史上，比较重视个体的生命、自由的是道家，它总是要给每一个人留下一个空间，可以随意支配。道家是中国文化流派中很少的支持个人自由、个人养生的学派，它和儒家形成互补。到了魏晋南北朝以后，中国的文化形成了儒、佛、道三家合流的"三足鼎立"的态势。佛教是两汉之际引入到中国的，其正式在中国生根是在南北朝时期。从此以后，中国的思想文化就以儒佛道三家作为核心。儒佛道三家之间既彼此争论，又互相渗透，互相学习，互相补充。所以，佛教徒也需要懂得儒家和道家的知识，中国后来的禅宗，后来的佛教思想里，既有儒家的成分又有道家的成分。中国的儒家思想既有佛教成分也有道家、道教成分。研究中国佛教史，必须懂得一些儒家史和道家史，反之也一样。中国人可以儒、佛、道三家共信，这一点和西方的宗教是完全不一致的，西方人只能信奉一种宗教，而且只能信奉其中一个教派，彼此之间的界限是很严格的。可以这样讲，在社会主义思想进入中国以前，在西方思想进入中国以前，中国的文化就其思想层面而言，儒、佛、道三家占据了最核心的地位，并且影响到了五十六个民族的思想。费孝通先生提出多元一体，即中国的民族格局是多元一体的。多元是指五十六个民族，五十六种文化，各民族内部还有不同的支派；一体是指互相分不开，有共同的命运。而从文化上来看，儒佛道三家则形成中华民族共同体的文化基础，三家的辐射面、渗透面是广大的，它使得中国在历史上虽然有政治分裂的时期，却没有文化的分裂，文化共同体的牢固成为国家从分裂走向统一的思想基础。

中国的伊斯兰教和在阿拉伯世界的伊斯兰教，至少有两个明显的区别：第一个区别，在阿拉伯地区很多国家的伊斯兰教是国教，或者政教合一。政教合一的如沙特阿拉伯，属于国教的如巴基斯坦。伊斯兰教在中国从来都满足于在十个民族内部作为一种信仰存在，从来没有野心去传播到全国各地，更没有发展为国教的趋势。这是一个很明显的差别。还有一个差别是，在阿拉伯地区，由于各种原因，圣战的思想被极端主义势力所利用，出现很多宗教极端派别，甚至发展出恐怖主义、暴力主义。中国的伊斯兰教，总体来讲是和平的。信仰伊斯兰教的民族和其他民族一般能够比较融洽地相处，当然受国际影响，国内有某些极端势力的存在，但不是主流。中国伊斯兰教在某种程度上受了儒家的影响。举上面这个例子想说明的问题是，儒、佛、道三家对各民族的文化都有或多或少的、直接的或间接的影响，这就是一体性。我们的中华民族是不容易分裂的，因为我们的文化是一个整体。大陆和台湾是同种同文，两岸统一的思想基础不在政治意识形态，而在传统文化。

二、道家和道教的异同

(一)两者之异

1. 第一个差别，即神灵观上的差别

"儒、佛、道"三教中的"道"所指为何？是指道家还是道教？这是一个很模糊的概念。在中国历史上，在《二十四史》的记载里，道家和道教的概念是常常混用的。建国以后，我们有些学者则强调要对二者加以区别：道家是哲学，道教是宗教，不能混为一谈。老子是哲学家并非宗教家，他讲的道是指"天道"，道"自然无为"，没有意志，没有主宰，所以他的思想并不是宗教思想。《老子》和《庄子》这两本书都属于哲学的范畴，并非宗教。而道教是宗教，而且是我们现在五大宗教里唯一土生土长的宗教。它们之间的关系应如何全面把握？是否只有异而无同？这是一个很难理清的、复杂的问题。首先，道家和道教是有差别的，道家是由老子创立、经庄子而形成的一个哲学派别，其追求的大道为宇宙的真理，不是主宰人间的神灵。道教是汉代末年产生的宗教，最早的道教是民间道教，如五斗米道，即现在的天师道，流传到现在。道教是多神宗教，譬如其最高的神是三清。

2. 第二个差别，生死观的差别

道家的生死观是自然气化说，以顺命的态度处之。从自然中来，到自然中去。道教则反乎自然，追求长生不死，得道成仙。它们认为我命在我不由天，要打破有生有死的观点，要有生而无死。道教的宗旨是"长生不死，得道成仙"。它老提一个问题，凭什么有生就有死？我们说，这是生死辩证法，但是这并不足以说服它。道士葛洪认为，人的死亡主要有六个原因，他说把这六个原因都解决了，就可以不

死。葛洪给后人出了道难题，即为什么人会衰老死亡，而不能永久地保持新陈代谢的机制？现在医学上、生理学上都还没有解决这个难题。道教要打破生死自然法则，认为通过练养，最后能做到长生不死。可见，在生死观上，道家和道教差别很大。

第三个差别，在人际观上

道家是一个思想的流派，强调个人自由，不喜欢群体活动。如《庄子》中所讲，"相濡以沫不如相忘于江湖"。道家不赞成结社，从来没有严格的组织制度。但道教不是，道教是一种宗教组织，而宗教从来都是群体的行为。它需要组织、制度来约束信教群众的活动。道教作为一个团体要与社会各界打交道，所以它有自己的规范。我们现在看到，它有自己的教会组织，自己的宫观场所、丛林制度、戒律道术等。

(二)两者之同

只看到道家和道教的差异是不完全的，两者也有互相联系的一面。

1. 道家是道教的重要来源

道教是通过神化老子和《道德经》而形成的。从历史上来看，道教的来源有三个：第一是古代的原始信仰，早期的很多神最后都进入到道教，例如玉皇大帝、天地水三官神等，都是道俗共信的。古代宗教还有巫术，后来也被道教所吸收，充实了它的内容。第二是春秋战国时期流行的神仙崇拜。神仙的信仰后来成为道教的核心信仰。我们现在讲道教的宗旨，可以分为最高纲领和最低纲领。最高纲领是长生不死，得道成仙。当然这并不容易。没有仙根，后天无论如何也练不成，就算有仙根，没有得到名师指点，也练不成。最低纲领是逢凶化吉，消灾免难。这是为社会、民间作宗教服务。第三是道家，老庄之道。我们可以这样讲，没有老子，没有庄子，道教始终只是民间状态的信仰，不可能形成大规模的高层次的宗教，因为没有理论基础。有了道家后，条件便具备了。而且有了老子这样有号召力的精神导师，道教提升起来了。汉代以后，老子被神化为太上老君，最后成为三清里的道德天尊。在这个意义上来说，没有道家就没有道教。

2．道家和道教都崇拜大道，视道为宇宙之源、万事之理、成人之本、修身之要

道家和道教在解释"道"的时候是没有差别的。我称道家道教为"道"文化的原因即在于此。

3．道家的重生轻物、清静无为、形神抱一以及玄同、坐忘、心斋等思想皆为道教吸收，成为修道练养的准则

所以，在养生、重生这一点上，道家和道教是一致的。我们可以这样讲，在世界的各种宗教里，道教很特别。别的宗教大都强调灵魂解脱，而轻贱肉体。只有道教非常重视身体生命，认为通过练养使其脱胎换骨，达到永生。儒家认为道德是最重要的，寿命长短是不重要的。佛教更是把身视为臭皮囊，人要成佛，必须破除我执，从个体生命中解脱出来。只有道教既重视精神生命，又重视肉体生命。

4．道教在发展中不断向道家回归，以保持其健康的发展方向

在道教发展早期，比较重视肉体长生。后期道教主流派全真道就强调精神解脱，在很大程度上返回道家。所以我们看到，道家和道教在历史上是不可分割的，道家可以离开道教，道教却离不开道家。

道文化从老子、庄子奠定以后，分成几个大的流派：一个是隐逸派，历代都有不少隐士，其思想符合老子清静无为的观点；另一个是异端派，激烈地批判社会，老子和庄子在当时都曾激烈地批判过主流的礼教和当时的社会制度；还有一派是黄老派，吸收了儒家法家的思想，主张参与治理社会，但其治理社会与儒家不一样，讲求"无为而治"；最后还有一个神仙派，将"道"神格化，即是道教。道教是道文化宗教化的产物。

5. 道家哲学借重于道教普及于民间，成为民众的生活智慧

我认为老子是道教的导师，道教是老子的功臣。道教在发展过程中出现了偏差后，要回到老子，拨正它发展的方向。而道教因为接近民众，将老子的思想通过其组织活动传播到民间。如果没有道教，道家只是存在于知识分子里面的学派；有了道教后，道家的很多思想才普及到老百姓。所以，道家和道教是有同有异、互相作用的关系。

三、道家哲学的精要及其对中国文化的影响

尊道贵德①。这句话是《老子》里面的，后来有的学者将"道"解释为宇宙万物生命的源泉和秩序，是永不枯竭的动能。过去，在哲学界存在一个争论，就是说老子的"道"究竟是物质性的还是精神性的，如是前者便属于唯物论，如是后者便属于唯心论，长期争论没有结果。现在看来，唯心和唯物的区分合乎西方近代哲学，但它并不适用于中国哲学。中国哲学首先并不区分唯物和唯心。非要用西方哲学标准来套老子，必然是没有结果的。如果一种标准很难使用，它本身就有问题，它不适用中国，所以争论不休。我认为"道"是指宇宙内在的生生不息的生机。世界永远不会停止，永远在变化、分化，它需要一种能量来推动，这种能量宇宙本身就有，就是所谓"道"。我们地球的能源是有限的，当地球的能源枯竭的时候，地球便要灭亡，但是宇宙不会灭亡，老子早就看到这一点。生生不息的就是"道"，"道"实质上是一

---

① 本文引《老子》，均用陈鼓应《老子注译及评介》中的"老子校定文"，下同。

个生命哲学的概念，同时也是宇宙的真理。宇宙看起来纷纭复杂，却是有序的，不是杂乱无章的。中国哲学有一个坚定的信念，宇宙是有真理可循的，有规则可循的，无规则的偶然论在中国是不能成为主流的。"道"的终极真理性使它成为一种信仰。"道"具有哲学的、宗教的、科学的三重属性。德是道体现于万物之中的性能，得道则生，失道则死。尊道贵德、向道爱德、修道积德是道家生命哲学的追求。

道法自然。外加于物，矫揉造作都是反自然的。有人误解，认为老子讲道法自然是什么也不做，不是这意思。老子说，你可以做，但是不能违背事物的本性，不能胡作妄为。老子有一句话叫做"辅万物之自然而不敢为"，"辅"字还是有的，可以辅佐它，但不能破坏它。我们去补天是可以的，但不能去战天。比如现在小孩子在成长过程中喜欢玩，这是儿童的心理，而有的家长给小孩子报五个学习班，一会儿绘画，一会儿弹琴，弄得孩子没有时间去玩，就违背儿童的本性，是不好的。假如老子还活着，也不会赞成现在泛滥的女同胞的化妆品，因为反自然。人的本然的状态是最好的，关键是自己的身体要健康，心态好，这是最好的美容，然后适当淡妆，老子也不会反对。道家要回归自然，人要不断地回归自己的自然本性，不能全都被异化了。比如儿童，儿童不会撒谎，可是随着知识的增加，人越学越圆滑世故，会说假话来掩饰自己，这确实是一个矛盾。随着知识的增加，人能不能保持儿童的纯朴的本性？按照老子和道家的要求，知识可以增加，但是人的本性要保持纯朴，道法自然是这个意思。

重生贵养。我觉得，道家的哲学是一种生命的哲学。它对生命的两个方面都非常重视，一是生理的生命，怎样减少外界对人的损害。有时候人不会养生，不仅不锻炼，还摧残自己，如抽烟抽得很厉害，甚至是吸毒，还有酗酒，那都不是别人强加给自己的，是自己来危害自己的生命。另外一个是心理的生命，道家反对大喜、大悲、大怒，道家要心平气和，永远保持很自得的很自在的状态。道家的养生主张以和、以啬、保精、爱气、守神。有一次一位美国教授和我聊天，这个人很开明，他说西方的心理学要到世界各地去传播，必须和世界各地各国各个民族的文化传统相结合。他问，你们的心理学现在情况怎么样？我说，我不研究心理学，说不出多少。但是根据我的印象，我们早期好像受苏联的影响，后来受西方欧美的影响，对于自己的文化资源不太重视。在我看来，儒、佛、道三家，特别是道家的哲学，其实是一种高级的心理学，是很珍贵的具有东方特色的心理学。假如我们能够吸收它的一点智慧，我们就能够极大地增强自我调适的能力，不至于遇到一些挫折，遇到一些问题就承受不了。大家知道，现在的大学生和我们那个时代相比，心理疾病多了，抑郁症增加了，为什么？当然有社会压力增加，社会竞争激烈的原因。但是另一方面来讲，我感觉现在挫折的教育、吃苦的教育不如我们那个时期。我们青年时代，不是谁来教育我们，而是环境比较艰苦，我们从小得到一些锻炼。后来"文化大革命"，有三年左右的时间，我是没有自由的，和家里完全断绝联系，后来孩子都不认识我，几次都想自杀，还是忍了忍、咬了咬牙才度过来。小时候和青年时代吃点苦，一生都有好处。所以，我想我们能不能从道家的哲学里吸收一些智慧来补充我们的今天的教育，可能有它的价值。例如老子讲"柔弱胜刚强"、"胜人者力，自胜者强"、"反者道之动"等，都可以提高人的韧性。

超脱逍遥。庄子提出了一个逍遥的概念，逍遥的概念是说，一个人一生不在于活多长时间，而在生活的质量、心理状态是不是感到很快乐？是不是觉得非常自由自在，这需要自己去创造精神空间。怎样逍遥？社会生活太复杂了，矛盾这么多，世务那么难，庄子在《养生主》中提出要学习庖丁解牛，"以无厚入有间"，便能够做到"游刃有余"。这是什么意思？庖丁解牛，宰牛的刀用了19年以后，还和新的一样，有人问他怎么回事，他说，我的刀刃是非常薄的，牛的骨头总有空隙，避开骨结，用没有厚度的刀刃，进入到有空隙的骨缝空间，刀怎么会坏？这也是一种人生的艺术。社会生活再复杂，总会有生存的空隙，每个人不要去和别人挤同一个空间，在任何情况下，要找到属于自己适合自己的空间，并且可以从精神上无限地扩充这个空间，从艺术的方面去扩充，从哲学的方面去扩充，没有人能限制了你，你就可以活得潇洒。道家超脱逍遥的思想非常重要，现代社会竞争激烈，越是繁忙，越要注意，自己要想办法活得逍遥自在一点，越是从容，越能做好事情，健康也能维持。单纯的儒家，责任心太强，不会调节，精神上放不开，容易陷于焦虑，人活得很累，最后工作和生活都会受到消极影响。

贵柔守雌。这是道家的辩证法思想，和辩证唯物主义讲的辩证思想精神上是一致的。唯物辩证法没有讲以柔克刚，而道家的特点是以柔克刚。人应该像水一样，水看起来是很柔软的，但是抽刀断水水更流，水的力量也是很大的，要学水一样，往最低的地方流，要承担社会上别人不愿意承担的任务，这样才能成就自己。以柔克刚的思想很重要，老子思想里还有两兵相争，哀者必胜，就是所谓的哀兵必胜，以及后发制人、厚积而薄发、欲取固与，这些智慧都是从老子那里来的。看来越强越好，其实不是这么回事，"兵强则灭，木强则折"！强是什么意思？是逞强。柔是什么意思？不是弱的意思，而是人的生命要有弹性，韧的意思。老子提倡不争之德，"夫唯不争，故天下莫能与之争"，这什么意思？我们平常看到两种人，一种是不断证明自己正确，是最好的，每次有什么好处，他拼命去争，但不一定争得到。老子说要争，但不是这个争法。自己的素质怎么样，自己的贡献怎么样？不要斤斤计较，要努力提高自己水平和能力，使自己更完善，对社会有大贡献，到了一定的时候，天下莫能与之争，不用去争，别人没法和你争。所以老子的不争之德不是说什么也不争，而是从积极的方面、根本的方面去做。

道家的哲学对中国的思想文化的影响太大了。按照黑格尔的观点，他承认老子是哲学家，他不承认孔子是哲学家。我们觉得这是西方的偏见，但是从理论思维的水平来看，道家的理论思维水平是最高的，确是事实，比儒家高，或者说儒家的哲学发展要靠道家，吸收道家的思想。道家哲学推动了中国理论思维的发展，对中国哲学的宇宙论、认知论、人生论有重大贡献，它的辩证法对中国后世影响很大。大家知道《毛泽东选集》第四卷里专门引老子的辩证法思想，如福祸相依，"民不畏死，奈何以死惧之"，毛泽东都引了，可见老子的辩证法是很有生命力的。另外一点，中国的美学史、中国的文艺思想的发展主要不是受儒家的影响，而是受道家的影响，因为儒家的文艺思想有一个特点，讲"文以载道"，太现实，与政治结合太紧密，文艺不容易按照审美的要求发展。道家讲含蓄、自然、天真，"清水出芙蓉，天然去雕饰"。这是中国美学的一种追求。大家看国画，它不讲形似，它讲神似，要表达个人的一种情感，一种体会，所以中国画和西方的油画有很明显的差别。西方的油画讲逼真，特别真，它有解剖学的基础，那是非常严格的；但是中国画一看人物很简单，甚至有点千人一面，但中国人不重视这一点，中国人讲究情景合一、气韵生动，要通过画给人一种联想，让观众补充、发挥，这是中国画的特点，有无相间、意在画外。李白叫诗仙，李白为什么成为诗仙？他本身是个道士，他有丰富的想象力，杜甫叫诗圣，他受儒家的影响，关心社会现实，两个人的风格不同。大家都知道《红楼梦》，《红楼梦》的思想是哪一家的？大家可以讨论，我认为，《红楼梦》很大程度上是道家的思想，它对儒家是批判的，但也受了佛教的影响，佛道二家的。贾宝玉是什么人物？在中国历史上有个人物特别像贾宝玉，即魏晋时期的阮籍。这个人是玄学家，他特别喜欢女性，看到邻居卖酒的妇人长得美，便经常去买酒，在那里喝，喝醉了便躺在她旁边，其夫开始很警惕，后来没有发现问题，便也罢了①。阮籍不是贪色鄙俗之徒，他是从美学的

---

① 故事见《世说新语·任诞》。

角度去欣赏女性之美。贾宝玉喜欢漂亮姑娘，但不乱来，只是怜香惜玉。他的理想是什么？在大观园里和女孩子一块高高兴兴地玩、吟诗、做赋，最后化成一股烟，干干净净地死了。这是道家的思想。我写了一篇文章说，贾宝玉是阮籍的再生，写完后，香港的一位教授给我写了一封信说，我给你提供一个信息，曹雪芹有一个号叫梦阮，就是以阮籍为梦中理想人物，可见曹雪芹很看重阮籍这个人，可能吸收了阮籍的一些思想特点，来塑造贾宝玉。道家思想对中国文学学术思想影响非常大，可以这样讲，中国的古典小说中有名的作品，纯粹是儒家的很少，比如《西游记》、《水浒传》、《三国演义》里面佛道的因素比较多，这一点将来大家可以去分析。

道家的哲学作为一种人生的导向，成为历代隐逸之士的价值取向、生活方式。道家的哲学还为兵家、纵横家、法家以及玄学提供了理论基础。大家知道，法家没有哲学，道家的哲学就是法家的哲学。兵家，《孙子兵法》讲的用兵之道从老子来。道家给各家提供了一种哲学基础。它还有一个重要的贡献，即接引佛教。佛教是一种思辨性很强的宗教，可以说，世界上没有其他宗教比佛教的哲理更丰富的，它的教义本身就是一种哲理。伊斯兰教的清真言没有哲理，它是一种信念，安拉是唯一的真神，穆罕默德是真主的使者，这是清真言，是穆斯林最高的信念。但是佛教的基本教义，如"四谛"、"十二因缘"、"八正道"，它们本身就是哲理性的。这样一种哲学性的宗教传入中国时，恰恰赶上中国两汉时期是经验主义占上风，儒家的经学走向烦琐。中国人要接受哲理性很强的佛教，不容易，它们之间的差距太大了。中国人靠道家的哲学、道家的理念来翻译、介绍佛教的思想进入到中国，我们看到的是佛典的翻译作品里大量使用道家的词汇，如"有、无"、"道"、"真"等。这样，中国人通过道家可以更好地理解佛教，因为道家抽象思维发达，接近佛教。当时许多人开始学儒，然后修道，最后信佛，如慧远、梁武帝的人生就经历了这个过程。如果没有道家，佛教要顺利进到中国来，会增加若干倍的困难。

道家的哲学在今天的意义，我觉得，并没有过时，可以从不同的角度去开发这种资源，从管理思想、文学艺术、科学理论、策略学、心理学等角度去运用。现在世界范围内的科学家很重视老子和道家。英国的李约瑟写中国科技史就很重视道家的思想。日本的科学家汤川秀树也喜欢老子。诺贝尔奖金获得者李政道认为，"测不准定律"与老子的"道可道非常道"相符合。坐在轮椅上的现代宇宙学家霍金，他提出宇宙生于无，与老子的理念相通。老子讲，"天下万物生于有，有生于无"，但这个"无"不是什么也没有，而是潜藏着万有、包蓄着能量的原初状态。梁思成先生早年去美国留学，拜一位建筑学家为师的时候，那位教授说，你怎么到我这儿学？建筑学的鼻祖是你们中国的老子！老子说："凿户牖以为室，当其无，有室之用。"用我们今天的话来讲，建筑的本质是去做一个与外界相通的空间以适用某种需要。建筑千变万化，花样翻新，其功能也是多种多样的，但老子那句话，即构建特定的物质空间，满足人类的需求，就把建筑最重要的属性揭示出来了。可见，老子的思想能够激活人的智慧。从不同的角度去解释它，可以引申出许多新的思想、新的观点。所以，它一直流行在世界范围之内。

我希望，社会人士不论从事何种职业都能读几本中国文化典籍，比如《论语》、《孟子》、《老子》、《庄子》，我觉得这四本书还是值得我们看一看，以增加智慧。《老子》里有一句话："名与身孰亲？身与货孰多？"有些人就是算不过这笔简单的账，宁可坐牢掉脑袋也要去贪求虚名浮财。老子说："功遂身退，天之道也。"功业已经成功了，身体可以退回来了，有人说这是中国最早的退休理论。最近我还听到流传的关于退休的一副对子："早也退晚也退早晚都要退，早也死晚也死早晚都要死"，横批是"早退晚死"。老不想退，该退也拖着不退，结果累得很，还不如早退，养好身体，我觉得这有点道家精神。老子讲："善闭无关楗而不可开，善结无绳约而不可解。"意思是说，理想的状态不需要外部的强制力量加以约束，而靠内在的精神的纽带，自然用不着人为防范。如果道德风气好，达到了夜不闭户、路不拾遗，防盗门就无用了。我们现在有些单位要留人，留不住怎么办？就用硬的方法限制，也许暂时能留住人，但是留不住心。如果这个部门非常好，很有吸引力，就如老子说的，不用强拉硬拽，人都会留下来。现在美国、英国费多大劲在防备恐怖主义，惶恐不安，不知道哪里会出问题，但没有抓住根本，所以不能解决问题。美国在全世界范围内搞霸权主义，得罪了整个伊斯兰世界。恐怖主义宣传什么？宣传你占领了我的土地，掠夺我的资源，不尊重我的信仰，屠杀我的人民，所以我要报仇。你说有没有道理？因此，有煽惑力，便有人去和美国干，你有导弹，我有人体炸弹，各有各的高招。有人估计将来最大的危险是人体核弹。应该说，中国除了边疆有时也有一些恐怖活动和暴力活动外（现在基本是平静的），整个国家是安宁的。中国广交朋友，和平崛起，绝不威胁别人，以平等友好的态度对待所有的国家和人民，到处是我们的朋友。国际恐怖势力绝对不会把中国作为主要攻击目标，这是肯定的，这比用高科技设防要重要得多。这是老子的智慧。老子讲，"以正治国，以奇用兵"，很简单的八个字，用兵要出奇招，兵不厌诈；但是治国要正，堂堂正正地、依法治国。

◆ 四、道教哲学的精要及其对 ◆
中国文化的影响

下面简单介绍道教。道教产生于汉代末年，原来有两派，一派叫符箓派，一派叫丹鼎派。到了金元之际，符箓诸派都归为正一道，以江西龙虎山为中心，主要在南方流行。丹鼎派演化为全真道，以北京白云观为中心，主要在北方流行。丹鼎派最早炼丹是炼外丹，说是服食金丹可以长生，结果未得长生反致速死。唐代有很多皇帝，吃了丹药死掉了。后来外丹炼不下去了，转而炼内丹。内丹是以身体为鼎炉，精气神为丹药。内丹讲炼精化气，炼气化神，炼神还虚，炼虚合道。我们后来流行的气功主要是炼精化气，就是从它的初级阶段衍生出来的。我曾经心脏非常不好，不好到什么程度？在屋子里看到外边走路的人都羡慕，别人离开家，在路上随便走，我不能。后来我学了一种性命神功，从明代道书《性命圭旨》中演化出来的，由一位解放军军官气功家在公园里传授。我练了两个月后，没事了，全国到处走，现在身体状态很好。我相信气功能够治病健身，它是中国传统养生的重要的资源，不能因为鱼龙混杂就彻底否定，禁止气功我是不赞成的。现在公园里跳迪斯科行，就是没人敢练气功，怕被人误解为邪教，这是两回事，政策是要区分。中国现在的五大教，其余四个都是外来的，只有道教是原来中国自己的，而且是一个弱势的宗教，需要加以关照。就绝对人数来讲，道教和佛教都没法和基督教、伊斯兰教相比。但是后者是局部的影响，道教是全局的影响。因为它最具有草根性，它和民间的信仰紧密地交叉在一起，最能反映中国民众特别是汉族农民的多神崇拜的心理状态、信仰特点。鲁迅说"中国的根底全在道教"，这句话到处被引用，道教界最喜欢引用鲁迅这句话，它确实有道理。

道教哲学我把它归纳为：

"尊道贵德"——尊道贵德和道家是一样的。但这个"大道"在道教里被神格化了，成为高位神。贵德就要行善积德，而且要积大功德，便可以功德成神，有大功德就是神。道教讲成仙要"功行两全"，内修性命之功，外行济世之事，单务方术不能成仙。

生道合一——这是道教内炼养的基本原理。我刚讲过了大道是永恒的一种生命、生机，它的生命是不会止息的，个体的生命则有生有灭。怎么样使个体生命获得永生？要逆向地炼，叫做逆则成丹，顺则成人，大道生成天地万物，生成人。反者道之动，向着原来的方向去炼，最后和永生的大道合为一体，个体生命不就永恒了吗？这是它的原理，叫"生道合一"①究竟能不能炼成和大道合为一体，那是一种信仰，有人信有人不信，但它的理论是这样的，它的精神是这样的。道教为了长生而重视养生，虽然实现不了长生的目标，却积累了丰富的健身卫生的知识，这就是所谓的"取法乎上，得乎其中"吧。

崇神敬仙——神仙长生不死，逍遥自在，神通广大。大家看不到神仙，所以很多人不信。现在的道教界给它作新的解释，神仙就是永远快乐，有了烦恼能化解。我提出神仙有四大。哪四大？大智慧，表现在有预见性，不受蒙蔽；大寿数，活得年龄要大，至少要八九十岁以上，而且要健康长寿，我的几位老师如冯友兰先生、张岱年先生都活到95，我的父母都90多了；大自在，活得比较愉快，比较快活，也有临时的烦恼，但善于化解，不会长期拖累；大功德，要给社会、给他人做大贡献，由于你的存在，由于你的活动，他们都受益，他们生活得更好。如果能做到这四大，就是神仙，没什么奇怪

---

① 见《内观经》。

的。我们的生活里神仙多得很，这就行了。天上飘来飘去的神仙是没有的。

性命双修——这是道教炼养的基本原则。一是性功，是心性的修炼，心理的训练；二是命功，是生理的训练。一个炼神，一个炼气，性命双修。只有性功，没有命功不算道教，因为性功方面佛家儒家和它是相通的，但是命功为道教所特有。性命双修具有普遍意义，是今天我们讲的生理的健康、心理的健康。四肢发达大脑也发达，但是心理脆弱，就不是一个健康的人。尤其在现代社会，心理的训练太重要了。一个健康的心态必须是善的，要有道德。儒家讲"德润身"、"仁者寿"，这是有道理的。同时要学一点道教的性功，提升思想境界，淡泊名利，开阔心胸，克服自我中心主义，学会以天下观天下。当我给学生讲修心的时候，有的学生说，老师现在光是讲做好事，做好人，但是这个说法在社会生活中很吃亏。后来我补充说，要做一个有智慧的好人。好人还是要做，它对你本身就有好处，你要身心健康，你每天都非常自私，每天都在计较、算计，绝对健康不了。但要做个有智慧的好人，有辨别力洞察力，不上当受骗。教孩子做好人，但要有防范意识，学会自我保护，否则单独在家，来一个生人就让他进来了，把防盗门打开了，那要是坏人怎么办？害人之心不可有，防人之心不可无。

阴阳交合——阴阳交合是道教的哲学思想。道教认为人体内有阴有阳。有阴有阳而为人，有阴无阳而为鬼，有阳无阴而为仙，这是道教的说法。有阴有阳的人最后必然都要走向有阴而无阳的鬼，就是要死。怎么避免？要练，把身上的阴气炼尽，变成纯阳之体。纯阳之体究竟是怎么回事？这是宗教神秘主义。按照它的说法，已经和普通身体在质上有了飞跃，纯阳之体可以离开躯壳到天上去了，可收可放，水火对他都没有伤害。炼养过程的关键是"取坎填离"，取坎中之阳，填离中之阴。坎是什么？坎卦代表水，上下两爻是阴爻，中间一爻是阳爻；离卦代表火，上下两个阳爻，中间是一个阴爻。把坎卦中的阳爻填到离卦中的阴爻的位置，取而代之，这样，离卦就变成一个纯阳的乾卦，表示在人体内通过这样的炼养，变成纯阳之体。这是道教的哲学。

道教的哲学和道家的哲学应该有区别。现在什么是道教的哲学，还没有一本书能说得十分清楚。为什么应该有区别？道教虽受了道家的影响，但它毕竟是宗教，它的哲学应该有宗教性。

道教哲学对中国文化最大的贡献是突出生命的价值、生命的结构和生命的优化。它发挥出一套养生长生之道和身心自我调节的方法。生命信仰、生命哲学、生命科学三个方面都积累了丰富的智慧和知识，弥补了儒佛两家的不足，所以我感觉到道教应该构建自己的生命科学，或者叫道教生命学。现在西方的生命科学还是比较发达的，基本上没有脱离实验科学的思路。而道教对生命体有很多很深入的研究。我觉得生命是人世间最可贵的，我们一切都是为了生命，为了个人的生命、家庭的生命、民族的生命、世界人类的生命。为什么要维护和平反对战争？因为战争会大批死人，以正义的战争反抗侵略压迫战争，那是不得已而为之。非典期间，我们领导人提出人民群众的健康和生命是第一位的。这非常好！凡是损害生命的事情都是不文明的。我觉得道教集中地探寻生命的奥秘，推崇生命的价值，给人类提供了很多值得借鉴的东西。

中国哲学有三个高峰：第一个高峰是佛教的禅宗；第二个高峰是儒家的宋明理学，也叫宋明道学，比如朱熹、王阳明；第三个高峰是道教的内丹学，全真道内丹学。中国哲学的三个理论高峰，都是在三教合流的情况下出现的。另外，道教影响了中国的科技，特别是中国的医学。现在有的学者已经写出作品介绍道教医学，它是中国医学的重要组成部分。道教以医传教、借医弘道。厦门大学盖建民教授著《道教医学》，指出："道教医学模式是一种熔生理治疗、心理治疗、社会治疗和精神信仰治疗为一炉的综合性医学模式。"①古代的很多医生，重要的医药学家都是道士，葛洪、陶弘景、孙思邈既是道士又是大医药学家，对中国医药学贡献很大。道教对化学贡献也很大，火药就是道士在炼丹的时候炼出来的，后来传到欧洲又传回来。道教的神仙信仰及其仙话为文学艺术提供了生活理想、艺术想象力、故事素材、生动的语言。古典小说和诗歌讲到美好的地方，总是形容为蓬莱仙境；讲到人物的飘逸，则形容为仙风道骨，都用的是道教的词语。佛教对中国的语言文学影响也非常大，大量的词汇从佛教里来，赵朴初先生作了总结，归纳出一百多条，现在人们用起来习以为常了，都不知道从哪里来的。例如，道教词语有：腾云驾雾、终南捷径、神通广大、脱胎换骨、走火入魔等；佛教词语有：不二法门、大千世界、皆大欢喜、当头棒喝、不可思议等。

应该承认道教在近现代衰弱了，原因很多，其中有人才缺乏、教理陈旧、封闭固陋，以及与世俗迷信混杂不清，不能与现代科学相衔接等，故受到社会进步力量的质疑和批判。那么怎样复兴？佛教提出"人间佛教"。道教也在想提什么好？民国年间道教大师陈撄宁提倡新仙学。现在道协的副会长张继禹曾提出"生活道教"，也讨论了几年，理论上总得有创造。另外，还得有人才，孔子说得好："人能弘道，非道弘人。"有一个好的主义，有一个好的宗教，有一个好的学说，并不能解决问题，关键是有没有弘道之人。这是道教目前面临的最大挑战。人才成长起来了，教理教规的改革便能健康进行，他们正在做这件事情。

道教尊道贵德、重生能忍、不贪抱朴、有容乃大、回归自然等品格都和当代的文明发展是一致的。怎样来取其精华、弃其糟粕、开拓创新？这是道教界人士和道教研究者共同的任务。这还需要做许多工

---

① 盖建民：《道教医学》，宗教文化出版社2001年版。

作。比如，我讲到道教界有很多历史人物，我们就没有很好的研究。我写过有关的文章，其中我特别表彰了丘处机。他是山东栖霞人，栖霞出了两个名人，古代是丘处机，近代是牟宗三(当代新儒家的代表人物)。丘处机的历史贡献不亚于玄奘。大家都知道玄奘西天取经，由于有《西游记》，传播很广，但是知道丘处机的人不多。丘处机道号长春真人，我们现在的北京白云观就是他的道场。成吉思汗当初做游牧民族的领袖，军事征讨当然是血腥的，游牧文化还没有受到中原农业文明、礼乐文化影响的时候，相当野蛮，一直打到俄罗斯，横跨欧亚两洲，战争很残酷。他的一个原则是，这个城市只要不投降，一旦攻破以后，屠城，一个也不剩！但成吉思汗又是一个了不起的政治家，他觉得，要稳定中国这个以汉族为主的社会，也得有人帮忙，他看到丘处机的全真道在北方已经流行了，他就想请丘处机。而且成吉思汗想长生不死，丘处机能不能给他一点神仙方术？丘处机已经73岁了，带了18个徒弟从山东的莱州出发，经过北京(当时叫燕京)、河北、内蒙、蒙古、新疆和哈萨克斯坦、塔吉克斯坦、吉尔吉斯斯坦、乌兹别克斯坦这些中亚的国家最后到达阿富汗的雪山，往返四年。靠骑马、走路，那时路途艰难极了，最后见到成吉思汗。成吉思汗问他有没有长生术？丘处机说我没有这套东西，健身之道以清心寡欲为要；成吉思汗问治国之方，丘处机对曰以敬天爱民为本，不嗜杀人，要保护老百姓。后来成吉思汗部分地接受了他的意见，减少了杀戮。丘处机回来以后，全真道也发展起来，他又作了许多慈善事业，救了好几万人。佛家说，救人一命胜造七级浮屠，他救了那么多人，是一个很伟大的人物。他要面对的是一个军事统帅，是一个打仗打红了眼的人，不一定能说服他，有风险，没有宗教的情怀是做不到这一点的。玄奘的西天取经是文化之旅，丘处机的西行是救人之旅、和平之旅。我觉得应该把他的精神加以发扬。现在世界上还有这样的人物吗？比如，现在有几个宗教领袖去找布什？去找布莱尔？说伊拉克的仗不能打。

我没有听说谁去找他们，真找到他们也不听，现在没有这样的宗教领袖。丘处机其实是中华民族的优秀人物，我曾写过一篇文章叫《纪念丘祖雪山论道，发扬和平慈勇精神》，倡议道教界、学界和文艺界、新闻媒体共同组成一个小分队，沿着丘祖西行路线重新走一趟，一定会有很多收获。我与五位朋友合写了一本书《全真七子与齐鲁文化》，由齐鲁书社出版了，其中以写丘处机为主，他的精神是很感人的。

我还要说明一下道家和道教文化的不足。道家的长处在于能顺应自然，柔和能容；而短处在于忽视人的主观能动性和创新能力，参与意识和竞争意识严重不足，所以需要和儒家互补，单独用之不足以成就大的事业。北京大学张岱年教授用《易传》上的两句话概括中华精神，即"自强不息"、"厚德载物"。前者是进取精神、奋斗精神，刚的成分多；后者是宽容精神、开放精神，柔的成分大。中华民族之所以能够与时俱新、衰而复兴，就是靠的艰苦奋斗和善于学习。我觉得再加上一句就完美了，即：以人为本、自强不息、厚德载物，这就是比较完整的中华精神，它是儒道互补的。

道教文化重视生命、贴近民众是好的，但神秘的非理性的成分太大，掺杂很多低俗的迷信，容易被导向怪异虚玄，需要理性加以补救。在教义教理上如何进行现代转型而又能保持其基本信仰，更好的服务社会、有益大众，还要走很长的路。我认为它的养生文化最为丰富、最有价值，应当花大气力进行研究。

现在出版的道家老子庄子的著作很多，道教的著作也很多。大家如果要看老子庄子，我觉得比较好的是台湾学者陈鼓应的《老子注译和评介》、《庄子今译今注》，他在北大工作过几年，现在因为要落实政策，回到台大去了。老子、庄子，他写得比较深入，因为他没有受到我们前些年的斗争哲学的影响。想了解道教，就更多了。四川大学卿希泰教授主编了《中国道教史》四卷本，中国道协李养正教授写有《道教概说》、《当代中国道教》、《白云观志新编》等书，我和胡孚琛、王葆玹二位研究员主编了《道教通论》，总之，书很多。现在出了一本书叫《宗教研究指南》，是北大张志刚教授主编的，有关于五大教的介绍。世界宗教研究所王卡教授主编的《中国道教基础知识》也很值得一看。道教研究在最近20多年时间里，后来居上，有了突飞猛进的发展，成为一门繁荣的学科。以前有的外国学者说：道教在中国，道教学在外国。现在没有人这样说了，因为中国的道教学已经走在了世界的前列。

我们的文化是伟大的文化，要建设现代化的中国应该是建设现代文化大国(作家王蒙提出的)，中华民族的复兴必须伴随着一场文化的复兴。文化资源是我们中国现代最有优势的、最丰厚的资源，不仅能够大力推动我国的物质文明建设、精神文明建设、政治文明建设，如果拿到世界上去，还可以促进世界文明对话，世界文明的发展。

21世纪的新道学文化战略

——中国道家文化的综合创新

胡孚琛

胡孚琛，字中孚，男，1945年12月生于河北省吴桥县，中共党员，哲学博士，中国社会科学院哲学研究所研究员，中国社会科学院研究生院哲学系教授，博士生导师。1993年开始享受政府特殊津贴待遇。全国老子道学文化研究会会长，兼任全国宗教学会理事，中国大陆、台湾、香港四所高校的客座教授。

研究范围：中国哲学及中国传统文化，以道家与道教文化为研究方向。

学术著作：《魏晋神仙道教——抱朴子内篇研究》、《道教志》、《道学通论——道家·道教·丹道》、《道教与丹道》、《道藏与佛藏》；主编《中华道教大辞典》、《道教通论——兼论道家学说》；翻译[俄]凯德洛夫《科学发现揭秘——以门捷列夫周期律为例》；发表学术论文数十篇。

一

当全世界不同国家、不同民族、不同文化传统的人们共同迈进一个新的千年纪元之门，踏入21世纪之时，最重要的莫过于回顾过去世界发展的历史，从而展望人类的未来。在过去的一百年中，人类历史似乎将千万年来积蓄的能量加速爆发，使社会文化的方方面面都发生了前所未有的巨变，几年前还流行的观念很快过时，每个人都忙着适应这个飞速变化的世界。过去一个世纪科学技术突飞猛进地发展，人类靠工具理性几乎改变了整个地球的面貌，自然资源的高度开发极大地丰富了人们的生活，但生态危机、环境污染、灾疫流行、战争危险等威胁人类生存的难题也成为21世纪人们必须面对的现实。过去一个世纪人类创造了高度的物质文明和精神文明，但也发生了两次世界大战和诸多残酷战争及野蛮屠杀民众的罪行，乃至各国流行的贪污腐败、毒品泛滥、恐怖犯罪、道德沦丧、唯利是图等丑恶现象。至今，足以毁灭整个人类的核弹、生化武器等军备竞赛有难以遏止之势；仍然有所谓"第三世界"的贫困、艾滋病、瘟疫等灾病流行和人口恶性膨胀；以工业化、城市化、信息化为主要内涵的现代化极大地削弱了人的个体生存能力和独立的人性，将个体的人禁锢到群体的机械化程序之中，使人的劳动变得工具化和公式化，失去了社会生活的诗情画意；国际间弱肉强食的社会达尔文主义政治理念使人类普遍缺乏安全感；而紧张的社会竞争和复杂的人际关系又使人们身心交瘁。一百年前人们以为可以无偿享用、取之不尽的空气、水、阳光、土地、石头、野草、树木，今天也迫使人们忧心忡忡地付出代价。诸如大气臭氧层破坏、珍稀生物灭绝、空气污染、资源枯竭、可耕地减少、气候异常等上述恶果，决非一个国家、一个民族的力量所能挽救，而是21世纪全人类必须共同面对的问题。

另一方面，人们又发现21世纪的世界日益变成一个整体化的大社会，经济、政治乃至文化的"全球一体化"、"世界社会化"趋势已成为不可阻挡的历史潮流。虽然世界上不同民族、不同社会制度、发达国家和发展中国家之间仍然存在着激烈的斗争，但是由于世界经济一体化和交通、信息日益发达，一种新的世界社会形态开始形成。[1]地球变"小"了，人和人之间的距离变"近"了，国家和地方、民族相互之间的交往日益频繁，任何专制君主和政党再也无法闭关锁国，谁也不能无视对方的存在，地区的矛盾热点变成国际大家庭中人人关注的问题。国际上绝大多数国家都加入了联合国，谁也不愿被排除在国际间的大型联合活动之外。学者们开始注意研究不同民族的异质文化，中国先哲古老的"世界大同"之梦正在变成全人类共同的理想。这样，当人类面临生态危机、环境污染、军备竞赛等危及自身生存的世界难题时，不能不在文化的层次上寻求一种共同的智慧。

文化是人类社会发展的深层原因，这是马克斯·韦伯（MaxWeber，1864—1920）等杰出思想家早在20世纪初就发现的历史规律，他甚至断言加尔文派的新教伦理是导致现代资本主义制度形成的一个活跃的、决定的力量[2]。什么是文化？从本质上说，人类虽是自然的产物，但文化却是人类创造的一种与自然相对的非自然体系，是自然的人化，是人类超越动物性的一切活动的产品。文化发展的动因来源于人类的精神，文化产品乃是人类心灵智慧之光的外在形式。从

---

[1] 钱学敏：《钱学森的哲学探索》，《北京大学学报》社会科学版，1994年第4期。钱学森教授认为世界社会化是继资本主义社会形态之后的一种过渡性的社会形态，它将为大同世界奠定物质、精神、文化基础，从而叩开共产主义的大门。

[2] 马克斯·韦伯：《新教伦理与资本主义精神》，据纽约1958年版本译出，三联出版社1987年版。

这个意义上说，人类本身就是文化的动物。文化本身的范围不易界定，抛开政治、经济的层面不说，人们习惯上至少将宗教、科学、哲学、文学艺术、社会伦理（包括民俗）作为基本的文化要素，它们都是人类对真善美的追求。在这五大要素中，科学和哲学是人类对客观真理的追求，是人类对自然和社会的规律性进行理性思维的花朵；伦理学是人类对善的追求，是人为提升自身动物性和社会性的素质所必需的道德约束和生活规范；文学艺术则是人类对美的追求，是人对自然和社会的感悟和超越。宗教是人类文化的母体，是人类的终极关切（Ultimate concern），是超越人类理性的非理性体验，是人类心灵的完整状态，因而是文化的最高层次。由此看来，韦伯将资本主义的产生归结为文化的因素，并从宗教中找到资本主义精神的契合点，是有道理的。21世纪人类面临威胁自身生存的世界难题，其根源都可归结为文化的因素，特别是西方文化的价值观念引发的恶果。尽管人类文化有诸多不同的特质，但都从各种侧面寄托了自己对人生价值的关切，建立起一套价值观念体系，区分这些不同文化的价值观念是我们考察各种异质文化的根据。

近些年，世界各国的有识之士越来越重视中国古老的道家文化，不断召开有关道家文化的国际学术会议，中国的先哲老子（约公元前571—前472）在约2550年前著的《道德经》也成为世界上哲学家们研究的热点。中国的道学文化，在世界各国学者眼中无疑是属于"过去"的，这种过去的古老文化能通向新世纪的"未来"吗？道学文化的价值观念体系是否能寄托全人类对人生价值的关切？这些问题令人深思。中华民族是一个有着五千年文字记载历史的民族，要认识中国就必须认真分析中国的传统文化。中华民族的传统文化本质上是一种以古老的生殖崇拜观念为核心形成的文明，它的文化传统分先后两种：其一是中国原始人类存在以来母系氏族公社女性崇拜的原始宗教经过若干万年积淀下来的老传统；其二是夏、商、周三代以来父权家长制逐步形成，特别是西周原始宗教革命正式确立的礼教新传统。显然，道家文化继承了母系氏族公社女性崇拜的原始宗教若干万年的老传统，儒家文化则继承了周代父权家长制的宗法礼教数千年的新传统。①中国历代统治者都崇尚儒家文化，这是由于中国社会顽固地保留着宗法家长制的君权政治传统造成的。君权专制的国家政体用宗法血缘纽带将"家"和"国"联结起来，形成"家国同构"的政治体制，而儒家文化正是一种以家族为本位的伦理型文化。道家文化和儒家不同，它的学说是从人体本身的修炼工程中体验出来的，认为人身是一个"小宇宙"，是自然界"大宇宙"的缩影，人体和宇宙的运行规律既可治身，又可治国，因而是一种天人同构、身国一理、取法自然的生态文明。几千年来，道家文化和儒家文化既相互分立又相互补充，形成中国传统文化的主流。

为什么世界上一些古文明如巴比伦、埃及、苏美尔、印度文明等皆相继沦落，惟有中华民族的古老文明经久不衰，其中的秘密恰恰在于道家文化作为中华文明的根基，具有旺盛的再生能力。鲁迅先生（1881—1936）曾经断言"中国的根柢全在道教"②。李约瑟博士（Joseph Needham，1900—1995）也敏锐地指出："中国如果没有道家思想，就会像是一棵某些深根已经烂掉了的大树"③。这些话都洞察到中华文明以道家为根基的实质。道学文化中既蕴藏着死而复生的活力，又具有包罗万象、海纳百川的品格。为什么中国文化在古代能接纳印度佛教，在近代又能接纳西方的基督教文明，这显然不是"严夷夏之防"的儒家文化的功能，而是靠道家善于融汇异质文化的博大包容的特性。在中国历史上，历代统治者也都以儒守成、以道达变，人们深知道家

---

① 胡孚琛：《道家、道教缘起说》，载《哲学研究》1991年第4期。
②《鲁迅全集》第九卷，人民文学出版社1958年版，第285页。
③ 李约瑟：《中国科学技术史》第2卷，科学出版社、上海古籍出版社1990年版，第178页。

智慧有如"水善利万物而不争"的宽容气度，以及能生能化，善于应变的长处。

在全球一体化的大趋势下，各民族从自给自足状态变为相互依存，人类创造的物质产品相互流通，各民族的精神产品必然也成为人类的公共财产。道家文化以"道法自然"为核心，以开发人类的心灵潜能为目标，它表述的生化原理、中和原理等辩证规律乃是自然界、人类社会、精神世界的宇宙律，因而它本来就是一种世界文化，世界各国的有识之士对道家文化的关注不是没有理由的。

歌德（Goet he，1749—1832）在1828年10月23日同爱克尔曼（Eckermann，1792—1854）说："据我所见，有一个时期要到来，那时候上帝再不喜欢人类，不得不把一切都毁灭掉，以便重新创造。"[1]在世纪之交，无论是欧美等西方社会还是包括中国大陆和台湾在内的东方社会，在政治、经济、文化的诸多层面都面临《易经》所谓剥久必复、穷极终变之势，不得不在"改革"等名目下进行结构性调整。大略和歌德同时的中国思想家魏源（1794—1857）著《老子本义》，在《论老子》一文中称《道德经》是"救世书"，说古今"气化递嬗，如寒暑然。太古之不能不唐虞三代，唐虞三代之不能不后世，一家高曾祖父子姓，有不能同。故忠、质、文皆递以救弊，而弊极则将复返其初。"道家之学既是一种追溯宇宙本原的返本复初的智慧，又是一种永远属于未来的超前意识。司马谈《论六家要旨》云："道家使人精神专一，动合无形，赡足万物。其为术也，因阴阳之大顺，采儒、墨之善，撮名、法之要，与时迁移，应物变化，立俗施事，无所不宜。指约而易操，事少而功多。"以之为政要因时制宜，静可以无事无为因循自然，动可以力挽狂澜革故鼎新。因之中国的政治家在国家危难之际、政治变革之时，都注意从道家经典中汲取智慧。道学文化既然能救中国，难道不

---

① 爱克尔曼著：《哥德对话录》，周学普译，商务印书，1937年版。

可以救世界吗？

早在20世纪中叶，剑桥大学的斯诺(Snow，1905—1980)就发现西方文化中"科学的"要素和"人文的"要素相互分裂和对抗的倾向造成了危机。①这种危机使他们不能对"过去"作出正确判断，不能对"现在"作出合理解释，也不能对"未来"作出有效预测，从而丧失了整体的文化观。某些世界一流科学家终于发现，西方机械论哲学的主客二分、物理还原、静态分析、孤立实证等思维模式日益显得陈旧过时，他们开始在东方道家思想中汲取营养。中国学者董光璧(1935—)在《当代新道家》一书中揭示了以李约瑟、汤川秀澍(1907—1981)、卡普拉(F. Capra，1938—)为代表的一批"新道家"使正在兴起的新科学观向道家思想复归，将道家文化作为东西方文化融合的交汇点并以之为基础建造一个科学文化和人文文化平衡的新的世界文化模式。他热情洋溢地说："我确信重新发现道家具有地球船改变航向的历史意义。黄土文明与海洋文明的融合，有如黄颜色和蓝颜色调出绿色，将产生人与自然和谐的新的绿色文明。"②这种绿色文明就是具有自然生态智慧的道学文明。

然而，在中国漫长的君主专制时期，道学思想一直受到正统的儒学思想的压抑，老子的《道德经》也被曲解为消极避世的隐士哲学，其积极救世的真义晦而不彰。魏晋以来尽管性喜老庄的学者甚多，《道德经》与《庄子》的注本也比比皆是，但多为望文生义之作，没几个人真能读得懂，《道藏》中道家典籍的思想精华也远远没有发掘出来。难怪朱熹说："庄、老二书，注解者甚多，竟无一人说得他本意出，只据他臆说。"③现在老子的道学文化已传播到世界各地，《道德经》的译本数目之多仅次于《圣经》，可惜这些译本也大多沿袭了儒家注本的曲解，甚

---

① Chares Snow，The Two Cultures and the Scientific Revolution，1959.

② 董光璧：《当代新道家》，华夏出版社1991年版，第4页。

③《朱子语类》卷七。

至还以管窥天、生搬硬套地按西方哲学范畴给道家哲学归类，真正有所得者如谢林（F. Schelling，1775—1854）、布伯（M. Buber，1878—1965）、海德格尔（M. Heldegger，1889—1976）等可谓凤毛麟角。今天，当世界各国的有识之士越来越认清中国道家的思想价值时，我国学者更应该重新发掘道家典籍，对中国古老的道家文化进行综合创新，将道学文化的真实面貌公诸于世，从而形成新道家学派，完成创立新道学的历史使命。

二

道学之名，在中国古代文献中始见于《隋书·经籍志》，原指道家老子创立的有关"道"的学说，以《道德经》为经典，它包括哲学的道家、宗教学的道教和属人体生命科学范围的内丹学（丹道）。元人脱脱立《宋史·道学传》，将儒家的程颢、程颐、朱熹等人传授的理学称为"道学"，遂致"伪道学"之诮。明代李贽（1527—1602）曾力斥"宋明理学"为"假道学"，指出仅有老子、庄子的学说才是"真道学"。考中国古文献中凡较严肃的学术分类或艺文志书，皆以儒、道并举，没有将儒家学说称为"道学"者。其实早在六朝时期陈代马枢就曾撰《道学传》二十卷，所收皆张天师、许迈、吴猛、陶弘景等道教精英，今仍有陈国符先生辑佚本传世。《宋史·徽宗本纪》载政和六年（1116）春"置道学"；宣和元年（1119）五月"诏德士（僧人）并许入道学，依道士法"，是宋代朝廷亦将道教之学称作"道学"。拙著《道学通论》①已首先为道学正名，将宋明理学和心学统称为"宋明儒学"，将老子、庄子有关道的

---

① 胡孚琛、吕锡琛：《道学通论——道家·道教·丹道》（修订版），社会科学文献出版社2004年版。

哲学称为"道家"，将奉太上老君为教主，以道为信仰的宗教称作"道教"，将有关道家、道教、丹道的学术总称为"道学"，以和西文中的"道主义"（Daoism）相对应，我想这不难取得学术界的共识。

《汉书·艺文志》云："道家者流，盖出于史官，历记成败存亡祸福古今之道，然后知秉要执本，清虚以自守，卑弱以自持，此君人南面之术也。"在老庄的"君人南面之术"中，《老子》侧重君学，《庄子》侧重人学。君学是执一统众的帝王之学，人学为回归自然的真人之学，故道家之学实为宰割天下的"屠龙术"。相比之下，孔孟的儒家之学，乃是替帝王施行教化的"臣民北面之术"。孔子"遑遑如也"而尽臣节，孟子以民为本而倡仁政，此可谓儒生循吏进取功名利禄之"登龙术"。由于道学的政术与民主政体天然相合，而与父权家长制的独裁政治多有冲突，故中国的统治者多讳言道学而推崇"家天下"的儒术。但在中国历史上，凡如"汉唐盛世"的辉煌时期，都是黄老道学发扬光大的时期。近世以来，通过民主政体的变革推行黄老之道，以经过创造性转化的新道学文化增强综合国力，将科学、民主的外来文明植根于民族优秀传统文化的土壤中，曾经是中国学术界某些志士仁人的一种政治企盼。严复（1853—1921）说："夫黄老之道，民主之国之所用也。故能'长而不宰'，'无为而无不为'。君主之国，未有能用黄老者也。汉之黄老，貌袭而取之耳。君主之利器，其惟儒术乎！"（《老子道德经评点》）鸦片战争之后，欧美的西方文明如潮水般涌入中国，在中国占统治地位的儒家文化相形见绌。1895年严复在《直报》上著《论世变之亟》云："呜呼！观今日之世变，盖自秦以来，未有若斯之亟也"。"夫自由一言，真中国历古圣贤之所深畏，而从未尝立以为教者也。""盖自由既异，于是群异丛然以生。粗举一二言之：则如中国最重三纲，而西人首明平等；中国亲亲，而西人尚贤；中国以孝治天下，而西人以公治天下；中国尊主，而西人隆民；中国贵一道而同风，而西人喜党居而州处；中国多忌讳，而西人众讥评"。严复断言西方文化与中国儒家文化的根本区别，就在"自由"与"不自由"这点上，真是抓住了要害。

　　考察以欧美为代表的西方文化，其主要根基有三：一为古希腊的理性逻辑思维及由此形成的自由、民主、科学传统；二为古罗马的政治法律制度、公民身份观念及由此形成的人权和法治传统；三为希伯莱人的宗教信仰及由此形成的基督教伦理价值观念。三者合而为一，形成西方的基督教文明，以自由主义和民主主义立国，以科学技术的力量征服世界。盖西方文化设定人性是恶的，自由主义即个人主义乃是人的天性，因此约定一个最低界限，即在法律允许的范围内，个人自由不受侵犯，并由此形成根深蒂固的人权观念。因个人自由不得妨碍他人之自由，必须以法治约束之；法治之运行又要防止专制权力的破坏，必须以符合多数人意愿的民主(包括建立民主宪政体制)保障之。如此法治以自由为根基，科学以民主为条件，乃是西方社会近三百年迅速实现现代化的动力机制。由此看来，人民之自由无保障而想进入现代法治社会，社会不民主而想建成科技强国，乃是不了解西方社会文化机制的自欺欺人的幻想。西方社会之国体皆为资产阶级政权，而政体则是民主法治社会，这种政体对官僚特权有一定抑制功能，以维护社会公正原则。按西方文化的价值观，愚昧、迷信乃专制主义之产物，法治、科学是自由民主之硕果，自由主义为现代社会之根基，因之欧美等国在全世界高扬"人权"的旗帜。西方社会的自由实际上也是被社会条件和阶级关系严格限定的，他们称之为法律与伦理规则限定的"自由空间"(free sphere)，并相信越能保障个人自由的社会才越能产生文明的秩序。民主政治也是存在多种流弊的制度，只不过比专制政治对人民的危害较为减少而已。特别是近世以来，西方文化的弊端日益暴露出来，一是整个文化根基中的科学要素和人文要素出现分离倾向；二是自由主义和民主主义也相互矛盾，民主的多数人抉择并非总是合理的，特别是当权者以现代科技手段操纵媒体舆论经常欺骗人民，使整个社会偏离公正原则。西方社会以人为的力量改造世界，以科学技术征服自然，都受到自然界和人类社会的无情报复，使人类的生态环境和社会伦理道德日益恶化，自然资源的掠夺和战争机器的膨胀，直接威胁到全人类的生存。西方文化在短期内创造出人类文明奇迹的同时也为人类种下灾难性的恶果。

中国及其周边国家是以儒、释、道三教互补的文化为传统的，其中尤以孔、孟、程、朱的儒家礼教作为统治思想。儒家文化乃是维护家长制官僚政治的思想支柱，它是以"家国同构"的内圣外王之道建构政治体制的。马克思（Karl Marx, 1818—1883）早就发现中国社会这种传统政治体制不同于西方社会的封建制，他称之为"家长制的权力"。在这种政体中，"就像皇帝通常被尊为全国的君父一样，皇帝的每一个官吏也都在他所管辖的地区内被看作是这种父权的代表"。①令人惊喜的是，早在20世纪40年代，马克思主义经济学家王亚南教授（1901—1969）就应李约瑟博士之邀著《中国官僚政治研究》，探讨了"中国社会长期停滞问题，官民对立问题，旧士大夫的阶级性问题，儒家学说长期作为代表意识形态问题"等，揭示了中国以儒家礼教为文化根基的家长制官僚政治的特征。②官僚政治下的各级官僚，并不代表社会成员中某一阶级的利益，而是形成自有其特殊利益的官僚阶级以和人民对立。他们是在改朝换代的政治革命中逐步蜕变而来的既得利益集团，只层层对上级负责，不对人民负责，"主要依靠人治和形形色色的宗法和思想统治来维持"。③官吏的选拔、任免靠人治而不靠法治，上级对下级的要求主要是"忠"而不是"廉"，统治者所关心的首先是国家的稳定和权力的神化，人民的贫困愚昧和思想麻醉是他们实行压迫、剥削和维持既得利益的社会条件。马克斯·韦伯也敏锐地注意到中国社会数千年不衰的官僚政治体制，并命名为"家产官僚社会制度"。他说"在中国，和

①《马克思恩格斯选集》，第2卷，人民出版社1972年版，第2页。
②王亚南：《中国官僚政治研究》，中国社会科学出版社1981年版。
③同上。

西方一样，家产官僚制是个稳定的核心，并以此为基础而形成一个庞大的国家"。"但是，官僚制运行的'精神'，在中国与西方，是非常不一样的。"①其实，中国传统家长制官僚集权政治"运行的精神"就是礼教，家产官僚制在中国的顽强生长是以儒家文化传统为根基的。儒家文化和西方文化相反，它的内圣外王之道以"人之初，性本善"为出发点，首先设定一个最高界限，即圣人的境界。圣人用以教化社会的伦理道德规范称作"礼"，以"礼制"形成有上下差等的社会秩序，以维护父权家长制的宗法统治。尽管五千年来从奴隶社会到封建社会，中华民族的新兴阶级力量不断更替掌权改变着中国的国体，但宗法家长制的国家政体始终没有改变。历史规律证明，更换代表先进生产力的阶级掌权的新国体和由家长制君权政体革新为民主宪政体制是同等重要的。专制政体是天然滋生剥削阶级并为少数既得利益者的特权集团服务的政权形式。儒家文化的"内圣"根本无法萌生自由、民主思想，开不出现代社会的新"外王"，仅是靠树立圣人、贤人、君子、英雄、模范的"榜样"作为道德典型教化人民安守本分，只有"克己复礼"才能"天下归仁"，大家共同维护君主的绝对权力追求尧舜圣人之治的理想。然而无限制的权力必然导致无限制的腐败，这是一条铁的政治定律，也是家长制官僚政治的基本特征。盖因人民之大多数难以成为"圣人"，而掌握最高权力的家长也不耐受"圣人"礼制教条的束缚，进而由圣人理想的追求堕落为实际利益的追求，反会利用权力将自己神化为"人圣"，将国家政治领域变成充满忌讳、阴谋、残杀、多数人不敢参与的凶险场所。这种家长制官僚政治，一是其虚伪性，必然不断变换手法以某种"圣人"的招牌弄虚造假欺骗人民，致使整个社会造假成风；二是其腐败性，贪官污吏上下结网使社会失去起码的公正原则，政权的基础日益腐烂；三是其残酷性，官场渐变为勾心斗角的赌场，日见虚

---

① 〔德〕马克斯·韦伯：《儒教与道教》，据图宾根摩尔出版社1978年版本译出，江苏人民出版社1993年版。

弱的统治者为维护自己传宗接代的私有化权力不择手段，镇压的面越宽，禁忌越严，同民众就越隔绝。按儒家不断革命的政治定律，统治者从"圣人"，到"人圣"，再到"独夫民贼"，"汤武革命"的政权交替方式就要发生了。王亚南说："官僚政治或官僚制度，它在历史上是已经引起了不少的流弊和祸害的，而就中国说，则还在继续发生反时代的破坏作用"。①显然，儒家文化的这些弊端是同现代社会不相容的。

在世纪之交，"文化"和"传统"问题再次引起世界各国学者的重视。从根本上说，所谓"文化"本身都植根于"传统"，21世纪的文化战略必须对历史的文化传统进行创造性的现代化诠释，即集中各种异质的优秀传统文化进行综合创新。历史的经验告诉我们，一个民族要自立于世界民族之林，是不能否定和摧残自己的传统文化的。世界历史越来越向人们揭示一个不以人的意志为转移的文化运动规律，各民族的异质文明之间只能相互融汇，除了野蛮的种族灭绝之外，在地球上以一种文明简单取代或扼杀另一种异质文明几乎是办不到的。传统文化本身亦是一种有机的自然生态体系，遵循道家自由信仰、自由交流、自然演化之规律，违背自然急于求成的人工移植、改换、毁坏等政治手段，往往引发人性扭曲、道德败落、社会躁动不安的恶果。开化的高级文明固然可以同化野蛮的低级文明，但吃掉对方的同时也就将对方的文化要素作为化学成分融入自己的躯体，再也无法摆脱它。一个民族更是无法将自己与生俱来的传统文化一刀切断或中途抛弃，无论个人是否喜欢，都得将个人命运同本民族的文化传统联系在一起。同时，一个传统文化被征服或阉割的民族等于丧失了自己的根基，从此会缺乏争雄的生机而充当小伙计。21世纪世界文化运动的大趋势是"多元并存，相互融汇"，这是任何力量也阻挡不了的。因此，在21世纪不是什么"文明冲突主宰全球政治"①，而是要由"文明冲突"

---

① 王亚南：《中国官僚政治研究》，中国社会科学出版社1981年版。

转向不同文明的对话和文化交流，以促进东方文明特别是中国文化与西方文化的融汇，从而出现一种普世的生态文明将人类导向光明的未来。

未来的世界文明不能再继续推销"西方文明中心论"，因为西方文化必须重新认识古老的东方文明并从中汲取营养。儒家的礼教文化已成为中华民族因袭的重担，但摆脱的办法也不能全盘否定儒家再次"打倒孔家店"，而是要以解释学的方法促进儒学现代化，儒学之精华有为我民族精神和伦理道德所不可缺者，因此我特别赞赏学术界创立新儒学(对儒学进行创造性转化)的努力。尽管佛教必将成为最有希望的世界宗教，人类的宗教信仰不可或缺，然而宗教信仰也不能取代理性思维，佛教文化不可能作为建构世界文化的根基。穆罕默德的《圣训》说："学问，虽远在中国，亦当求之。"伊斯兰教自唐永徽二年(651)传入中国，至今1350年间，阿拉伯人和汉人杂居、通婚、改汉姓、习汉语，早已融入中华民族的大家庭中。仅据16—18世纪中国伊斯兰教学者的著述看，伊斯兰教文化已与儒释道文化发生了"相互融汇"的现象。著名回族学者王岱舆(1570—1660)、刘智(1660—1730)等皆精通儒释道三教经书，《天方性理》等著作以"真"作为伊斯兰教文化的支点，创"真一、数一、体一"之"三一说"，所述苏菲主义教派从理论到修炼皆和丹道暗合，可见道学文化和伊斯兰教文化能够对话和交流是毋庸置疑的。

在文化上，夫欲有所立必须有所破，立就是要创造性地诠释道家文化并汲取东西方各种异质文化的精华创立有时代精神的新道学，破就是要扬弃儒学中的封建宗法观念，化腐朽为神奇，取其人文思想和

---

① 〔美〕塞缪尔·亨廷顿：《文明的冲突》，刊于美国《外交》1993年夏季号。香港中文大学文化研究所《二十一世纪》1993年10月以《文明的冲突》为题，译载此文。亨廷顿断言"新世界的冲突根源，将不再侧重意识形态或经济，而文化将是截然分隔人类引起冲突的主要根源"。

进取精神融入新道学之中。道学既和儒学一样设定人性是善的，又特别强调追求人性的自由和完整，道学的真人就是最大限度地实现了个人自由（"积极自由"）的人，因之它完全可以包容西方自由、民主的文化要素，又可以弥补西方文化的缺陷。由道学文化出发，我们不难看到世界文化的曙光。道学是参天地、赞化育、贯中西、通古今的大学问，创立新道学是中华民族在世界历史潮流中审时度势，应变自强的唯一可行的21世纪文化战略。

三

人类文明都不能没有自己理想的超越世界。我们只要认真考察西方的文明史，就会发现西方的哲人和科学家（如牛顿、开普勒）等都对上帝创造了一个有秩序的世界抱有真诚的信仰，为上帝而求证曾是西方伟大哲人献身学术研究的动机，他们以自己的理性思维推动了西方文明的进步。中国儒家文化将超越人间秩序与一切价值的源头统称为"天"，西方文明将人的理性所不能达到的一切价值之源归结为"上帝"。这说明这种一切价值之源的超越世界是各种文化体系的支点，它在人类文明中的位置是不可或缺的。理性思维的高度发展也需要有一个超越的无限本体作为终极信仰才能给科学、哲学的发展带来动力并给人类社会带来秩序和价值观念。当现代科学和哲学以理性思维的成果终于动摇了西方人的"上帝"信仰时，尼采（F. Nietzsche，1844—1900）惊呼"上帝死了"，中国的无神论者也早就对儒家的天神主宰抱有怀疑，这说明"上帝"或"天"的人格神信仰并不是人类理性思维的极限。然而据《道德经》所述，道学文化中"道"的范畴却是"先天地生"、"象帝之先"的，即道在天之前，并能生天生地，又在上帝之先，高于上帝。道不仅是一切人间秩序和价值观念的超越的理想世界，而且是人类理性思维延伸的极限，它是唯一的终极的绝对真理，因而同现代科学和哲学的研究成果遥相呼应。道在本体论上的无限超越性又可作为宗教的终极信仰，使之成为理性的科学、哲学与非理性的宗教的交汇点，这在人类文明的发展中具有无与伦比的意义。

可以断言，道的学说体现了人类文明的最高智慧，是中华民族最伟大的文化资源，也必将成为世界文明相互交融的凝聚点。道学既为中国文化之根基，又为嫁接外来文化之砧木，还是世界各种异质文化的交汇点。道的学说使道学文化具有最高的超越性和最大的包容性。这种最大的包容性，使道学不仅包容进中国诸子百家思想的精华，而且还可以融汇进东西方异质文化中的优秀思想。这种最高超越性，使道学在任何时代都是一种超前意识，道学的智慧不仅能返观人类乃至宇宙创生之初的过去，而且能预见和创造人类乃至整个宇宙的未来。道学文化将科学精神与人文精神重新融汇为一体，打通科学、哲学、宗教、文学艺术、社会伦理之间的壁垒，填平各门自然科学和人文学科之间的鸿沟，将人类认识世界的所有知识变成一门"大成智慧学"，向最高的"道"复归。

什么是道？老子《道德经》云："有物混成，先天地生。寂兮寥兮，独立而不改，周行而不殆，可以为天地母。吾不知其名，字之曰道，强为之名曰大。"（《道德经·二十五章》）"道可道，非常道；名可名，非常名。无，名天地之始；有，名万物之母。"（《道德经·一章》）中国古代的老子、庄子等哲人"游心于物之初"（《庄子·田子方》），舍弃宇宙万物的一切具体属性，寻找宇宙的起始点和产生宇宙万物的总根源，体悟到宇宙万物之中最本质的共相，这就是道。道是宇宙的本原，它有体有用。作为道体，它是宇宙的原始本体，呈现"无"和"有"两种状态的统一。首先是"无"，即宇宙创生之前的虚空状态，称为"天地之始"，具有质朴性和绝对性。然后是"有"，即宇宙创生之际含有先天生机的混沌状态，称为"万物之母"，具有潜在性和无限性。作为道用，它是宇宙万物生化运动的总根源和驱动力，是宇宙演变的法则秩序，即宇宙中普遍存在的客观规律，称为"常道"。道化生出时间和空间，物质与精神，运动与静止，生命和文化，并作为一种物性存在于自然界、人类社会和人体之中。它贯穿古今、囊括万有，其大无外、其小无内，体现了宇宙的真实结构和内在节律。道既是宇宙的本原，又是人体的本我。作为宇宙的本原，道是一种绝对的真知，因而为符号指称所难以描述的绝对存在。语言符号的指称只能描述相对知识，而道是可以体悟难以言说的绝对知识。作为人类心灵的本我，道是"知觉者"，因而具有不可被知，不可当作被测量的对象，即"不可名"、"不可道"的性质。道是无分别相，它可以"齐万物"、"等人我"，不能被区分为"过去"、"现在"和"未来"，但却可以贯通"过去"、"现在"和"未来"。道是人类知识之根、学术之本，它是宗教的终极信仰，哲学的智慧之源，科学的原始公设，美学的最高境界，伦理学的基本价值取向，世界文明的坚实支点，人类精神回归的家园。

老子云："道生一，一生二，二生三，三生万物。万物负阴而抱阳，中气以为和。"（《道德经·四十二章》）这段话是道学文化中关于宇宙创生和演化的基本图式，道学的道就是一种自然生化之道。其中"一"指先天混沌一气，道教内丹学家称之为元始先天祖气，是宇宙创生之始混沌状态中隐藏着的秩序，是产生万物普适的内在节律的信息源。"二"是阴阳二性，即引力和斥力对立统一、相互作用的状态。"三"是有象、有气、有质的信息、能量、物质三大要素。在宇宙创生之前，道从虚无空灵状态中先化生出先天混沌一气，继而分出阴阳二性，再依次转化为信息、能量、物质三大基本要素，在宇宙大爆炸中由信息、能量、物质组成万物纷纭、生机勃勃的世界。物质是宇宙以粒子性存在的方式，它标志部分和整体、个别和一般之间的区别。能量是宇宙以波动性存在的方式，它标志运动和静止、离散和连续等运动状态。信息是宇宙以选择性存在的方式，它标志有序和无序、方向性与合目的性。信息是物质和能量的形式或结构，粒子性的存在形式为束缚信息(熵)，表现为空间；波动性的存在形式为自由信息，表现为时间，因而信息本质上是时间与空间的耦合。宇宙中从无机界到有机界，从生命界到人，都是由信息、能量、物质三大要素组成的，人的心灵或精神本质上是信息的高级形态。在自然界天然变化中发射自由信息的熵增过程，都是可用能减少的过程，这时系统的内能在量上虽然守恒，但在质上要发生退化，可用能会转化为束缚能。孤立系统的内能和信息是守恒的，物质、能量、信息都是可以按一定数学关系相互转化的。[①]这样，最小最轻的基本粒子(如中微子、光子)必然同时具有波动性、粒子性、选择性等三种特征，宇宙从创生起就有合目的性的选择趋势，生命现象的出现及人类心灵的花朵盛开绝不是偶然的。新道学的宇宙图式，消除了西方哲学史上心和物(包括能)的对立，给出了心、物、能一元论的宇宙观，发现宇宙中早已隐藏着出现生命和心灵的潜在根据，这必将对未来的科学发展带来突破性的新动力。

基督教传统将不可逆的时间箭头充作西方文化的支柱，使人们相

---

① 我曾推导出信息量I、可用能E和绝对温度T的关系式：$E=HIT$。当信息量的单位取比特(bit)，$H=0.975 \times 10^{-16}$尔格? K^{-1}，为玻尔兹曼常数k和ln2之积。上式的物理意义是：热力学系统储存的信息量I和该系统的可用能E成正比，和其绝对温度T成反比。结合热力学第一定律，我们还可以得到下面的关系式：$U=HIT+JTS$，U为整个系统的内能，J为热功当量，S为系统的热熵，JTS也叫束缚能。上式说明，在孤立系统的内能不变时，要增加能量的信息储存，就需要做功以减少系统的熵，使其可用能增加。反之，当系统的熵增加时，可用能就减少。由此看来熵不但是热分子混乱程度的标志，而且是能的不可用程度的量度。反之，信息则是系统结构的有序性或能量的有序性及可用程度的量度。这样，我们就可弥补原来能量只从量上量度的缺陷，给出能量从质上比较的标准。另外，人们知道，爱因斯坦也早已推出著名的物质、能量之关系式($E=mc^2$)。

信耶稣的生、死及在十字架上受难都是一次性的不可重复的事件，时间是穿越过去和未来的一条无限延伸的不回头的线。这种观念和中国儒家文化大致相近，"子在川上曰：逝者如斯夫，不舍昼夜！"（《论语·子罕》）道学将"宇宙"并称，"宇"是空间，"宙"是时间，即认为时间和空间有着本质的联系，没有空间的时间和没有时间的空间是同样不可思议的。道学认为时空的量度具有层次性，其大小、长短是相对的："朝菌不知晦朔，蟪蛄不知春秋，此小年也。""上古有大椿者，以八千岁为春，八千岁为秋，此大年也。"（《庄子·逍遥游》）"天下莫大于秋毫之末，而太山为小；莫寿于殇子，而彭祖为夭。"（《庄子·齐物论》）道学从时空的发生探讨宇宙的本原："有始也者，有未始有始也者，有未始有夫未始有始也者。"（《庄子·齐物论》）时空的本原就是道，道的特性是"大曰逝，逝曰远，远曰反"。（《道德经·二十五章》）这就是说，道学认为时间的箭头既是不可逆的，又是循环往复的。[1]道从虚无中化生出先天一气，出现了引力和斥力，正物质和反物质，这就是阴阳二性相互作用的信息源。随着大爆炸后的宇宙膨胀，空间越来越大（大），产生了不可逆的时间箭头（逝），在无与伦比的大尺度上（远），最终出现反复和循环的趋势（反）。道学认为过去中含有未来的信息，未来也影响过去，二者是无法相互摆脱和相互分离的。道学的内丹家发现宇宙中除了可观察、可测量的有形有象的世界（色界）之外，还隐藏着一个无法观测的虚无空灵的世界（无色界），这两重世界相摄相容，即此即彼，亦此亦彼。科学仅能研究宇宙中的现象，道学才能洞

---

[1] 在现代科学中，牛顿力学、爱因斯坦的相对论、海森堡和薛定谔的量子力学，时间的方向都是可逆的，只有热力学第二定律（玻尔兹曼的熵定律）是有时间箭头的。本文关于信息与可用能之间的关系式，就是从玻尔兹曼关于熵的定律入手导出的。至于时间循环的思想，古希腊的斯多葛（Stoics）学派也曾有过，20世纪初数学家庞加莱（H. Poincaré）也提出了循环论的定理。另外，爱因斯坦也发现时空是密切相关的。与道学文化不同的是，西方文化中时间和空间，时间的不可逆性和循环论，是互不相容的观念。

察"物自体"。现代科学的研究范围是探索"色界"的自然律，而道学却在逐步揭示"无色界"的秘密。科学逻辑推理的大厦是建立在无数根本不能证明的"公设"或假设上面的；有公设，就有局限，不可能确知无限的事情。新道学的智慧不但激发人们不断地改变这些公设或假设，不断转换角度去思考问题，而且还要求以内丹学心灵修炼的方式彻底拿掉这些公设，直接进入道的境界，从而超越现象感知虚无。道是不能数学化的，因而没有公设的数学是不可想象的，但道学和西方科学思想却是相容的。新道学是自然的学说，是生化的学说，是变易的学说，所以也是时空的学说，因为空间是变易的场所，时间是变易的次序。道学又是超越时空的学说，当内丹家入静心灵不动时，出现一片虚无空灵的渺冥景象，达到无时空的永恒境界，也就是道的境界，因之道学的智慧能从人的心灵体验中展现出来。新道学的智慧开拓了时空观的新境界，需要当代的科学家和哲学家以实证的精神再对它进行理性的思考。西方科学思想一旦吸收了新道学的观念，必将获得一种革命性的驱动力，从而在21世纪里揭开宇宙、生命和人类心灵的奥秘。

道学文化的精要在哪里？究而论之，道学在本体论上强调一个"生"字，主张宇宙万物生于有，有生于无；在世界观上突出一个"化"字，即认为事物按照对立统一的矛盾规律时时处于变化之中，强与弱、祸与福都是可以在一定条件下相互转化的。在促进事物向有利自己方向转化时贵在一个"因"字，即因任自然，因循客观规律，因势利导夺取胜利。道学以"中"字为纲要，在治国平天下的用世之道上也巧在一个"中"字；在调理人与人、人与自然、人与社会的关系上重在一个"和"字；在个人处事应世上法一个"忍"字；在人身修炼工程上诀在一个"逆"字。道学的精要在于参透自然、社会、人生的客观规律，以道术秉要知本，以"无为"为体，以"无不为"为用，贯彻以柔克刚、以弱胜强、以退为进、以不争为争的策略思想。道学是以"反"为

"动"，以"弱"为"用"的哲学，因而是真正强者的哲学。进一步说，道学追求人与自然的和谐和人本身的超越性，反对人和社会的异化，以回归自然为目标。更进一步，道学确认人在自然界和社会上本身的存在价值，将自然规律和个人命运握之于掌中，进而悟透生死，还虚合道，融身大化，最大限度地开发人体生命和心灵潜能，追求人同道的一体化。道学是一种既可学又可修的文化，丹道修炼是道学探索宇宙规律、参赞天地之化育的重要途径。如果谁能在刻苦研读道书中有了以上深切体验，并能按道的原则规范自己的行为，那么他便会将个人和天下过去未来的大势了如指掌，真正成为一个得道的人。

四

老子《道德经》云："人法地，地法天，天法道，道法自然。"（《道德经·二十五章》）自然是道的特征，道学的智慧主张向道复归，也就是回归自然。"自然"在道家著作中是"自然而然"之义，乃道之本性，自然界（Nature）大致相当道家著作里的"天"。道学不赞成儒家荀子那种"人定胜天"、戡天役物的思想，而是主张"天与人不相胜"的天人互动的原则。庄子提出："天与人一也"（《山水》）；"天地与我并生，而万物与我为一"（《齐物论》）；"天与人不相胜也，是之谓真人"（《大宗师》）；"唯同乎天和者为然"（《庚桑楚》）。道学这种与大自然为友的回归自然的思想，正确地解决了人与自然的关系，又纠正了西方文化破坏自然生态的弊端。道学认为自然界里风吹海啸、花开花落、生灵繁衍，都依自然律而行，而自然律就是道。这些自然存在物天然具有道德和权力的含义，人类戡天役物的活动不能超过自然界允许的限度。现代社会的人们沉溺于科学技术创造的"人工自然"，同天然的自然界逐渐拉开距离。然而，人类距离自然界越远，社会一体化的联系越紧密，生存的基础反而越薄弱，甚至一次偶发事件也会使这些被现代化的绳索捆绑在一起的人们灾难临头。

在文化上，道学认为宗教、哲学、科学、文学艺术(美学)、伦理学是不可或缺且不能相互取代的五个基本要素，只有道能够贯穿于这五个基本文化要素之中。道学能激发科学与文学艺术的创造精神；能给哲学以辩证思维和究天人之际的恢宏气度；能以大慈大善、大诚大信的悲天悯人的宗教信仰情怀给人生以终极关切；能为人类带来普遍的尊严并为社会提供无比高尚的道德观念；能给人类社会提供秩序和价值观的支点；能成为人类知识的源头活水；它的价值观也可成为21世纪科技发展的正确导向。西方文化本来在"象、数、理"上比以周易象数为基础的道家经典有独到的高明之处，形式化的逻辑体系和高等数学的辉煌成就，促进了现代科学大厦的建立。然而20世纪以来，哥德尔的不完全定理证明在形式体系中完备性和一致性不可兼得，海森堡的测不准原理使量子力学的物理定律变成统计性的几率描述。这一科学革命的趋势预示着西方科学需要汲取中国道学的思想才能创新。老子的道学思想和西方哲人巴门尼德(Parmenides，约前5世纪)的"存在不能从非存在产生"的思想相反，主张宇宙万物生于有，有生于无。西方科学已从过去只研究"存在"，不研究"生成"和"演变"的根深蒂固的"构成论"旧观念，向"宇宙万物都是生成的"这种现代"生成论"的新科学观念转变，而"生成论"恰恰是道学思想的核心。新道学思想不仅可以革新西方自古希腊原子论复活以来"构成论"的思想模式，而且在科学方法论上也会导致以分析为主的还原论方法向有机整体论方法的变革。从现代科学发展的大趋势看，生命科学必将成为新的科学革命带头学科，而生命现象是具有自组织能力的有机体，它是不适宜用拆成小零件的还原论分析方法来研究的，新道学的整体观及生命观预示着科学观念的创新。

在世界社会化的大趋势下，21世纪人类社会变革的节奏还会加快，东西方文化交流的层次更会加深。由于这一趋势，一方面各民族的多种异质文化将获得充分地发掘和发展，另一方面东西方各种异质文化将取长补短，加速相互融汇的过程。道学文化是东西方文化交流的桥梁，是人类智慧的凝聚点，一种集多种异质文化优势而呈东西方文化互补形态的新道学文明将要出现。中国哲学家陆九渊（1139—1193）说："东海有圣人出焉，此心同也，此理同也。西海有圣人出焉，此心同也，此理同也。南海北海有圣人出焉，此心同也，此理同也。千百世之上有圣人出焉，此心同也，此理同也。千百世之下有圣人出焉，此心同也，此理同也。"[①]道学是圣人的最高哲学思辨，而圣人的哲学智慧是跨越时间和空间，不受民族和国界限制的。无论东方或西方，无论过去、现在和未来，新道学思想都是人类文明的智慧灯塔。

在社会观上，新道学的核心思想是建构一个模拟自然界或人体生命的自组织、自调节的最优的自动化系统，这个社会系统依乎天、地、人之道，无亲无疏，大公大慈，导人向善，是一种"万物将自化"（《道德经·三十七章》）的自然主义社会。在经济上，道学主张一种以自然生态立国的经济模式，反对无限制地掠夺自然资源，将保护生态环境置于经济生产的首位。在政治上，道学强调一种"天地相合，以降甘露，民莫之令而自均"（《道德经·三十二章》）的分配制度，将普施利益于天下众生作为价值分配的支点。道学从来不反对每个人首先珍惜自己的生命和获得个人的幸福，但也鼓励人们根据自己的条件"参赞天地之化育"。《道德经》讲："天道无亲，常与善人"（《道德经·七十九章》），认为人事的活动要取法自然界的规律，道作为自然法则是客观

---

① 陆九渊：《谥议》，载《陆九渊集》第33卷，中华书局1980年版。

的，无所偏爱的，因而也是无私的，公正的。《庄子·天道》指出，"嘉孺子而哀妇人"，为儒家的仁义之治；"日月照而四时行，若昼夜之有经，云行而雨施"，为道家的自然之治。老子"以道莅天下"，认为"天之道，损有馀而补不足。"（《道德经·七十七章》）人若能达到"有馀以奉天下"的至德，才能接近天之道的境界。道学之仁为大仁、大慈、大善，大仁则无亲，故对天下一视同仁。老子的思想是从母系氏族无剥削、无压迫、无私产的原始公社文化升华而来的，因而具有"天下为公"的超越时代的特征。

中国传统的儒家政治多采用一元化的等级森严的金字塔式结构，这种结构缺乏合理的监督机制，积久则造成一人独裁人人为奴的局面。道学的政体倡导一种"三元一太极"的阴阳互补结构，以自然立法形成相互制约、上下反馈的自调节的和谐机制，百姓逍遥于大自然中自由发展而感受不到政权的存在。道学的社会才真正是在保障个人自由的基础上相互协调而形成的自动自发的秩序(spontaneous order)，它仅受天之道和人之道即自然与社会的客观规律的限制。道学主张"无为而治"，认为管得最少的政府才是最好的政府。道学的自然之治更是否定人治并包容法治的优点且超越了西方法治社会。盖西方文化的价值观鼓励人的贪欲，而社会犯罪皆由贪欲而生，故法律繁多而犯罪不止，司法系统遂成为庞大的社会谋生行业。道学的价值观抑制人的贪欲，自然立法即是将人的行为规范到自然和社会的客观规律上来。这样法律本身也是自然律，代天行罚至简至易无亲无疏，自然之治的法治也即是道治。《庄子》描述了道学不以私心治天下的自然之治："汝游心于淡，合气于漠，顺物自然而无容私焉，而天下治矣。""明王之治，功盖天下而似不自己，化贷万物而民弗恃；有莫举名，使物自喜；立乎不测，而游于无有者也。"（《应帝王》）道学认为自然生态社会是世界上最合理的社会制度，在这种社会里人与禽兽乃至整个自然界都处于平等和谐的状态，人人自食其力，同德而不觉，无宗法等级，无剥削压迫，具有纯真朴实的人际关系。"当是时也，山无蹊隧，泽无舟梁；万物群生，连属其乡；禽兽成群，草木遂长。是故禽兽可系羁而游，鸟鹊之巢可攀援而窥。夫至德之世，同与禽兽居，族与万物并，恶乎知君子小人哉！同乎无知，其德不离；同乎无欲，是谓素朴；素朴而民性得矣。"（《马蹄》）道学关注民性的自然、人的尊严和人性的自由与完整；认为能恢复人类真实、自然、纯朴、善良的本性的社会才是道学的"至德之世"。

在伦理上，新道学的要点就在老子《道德经》所说的"道生之，德畜之，物形之，势成之。是以万物莫不尊道而贵德。道之尊，德之贵，夫莫之命而常自然"（《道德经·五十一章》）这段话里。尊道贵德是道家伦理学的落脚点，"德"就是"得道"，是道在人类社会万事万物中的体现。由此可知，尊道贵德就是要将道的"生化原理"和德的"中和原理"在人类社会生活中展开，使之成为人生的和社会的价值标准。"生"有"生成"、"生长"、"生命"、"生存"、"创造"等含义；"化"有"变化"、"发展"、"转化"、"进化"等内容，二者集中了道的自然性，说明宇宙是由道"生成"的，并处于不停的"变化"之中，整个自然界包括人类社会都在生生化化自强不息地发展着。道化生出先天一气和世界万物，这就是生化原理的作用。先天一气就是宇宙中无处不在的原始自然力，是万事万物生化发展的驱动力，是生命的源泉，是歌德曾经猜测到的"创造力"，它来源于道，是道无所不在无时不有的发挥作用的特性（道性）。道学中的道性也即是德，德的特征表现为"中和原理"。"中"之义有四，从事物规律上讲，"中"为"正"，即中正的必行之路；从事物变化上说，"中"即"度"，即在限度适宜的范围内活动；从空间上讲，"中"是"虚"，虚无乃道之大用；从时间上讲，"中"即是"机"，即"动善时"，因机乘势"不得已"而为之。"和"有和合、和谐、调和、"和而不同"之义，是谐调各类关系和处理矛盾的原理。中和态是宇宙间的自然稳定态，无论宏观和微观的自然界或人类社会的所有运动都有趋向中和态的倾向。天地之大德曰"生"，生就是生长，就是发展，就是创造，就是社会和自然界的客观规律，就是历史潮流。道家伦理学认为，凡尊道而贵德，符合发展规律，顺应历史潮流的行为，都是善的、美的、真的，有人生价值的。反之，那些违道背德，违反发展规律，逆历史潮流而动的行为，就是恶的、丑的、假的，应该被世人唾弃的。道是人类社会伦理价值观念的最高支点，道德社会是人类社会秩序的最高理想。当其"失德而后仁，失仁而后义，失义而后礼"，最后由礼蜕化为"利"，社会道德水准依次下降，一个"上下交争利"的社会是违背道德的。以上为新道学判定人类社会一切思想和行为的价值标准，尊道贵德是道家伦理学的核心。

道之尊和德之贵，并非靠行政命令的干涉和世俗权力的束缚，而是人自身修道养德逐步觉悟与自然节律同步造成的，这是人的自然本性的复归。道学衡量一个国家、一个时代社会进步的标准不仅是经济发展指标，而是要看这个国家在该时代里人民有没有尊严。道学伦理的一个重要特征就是确认人的自然本性是真、善、美的，因之道学反对人的异化，呼唤人类纯朴的"良知"。道的本质是大公大善、大诚大信的，人人都含有道性，因之人的自然本性都是善的，每个人都有与生俱来的先天的良知，只是这种道性和良知被后天的物欲蒙蔽了。由此观点出发，新道学以反异化为特色，倡导一种纯朴的社会，主张通过人体和心灵修炼工程开发出人的良知，使人的真性显露，从明心见性进入道的境界。这样，道学的伦理在世俗社会里就展开为中和、公正、纯真、诚信、俭朴、寡欲、重生、慈爱、善良、宽容、忍让、谦柔等行为标准。在新道学看来，人是自然界的万物之一，是一种觉悟了的"物"，因而才称作"万物之灵"，感知万物就是感知"自我"，只有唤醒自我的良知，才能揭示出宇宙真、善、美的自然本性，才能与道合真。道学的精神是最宽容的精神，道学的社会功能是教化各民族、各色人种同归大道，化邪恶为善良，最终将老百姓的意志体现出来。

道学的政治才真正是公民以自由、平等的身分参与公共事务的众人之治，才会出现真正的公民社会（Civil society）。新道学倡导"以让其他众生也能生活的方式来生活"的全球生态伦理，为地球上人类的生存提供新的秩序。老子《道德经》云："是以圣人常善救人，故无弃人；常善救物，故无弃物。"（二十七章）"善者吾善之，不善者吾亦善之。""圣人常无心，以百姓心为心。"（四十九章）由此可知道学重生爱物、慈善为怀的救世之心。

在个体生命上，新道学主张人通过修道而达到真人的境界，而真人为纯真无假的人，也即道教里的仙人。道学将修道看作是技术问题，认为只要通过内丹学的人体修炼系统工程，按法诀完成内丹筑基、炼精化气、炼气化神、炼神还虚四个修炼程序，最大限度地开发个体生命和心灵的潜能，使自身的精气神与道一体化，与大自然的本性契合，能和宇宙的虚无世界交通，便是体道合真的仙人。人通过道学的修炼达到美国心理学家马斯洛（A. Maslow，1908—1970）"超越心理学"所说的那种"高峰体验"，并和佛教禅宗、密宗、印度瑜珈、伊斯兰教苏菲派等修持方术一脉相通。这样，仙人境界就成了人生的最高艺术境界，是一种至真、至善、至美的最能体现人类生命价值的真人境界。

内丹学是中国学者数千年来苦苦探究宇宙自然法则和人体生命科学的智慧结晶，是一种综合道、释、儒三教文化的宇宙论、人生哲学、人体观、修持经验为一体的理论体系和行为模式，又是一项为探索生命奥秘，开发精神潜能而修炼的人体系统工程。现在内丹学的研究正在引起西方一些著名学者的注意，早在1920年德国学者卫礼贤（R. Wilhelm，1873—1930）就在北京得到一本恰巧是较为通俗的丹经《太乙金华宗旨》，并立刻觉察到它的科学价值，于1926年将其译成德文。1928年，卫礼贤将自己的译稿交给著名瑞士心理学家荣格（C. G. Jung，1875—1961），荣格为此书写了长篇评述，于1929年出版。荣格在对

《太乙金华宗旨》的评述中认为中国古老的内丹学和西方现代分析心理学、心身医学是相通的，他从分析心理学中"看到了一个接近东方智慧的崭新的意想不到的途径"。《太乙金华宗旨》德文第5版上载有歌德的诗："西方与东方，不会再天各一方"①，英文修订版按语中提出"认识心灵始终是人类的最终目标"，而内丹学的研究正是指向这一目标的。英国学者李约瑟博士自号"十宿道人"，对道教方术中的科学内容进行了认真发掘，《中国科学技术史》第5卷第5分册专门讨论内丹学，他称之为"生理炼丹术"。这说明道教内丹学已开始传往西方，它的真实面目正逐步被西方学者所认识。

内丹学的理论基础是试图将老子的道家学说变为丹家的切身体验，在人体中将道家的宇宙论作时间反演的实验，使自身的精气神向道复归，并以招摄宇宙虚空中的先天一气为要诀。这些丹家把人的意识划分为三个层次，即表层的常意识（日常的认知、推理、思维等理性心理活动，丹家称为"识神"）；深层的潜意识（非理性的欲望、梦、幻觉等，大致相当弗洛伊德心理学所研究的范畴，丹功中的"魔"和"真意"属这一心理层次）；最底层的元意识（遗传的本能意识，人的"真性"，丹家称为元神，佛教称"阿赖耶识"）。②这样，内丹学就成了一套凝炼常意识（识神可凝炼为"意念力"）、净化潜意识（"真意"即净化了的潜意识）、开发元意识（识神退位则元神呈现）的心理实验程序。丹家把元神称作"主人公"，是真正的"自我"，当排除常意识（识神退位）进入无思维的虚灵状态时，称为真空妙有的境界，元神便呈现，从而找到了真正的自我，因之内丹学又是一项开发自我，认识自我的生命科学。内丹家通过丹功修炼使自己的身心节律与初始的宇宙根本节律相调谐，将虚空中的先天一气招摄到体内，在恍惚杳冥的混沌状态中与宇宙的自然本性契合，和虚无世界交通，达到后天返先天的天人合一

---

① 歌德：《西东合集》，Jnsel出版社1819年版。
② 胡孚琛：《道教医学和内丹学的人体观探索》，载《世界宗教研究》1993年第4期。

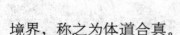

境界，称之为体道合真。

现代科学对于宏观的宇宙和微观的基本粒子都有了较明确的认识，而对于宇宙的虚无空灵状态，对于人本身，人的大脑及其精神活动，对于生命和心灵的本质却知之甚少。许多生命现象和心灵活动的效应上个世纪在科学界引起一次次争议，当代科学在这个同宗教交叉的领域还被一片"乌云"笼罩着。内丹学的研究是打开宇宙虚无世界，打开人体生命和心灵之秘的钥匙，内丹之谜的揭开必将给现代宇宙学、生理心理学、心身医学、脑科学特别是认知科学带来突破性的进展。我相信，内丹学的西传必将引起一些宇宙学家、数学家、医学家、心理学家、脑科学家的注意，从而调动东西方学者的智慧共同攻下人体生命科学前沿的堡垒，为全人类造福。

总之，道学文化包括究天人之际的自然学说，察古今之变的历史学说，穷性命之源的生命学说，集中了自然、社会和人体生命的智慧，必将给21世纪的人类带来希望。新道学是革新的文化，前进的文化，通向未来的文化，世界大同的文化。新道学文化不仅是属于中国的，也是属于东方的，更是属于全世界的。

道教思想四论

——关于道教教义现代阐释的思考

张继禹

张继禹，汉张道陵天师第65代孙。中央民族大学宗教学专业毕业，研究生学历。现为全国人大常委、中国道教协会副会长、中国道教学院副院长、《中国道教》杂志主编。主要学术成果：主编《中华道藏》(49册)、《道法自然与环境保护》，著有《天师道史略》等，发表论文数十篇。

道教是中国本土固有的宗教，道教文化是中华传统文化的重要组成部分。在道教文化中，道教教义思想居于基础和核心的地位。自祖天师立教以来，道教教义思想经历不断丰富发展的几个大的阶段，如魏晋南北朝时的神仙之道、隋唐时期的重玄之道、宋元时期的内丹之道等，使道教不断在因应社会文化发展、民众精神需要及引领信仰中发挥积极作用。在这个过程中，我们可以看到，无论是哪个历史阶段或哪个宗派，都有两个不变的、一以贯之的主题：一是以"道"为根本的信仰；二是注重天道与人事的相通。"道"的信仰是道教徒的根本的、核心的信仰，也就是道教徒最高的、共同的信仰，道教的一切教义思想和修行方法都根本于道。天道与人事相通也就是要把对"道"的信仰贯彻到现实生活中，使道教教化度人的目的得到落实，也使人能与道相通，与道合一，从而确立起道教"人天沟通"即"人神沟通"、"天人合一"的教义思想体系。这已成为历代道教徒不变的、独立的精神，一贯到底。

千百年来，道教之所以不断得到承传发展，其原因就在于历代弘道阐教之祖师既围绕核心信仰和教义思想中心一以贯之，又能使教义思想深深扎根于文化和社会中，在社会发展的进程中积极发挥作用，适应民众的需要，深入到信众的心里，满足信仰引领信仰。道教发展到现代社会，面向现代、面向世界、面向未来，迫切需要加强对其教义思想的研究与阐释。就道教立教之宗极之本；普遍的道性与个体万殊之间的关系；个体信道、得道在理论与实践中的可能；道教出世的神仙追求与入世济世的生活态度和社会责任感的圆融；现代人如何在生活中修道等等重大问题，在继承传统的基础上进一步作出新的阐释，以梳理出一整套符合新时期道教发展需要的、符合时代进步要求的教义思想体系，也就是要开展"道教教义现代阐释"，从而建构起一种适应现代社会发展和民众信仰需要的新的教义思想体系。

道教思想四论正是基于这样一些思考上提出的，也是在过去思考与梳理基础上的提炼与总结。所谓道教思想四论，一是道神一元论，重在梳理道教教义中的尊道与敬神即道教信仰的问题；二是道物依成论，重在梳理本体之道与万殊各异的个体之间的关系问题，重点讨论道性与人性之关系；三是生道合一论，重在梳理和论述关于道教生命价值观的问题，为道教重生贵生的教义思想寻求理论的支撑；四是道俗圆融论，重在梳理道教入世济世与追求神仙超越的关系问题。我以为，道教思想四论是当代道教教义现代阐释的最重要的四个方面，要在以道神一元论为根本，以道物依成论与生道合一论为依据，以道俗圆融论为目标，通过梳理与阐释，为现代道教教义思想的建构作出探索。利益道教文化精神更好地继承和弘扬，利益道教更好地引导广大信仰人群正行正信，利益道教更好地融入生活、与社会相适应。

一、道神一元论

 道教的核心信仰，是以"神仙"为核心还是以"道"为核心，对一般民众而言往往会在一定层面上产生模糊认识。就道教自身而言，道教的信仰自成体系，道教的教义也自成体系，这两个体系是一致的。但由于在历史上，道教的信仰起源于秦以前的鬼神与方仙信仰，道教的教理主要来源于先秦道家，所以当人们按照历史源流的知识背景论述道教的信仰和教理时，就不免因历史"二源"之故，变生出义理"二元"之见解。以信仰与教理为二元，意味着信仰尊崇神意，教理崇尚自然。神意引导人追求至善，自然听任人顺适本真。二者含义非一，则何为道教立教的宗极之本，遂成为必须首先回应的问题。同时，由于道教的教义体系是由各派宗师递相推阐而形成的，不同的宗派形成于不同的时代，所以各宗派的义理解释之间，也包含了某些时代文化特点、地域文化特点等差别，但就总体而言，道教的教义是服从于解释、阐发信仰需要的，而道教信仰，无分宗派，莫不以三清道祖为宗本。所以，最高信仰的统一性，决定了各宗派教义解释的统一性；教义服从于解释信仰需要的内在特性，决定了教义与信仰的统一性。这样一个判断，可以征之于道教发展之史实。讲道教信仰，首先要说清楚道与神仙的关系。但是，从单纯的历史知识的角度描述道教者多见，而深入道教"道神一元"之理窟，发掘出道教之精神内核者罕闻。故在信仰层面将二者圆融结合起来，可以更深入地发掘道教的传统文化资源，为当代道教的文化重构奠定基础。

 通常认为，以《道德经》、《庄子》为代表的先秦道家典籍，更多的是一种哲理性的经典，其所谓"道"，也是一种属于哲理性的范畴和概念。但我们是否能在《道德经》、《庄子》中发现其关于"神"的宗教性情结呢？我们认为，先秦道家典籍本身就包含神仙的内容和修仙的方术。《道德经》以"道"为最高范畴，并提出"吾不知其谁之子，象帝之先"。一种解释是"道"在"象帝"（有形的天帝）之先，另一种解释是"道"好像在天帝之先。无论如何解释，《道德经》都没有否定天帝的存在，只是认为"道"比天帝更为根本，天帝也是"道"所派生的。这就意味着，"神"源于"道"，"神性"即"道性"。从这个意义上讲，《道德经》已经蕴含着"道神一元"的思想。《庄子》中更进一步阐述了道为神之源，神以道为本。《庄子·大宗师》说，道"有情有信"、"无为无形"，"神鬼神帝"、"生天生地"。天神（"帝"）之所以具有神妙莫测的力量，就在于其内在的道性使然。《庄子》又提出，人得道之后，也能成为神仙。《庄子·大宗师》说："氏得之（即得道），以挈天地；伏羲氏得之，以袭气母；……狶韦黄帝得之，以登云天；颛顼得之，以处玄宫；禺强得之，立乎北极；西王母得之，坐乎少广，莫知其始，莫知其终；彭祖得之，上及有虞，下及五伯；傅说得之，以相武丁，奄有天下，乘东维，骑箕尾，而比于列星。"

道教承继了先秦道家关于"道"的理念及其所蕴含的"道神一元"论思想，进一步阐述了神与道的一致性，并提出了道为最高神灵的观念。

祖天师所著《老子想尔注》，一方面反对将"道"形象化，以强调"道"的虚无本性，认为"道至尊，微而隐，无状貌形像也。但可从其诚，不可见知也。今世间伪技，指形名道，令有服色名字，状貌长短，非也，悉耶伪耳"。但提出道有"诚"，已意味着"道"有意志，可以人格化。故《老子想尔注》另一方面又因应人们对信仰对象神灵化的传统，提出"道"即是最高的神灵——太上老君。《老子想尔注》说："神成气来，载营人身，欲全此功，无离一。一者道也，今在人身何许？云何？一不在人身也。诸附身者悉世间常伪伎，非真道也。一在天地外，入在天地间。但往来人身中耳，都皮里悉是，非独一处。一散形为气，聚形为太上老君，常治昆仑，或言虚无，或言自然，或言无名，皆同一耳。"在道教中，这段话无疑是关于道之理念即是至尊神太上老君的经典诠释。所谓"神成气来"云云，表明其诠释是由个体的生命体验去感悟道神一元、一体的教义。个体的"小我"生命，究竟从哪里来？又如何得以存在？这类问题，似乎是一切有宗教追求者都要追问的，也是一切宗教都要回答的，只是不同宗教的答案可能不一样。按照《老子想尔注》所代表的道教的答案，个体生命的"小我"之所以生，首先根源于"神成"，这个神，既是精神的神，也是神灵的神。所谓"神成"，也就是万物大化流行之神所凝结的生成个体"小我"的种子。只有"神成"，才能够凝聚元气而呈现出此情此景之"小我"。从这样的生命体验里，我们能够近取诸身地感悟到神的存在，它既是道，也是一，营卫或者说充盈着个体生命的全部，并不特别存在于丹田之类的某一处，也非悬隔在与个体生命没有直接关联的天上宫阙里。这个神、道或者一，既弥漫在万物大化流行之中，而为气，也凝聚而为至尊神太上老君。从义理上说，凝聚为至尊神太上老君与凝聚为小我，都是"神成"，二者在义理上是一贯的，是同一个道亦即神。二者虽然有普遍与特殊式的差异，但没有本体论意义上的不同。按照这样的教义，《老子想尔注》必然要针砭神灵附体之类的巫俗活动，因为这类活动也是道神信仰的泛滥化形式之一，违背道神信仰的统一性、严肃性、神圣性，所以是"伪伎"。

在历代道教的重要经典中，认为"道神一元"的思想是比较普遍的。《度人经》颂语云："元始祖劫，化生诸天，开明三景，是为天根，上无复祖，唯道为身。"认为元始天尊化生诸天，天尊即以"道"为身；从南北朝一直到隋唐，各种道教经典都论述了道与神的一体性。如《太上老君虚无自然本起经》、《元始应变历化经》等经典都言"道"历变为元始天尊、道君、老君等；《天师请问经》云："道为最尊，常在三清，出诸天上。以是义故，故号天尊，或号玉帝，或号高皇，随便一切也。"认为道教的神与"道"是一体的，道化为诸神，诸神即代表着"道"；南北朝后期《太上洞玄灵宝十号功德因缘妙经》、隋唐初《高上玉皇本行集经》，隋唐初道经《太玄真一本际经》、《元始洞真决疑经》(也称《太上决疑经》)、《太上洞玄灵宝业报因缘经》、《太上洞玄宝元上经》，也都表达了道即尊神的观念，尊神可以化形分身万千，历劫济世度人。《太上洞玄灵宝业报因缘经》卷八《生神品第十九》说："尔时太上大道君曰：吾以道气开张天地，剖判阴阳，运化因缘，生成万物，分神布气，养育人民。"又说"元始以一气化生三气"，也化生出了清微天玉清境、禹余天上清境和大赤天太清境等仙境。唐代道经《老子像名经》说："十方天尊皆是元始应气，生死十方，安镇国土，教导众生，随其缘感，散影分身，变现无穷，与劫轮转，隐显不恒，开度一切，福被万天。"不唯十方天尊，即便是道教三清尊神也是如此。北宋道书《神功妙济真君礼文》云："一气流形，三尊应世。"此即"一气化三清之说"。如此等等。

承上所述，我们大概可以说，道教既有"修身成道"的教义，也有"道成神身"的教义。用这样一种方便的说法，可以通过与其他宗教的比较，获得对道教教义的理解。

"道神一元"，也就说明了尊道与敬神的一致性。道有神性，可以感应众生之心灵；神有道性，依道而赏善罚恶，济世度人。修行可以证道，敬神可以祈福。强调"道神一元"，一方面使虚无之道有了对象性，起众生之敬信；另一方面又彰显了神本道而行。《道德经》说："天道无亲，常与善人"。神意即体现着天道，故敬神之人，应该做到"是道则进，非道则退"，以臻于"孔德之容，惟道是从"的境界为目标。

二、道物依成论

　　道教在现代生活中，还需梳理的一个重要问题就是，道作为宇宙万物的本体与个体之间的关系究竟如何？这主要包括两个问题，一是作为个体之一种的我与道是什么关系？二是世界万物与道是什么样的关系？对这些问题的探讨，将直接关系到道教信仰确立的理论基础。

　　首先，从宇宙生成论的角度来看，道生天地万物，为天地万物之宗祖。《道德经》说："有物混成，先天地生……可以为天下母。吾不知其名，字之曰道。"又说："道生一，一生二，二生三，三生万物。万物负阴而抱阳，冲气以为和。"一般认为，"道生一"即道首先化生出元气。以元气来说明道生万物的具体过程，在道教经典中有许多论述。如汉代出现的河上公《道德真经注》，既提出"道生万物"的观点，又提出"元气生万物"的观点。其解《道德经》"无名，天地之始"一句，认为"无名者谓道。道无形，故不可名也。始者，道之本也。吐气布化，出于虚无，为天地之本始者也。"道吐气布化，为天地之本始，此气即"元气"。其解"生而不有"一句说："元气生万物而不有。"早期道教的另一重要经典《太平经》亦认为"元气"是宇宙万物的本根。经中说："夫物始于元气"，"元气乃包裹天地八方，莫不受其气而生。""元气恍惚自然，共凝成一，名为天也；分而生阴而成地，名为二也；因为上天下地，阴阳相合施生人，名为三也。三统共生，长养万物。"《太平经》认为"元气"在"道"的作用下，其一聚一合，生成天地万物和人。经中说："夫道何等也？万物之元首，不可得而名者。六极之中，无道不能变化。元气行道，以生万物，天地大小，无不由道而生者也。"

　　在"道"以"元气"化生万物的过程中，"道"并不自居是天地万物和人的主宰，天地万物和人不过是元气之自然生化的结果。河上公《道德真经注》说："道法清净不言，阴行精气，万物自然生长。"

由于万物的生成都离不开元气，故《庄子》指出："通天下一气耳。"《元气论》也说："人与物类，皆禀一元之气而得生成。"这样，道教就用元气的普遍性，解释了万物的统一性问题。同时，元气生生不息的特征，也为道教的长生成仙说奠定了基础。《庄子》说："人之生也，气之聚也。聚则为生，散则为死。"因此，只要保存体内之元气聚而不散，生命就可以获得长存。河上公《道德真经注》就指出，"人能自节养，不失其所受天之精气，则可以久。""人能抱一，使不离于身，则长存。一者，道始所生太和之精气也。"

其次，从宇宙本体论的角度来看，道是万物得以存在的内在根据，而万物则是道的具体显现。虽然道在天地万物产生之前就已存在，但这时，它不具有任何具体的规定性，故可以称之为"无"。当道化生出万物后，"无"就变成了"有"，万物之中都蕴含着道的作用。没有道，万物无以生成；没有万物，道无以显现。道物之间的依成关系，唐代高道王玄览在《玄珠录》中曾有过精辟的论述，他认为道与万物的关系，就"如以泥印字一样，将印以印字，泥中无数字，而印字不减。"并说：道"冲虚遍物，不盈于物；物得道遍，而不盈于道。道物相依成，一虚一实。"所谓"道物虚实相依成"，就是说"道"本至虚，由万物而显其"实"；物皆实有，然物所由生，缘于至虚之道。由于"道物相依成"，故不能将道与物割裂开来，或者是将道与物视为对立面，二者应是即二而一，即一不二的关系。唐代高道成玄英在《道德经义疏》中就曾指出："道不离物，物不离道。道外无物，物外无道。用即道物，体即物道。……道物不一不异，而异而一。"这段话表明，其一道就存在于万物中，万物都是道的显现，故道与物不是截然分开的；其二道是体，物是用，从体用同源来说，道与物具有同一性；从体与用的区别来说，道与物又有相异性。

道生万物之后，道即内在于万物之中，故道经中说："一切有形，皆含道性。"具体到个体的人来说，由于每个人都具有道性，所以都可以得道成仙。但是，要保有此道性，乃至达到与道合一的境界，就必须修行。王玄览在《玄珠录》中就指出："众生禀道生，众生非是道。以非是道故，所以须修习。""明知道中有众生，众生中有道，所以众生非是道，能修而得道；所以道非是众生，能应众生修。是故即道是众生，即众生是道。"人具有道性，但同时也还有受情欲、形质影响的"物性"，故并非已经完全与道合一，所以必须修道，才能得道；同时，道就在人身中，故人修道，并不是要修成一个外在于自己的客体，而是自己已有道性的完善和扩充。这也就回答了"若众生非是道，而修得道者，乃得身外道"的疑问。

　　道教还进一步从"道"与"心"的关系，论述了普遍的道与个体的人的关系。《太上老君内观经》就指出："道者，有而无形，无而有情，变化不测，通神群生。在人之身，则为神明，所谓心也。所以教人修道，则修心也。教人修心，则修道也。"这就是说，本体之道，就具体呈现人心中。人修此心，即是修道。《三论元旨》也说："心等于道，道等于心。即道是心，即心是道，心之于道，一性而然，无然无不然，故妙矣！"认为人心与道具有共同的存在本性，道与人心可以相通；人修己之心，达己之性，就可以通于道之性。人性与道性通，故人性可以和道性一样，神妙莫测，神通广大。所以，我们赞同这样的观点，即"道即心也，心即道也。道由心生，心由道生。因心明道，因道悟心。心生为性，性从心有，此性者真性也。无生无灭，无去无来，不增不减，如如自然。""道"与"心"的关系可以从四个角度去加以界定：一是认为人心与"道"存在的包容关系。所谓"道即心也，心即道也。"就是说心与道互相拥有，你中有我，我中有你，在本质上是相通的；二是认为人心与"道"存在的互生关系。这侧重于人心与"道"的相互感应。人心具有能感之性，道具有可感之性，"道"因人心之感而明，人心因感"道"之性而灵。"道由心生，心由道生"，心与道互生互有，彼此因感而相通；三是认为人心与"道"存在明悟关系。"因心明道，因道悟心"，认为人心是悟道之主体，人心可能掺杂有非道的内容，但这些内容不是人心的本来面目，人心的本来面目即是道，因明道而知人心之本然；四是认为人心因得"道"而成性。人心与性，两者关系非常密切，人心具性与情，性则善矣，情有善有不善，人心不悟道，则此人心充满人情而有善有不善，人心悟道，人心即转为人性，无不善矣。性为心之体，不离心而在，心悟道则性现，因性现而心道相通。与道相通之心则为本心，从本心看道，则道即本心；从道看本心，本心便是道。

概言之，"道"贯通天地人，是宇宙的本原与本体，属道教教义中最高实体的范畴。道先天地而生，但道又处于历史发展过程中。在历史发展过程中，道逐渐具体化，因而有了天地和万事万物。道是一个展开的过程，这个过程既是道由潜在向现实的过渡，也是由现实向道自身的回归。道就存在于大化流行中。人作为万物之灵，能够自觉体认到自身中所蕴藏的道性，通过身心炼养，能够完善和扩充此道性，至于达到与道合一的境界。

三、生道合一论

在道神一元的信仰与道与人通的教义的指引下，道教非常重视人的生命价值，主张以生为乐，重生恶死，追求长生不老，内在精神实质则是生生不息。道教认为，"道"是"生"的基因，生命、生存、生长都是"道"的功能表现形式，《老子想尔注》中说："生，道之别体也。"因此，道教教义思想的一项重要内容便是"生道合一"。

道教历代宗师都倡导"贵生"、"重生"和"生道合一"的思想。南北朝高道陶弘景在《养性延命录》中云："夫禀气含灵，惟人为贵。人所贵者，盖贵于生，生者神之本，形者神之具。"认为天地间所有禀气含灵的一切生命存在形式中，以人为贵。人之所以贵于其他禀气含灵，在于人的生命形式。人的生命形式本身就体现了神之属性，神是道的载体，故人的生命形式的存在也即体现了道的存在。唐代高道司马承祯《坐忘论》认为："夫人之所贵者生也，生之所贵者道也，人之有道，如鱼之有水。"又云："养生者慎勿失道，为道者慎勿失生。使道与生相守，生与道相保，二者不可相离，然后乃长久。"《太上老君内观经》中说："道不可见，因生以明之；生不可常，用道以守之。若生亡则道废，道废则生亡。生道合一，则长生不死。"又说："老君曰：道无生死，而形有生死。所以言生死者，属形不属道也。所以形生者，由得其道也。形所以死者，由失其道也。人能存形守道，则长存不亡也。"人最可宝贵的是自己的生命，生命之所以可贵乃在于它是道的体现。人与道的关系，就好比鱼与水的关系，鱼离水则死，人失道亦不能生。所以，道教特别重视养生、摄生，而养生、摄生的最重要目的乃在于体道，养生者不能失道，失道则不可能养生；体道者要重视养生、摄生，因为道与生相守，道不离于生。生命的存在是道的体现，生与道可以相保。

道教"重生"、"贵生"的教义思想与道的精神并不相悖，因为"生"与"道"是合一的。唐代高道吴筠就认为，老庄之"道"，与追求长生成仙之间，并不存在矛盾，并以此来说明道教的"重生"、"贵生"和"生道合一"思想。他所著《玄纲论·长生可贵篇》有云："或问曰：'道之大旨，莫先乎老庄，老庄之言，不尚仙道，而先生何独贵乎仙者也？'愚应之曰：'何谓其不尚乎？（中略）老子曰：深根固蒂，长生久视之道。又曰：谷神不死。庄子曰：千载厌世，去而上仙，乘彼白云，至于帝乡。又曰：故我修身千二百岁，而形未尚衰。又曰：乘云气，驭飞龙，以游四海之外。又曰：人皆尽死，而我独存。又曰：神将守形，形乃长生。斯则老庄之言长生不死、神仙明矣，曷谓无乎?'"针对有人提出老庄之学不言长生久视，不言神仙的观点，吴筠提出了不同意见。他认为老庄之学亦有"重生"、"贵生"的宗旨。如老子讲深根固蒂，是达成长生久视的方法；谷神不死，意味着长生可期。这对于道教形成生道合一的教义思想，是有着重要的启发意义的。庄子认为神仙是一种理想的人格存在形式，人修身可以长生，成为神仙，神仙其身形可以不衰、可以长存，人通过以神守形，则形将长生，这是庄子的修长生之法。因此，老庄之道并非不言神仙之长生。"重生"、"贵生"、"生道合一"的思想同老庄之道是有密切联系的。

道教认为，人的生命并不取决于天命，而是可以掌握在人自己手中的。早期道教经典《太平经》称："天道万端，在人可为。""天道"就其内容而言是非常丰富的，可谓是"万端"，但是人可以认识和运用"万端"的"天道"。因此，人在"天道"面前不是无能为力的，而是可以有所作为的。东晋高道葛洪在《抱朴子内篇·对俗》中认为："陶冶造化，莫灵于人，故达其浅者，则能役用万物，得其深者，则能长生久视。"葛洪在《抱朴子·黄白》引《龟甲文》明确表示："我命在我不在天，还丹成金亿万年。"认为人可以主宰自己的命运，可以通过修炼和服饵，使自己的生命达至长久。在葛洪之后，《西升经》亦提出："我命在我，不属天地"的主张，认为人的生死、寿夭取决于自身，而不由外在的某种力量所决定。南北朝韦处玄在《西升经集注》中称："天地与人俱禀自然，一气之所生，各是一物耳。焉能生我，命乎我。但去心知，绝耳目，各守本根之同久矣。"天地人俱禀自然之气，由一气所化生，人之生就在于其所禀自然一气，人所禀自然之气与天地所禀相同，天长地久，人何不能长久? 天地不能"生"我、"命"我，人只要存自然之气，亦可以与天地一样长久。对此，唐代高道李荣也注称："天地无私，任物自化。寿之长短，岂使之哉，但由人行，有善有恶，故命有穷通。若能存之以道，纳之以气，气续则命不绝，道在则寿自长。故云不属天地。"认为人的生命是否长久，与自己的行为有关，也就是说人之行为有善、有恶，故命有穷、有通，如果人能为善去恶，在此基础上，再存之以道，纳之以气，因气续而命不绝，因道存而寿长久，在这个意义上而言，人的生命当然不属于天地，而可以由自己来做主了。

关于如何养生，以致达到长生长视的境界，历代道教徒作了不懈的探索。东晋高道葛洪指出，"以药物养身，以术数延命，使内疾不生，外患不入"，就可以"久视不死，而旧身不改"。为此，历代道教徒在医学、药物学、化学等领域做出了巨大的成就。隋唐五代以来，道教内部有钟吕内丹道的兴起。内丹道认为，人的身体中就包含有天地至精之物，人体的小宇宙中也蕴藏有天地大宇宙的秘密，人的生命之道与宇宙大化之道是相通的。人只要能调和自身生命中的精、气与神，就可以结成金丹，金丹成熟，可以化作圣胎，从而返本复初，与道合一，生生不息。

道教"重生"、"贵生"、"生道合一"的思想对于当代社会来说，亦有其重要的意义。也就是说，道教不仅可以继续为社会人群提供有益于他们身心健康的思想与方法，道教自身也能在服务社会、服务人群的过程中不断得到发展。

四、道俗圆融论

道俗圆融的问题，关涉宗教的神圣性与世俗化的关系，这也是各大宗教都不可回避的老问题。那么，道教认为神圣与世俗是一种什么样的关系呢？这自然也是当代中国道教应该认识思考的问题。

在道教看来，不管是世俗的人性，还是神灵所具有的神圣性，均是"道"性的显现。人性就其本质而言，亦是道性，人性与道性是相通的。神性并不与人性相异，人性的本真存在即是神性。但是，世俗的人性常常因异化而与神圣性相背离。那么，究竟是一种什么样的力量，促使了人性的异化呢？人性是本真的至善，但人的存在并不仅仅是一种精神性的存在，他具有生物性，有现实的物质要求，如生存、延续后代等，由此便引发出如衣食住行、吃喝拉撒、两性之欲等要求。这种要求的满足本身当然无可非议，但是这种满足因其在实现过程中程度、层次的不一，其追求成为一个无止境的过程。如果人仅只诉诸感性的满足，则会导致人之贪欲的无限膨胀，无限膨胀的贪欲就可能引导人性朝非人性发展，由此，人性的异化则开始了。但人性的异化并不意味着人性与道性在神圣性上有本质的不同，异化的人性中，虽然恶的成分遮掩了本真的善性，但本真的善性并不因此而不存在。道教认为，去除异化之后，人性便可以与道性的神圣性相合。

可见，人性与神性并不是对立的，人当努力向善，恢复自己的本真性。神性之所以是神圣的，乃在于它是永恒的、最完善的、最美好的。世俗的人性之所以被看作是不完善的，乃在于其与"道"的神圣性相背离。道教认为，通过道的修持，可以提供人性复归之路，神圣在世俗中可以得到圆融。世俗性本身可以体现、映鉴出道的神圣性；通过对道的修持，世俗性可以将蕴含于自身中的"道"的神圣性澄明出来。这就是道教的"道俗圆融"论。

道俗圆融论主要解决的是道教出世的神仙追求与入世济世的生活态度和社会责任感的矛盾问题，以及现代人如何在生活中修道的问题等。

道教是来源于民间的宗教，它是在老百姓最需要它的时候应运而生的，所以它在宣扬出世精神的同时，也洋溢着积极的入世情怀，主动关心社会、关爱他人。道教的入世情怀和济世功德，都建立在其教义思想的基础上，宗旨在于以入世的态度达到济世度世之目标，阐扬大道以裨益社会人群，裨益世教。

自入世以求济世，尽管不无世俗化的种种形态，但其根本旨趣却超越于一般世俗生活，是要对世俗生活进行升华。就这一点而言，道教亦非常强调超越性。但这种超越性并不意味着神圣之道与世俗社会是两不相干的，道教之所以在世俗社会中传道、进行教化，其实是其背负着伟大的宗教理想以推进社会发展的一种表现。因此，宗教所普遍具有的神圣性与世俗化的矛盾，反映在道教中，即是如何将入世济世与神仙超越统一起来；如何依据于道教的教义特质、因应时俗变化以调整行教方式的精神，即道经所谓"随方设教"。通过对这个问题的思考，可以体现出道教的济世利人的大乘精神，也可以为我们当代道教的发展提供某种有益的启示，找到道教在现代社会的生长点。

面对入世济世与成仙证道构成的矛盾，《道德经》中关于可道与常道、《度人经》中关于度己与度人的辩证论述，道家的超然物我的思想智慧和神仙自由逍遥理想，为道教解决这一矛盾奠定了理论基础。在这样的教义思想指导下，务道之士一方面入世以济世度人，广行善举，关爱社会人群，以己之力利济他人，奉献社会，成就社会，积功累德；一方面修炼自我，遁居修仙，炼性炼命，以度己度人。这样便使入世与超越这一矛盾在一个更高的层面上得到了统一。

在当今来说，要继承和发扬道教的这一传统，着重要处理好以下几个方面的关系。

(一)修仙与尽社会义务

修道学仙既是个人的追求和向往，又是自我生命与情感的真实体验；既是个人的事情，又离不开人们共同生活的社会。首先，修仙者也是社会成员之一，为父母和社会所生育与培养，当尽社会责任和义务，要入世济世，回报社会，维护社会的祥和与安定，德臻人间。当然，尽社会义务并不是说修仙者不要自我的宗教生活和信仰，恰恰相反，要以神仙为楷模，自尊自信，遵循道教教义与规戒，修持诵经，礼敬神明，要以道教的教义和语言指导自己的言行，也就是要坚持自己的宗教行为、宗教修持、宗教制度等。修仙者进入社会以尽社会义务，关键在于务道奉道者以怎样的生活方式来表现自己。道经所谓"和其光，同其尘"，典型地代表了道教对待这一问题的态度，即一方面要从文化和信仰上保持修道者的主体自觉，以道诫自律，期于修仙证圣，且能与世人同处，适而无累，和而常通，所以说是"和其光"。光者，修道者的主体自觉之谓也。另一方面又须以平和心入世，想人所想，急人所急，积功累德，济世利人，所以说是"同其尘"。这样一种态度，奠定了道教回应上述问题的基本思路。

（二）精神生活与物质生活

人生在世，离不开衣食住行等物质生活，但物质生活必须以精神生活为指导，以精神生活来丰富物质生活。对于修道者来说，最重要的是形神合同，是以身心健康为出发和归旨，一切物质条件都要有益于身心健康，而过分贪求则使人身心疲役。所以道教教义劝诫人们少私寡欲，淡泊名利，以免心灵为外物所缠绕，精神受到牵制，以致心身沉迷，持物丧身。对人生来说既要入世以享受生活，促进生活，又要保持心身的安定和清明，要多做济世的事情，以养形神；要以神仙超越的精神为宗趣，以使精神逍遥自适；重要的是要学会以出世的精神做入世的事业。

（三）信仰与理性

理性精神追求至真，宗教修持追求至善，二者之间在理论和实践两个方面都往往会发生冲突。站在理性精神的立场上看，宗教的终极理想是难以用科学技术的手段予以证实的，而站在宗教的立场上看，偏执于理性的单方面发展，人类亦将前途堪忧，因为理性只能判断事实，所以理性并不能对其所有的最终成果负完全责任。这种深刻的冲突反映在关于宗教神圣性与世俗化的讨论中，使问题表现得异常复杂。理性规约信仰，不使偏失；信仰超越理性，走向崇高。以道教而言，修持是要追求至善，而对道的信仰则是追求至真。历代道教徒在修道修仙的历程和探索中曾为中国的思想文化、中国科学技术的发展作出了多方面的贡献，这说明大道无为无不为的精神是至真理体。修仙的信仰之路上有着诸多的证仙修仙之术，属命功，其中难免有理性主义者难以理解的，但所有的证仙之术并不是独立于道之外，相反，都应是在道的理体之中，要以性功为基础，要保持自我心神的清明，也就是说诸多的证仙之术必须以道的教义思想为理论基础，必须在道教的教义体系之内，否则就不是真正之道。当今世界，思想文化繁荣，科学技术迅猛发展，我们要以道教追求至善至真的精神，广开视野，不断丰富自己的科学文化知识，完善自我，弘扬道教。

（四）常道与可道

当代道教教义思想体系的建构和完善，一是要进一步确立和完善根本信仰的合理性；二是要贯通道与人，道与物的关系，使教化不失去依据，信仰的实践也有了实现与体验的途径。所谓确立和完善根本信仰的合理性，就是要透过对真常之道的探究，明体以达用。道教教义的根本宗趣在于倡真常自然之道以明人事，亦即以神明之尊的自然永恒的常道为根本，以善道化人的可道为印证，引导人们修行真道。在这里，常道是永恒的理体，是信仰的核心，而根据"常道"所行的"可道"的教化学说与方法，则是随方设教的，是因应时代变化，适应社会发展需要的。也就是说，"常道"作为根本教理和根本精神是不变的，用现在的话说就是信仰是不变的。"可道"作为行教方式是因应社会现实的变化而变化的，也就是说"可道"是要保持常新的。也只有不断保持"可道"的常新才能切合历史发展的现实，使"常道"的根本宗旨和真精神落到现实社会中，升华人生。对常道与可道的理解和辨识，要的是正确认识和发掘道教的内在价值，正确处理传统道教与现代社会转型的联系，把握现代社会的基本特质，找到道教传统与现代文明的价值性结合点和道教在现代文明中的生长点，做到明体以达用，从而建立起切合现代社会文明的教义思想体系。

五、结语

以上四个方面虽然看似各自相对独立的，但却又是相互联系的。道神一元论是核心和根本，道物依成与生道合一是依据和津梁，道俗圆融是目标。旨在通过这四论，梳理出道教教义的核心和基本精神并作出新的阐释，为道教教义思想的现代建构作出探索。这需要既继承道教教义中的优良传统，又要结合时代和社会的精神，亘古而常新。亘古而不因循僵化，要在继承；常新而不沽名钓誉，重在发扬。亘古常新体现的就是继承与发展的文化精神。面对现代社会带来的机遇和挑战，当代道教要在继承和发扬上下功夫，高度重视道教教义思想阐释，重视当代教义思想体系的建构，满足和引领民众的信仰需要，积极与社会进步相适应。

道家智慧的当代价值

傅佩荣

傅佩荣，祖籍上海。1950年生于台湾，台湾辅仁大学哲学系毕业，台湾大学哲学研究所硕士，美国耶鲁大学哲学博士，专攻宗教哲学。曾任比利时鲁汶大学客座教授，荷兰莱顿大学讲座教授，台湾大学哲学系主任兼研究所所长，现任台湾大学哲学系、所教授。

主要著作：《成功人生》、《儒道天论发微》、《儒耶会通》(英文本)、《儒家哲学新论》、《中西十大哲学家》、《柏拉图》、《解读论语》、《解读庄子》、《解读老子》、《解读孟子》、《解读易经》、《哲学与人生》等。

我们了解一派哲学，先要看它的整个时代背景。根据司马迁的说法，老子的年代可能比孔子早30年，他负责周朝的国家档案图书资料。从这个背景可以知道，老子对于历史上的兴盛衰亡、人群社会的安定或者祸福，都非常透彻了解。觉得在人间继续努力，都是相对的。

如果你再看得更广一点，你可以说，春秋时代末期是一个危机时代，用今天的话来说就是虚无主义盛行。

我们听到虚无主义会觉得是西方的概念。其实不是的，虚无主义任何社会都可能出现。虚无主义有两种：第一种是价值上的虚无主义，一般人想要行善避恶，善恶是价值跟反价值。当他觉得做好人没好报，做恶人没有恶报，那我为什么要行善避恶呢？所以价值就混淆了，价值就失落了；第二种叫存在上的虚无主义，意思就是说反正最后什么都是死，死了之后什么都没有了，所以活着受苦，为什么不自杀呢？为什么还要活下去呢？所以这种虚无主义是非常可怕的！

而孔子跟老子不一样的地方，在于孔子是儒家，他们要面对的是第一种(虚无主义)，他不忍心看到老百姓无法分辨善恶，以至于不能行善避恶，所以他们在这里下工夫。

我们简单说明一下这个背景，就可以使道家的用心更清楚地呈现出来。

儒家认为，一个人要行善避恶，有三个理由：第一个，社会规范。但当时已经礼坏乐崩了，社会规范瓦解了，没有用了。光靠社会规范，靠人群的力量，不能让一个人行善避恶；第二个，信仰宗教。很多人行善避恶都因为信仰宗教。但在那个时代，宗教也慢慢模糊了，人们只存在祖先崇拜。而祖先对于子孙一定是偏袒的，他照样是缺乏正义的；第三个就是儒家的贡献。诉诸于每个人都有的良心。但诉诸于良心得靠教育，让一个人的自觉真诚使他的良心自我要求行善避恶。所以儒家的贡献在这个地方，让你能够在天下混乱的时代，价值已经陷入虚无的时代，让你真诚，自己要求自己要行善避恶，报应就在于自己快乐由内而发。儒家的贡献我们简单做这样的描述。

但是，道家认为这样还不够。为什么呢？你一旦说自己要真诚去行善避恶，善恶又牵涉到外在的社会规范，到最后还是扯不清楚。你说要设法行仁义，你一行仁义就有很多人假仁假义、不仁不义。这样一来，儒家要求真诚，常常为道家批评为虚伪，原因就在这里。

孔子、孟子本身都是非常真诚的人，但是后面的儒家弟子就表现为受过教育后懂得装腔作势，懂得说假话，懂得说门面话。这是一个客观的事实。

对道家来说，价值上的虚无主义，你再怎么去帮、去救，都是相对的。我要面对的是存在上的虚无主义，要加以化解。所以从这点上来看，道家的度量、野心、抱负，超过儒家。它不是要解决你一时之间价值混乱的问题，而是从根本上让所有的人都不再担心虚无的问题。

怎么办呢？你要化解虚无，只有找到一个最真实的"道"。什么叫做"道"呢？

对老子来说，"道"就是究竟真实。究竟真实代表他不是相对的真实。我们平常见到的相对的真实充满变化，而道本身是不变的。这个不变的道怎么理解呢？有几个方法。

首先，是把它当作整体。道就是整体，是唯一的整体。我们平时听到"整体"的时候会说桌子这个"整体"，人这个"整体"。它(道)不是(指这个)，它是所有的整体，等于宇宙的万物全部在"道"里面，"道"无所不在。但是，说道无所不在不等于说道无所不是，这个字的差别关键很大。在不等于是，道无所不在不等于道无所不是。如果道无所不是，那万物毁灭了，道也毁灭了；如果道无所不在，万物毁灭了，道不受影响。这才是老子的"道"。老子的道比天地还要早出现，可以作为天下万物的母亲。但这个道呢，它有两个特色：第一，独立而不改。"独立"代表它是唯一的整体；"不改"代表它从来没有改变过。不管万物多多少少，生灭变化，道完全不受影响；第二，周行而不殆。"周行"代表道无所不在，遍布各地。"殆"代表危险，慢慢消失掉。它不殆，它不改，代表"道"是永恒的。永恒的真实，称作究竟真实。

如果了解老子对"道"怎么规定的话，就好办了。问题是你如何达到对"道"的认识，这是关键。如果要比较道家和儒家，可以有三点：第一，儒家是以人为中心。所以孔孟谈任何问题，首先考虑的是人。是标准的人文主义。所以儒家表现出来一种标准的社会性格。道家显示一种什么性格呢？自然性格。它不以人为中心，把人还归大自然里面。自然界就是一个客观的规律；第二，儒家是把天当作最高的存在。所以它把帝王当作天子是合理的，儒家都接受。把帝王当天子，代表接受历史性，就是历史性格。所以儒家有很明显的历史性格。道家认为天子根本不能算什么，他也是万物之一。（道家）把道提出来了，道家就具有了宇宙性格。他不再是一种受制人类历史的范围，它是道，代表宇宙里面唯一的力量；第三，儒家认为，人生最高的修养境界是天人合德。千万别说天人合一，天人合一是庄子的话（人跟天是一个整体）。儒家讲天人合德，你一定要修养德行，才能够达到天的要求，叫天人合德。道家讲道跟人合一。真的可以讲合一，因为道跟人本来是合一的，只是你自己把它分开了，所以造成很多困难。道家跟儒家可以有这三点对照。

接着来看，道家具有革命性。我20多年前在美国念书的时候，看到西方的汉学家写有关老子的思想，我当时非常震撼。他说老子的思想具有革命性。我心里想：老子是最顺其自然的、与世无争的、无为的，怎么会最革命性呢？后来我才了解西方的学者的看法有他的理由，叫做旁观者清。外国人研究我们的思想没有成见，他不认为你说了什么算什么，他就看原典，看文本。他看了之后发现道家具有革命性。为什么？它把天都去掉了，换成"道"，这不是革命吗？

所以把背景了解之后，我们就知道儒家面对的是第一种虚无主义——价值上的虚无主义。它是不忍心一般人不知道为什么要行善避恶，社会就（会）乱掉了。道家所针对的是存在上的虚无主义。所以有一个说法，只有三种人适合学道家：第一种年纪很老的人，称作老子。因为很老了，人生经验已经看透了。他已经有智慧了，觉悟了，不再执著了。第二种人适合学道家，非常失意的人，就是庄子。庄子确实很失意，因为越高的才华，对照他的处境才知道什么是失意。我们一般人谈不上失意，我们的失意是正常状况。因为我们没什么才华，你凭什么说你失意呢？但是庄子是非常失意的人。第三种适合学道家的就是各位了——聪明的人。所以三种人适合学道家，我们要设法做第三种——聪明。因为我们不是很老，也不很失意，只有往第三个方向走了。

那好了，我们看看够不够这个条件。接下来就分别介绍老子跟庄子的思想。

先说老子。老子整个思想的关键、出发点在什么地方呢？是如何让人类世界跟宇宙万物都恢复和谐，这是老子的一种出发点。他思考之后发现整个宇宙万物，包括人类社会在内，问题就出在人类自己。人类不是每一个人，也不是每一个方面，而是人的认知能力。

人的认知能力的区分表现：一个小孩子念幼稚园，念书的时候拿出看图识字，上面写着猫，可爱的宠物；这边写着老虎，可怕的野兽。他如果不能区分的话，不能存活。到动物园一看，好可爱啊，跟猫一样。那完了。像这个说明什么呢？区分。所以人活在世界上，第一步，他有理智，他有区分。什么是有利，什么是有害；什么可吃，什么不可吃；什么是好人，什么是坏人。区分之后你才能活下去。

但问题就来了，区分之后就产生比较之心，比较的心就产生争夺的愿望。你一区分说黄金比石头好，那我当然要黄金了；再说钻石比黄金好，那我当然要钻石了。到最后物以稀为贵，社会就乱掉了。所以区分有它的必要性，没有区分你不能活下去；（但是）你一区分之后产生欲望，这个欲望造成了后面的各种坏的结果。所以光区分不够。那怎么办呢？

就要把认知能力往上提升，叫做避难，避开灾难。预先知道将来可能的不利的结果，然后设法避开。我们为什么学习历史上的各种经验和教训？意义就在这里，目的就在这里。为什么说"不听老人言，吃亏在眼前"，原因就在这里。这是第二步，知避难，避开灾难。这个阶段往往被很多人利用，包括什么兵法家、阴谋家、厚黑学，都在避开灾难。

但这样不够，真正老子的思想是往上上升到第三步，叫做启明。启明这两个字一般人不喜欢。如果你说在哪里念书，在启明学校代表你眼睛有问题，启聪学校代表你耳朵有问题。但是你用眼睛看，看不到真相，只有闭上眼睛启发你心灵之眼你才有希望。我们有句俗话叫"知人知面不知心"，你看一个人，看脸就知道他是什么样的人吗？你不知道他心里想什么。你只有闭上眼睛，他最近说话、言行有什么特别，你才能知道他到底心里在想什么。所以眼睛有时候是骗人的，眼睛也容易受骗。所以老子希望我们启明。启明只有一个方法：从道来看万物，不要从自己看。这是第一步，老子从认知着手。

第二步呢，就要讲到修炼。你光认知还不够，你怎么达到认知呢？需要修炼。老子的修炼只有两个字：第一叫"虚"，第二叫"静"。虚跟实不一样。一杯水，里面装了水就不能装别的东西了。你有再好的红酒也不能喝了，因为它装了水，是实的。相反的，一个杯子是空的话，可以装所有的东西、任何东西。所以如果你想觉悟到什么是道，必须让你的心从实到虚。你的心充满了许多相对的东西，怎么能装进绝对的道呢？什么叫相对的东西？心里面老想着各种现实的利害考虑，人与人之间的各种交际、各种关系，那你怎么可能觉悟呢？不可能。所以心一定要虚。庄子后来发挥得很好，叫做"虚室生白"，一个空的房间才能显得光亮。第二个叫做"静"。人是动物，我们常常说多运动身体才会健康，没错。但你不能光是运动啊。人如果静下来，才可以像水一样。水如果是静的，可以当镜子来照。人的心如果是静的，它也变成一面镜子，所有外在的东西过来都照出原形，这样你当然不会被遮蔽了。

所以老子的修炼，"虚"跟"静"这两个字要做到容易，做到之后就变成悟道的一个人了。你如果真的学到这个"道"，老子的道，觉悟之后会有什么改变呢？你就有三宝，老子的三宝。我们年轻的时候听到三宝只知道三宝饭，后来才知道三宝是老子的概念。第一个宝叫做

"慈"。"慈"这个字专门用于母亲的爱。老子为什么喜欢讲"慈"呢？因为他认为"道"是万物的母亲。如果你要学习道，要悟道，就要从母亲的角度来看。从母亲的角度看万物的时候，天下没有东西是废物，没有人是废人。第二宝是"俭"，节俭的俭。因为这个世界上东西都差不多，看你怎么用。如果分配不好的话，叫做贫富不均。到最严重的时候，我们叫做"朱门酒肉臭，路有冻死骨"。如果你稍微分配一下，大家都活得下去。所以老子强调"俭"，对物的珍惜，让每一个人都能活得下去。第三个宝叫做"不敢为天下先"，或者用一个字来说，叫做"让"。让别人，在别人之后。所以这是老子的三个宝贝。

为什么提宝贝呢？"慈"、"俭"、"让"，使一个人活着很愉快，长生久视，活得很久，看得也很久。这就是老子的基本观点。其实人活在这个世界上，无所谓快不快乐，我们不会特别强调快乐，道家强调快乐的话，可能乐极生悲。因为情绪的变动都是需要小心的，避免受情绪干扰，因为情绪是不必要的，对道家来说。因为你喜怒哀乐一定代表你得失成败吗？在整体里面，没有得失成败的问题。所以要常常记得道就是整体，那怎么看呢？假设你把生命当成一个整体来看，你就会发现有些人少年得志，有些人大器晚成。所以你看到别人得意的时候不要羡慕，你将来还有自己的成就嘛。如果你前面羡慕别人，你后面再有一定的成就，你再来说，原来是有次序的啊！那你前面的羡慕不是浪费了吗？你没有必要有这种情绪的反应。所以庄子里面用很多话来描述老子的思想。

在这里有个成语，叫做"朝三暮四"，就是最好的例子。一个人活在世界上，我们以身体为例，现在很多人会讲一句话，身体会讨债。年轻的时候过度浪费身体的能源、身体的能量，中年之后就来要债。决不会说你年轻的时候挥霍体力，中年之后照样很有精神很健康。没有这么好命的人。

像这就说明什么？整体来说，你有一定的量。早用晚用，怎么办呢？最好少用。少用的话，可以活得久一点，让生命可以维持它。

　　所以道家思想并不是很神秘，它只是让你知道一个整体的道理之后，看你怎么安排自己这一生。你要一次把力量用光，它就说你慢慢慢慢分配嘛，让自己在平静中过很愉快的生活。我们学老子的思想，到最后就会发现，老子强调无为。但无为有两个解释：第一个是无所作为。有时候你上班之后就要小心了，坐在办公室发呆，老板问你在干嘛？你说我在无为，那恐怕会被解聘哦。所以要强调老子的无为是无心而为。什么叫无心而为呢？心代表刻意的目的，就是你可以做所有你该做的事，但是你不要有刻意的目的。什么叫刻意的目的呢？假如我是上班族，老板跟我说，这个月的业绩要超过上个月，今年的业绩要超过去年，这叫做有心而为。即使你达到了也有压力呀，达不到更不要说了。一般人活在世界上活得不快乐，大部分都是有心而为，我一定要这样。父母跟孩子说，你一定要考前十名。念书本来是很快乐的事啊，但是痛苦来自什么地方呢？痛苦来自于比较，来自于有心，一定要如何。但是你完全无心的话，几个人可以做得到？几个人可以接受？所以道家的思想我们在运用的时候就要看各种实际的情况。这个智慧可贵的地方在于它不是一成不变的，对不同的人、不同的情况可以调整。这就是老子的思想。有时候我们坐公交车，后面写八个字：保持距离，以策安全。它就是老子。天下乱了，你怎么让自己平安呢？保持距离，用虚用静来面对它。

　　但是到庄子就不行了。庄子是战国时代中期的人，天下已经打成一团了，七雄在争霸。那怎么办呢？庄子用了另外一个字："化"，化解的化。我不能再保持距离了，我只有跟它一起变化。看清楚外面的形势怎么变化，我跟它一起变化。

　　庄子对人性的了解，据我所知，很少人超过他。一般人对《庄子》，会觉得书太厚了，很难完全把它看懂，或者全部把它看完。所以《庄子》里面往往只留下一些故事、一些寓言，很多人去猜测。这是很可惜的事。为什么？因为庄子对人的了解首先在于知道人性的险恶，在于知道人生的困难，非常具体。

你说在战国时代中期，了解这些并不是很复杂嘛，到处都有杀人放火的事情，要活着都不容易，做官好吗？庄子知道做官很危险，庄子对于老子的避难运用得非常成熟，更不要说启明了。所以到了庄子的思想，立刻会觉得跟老子不一样了，充满一种很活泼的力量。

比如你一翻开《庄子》，看到《逍遥游》，它讲一条鱼变成鸟的故事，讲了三遍，目的在什么地方呢？目的绝不是让你看一看这个神话故事有什么趣味，不是的。(是)要提醒你，人的生命的可贵就在于可以不断地转化，这是基本观念。如果人的生命不能够转化的话，人生有什么好过的？一眼就看透了嘛！生老病死、喜怒哀乐、恩怨情仇、悲欢离合，就没有了。所以你看《庄子》的时候会想他为什么讲鱼变成鸟呢？鱼需要水，鸟需要空气。鸟飞到九万里的高空，空气不需要了，可以自由翱翔，完全不需要等待任何东西来配合。

人也是一样。人年轻的时候需要各种资源，就跟鱼一样，不能离开家，不能离开学校，不能离开社会，离开的话无法自存。但是你要提升转化，转化变成鸟的时候，只需要空气，然后继续往上飞，可以自由翱翔。你说这样的比喻到底怎么来的呢？是因为人的生命本来就有许多层次。

我们学《庄子》会看到他讲一句话：形如槁木，心如死灰。我们念书的时候觉得很奇怪：身体像已经枯了的木头(形就是身体)，一棵树已经枯了，不会再发芽了；心像死灰一样，什么叫死灰呢？木材烧成了灰，再用水浇熄了，就是死灰。死灰不能复燃。身体像枯木，心像死灰一样，那还过什么人的生活呢？

但是，这正是一个开始。你要让我的身体不再有欲望的冲动，叫做身如槁木；让我的心不再有复杂的念头，心如死灰。这个合起来叫做什么？叫做功夫，叫做心斋，心要守斋。

庄子里面提到人有三个层次：有身有心，上面还有两个字，我们今天常常用，叫做"精神"。精神这两个字是庄子用的，到现在我们还在用，说你这个人很有精神，我们是描写你身体反应状况还不错。但是庄子所说的精神是槁木死灰之后展现出来的精神。并且精神来自于道，精神生于道。这下你才发现，哦，原来庄子是这个意思啊！告诉我们要经过某些修炼，把身心那种自然的冲动跟欲望加以化解之后呢，我已经不再执著了。我呢，就跟道有一种契合，这种生命状态展现出来我的生命特质称为精神，这个精神才可以自由逍遥。

如果没有经过这样的功夫的话，庄子讲逍遥游跟说梦话一样，《庄子》里面这只是一个主要的线索。它里面发挥这种悟道的过程，跟道同游的这种篇章实在太多了。

为了更加了解庄子的哲学，我们对他这个人大概介绍一下。

庄子极其聪明，他的聪明跟谁对照呢？跟惠施对照。《庄子》这本书里面写了半天，只有一个朋友是有名字的，叫做惠施，别的朋友都没有名字。惠施可是一个了不起的人物，专门搞言语辩论的，搞逻辑的。《庄子·天下篇》里提到，说惠施认为自己的辩论天下无敌，如果惠施跟你辩论你肯定辩不过他。举个例子：比如惠施说蛋里面有毛。你说不会啊，今天早晨我才吃了荷包蛋，明明没有毛啊！有毛怎么吃呢？惠施就说：如果蛋里面没有毛的话，孵出来的小鸡为什么有毛呢？哎，这也有道理啊，对不对？他这种辩论十几个列出来，天下没有人辩得过他。大家看到他都觉得这种人讨厌，都是些怪论、诡辩，但惠施很得意。他就是庄子的朋友。

庄子的智慧、他的才华表现，我个人是欣赏之至啊。我举个例子，大家都听过，"鱼快乐吗"这个故事，我这两年才体会出来它什么意思。有一年春暖花开庄子约着惠施去踏青，到一座桥上，庄子看到几条白鱼，出游从容。庄子说：这就是鱼的快乐啊！惠施说：你不是鱼，怎么知道鱼快乐？庄子说：你不是我，怎么知道我不知道鱼快乐？惠施说：我不是你，所以我不知道你是否知道鱼快乐；你不是鱼，所以你也不应该知道鱼是否快乐。庄子说：且慢，回到开头，你问我为什么知道鱼快乐，代表你已知道我知道鱼快乐，你才来问我的。我怎么知道？我这么一看我就知道了。惠施就不讲话了，代表惠施输了。他输在什么地方？我只直接讲结论了，不作更多的发挥。

惠施问庄子，你不是鱼怎么知道鱼快乐，后来又说我不是你，所以我不知道你是否知道鱼快乐。他前面听庄子说鱼快乐，就知道庄子知道鱼快乐；后面说我不是你，所以我不知道你是否知道鱼快乐。前后自相矛盾，所以惠施输了。

所以在这个时候你就会知道庄子的智慧才华，非我们所能想象。

庄子最可贵的是回到人间，一句话，五个字：外化内不化。外面跟别人同化，但内心里面跟道结合在一起，决不放弃任何一点点。所以庄子今天在世间行走的话，没有人知道他是庄子。他跟你们穿一样的衣服，做一样的事，你绝对不会发现他很特别，但他内心里面跟道结合，感觉到生命的真实跟生命的喜悦。

庄子为什么可以在这么穷困之中自在逍遥呢？我们现在问：怎么让一滴水不要干涸？一滴水慢慢干掉了，像我现在这年纪，常常觉得我这滴水已经干了一半以上了，叫做后中年阶段啊，快要完全干掉了，怎么办啊？把这滴水丢到海里面去，他就永远不会干。海就是道。每个人都是一滴水，你要练习把这滴水丢到海里面去，你去学道，悟道。到时候究竟真实，你的生命就永远不要怕失落。这是道家最可贵的地方。

最后我们简单作个结论：

首先，道家的思想不同于儒家讲善恶，它讲的是从真实到美感。如果万物都来自于道，让万物都在某种意义上代表道，就可以欣赏。美就是代表可以欣赏。这样的话，你在宇宙里面就会发现一种喜悦，因为任何东西都可以欣赏。你完全没有什么你的我的、你多我少这样的问题。

第二，后现代社会最需要道家。我们所谓的后现代社会代表价值崩溃瓦解的社会，所有你接受的一切都要重新受到质疑。这个时候，道家可以让你觉得如果善恶压力很大，那你可以从真实到美感走另外一条路，你可以重新在这个价值荒芜的空地上建构起一种特殊的正面价值。它不需要问人间的问题，直接连接到道，作为最后的根源。

最后，西方哲学家对各种哲学的探讨。到最高境界的时候就会问：为什么是有而不是无？因为宇宙万物是无的话，比较好理解，因为它基本上没有理由，没有存在的必然理由。万物充满变化，代表万物有可能统统都不存在，所以西方哲学家有这样的疑问，而庄子更直接。你很难想象，两千多年前就有一位中国古代的哲学家说的话，古人的智慧达到了最高的境界，就是他们了解四个字：未始有物。从来不曾有物存在过，这是最高的智慧。庄子说过这样的话，你把西方两千多年的哲学整个搬过来，也不能超过这句话。宇宙万物你要了解什么？从来就不曾有万物存在。了解这一点，一切都回归于道，回归于究竟真实，没有得也没有失，没有来也没有去，生命根本上就是一个安顿，就是一个安详。

道教与中国少数民族

谢路军

谢路军，山东鱼台人，现任中央民族大学宗教研究所宗教学教授、博士生导师，主要从事中国哲学与宗教的教学与研究。1993年获北京大学哲学硕士学位，1996年获中国人民大学哲学博士学位。

主要研究成果有《善导净土思想述评》(专著)、《中国道教源流》(专著)、《中国道教文化》(专著)、《道教概论》(专著)、《一口气读完中国佛教史》(专著)、《中国佛教文化》(合著)、《中国佛教简史》(合著)、《中国传统文化》(合著)、《中外宗教交流史》(合著)、《人生与道德》(合著)等多部著作；《道教概论》获得北京市"精品教材"奖。主编百卷本《术藏》、《宗教辞典》、《四库全书·术数》(四卷本)等大型辞书。在《佛学研究》、《世界宗教研究》、《法音》、《中国道教》、《宗教学研究》等宗教学核心期刊发表论文多篇。承担有985工程项目《中国传统宗教与少数民族关系之研究》；211工程项目《道教资料选编》、《道教与中国少数民族》；北京市教委项目《中国净土宗思想史》等。

中国是一个多民族多宗教的国家。历史上逐渐形成了人口众多的汉族和地域广阔的许多少数民族并存又共体的状态，费孝通先生称之为中华民族"多元一体"格局。因此，在充分论述汉族为主体的中原文化的发展演变时，还要考察各少数民族地区性文化的状态和特色；否则便不能全面反映中华民族的整体性。

除汉族外，已由国家普查确认的少数民族有五十五个。他们分布于我国东北、华北、西北、西南、中南、东南地区，大都处于祖国边陲。少数民族地区大都流行宗教信仰，比如回、维吾尔、哈萨克、柯尔克孜、塔塔尔、乌孜别克、塔吉克、东乡、撒拉、保安等民族信仰伊斯兰教；藏、蒙古、土家、裕固、纳西、普米、傣、布朗、佤、拉祜、白、壮、布依、畲等民族信仰佛教；朝鲜、羌、彝、景颇、拉祜、佤、白、傈僳、怒、纳西、独龙、京、俄罗斯等信仰基督教（包括天主教、基督教、东正教）；羌、苗、瑶、白、纳西、京、仫佬、毛南、黎、壮、侗等民族地区则有道教的传播和影响。

道教是中华民族土生土长的宗教，随着道教史和少数民族历史研究的深化，道教与少数民族的密切关系已逐渐被揭示出来。道教是在道家学说和各民族巫术的基础上产生的。道家学说反映了先秦时期荆楚地区文化的某些特征。而荆楚地区是少数民族的聚居地，与中原文化有明显的差异。道家学说创始人老子究竟是什么民族也存在分歧，苗族学者认为老子为苗族先民，彝族学者认为老子是彝族先民，众说纷纭，莫衷一是。谈到巫术，秦汉时期不仅在中原地区流行，在边疆地区也很流行。如《史记·封禅书》就记载说"越人"的民俗中有祭祀鬼神的传统，在祭祀中还能看到鬼神的存在。

道教的形成与发展，与西南少数民族有密切关系。汉顺帝时，张道陵客于蜀，到大邑鹤鸣山去"学道"，尔后作道书二十四篇，创立道派，这就是当时所称的五斗米道或天师道。《后汉书·刘焉传》记载说张鲁的祖父张道陵客居在四川，学道于鹤鸣山中。《华阳国志·汉中志》亦载：汉朝末年，江苏丰沛县的张陵学道于蜀鹤鸣山，造作道书，自称"太清玄元"，以惑乱百姓。张陵死后，其子张衡继承父业，张衡死，其子张鲁传承其道业。当时的鹤鸣山一带，正是西南少数民族居住与活动的地区，除氐族、羌族外，其地西南还有叟、濮、摩沙等古代少数民族。张道陵在鹤鸣山所学的道，正是当时土著少数民族所奉的巫觋之道，或称鬼道，主要是信仰天、地、水三官，张道陵吸取而建立"三天正法"、"正一威盟"等，张道陵将汉地太平之道与鬼道相结合，便形成为他所创立的天师道，也就是后世所称的道教。三官信仰在道教中十分流行，与之相应的三元节(即上元节、中元节和下元节)也是道教中十分重要的节日。

张陵所设"二十四治"教团组织兴起于此，有不少蛮夷人士成为早期教徒，他们很自然地将当地一些巫术带入教团。《后汉书·西南夷传》记载西南夷族"俗好巫鬼禁忌"。张道陵孙张鲁据汉中地区后，以鬼道教民，自号"师君"(《魏志·张鲁传》)。《后汉书·刘焉传》言"民夷信向"，《魏志·张鲁传》言"民夷便乐之"。这里所说的"民"是指汉民，而"夷"乃指少数民族。

道教创立后，又在许多少数民族中间流传。如西晋末年建立成汉政权的氐族领袖李雄就是道教徒。西晋末年，蜀中爆发了由李特、李雄父子领导的天师道起义。李氏父子本为巴蜀地区少数民族领袖，汉末即已奉道，大批氐族人加入道教，为此还曾专门规定了少数民族入教的仪规。李氏父子曾随张鲁降曹入内地，西晋初年返回益州，受到新任益州刺史的器重。后来在与官军作战中，李特被杀，李雄继承父业。当李雄的流民军处于危境之时，他得到了青城山道士范长生的支援。在范长生的帮助下，李雄击败晋益州刺史罗尚，攻入成都，并于公元304年建都称王，国号大成（后改国号汉，史称成汉），割据益、梁、宁三州，如同当年张鲁的汉中割据政权。成汉政权一直维持了47年之久。公元347年，桓温出兵伐蜀，汉主李势出降，成汉政权灭亡，但李氏部将继续拥范长生之子范贲为帝，仍用道教号召民众，对抗晋廷，直至永和五年（349）才被彻底镇压。

魏晋时期，原居于秦陇蜀的氐羌族逐渐从陇山、陇板而徙居于云南地区，他们也带去了天师道信仰及教团组织。唐时，他们在云南建立了南诏国。南诏国在与唐王朝订立的攻打吐蕃的盟书里，还写上了"上请天、地、水三官"，并把三份盟书分别藏于神室、投于西洱河、留之府库，与道教仪规中向神灵乞请的文书埋于山中、地下和水中，谓之向天、地、水三官告罪一脉相承。南诏政权对三官的崇拜，说明道教在该国影响之大。继南诏之后的大理政权亦采用儒、释、道三教并重的策略。

道教传播与少数民族贵族对汉文化的认同与支持是分不开的。从拓跋鲜卑族建立的北魏政权与道教的联系、金代女真贵族与道教的瓜葛、蒙古贵族对道教的推崇就说明了这一点。

一、道教与北魏拓跋贵族

五胡十六国时期，中国陷入天下大乱，少数民族纷纷建立自己的政权。这是中国空前的民族大分化、大融合的时代。这个时期的汉族在尚武的少数民族面前，武力上一般都处于弱势。但汉族在人数和文化上较之占优势，所以入主中原建立政权的少数民族都毫无例外地要延引汉族高门参政。在建立政权的少数民族中，拓跋鲜卑在不断南下深入汉之腹地过程中最终走向了汉化。北魏道武立国初，重视延纳汉士人参政，仿汉制建立国家基本政治制度。个别汉士人曾一度"势倾朝廷"（《魏书·崔玄伯传》卷二十四）。道武帝信奉道教长生不死，有置仙人博士张曜煮药炼丹之举。

到太武时代，道教信仰达到极盛，始作俑者是寇谦之。寇谦之，原名谦，字辅真，祖籍上谷昌平（今属北京）人，后徙居冯翊万年（今陕西临潼北）。出身于门阀士族家庭，世代信奉天师道（五斗米道）。18岁依张鲁所传教义修炼。后随道人成公兴在华山、嵩山修道七载，名声渐著。他为了适应北魏统治各民族的需要，出面改革道教。公元424年，寇谦之到魏都平城（今山西大同）献道书与太武帝，左光禄大夫崔浩也信奉道教。为什么崔浩热衷于道教呢？陈寅恪先生指出，清河崔氏为天师道世家，而寇谦之为秦雍大族，其新教又专以礼度为首，其宗旨深有合于崔浩之家学。公元425年，寇谦之在平城东南，建立了天师道场，聚集了道士一百二十余人。公元440年，寇谦之声称太上老君下凡，封赐太武帝为太平真君。武帝亲自到道坛跪受符箓。太武帝封寇谦之为国师。

拓跋鲜卑朝野一度颇奉佛教。但及道教进入后，北魏渐生佛道之争，且终致太武灭佛。太武下诏斥佛教是"乱天常"，致国家"政教不行，礼义大坏"（《魏书·礼志四》卷一零八）的罪魁祸首，明确宣称要除"胡神"，以复羲农之治，"崇天师，显扬新法"，使道业大行。这是道教对北魏汉化影响的表现。北魏太武帝备法驾旗帜崇道教青色，筑道场供寇氏及其弟子作宗教活动之用，建静轮天宫，亲至道坛受符，改元太平真君等等，也是道教用夏变夷的结果。寇谦之死后，道教在北魏的影响有些降低。但即位临道坛受符成了一项制度，后代拓跋君主一直在延续。

北魏拓跋氏是以少数民族的身份入主中原的，其统治者本来对神仙方术有极大兴趣。据《册府元龟》卷五十三载："后魏道武帝好黄老之言，诵咏不倦，数召诸王及朝臣亲为说之。"《魏书·释老志》亦载：太祖(道武帝)喜好老子之言，诵咏不倦。后来有人奉献《服食仙经》数十篇给道武帝阅读，于是道武帝深信不疑，设置了"仙人博士"，立仙坊，煮炼百药，把西山这块地方贡献出来以供炼丹药之用，又令犯了死罪者试服之，大多数死而无验。太祖不顾这一切，继续修炼。太医周儋坚决反对道武帝这种做法，乃给道武帝出主意让一位姓张的仙人博士亲自服药。这位张博士惧怕死亡，因而申请辟谷，太祖批准了申请，还给这位张博士一些钱财，为他专门建造了静堂供其辟谷之用，还派了专人负责照顾其生活。道武帝继续不断地烧炼金丹。魏道武帝热衷于煮炼丹药，服食求长生，终为药所误。他的儿子明元帝拓跋嗣亦步其后尘，死于丹药中毒。

寇谦之死于448年，崔浩于450年6月受尽胡人的侮辱后被诛杀，"尽夷其族"。454年、466年北魏新即位的皇帝依旧到道坛接受符箓，说明道士及其宗教活动场所并没有因崔浩之事受到冲击。直到太和十五年(491)秋，孝文帝元宏认为随着人口的增加、都市的发展，道坛有被世俗化和失去神圣性的趋势，而下令将道坛迁到城外南郊桑乾之阴、岳山之阳，以为清静修道之所，拨给50户人家供斋祀之用，道士定员为90人。拓跋贵族的崇道并支持道教改革，保障了道教在异族统治下的日渐成熟和继续发展。

从民族关系的角度看，道教被北魏统治者所接受是胡汉上层关系发展的一个结果；太武帝以神学为之作正统辩护，反映了北魏的汉化发展到了一个新阶段。

二、道教与金代女真贵族

女真人生息在白山黑水之间，于1115年建立金国，1126年南下灭北宋，与南宋、西夏对峙，为道教与女真人的充分接触创造了契机。在金国占领的北方，太一教、大道教和全真教三大新道派相继创立，并在民间迅速传播、发展。

王重阳创立的全真教在三大新道派中最晚出现。大定二十七年(1187)，"北七真"中最为神异的王处一被金世宗召见，居天长观，问以养生之道。丘处机亦在大定二十八年(1188)春，被金世宗召见，为他建庵于万宁宫之西，以便询问养生之道。金章宗本人亦步其父后尘，于承安二年(1197)召见王处一于便殿，问以养生之道，赐紫衣及"体玄大师"号，命居京师崇福观，日给钱二百缗。1198年，章宗又召见刘处玄，并赐以道观一所，额名"修真"。泰和元年(1201)、三年(1203)，两次征召王处一参加为章宗祈嗣的亳州太清宫罗天大醮。皇帝的频繁召见，扩大了全真道在社会上的影响，教团迅猛发展，其道士中自然也包含了许多少数民族信众，有碑传传于世的女真高道就有蒲察道渊和坤道斡勒守坚、奥敦妙善等。

蒲察道渊(1152—1204)，道号"通微子"，家世上京，祖父以金朝开国佐命功封世袭千户。蒲察道渊刚生下来就气禀特异，方在襁褓之中，乳母以荤口喂养，必哭泣而拒绝，从小遇道像辄自瞻拜，敬慕不肯去。见有道士从家门口经过，必请至家中，设斋供养。年既冠，父母欲为其娶妻，闻之而跪告于前曰："尘俗之事，性非所愿，乃所好则神仙轻举之业。"(《金史》卷一百十九《列传第五十七》)后来，他离家出走，找到一个附近有清泉的岩穴，便住下来修炼。数月，樵者见之，告于山下居民，争相供养。30岁拜师于丘处机门下。陇川的官将多系皇亲国戚，知道他是女真巨室后裔，慕其高洁，时来参拜，他必以爱民崇道之语劝教。1204年无疾而逝，视之宛然若生，1251年，李真常奉朝命追赠"圆明普惠通微真人"称号。

斡勒守坚（1182—1251），上京盖州人。大定中，其父任盖州节度使。她从7岁就喜欢仙道，父母异之曰："必先世羽流也。"从小拜太清观女官夹谷大师为师。长春真人丘处机应诏还燕京，遂被丘处机收为徒弟，派她传教燕北。太傅相公洎太夫人对她十分器重，给她建盖庆云观，度女道士张净淳等十数人。1241年春，清和大宗师尹志平委任她为终南山唐玉真公主延生观住持，"赐"玉真清妙真人"号。

奥敦妙善（1187—1275），身经金、元两世，始讳妙善，后更弘道，肃慎人。祖父为金初镇国上将军，知密州而迁居于此。1204年，举家著道士服，丘处机敬其人品不凡，易之道名曰"希道"。玉阳真人王处一见而奇之，号曰"开真子"，太古真人郝大通复授以口诀。她从7岁时就持戒，后随其母亲居清真观。从小拜丘处机为引度师，丘处机传授给她修真炼性之诀，遂有所得。中山元帅奥敦公闻其苦身修炼，请她复居清真观。她一生对道教宫观的建设，作出了许多贡献。她学道逾七十载，所筑建道观，建成后即离开，让其徒弟作为传道道场之用。后人评价说：她对道教的贡献可与晋代的魏华存、金代的孙不二等女道士相媲美。

以上诸位乃金代女真名道士。还有一些信奉道教后改名为汉族姓氏而无法识别其族属，以及被历史遗忘的女真普通道士，他们的数目已无法知晓。他们壮大了道教的阵容，深化了道教对少数民族的影响。

在宋代所纂《政和道藏》已残缺的情况下，金世宗诏令将南京（今开封）道藏经版运往燕京十方天长观，以天长观、玉虚观残缺藏经相参校，补缀雕版成《大金玄都宝藏》共6455卷。此举对道教文化的保存和发展做出了贡献，体现了女真贵族对汉文化的赞赏。

三、道教与蒙古贵族

　　全真道领袖丘处机西行论道，是道教史上令人瞩目的历史事件。以成吉思汗为首的蒙古贵族集体，虽然信奉萨满教和喇嘛教，但对于汉民族的道教，却仍然表现出了高度的重视，遣使敦请全真道领袖丘处机前往今天的阿富汗一带地区论道。而丘处机则出于济世度人的抱负和发展全真道的目的，来到成吉思汗的行营，对他进行了坦诚的劝诫。

　　丘处机字通密，号长春子，登州栖霞（今山东省烟台市栖霞县）人。他在王喆去世后，成了全真道掌教人。他的主要著作有《大丹直指》、《摄生消息论》、《磻溪集》等。大定二十八年（1188），金世宗召丘处机进京问道。继世宗即位的章宗对他也很尊敬。

　　1219年，还在西征军中的成吉思汗闻其名，派近臣札八儿、刘仲禄持诏专程邀丘处机朝觐。丘预见到蒙古必兴，可借其力推行全真教义，早日息兵偃戈，去战乱杀戮之祸，便慨然应诺，以73岁高龄，于次年偕同弟子赵道坚、宋道安、尹志平、李志常等十八人北上去拜见成吉思汗。

　　成吉思汗既欲在政治上对全真道有所倚重，又欲求长生养身之道，故对丘处机优待礼敬。当时成吉思汗正忙于西征军事，作战频繁，丘处机劝他说，"欲一天下者，必在乎不嗜杀人"；"及问为治之方，则对以敬天爱民为本；问长生久视之道，则告以清心寡欲为要。"（《元史·释老传》）成吉思汗赞赏丘处机的谏言，开心地说：天赐给我仙翁，开启我心智；又发布了"已许不杀掠"的布告；并命左右将丘处机的言论记录下来，用以教训诸子。他称呼丘处机为"丘神仙"，赐以虎符和玺书。

有一天电闪雷鸣，成吉思汗有些惊惧，问丘处机打雷的缘由，丘处机对曰：雷是天威，人之罪莫大于不孝，不孝则逆于天，于是天威震动加以警告，听说境内多有不孝者，陛下应以天威之说训导民众，成吉思汗信以为然。

后来，成吉思汗派大队人马护送丘处机回到燕京。丘处机回到燕京后，借助成吉思汗的威力和器重，救死济困，做了许多慈善事业。成吉思汗赐名丘处机所住天长观为长春宫（即今北京白云观），并派使者慰问，云："朕常念神仙，神仙毋忘朕也。"丘处机八十而卒（1227），葬于长春宫处顺堂。丘处机在世之日，全真道达到极盛。元太祖命丘处机掌管天下道教，免除道士的一切赋税差役，并先后在燕京建立"平等"、"长春"、"灵宝"等八会，于各地大建宫观，全真教盛极一时。丘处机感慨说："千年以来，道门开辟，未有如今日之盛！"（《北游语录》卷一）

丘处机以慈悲济世为要务，表现了宗教家的高风亮节。清乾隆皇帝为北京白云观丘祖殿题联云："万古长生不用餐霞求秘诀；一言止杀始知济世有奇功"。丘处机令各地道徒立观度人，使受战争灾害的老百姓有所归依，这也是全真道得以广泛流行的重要原因。丘处机之后，全真历任掌教尹志平、李志常（又称李真常）、张志敬、王志坦、祁志诚等，皆得元室所赐真人号，多出任玄教大宗师，其盛况远远超过太一教和真大道教。

丘处机之所以接受成吉思汗的邀请，是出于以下几方面的考虑：

（一）济世度人

老子曰："我有三宝，持而保之：一曰慈，二曰俭，三曰不敢为天下先"。"慈"的思想就体现了道教的济世度人的精神。丘处机在赴召北上途中寄友人的诗中，就充分表现出了这种抱负。诗中说："十年兵火万民愁，千万中无一二留。去年幸逢慈诏下，今春须合冒寒游。不辞岭北三千里，仍念山东二百州。穷急漏诛残喘在，早教身命得消忧。"（《长春真人西游记》）当到达中亚的阿姆河附近时，丘处机与成吉思汗第三子窝阔台的医官郑景贤相遇，他在给郑医官的诗中，再次表明自己赴诏西行的目的："我之帝所临河上，欲罢干戈致太平。"（《长春真人西游记》）

（二）用夏变夷

处于较低社会发展阶段的蒙古民族进入中原后，破坏了这一地区的社会经济和人民的生活秩序，而金朝和南宋的统治已是日薄西山，再也没有力量稳定局势。因此，丘处机希望通过此行改变蒙古贵族统治方式，接受中原地区原有的统治策略，稳定当时的社会安定。丘处机的应诏，在很大程度上代表了这种意向。

（三）发展道教

丘处机希望通过此行为全真教的进一步发展奠定基础。丘处机以及全真道的其他一些成员都认识到，要发展自己的势力，必须借助于统治者的扶助。丘处机看到，金和南宋政权已是末日将至，而成吉思汗及其后继者则很有可能成为一统天下的霸主。只有借助于以他为首的蒙古贵族统治集团，才可望扩大全真道的影响，促进全真道的发展。因此，在答宣抚使王巨川的诗中，丘处机将自己的西行论道与老子化胡联系起来，诗中说："良朋出塞同归燕，破帽经霜更续貂，一自玄元西去后，到今似无北庭招。"（《长春真人西游记》）虽然谦称自己的西行是"续貂"，却也足以说明他此行的动机。正是出于这些原因，丘处机才不顾自己高龄，来到成吉思汗的帐前。

丘处机与成吉思汗正式论道共有三次，成吉思汗令人将论道内容用蒙、汉两种文字记录，并命"勿泄于外"。后来，侍臣奉敕将其整理，编成《玄风庆会录》，这就使我们得以了解到，丘处机是如何规劝成吉思汗的。

丘处机西行论道的历史意义重大，在一定程度上减少了成吉思汗的屠杀行为。一次，成吉思汗狩猎于东山，不小心摔于马下。丘处机谏曰：天道好生，今圣寿已高，宜少出猎。坠马，天戒也。成吉思汗马上接受他的谏言说：朕已深省，神仙劝我良是。我蒙古人骑射，少所习，未能遽已。虽然，神仙之教在衷焉。成吉思汗还对臣下表示：但神仙劝我语，以后都依也。此后，他在较长一段时间内没有打猎。特别值得指出的是，在成吉思汗会见丘处机以后，其军事政策有了一些变化。在此以前，成吉思汗奉行的完全是武力征服和屠杀政策。而在丘处机与成吉思汗论道之后，情况有了一些变化。1223年成吉思汗起程东归期间，蒙古人似乎没有在钦察草原进行大征战。在1226年秋开始进攻西夏的战争中，成吉思汗还因为出现了五星聚于西南这一天象而下令不杀掠（《元史》卷一，《太祖本纪》），这说明他接受了星占术和丘处机的止杀主张。以上事实说明，丘处机向成吉思汗论道以后，成吉思汗的军事政策有了明显的转变。

丘处机西行论道，从而直接观察和了解到成吉思汗及其整个政治集团的状况，更进一步地认识到了蒙古政权取代濒临灭亡的宋、金统治者，统一全中国的必然性。因此，在回到中原以后，丘处机便将这些认识化为一些具体的行动。当时，护送丘处机东归的蒙古官员阿里鲜去山东诏谕各支抗蒙武装，使之停止抵抗，归顺成吉思汗。他要求丘处机予以帮助，丘处机即派弟子尹志平与阿里鲜同往，并手书两封信函，以诏谕抵抗者。从历史发展的必然趋势看问题的话，这些协助蒙古政权统一中国的行为是顺乎历史发展潮流的。

丘处机与蒙古统治集团的接触，对于后来蒙古集团"汉法"的采用也有某些促进作用。早在丘氏与成吉思汗论道时，就曾陈述过以农业为主的中原文明的优越性，强调农副业生产产品足以供应军国之用，并建议尊重汉地的风俗，保留原有的统治方式。当时，一直在成吉思汗身边听讲并且担任记录任务的是契丹人耶律楚材。耶律楚材前后任事近30年，官至中书令。在职期间，他参照汉法，定策立仪制、建议军民分治、建立赋税制度、废屠城旧制，奠定了元朝封建国家的立国规模。元朝建立后，以忽必烈为首的当权者为了巩固统治，不得不任用汉人，采用汉法。而这一政策的确立，与耶律楚材在前代所作出的努力是分不开的。耶律楚材之所以能够这样做，除了他较早地接受了汉文化的熏陶等主观条件之外，丘处机对他的影响也是不容忽视的。

丘处机逝世后，其门徒们仍积极地给蒙古王室和上层贵族灌输汉民族的传统文化。如李志常被蒙古太宗窝阔台任命为太子的老师，教给太子《易》、《诗》、《书》、《道德经》、《孝经》等经典。李志常还承诏教蒙古贵官子弟读《孝经》、《论语》、《孟子》、《中庸》、《大学》等书，让这些今后能在一定程度上主宰一个伟大帝国命运的关键人物们从小了解和认识汉文化的价值，培养他们对中华民族中人口最多的民族——汉族的文化的认同，对于保存汉族传统文化和在一定程度上"汉化"蒙古上层贵族，无疑是极为重要的。

道教对中国少数民族文化所产生影响的力度和深度，要远远超过儒家（教）。就以云南少数民族来说，直到元初，云南人还"不知尊孔"；民国凌锡华所著《连山县志》卷五"瑶俗"载："儿之聪颖者，不与读儒书。惟从瑶道士学"，就反映了这一史实。因而能够在边疆少数民族中以道教随方设教，和谐民族关系，在很大程度上抵消了"非我族类，其心必异"的流毒。

宗教文化上的统一和认同感，往往是一个多民族共同体在政治经济上统一的思想文化基础。道教在少数民族贵族中的广泛传播和深远影响，体现了中国各民族对中华道教文化的认同感。我国多民族大家庭的凝聚力和向心力，正是在文化的认同中逐渐培养和发展起来的。

老子的哲学精髓与人生智慧

黄朴民

黄朴民，男，浙江诸暨人，1958年8月生于浙江绍兴市，中国人民大学国学院常务副院长、教授、博士生导师。兼任教育部历史教学指导委员会委员、北京市学位委员会学科评议组(历史学)成员、中国史学会理事兼副秘书长、中国人民大学校学术委员会委员、《国学学刊》执行主编、中国孙子兵法研究会常务理事兼副秘书长、中国先秦史学会理事、中国秦汉史研究会理事、中国农民战争史学会理事、北京市史学会理事等。

研究方向：《孙子兵法》研究、中国思想史、中国军事史。

代表性专著有：《春秋军事史》、《天人合一：董仲舒与两汉儒学思潮》、《孙子评传》、《何休评传》、《大一统：中国历代统一战略研究》、《刀剑书写的永恒：中国传统军事文化散论》、《孙子兵法解读》、《孙子兵法选评》、《五千年的征战：中国军事史》、《中国古代的皇权与将帅》、《道德经讲解》、《孙子兵法详解》等；主编有：《孙子探胜》、《孙子兵法及其现代价值》、《中国历代军事思想教程》等；并著有《寻找本色》、《叩问历史》、《历史无间道》、《难得糊涂：中国古代官场政治智慧》等学术随笔集。曾在海内外各类刊物发表学术论文200余篇。

我们今天为什么关注老子、喜欢老子？甚至是运用老子？

我是中国人民大学的老师。老师，说好听一点是坐拥皋比，说的难听一点就是吃粉笔灰的，就是教课。我在大学里面给本科生和研究生开一门课，就是中国古代思想史，讲中国古代思想史的时候，一般选我的课的学生都是30、50人的，反正学的人还是比较多。在教学过程中，我实行了一种比较自由的方式，现在考试，人家是闭卷，我就开卷，人家是限定题目，我就任选，只要是中国历史上的人物、思潮，都可以作为写作的对象，交上来的考卷里面有24篇选了道家范围里面的东西，说白了，主要就是两个人物：一个是老子；一个是庄子，24篇在全部考卷里面占了80%。

当时我非常的疑惑，怎么大家都选这方面的东西呢？是不是老子庄子的文章比较多，容易抄，现在不是时兴网上偷懒吗？天下文章一大抄。但往深处一想不对啊。讲儒家的文章、讲孔子的文章、讲孟子的文章更多，为什么大家不写？

后来我终于悟出来一个道理，说明现在中国人，我们的大学生、我们的研究生都活得太累了，从很小开始就是争取上好的幼儿园，然后竞争进重点小学、重点中学、一直到重点大学，到了大学之后又要为找工作、以后到海外发展寻找出路打基础，所以又去考英语四级、六级，还要考计算机等等。本子越多越好。所以整天精神这根弦绷得非常的紧，整天都在为名利奋斗。

社会是要有欲望。有欲望、有动力，社会才会进步。但是另一方面，这里还有一些缺陷上的东西，就是太紧张，太累了，大家想松弛。那松弛到哪里去找？可能动漫可以，听流行歌曲也可以。但是有的就喜欢中国文化。中国的文化里面最能够起到这方面作用的就是道家的东西。道家，特别是道家的祖师爷老子说的那些学说实际上就是人们心灵的港湾、是精神上的慰藉，大家都想寻找避风港，所以这个时候从老子那里可以得到很多的启示。

我们不说老子本身的语言，就是我们现在许多流传的话，实际上跟老子的那种学术精神是一致的。比如说："烦恼多应常开口，是非皆因强出头，各人自扫门前雪，莫管他人瓦上霜。"我们也可以看到，地摊上、文物店里面最畅销的墨宝往往是郑板桥的"难得糊涂"，还有就是"吃亏是福"。

这些东西实际上和老子的哲学、道家的人生观、价值观非常的吻合，所以鲁迅先生说过："中国文化的根底全在于道教。"他还说过："懂得了道家，就懂得了中国的大半。"他这个观点是不是能够完全成立，这还是可以讨论的。但是确实说出来一方面的真理。大家都要在文化里面找，道家确实是最合适的对象。中国的文化，非常的丰富，诸子百家都有它的长处。比如说儒家、法家都有长处，但是相比而言，儒家显得太迂腐，有时候太虚伪，有些话说得好听，有时候实际上挂的是羊头，卖的是狗肉。所以说司马迁讲，"迂远而阔于事情"。法家很管用，如商鞅变法，最后统一了六国。但是法家太残忍、太刻薄，六亲不认，所以这个东西也不是缓解人紧张情绪的东西。墨家好不好？墨家非常好，不过我觉得太天真，墨家有时候像一首歌唱的一样，《让世界充满爱》。哪里有这么天真浪漫的事情？实际上人人都有计算之心，哪里做得到"兼相爱，交相利"。兵家也是很管用的学问，但是我个人认为，它太阴损，你看三十六计的计策，不是"瞒天过海"就是"借刀杀人"，要么就是"趁火打劫"。如果完全推广开来的话，那就是人性的扭曲、道德的沦丧。我觉得这个也不是很好，大家都用孙子兵法，结果是人人都变成小人了。道家主张人和自然和谐，提倡人与人之间的和谐，又提倡人身心的和谐，是一方良药。在社会竞争十分激烈的情况下，有的时候无法依靠别人，谁也不能救我们，只有自己能够救自己。这时候最好的东西就是道家。而讲道家则必须回归它的老祖宗老子。

我今天讲的主要是两个方面：第一个方面我先简单地做一个介绍，既然讲道家——老子，我们就要了解道家的基本情况，对老子这个人、对老子的《道德经》这本书有所介绍。这不是我今天讲的重点，我想占用三分之一的时间；第二部分就是我们今天讲的主题，就是老子哲学里面所体现的人生智慧，我想今天都非常的管用，每个人都会有自己的理解、自己的体会和运用。

我先讲第一个问题：老子和道家。这里面分几个小问题：第一个是道家的基本情况。简单说一下道家的起源。道家的起源，我认为有两个重要的因素。第一个是它有它的传统。它的传统是什么呢？就是道家和我们中国古代的隐士(不是后来的隐士，那些都是假隐士)。当时都是真隐士。我们有很多的传说，比如说尧要把自己的位置传给许由，许由觉得玷污了他的耳朵，他就跑到河边把耳朵洗洗。这当然是后世的追溯，但是从《诗经》里面我们知道确实有一种隐士的存在。《诗经》里面有一篇是《考槃》，前面几句是：考槃在涧，硕人之宽。那个时候没有卡拉OK和KTV可以唱，他就在那里敲木头盘自得其乐，他悠闲自在，并且表示不管外界如何变化，我的志向都不会改变，这是我所看到目前最早关于隐士生活的状态。

到了春秋以后，这样的隐士人数非常多，我们在《论语》里面就可以看到，当时有很多的隐士。孔子为了推销他的学说、他的理想而周游列国，他路上遇到了许多人，名字都非常的怪，比如长沮、桀溺、接舆，这些人都嘲笑孔子，天下这么乱，靠你一个人弄得过来吗？还不如和我们一样，悠闲自在的过日子。这种人当时非常多。孔子的态度当然是很不以为然，他说："鸟兽不可同群"，"道不同，不相为谋。"他们对孔子也是瞧不起，说他是五谷不分，四体不勤，是一个书呆子。

他们是隐士的群体，这些群体生活在哪里？都生活在蔡国、陈国、宋国、卫国。这些地方是隐士群体的大本营，也是老子和道家诞生的文化传统的土壤。这是第一点。

第二点是具备了时代的土壤。春秋战国是一个大动荡、大变革的时代，在这个变革中有一部分人得利了，有一些人进入了权力中枢，但也有一些人这个时候被边缘化了，边缘化的结果使得他们很失落，特别是原来是贵族身份的人，所以他们满腹牢骚，可是又是"杀人无力求人难"，"无可奈何花落去"。他们看惯了潮起潮落，云卷云舒。看淡了、看破了。这些人自己都有很高的文化水平。道家的人都有自己的想法，也都当过官，比如说老子，老子是周王朝的守藏史，相当于今天国家图书馆、档案馆的馆长。这个时候周天子的地位下降了，他自己都养活不了自己，所以给档案馆、图书馆文化单位的经费越来越少，老子这个馆长当得很没有味道。加上他有些想法又跟当时社会的主流思潮不一致，所以他觉得难以为继，所以就出关去了。总之，老子原来是当官的，虽然是一个清贫没油水的官，但是毕竟是官。

庄子也是当过官的，庄子最早当过漆园吏，相当于养殖基地的主任、种植农场的场长。后来他不当了，可能因为这个官太小了。可是庄子还有一个机会当大官，特别大的官，人家是让他去当楚国的宰相，他也不愿意去。大官也不好当，"伴君如伴虎"，整天生活在刀光剑影的恐惧之中，说完就完了。宰相这个官大是大，权力大。但权力大的同时也意味着风险大。庄子可能想当的就是不大不小的中号官。中号官比较好，处于材与不材之间。像我们现在的中号官，有权可以签字买单、有机会出国考察、有小秘投怀送抱。但是时代没有给他这个机会，所以他最后干脆就不当了。这样一来，中国少了一个平庸的官僚，而多了一个伟大的思想家。

庄子不当官之后，他的生活原则也有特点，他叫做游世。怎么个游世法呢？就是游戏人间，就像叶倩文的歌，"谁也不知人间多少的忧伤，何不潇洒走一回"。他的意思就是不要去评价当局，不要去冒犯大人物，意思是我表面上和芸芸众生生活在一起，实际上我心里却没有和他们在一起，愤世嫉俗兼以指点江山是不可以的。嵇康处世不行，在那里"薄汤、武而非周公"，得罪了别人，结果被司马昭给杀了。

道家的诞生既有历史的传统，又有当时时代文化的要求。道家属于失意的人群。但是这些人有一个特点，他们都是贵族，当时知识都在他们的手上，他们站在历史和哲学的高度上，来对自然规律进行探讨，对社会现象进行反思、对人生的意义进行认识，特别是对生存的方式进行了体悟，这种理论性的东西就成了道家的学说，而它的学说精华的内容就保存在老子和庄子那里。

应该说他们自己还有一点个人的私衷，他们非常想把自己的书和思想流传下去，不然的话他们为什么要写书呢？老子也好、庄子也好，都是有书留下来的，就是说明他们希望用自己对自然对社会的认识去指导大家如何生活。所以成了独立的思想学派，这是道家的起源。

我们再说他的分化：道家和任何的学派一样，都有一个发展和演变的过程，最早当然是老子，老子之后就按两条线发展：一条线就是南道。他的代表人物就是庄子，把老子对自然的思想发挥的淋漓尽致，更加彻底的保存下来，这是道家的原生形态。《汉书·艺文志》所说的道家指的就是这部分道家。所谓"秉要执本，清虚以自守，卑弱以自持"。但也有很多人不愿像老子、庄子那样生活，他们有另外的追求，就是北道，在北方地区流行。北道后来又慢慢变成了汉代的黄老哲学，黄帝是外王、老子是内圣。比如说窦太后，我们都看过《汉武大帝》，知道那时候太后比汉武帝还厉害。北道的叙述在哪个地方有最集中的体现？司马迁的父亲司马谈"论六家要旨"里面有几句话就点明了北道（黄老）的特征，即是"因阴阳之大顺"，"兼儒墨之善，撮名法之要，与时迁移，因物变化"，把儒家和法家的核心内容拿过来，然后与

领导干部国学大讲堂

时俱进，不断变化，最后达到"指约而易操，事少而功多"，一看这就不是正宗的道家，是戴着道家的帽子和面具来做法家。所以司马迁把老子和韩非子放在同一个传里。

我们还是回到对老子本人的认识。历史上有三个老子，这表明老子这个人太玄妙了，神龙见首不见尾，在司马迁那个时候对老子已经讲不清楚了，所以他在《老子列传》里面写了三个老子：第一个老子就是周朝图书馆的馆长，叫老聃。这个聃，是大耳朵、耳朵大的意思。所谓老聃者即是长着大耳朵的老家伙、老头子的意思，然后变成他的名字了。

第二个是老莱子，是楚国的大隐士，《二十四孝》里面有老莱子这个人。他活了100多岁，他很孝顺，尽管自己年纪也七老八十了，但依旧穿婴儿的衣服，然后摇着玩具让父母高兴，也就是彩衣娱亲的出处。这个人也算是老子。

还有一个老子就是战国时的周太史儋，这是第三个老子。但是司马迁对这三个老子是有所取舍的，尽管他写三个老子，但是他把第一个老子重点写。把后面两个老子一笔带过。说明司马迁是把老聃看成是正宗的老子，关于老子的生平和《老子》这本书是学术界争论的话题。在上个世纪初，北京大学两个大学者打擂台，一个很厉害，是胡适；另一个也很了不得，是梁启超。胡适说老子是春秋时代的人，《老子》一书也诞生于春秋时代，梁启超说太史儋才是老子，双方都拥有大批的粉丝，而且是超级粉丝、超级玉米。支持胡适观点的有任继愈、郭沫若等。支持梁启超观点的有范文澜、冯友兰等。很遗憾当时没有电视，要是有电视，肯定比现在的易中天、余秋雨还要红火。

中国的文化有一个显著的特色，叫做5000字的文化，老子《道德经》是5000个字，《孙子兵法》也是5000多字，《周易》也是5000字左右，《论语》稍微多一点，但同样不过15000字而已。这5000个字相当于我们今天一篇很短的文章，论文都算不上，更比不上我们那些领导人做的报告，5000字做报告肯定连总结成绩都不够用的。起码得3万个字。这说明什么问题？几部5000字的书是中国文化最核心的根所在。它显示了一种现象，先秦时期书写在简帛上，材料珍贵，所以作者斟字酌句，惜墨如金，写出来的东西非常的精彩，到了宋代的时候，由于印刷术的发明，东西就差一个层次了。到了郭沫若、鲁迅用毛笔写作的时代，又比苏东坡时代差很多。像我这个时代用圆珠笔、钢笔写作，东西就更加的差了，现在的人用电脑，快是快了，水平似乎更提不上台面了。也就是说，书写工具越进步，人的智商越退化，写出来的东西越水。现在的文章很多，你抄我，我抄你，没有什么原创性。但是这5000字可了不得，而想要读懂也很不容易。

比如说老子讲了句很有名的话："甘其食，美其服，安其居，乐其俗"。什么意思？这是形容词意动的用法，就是"以……为……"，不管穿什么衣服你都觉得好，你穿西装觉得舒服，穿牛仔裤也觉得很好，不管穿什么都好，这是"美其服"。不管吃什么，是肯德基还是麦当劳，还是吃面都好，这就是"甘其食"。可有位先生却理解为吃可口的饭菜，穿漂亮的衣服，这位先生说的正好和老子的思想相反。另外，老子不同的观点也会有不同的解释。刚才主持人讲了"道可道，非常道，名可名，非常名"。一般解释为：能够讲出来的道就不是永恒的道。能够说出来的名也不是永恒不变的名。但也可以标点和理解为："道可、道非、常道；名可、名非、常名"，道有正的一面，道又有非的一面。合起来才是永恒的道（常道）。名的正面、加名的反面，才是常名，应该说这样解释也通。5000字，怎么读都能读出自己的味道和自己的理解，但是也不能乱读。

第一部分还有一个小问题要讲一下，就是《老子》这本书里面的四大板块，这四大板块是不应该这么说的。为什么？老子最反对强求一律。但是现在没有办法，为了讲课方便，为了理解容易，就往往列出板块，分清条目。

第一板块就是道的问题，也就是说以道为主宰，和天下万物所生本源的宇宙生成论，道到底指的是什么东西？老子认为道是天下万物的总源头，也是天下事物发展的一个总规律、总动力。所以他的思想里面非常多的内容就是论述这个问题的。老子强调道是永恒的、无限的，同时也是不可言说的。我们的感官是无法感受的。因为老子讲得很明确，道是硬想出来的名字加上去的，他是讲不清楚的。但是为了讲方便，我给他称之为道，这个道是勉强说的。但是这个道具有至高无上的地位。所谓"道生一、一生二、二生三，三生万物"。他谈道的来历，说"有物混成，先天地生"，它比天地还早。可以为天下母。即是天下事物的根本。道小到承载在每一个灰尘当中，道又大到承载在天地宇宙之间。大可以无限，小也可以到非常的微观。自然界那种沧海桑田的变化，社会上国家的兴衰存亡、个体的生老病死，在这里起作用的都是道。所谓"人法地，地法天，天法道，道法自然"。他描绘道是什么样的东西，人在自然中就处于什么样的地位。

　　春秋战国是我们中国哲学的高峰时期，思想发展最辉煌的时期。假如说孔子讲仁义是人的发现。法家的出现，标志着中国政治术的成熟，就像马基雅维利的《君主论》对西方政治学术完善的影响一样，那么，道的提出在中国历史上标志着哲学的突破，也就是说中国在这之前是没有哲学的，就算有哲学，都是带有神学的东西，比如说天人感应，只有道把中国真正的哲学概括出来，这是标志。

　　第二就是事物相互依存、相互对立、相互转化、循环往复的朴素辩证法。老子看来，所有的事物都有它的两面性、都是对立统一的，没有长就没有短，没有高就没有下，没有难就没有易，只有难的存在，才能看到易的可贵，只有长的存在，才能看到短的特征。同时，老子认为这种对立存在不是永恒不变的，它是变化的。所以他说事物都在向他相反的方面转化。所谓"祸兮福之所依，福兮祸之所伏"。事物到一定程度的时候一定会走向反面，所谓量变到质变。"金玉满堂，莫之能守，富贵而骄，自遗其咎"，意思就是富贵不要紧，但是不要骄傲，否则就会自取其咎。这里讲的就是变化。

第三个板块的内容是"无为而无不为，以退为进，以柔克刚"。老子为什么为统治者喜欢？就是以退为进，以柔克刚的政治谋略。弱者道之用，表面上是柔弱的，但是最后柔弱是可以打败刚强的。这里的话很多，比如说老子喜欢用水来做比喻，"天下莫柔于水"，水是最柔软温顺的东西，但是"克坚强者莫之能胜"。什么意思？真正能打败最坚强的事物，恰恰是水，水才是最厉害的。日常生活里面，水滴穿石，再硬的石头也可以穿透。表面上最柔弱，实际上最坚强。所以说"进道若退"。

第四个组成部分就是小国寡民，无为而治的社会理想。老子他认为老百姓之所以难管理，是因为上面的统治者太有为了。太有为，有时就会胡作非为、妄自乱为，于是种种的制度来了、措施也来了，弄得很复杂，结果什么也弄不好。在老子看来，清心寡欲，一切无为，最好的方法就是什么措施也不用。吃什么、住什么都满足，最后落实到鸡犬之声相闻，而老死不相往来。这一点我们做到了，现在大家都住在高楼大厦里，各个邻居都不认识了。鸡犬之声是闻不到了，变成听到了家里唱家庭影院、卡拉OK的声音，可见老死不相往来是可以做到的。

下面我们主要重点讲一下老子的人生智慧，我觉得这在今天非常的有价值。老子的人生智慧，我想可以归纳为一个精神、四项原则、最后是一种理想。一个精神是什么精神？就是自然精神。这个自然不是我们现在所谓的大自然，像前两天我们浙江来的桑美特大台风。当然，自然更不是具体的事物。老子看来，所谓的自然就是自然而然的一种状态。自然的状态是什么？你就依从它去生活，该怎么生活就怎么生活。事物各有自己的本性，你不要强迫去改变它、改造它。一个人有一个人的活法，你也不要强求给人家整齐划一，也不要以你自己

领导干部国学大讲堂

的方式来改变别人的行为方式和思维模式。

老子说过一句很有名的话："天地不仁，以万物为刍狗"，"圣人不仁，以百姓为刍狗"，主张不要刻意的表现怜悯爱惜，鼓吹仁义道德。因为天地一旦有仁义之心，就会按照自己的规律去办事，圣人也会以仁义道德的标准去强迫大家去做事。老子认为这是很不应该的。表面上野兽吃草，人吃动物的肉是很残忍，但是它确实反映了一种自然的本性，是大自然、人与社会、人与人之间的生物链，你要打破这个生物链，你要打破这个平衡，就会造成社会秩序的混乱。人孝敬父母、关怀下一代是人的本性，你用不着用这种孝、慈去重新搞一套，说得轻一点这是画蛇添足，说的重一点，这是多此一举。

老子强调"甘其食、美其服"，不要强求意志的改变，这是老子的自然主义的精神，这种东西贯彻在老子的思想，就是尊重自然，按照事物本来的运行规律来办事，既不有为，而要用无为的手段来达到无不为的目的。更加不要妄为，因为有为有时候会妄为，有时候会乱来。一切都要做到因势利导，一切都要符合自然。

我们很多东西都是我们事先给它规定的模式，这是违背事物发展的本性。我看过一篇文章，讲中美的教育观念不同，美国的学生是学什么然后考什么。中国人是怎么学呢？是考什么然后学什么。考什么先定一个方法、价值，然后强迫你去学、教你怎么做。这就是考什么来学什么。所以我们的儿童、我们的中学生年轻时大多是天才，都是国际数学竞赛金牌、银牌的得主，但到最后诺贝尔奖都是花落人家。是华人不能得奖吗？不见得，朱利文、李远哲、李政道、丁肇中不也得了？无非是大陆人没得而已。可见问题出在大陆的教育体制违背自然，拔苗助长。

建设好的大学，这是强行定下来的目标，口号是十年要成为世界一流的大学。现在北大、清华，还没有进一流呢。让香港中文大学、香港科技大学、香港大学一挑战，还仅仅是招生环节的挑战，就有变成国内二流之虞，且不要说世界一流了。世界一流不是你自己封的，不是订目标来做的，所以现在许多真正有水平的教授不愿意做工程，我们的学术研究叫工程，清史工程、夏商周断代工程，都是设计好了你去做。而不是按照科研自身的规律来做，比如说科研，我有三年一篇文章都没有写，都在读书找资料，但是后三年我写了很多文章并且都发表了，这考核怎么做？按前三年的情况，你考核不合格，你教授就下岗了，或者是降为副教授了，你说这样能真正搞出优秀的科研成果来么？这是违背自然的规律做事，是和老子的自然精神完全背道而驰的。中国人口头上是尊重辩证法，但是真正做起来最不尊重辩证法，完全是人为的，主观的设定。所以我觉得老子自然精神很重要，他的所有理论和观点都是从自然精神派生出来的。

四项原则：

第一，老子主张对任何事情都持独立思辨的态度，持批判的能力。批判的能力很重要，人云亦云很糟糕。

如果没有这一点，这个社会不会发展，只会原地踏步，老子对事物用自己的眼光看，你可以说他看得不对，但是你不能批判他独到的眼光。老子最恨的就是无为的对立面有为，因为有为往往会导致妄为，妄为就是胡作非为的乱来。人们最害怕就是道德虚伪，这一点老子看到了。

老子和庄子不同，老子很多思想是关于治国，他主张治理，他说治大国如烹小鲜，意思就是治大国就像煎鱼一样，鱼是要吃的，也就是国家是要治理的，但是要讲究技巧，也不能说把鱼放进去之后随便的翻，把鱼都翻烂了，所以要小心翼翼，尽量不要干涉它，让它自己熟。所以老子最讨厌社会上那些漂亮的名词和说法，他和儒家是不对头的。他没有把法家放在眼里，主要的对手是儒家，儒家主要讲礼义，老子对礼评价最低，他说礼是忠信之薄而乱之首也，说这个社会既不忠，又不讲诚信是动乱的根源，你越强调规章制度的时候、越说和睦诚信的时候，往往是这个社会最不讲规章、制度的时候，最不和睦诚信的时候。所以他说了，老百姓难管理是上面导致的，上面的人今天一个想法、明天一个主张、后天一个法律，弄得人家无所适从，不知道怎么办才好。所以他说：法令滋章，盗贼多有。法律越来越多，道德反而就销声匿迹了。就像美国人打反恐战争，现在恐怖是越来越多，之前是中东，现在是很多地方都搞。

所以他有一句非常经典的话，我印象很深刻，"大道废，有仁义"，破坏了自然，才有仁义，"慧智出，有大伪"。"六亲不和有孝慈"，比如说母子、父子、兄弟大家不和睦的时候，这个时候才提倡孝道、提倡尊老爱幼。然后"国家昏乱有忠臣"，国家快要垮台的时候社会才会出忠臣，岳飞出现的那个时候，正是赵构这样的投降派和秦桧那样的恶人当道，在唐太宗贞观之治这样的时期，就不会出现岳飞这样的人。

所以老子说得很深刻：一个社会越是提倡什么或者说越是宣传什么的时候，正好说明这个社会最缺乏的就是这个东西。这是老子独到的见解。他讲了"大象无形，大音希声，大方无隅，大器晚成"，意思是真正的大象是没有影子的象，无边的象，可以积小，同时也可以积大，我想老子对这个社会的转变、批判是非常有力的。我们有时候就是被虚伪、造假的东西所迷惑、所干扰，这是很明显的。

东汉的时期最提倡孝，每个皇上的谥号都要有孝，比如说孝文帝，孝武帝，统治者提倡了名教、道学，往往成了伪名教、假道学。孝道做得最好的人实际上并不孝，那当然是假孝。有一个人偷人家的东西，被人家发现了，他就开始逃，追上以后，小偷以为要被痛扁一顿，那个人却说，老兄，你偷的东西不多，你没有发现我们家还有许多好东西，现在我给你送过来了。这看似是对盗贼的宽容，但实际上是沽名钓誉，可是那个人居然还成为了典型，成为了东汉王朝上下学习的榜样。因为被人家偷了，还送人家东西这样的道德境界一般人是达不到的，而且也没有理由达到，所以要大力表彰。这个东西很糟糕。

包括我们的社会上有一些现象我认为按照老子的标准、老子的批判精神也应该质疑和否定。如宣传一个人热爱工作、投身事业这是应该的，我们的社会需要弘扬这种风气，但是不要过分。他父亲死了，他也不奔丧；他老婆生孩子，也说是工作忙离不开。这是很不恰当的。因为一个人如果连自己的妻子也不爱惜、对自己的父母也不关怀，那他爱工作完全是装出来的，我想连一个基本的人情都没有的人，他能对事业工作真正负责？他肯定是怀有不可告人的动机。所以说这种假道学我们不应该提倡。老子的批判精神有时候使我们清醒，对有些人的做法、表现可以打一个问号，如果社会提倡正气的话，也该是合乎自然、合乎人情的，而不是有为制造出来的虚假。显而易见，老子的批判精神是非常值得重视和肯定的。

第二个原则就是变易原则，也就是辩证原则。

老子讲一切都是对立的。也就是说长和短是对立的，高和下是对立的，前和后是对立的。他讲一切都在变。一切皆有利弊，无论怎样。好的一面包含不利的一面，不利的一面包含好的一面。所以利和害是两个方面，有利必有弊，没有单纯的利也没有单纯的弊。

有一句成语我们非常的熟悉，"塞翁失马，焉知非福"。有一个老人丢了马，有人去安慰他，他说，这不见得是件坏事，过两天公马把母马给勾引过来了。人们又来庆贺他，他却说，这未必是好事。后来他儿子骑马的时候掉下来了，摔断了腿。人们又过来慰问，他说，这也未必是坏事。再后来打仗征军，他儿子因为是残废，不用去，结果去的人全部死掉了，而他儿子就活了命，逃过一劫。

可见，你要争取其中一个单纯的利和单纯的害是没有的。最典型的是洋务运动，我们觉得斗不过人家，我们就学人家的船坚炮利，不去学西方的近代制度和近代思想。张之洞说"中学为体，西学为用"，就是这个路子。甲午海战说明什么问题？光学技术是不行的，因为西方的先进技术是建立在先进的制度和先进的文化基础上。你要么就都学，要么都不学。

甲午海战中我们的军舰比他们多，我们的炮口比他们的大，但日本的军舰速度比较快，另外他们的炮也射得快。双方各有优势，这样，打下来应该是平手吧。但是事实证明我们是打不过人家，北洋舰队全军覆没，人家日本的军舰可一艘都没有给打沉。邓世昌这样的民族英雄有一个生动的情节，就是沉下去的时候，他有一个宠物狗来咬住他的衣服不让他沉下海去，他把爱犬按下去，狗也死了，他也死了。一个军舰的舰长，怎么打仗的时候还带狗啊？所以说这是有问题的。战前日本人在观察，结论是中国的军队是可以被打败的，凭什么？凭一个细节，就可以看出来。中国军队硬件不错，软件还有问题，什么细节？平时不打仗的时候军舰上面都挂着大裤衩，这一点说明军队没有真正备战的意思，所以有一本书讲细节决定成败，有时候细节就可以看出一个军队的面貌。

为什么我要说这个问题，因为当时清朝是腐朽的朝廷，是慈禧太后统治下的，这么多的军舰给他，他也打不了胜仗。所以今天讲每个事物发展过程都是两方面的，比如说我们经济发展得很好，但是我们在经济发展的同时带来了坏处就是破坏生态、破坏环境，以环境生态的污染作为代价。我们一部分人是富起来了，但是它往往是牺牲了相当大的弱势群体的利益作为前提的。我们在引进许多的新观念、新生活方式的同时，也丢掉了我们民族不少固有的美德。但是我们不能因为事情有弊害就不去做，关键是我们要把害处控制在最小的范围。总之，老子提醒我们，要辩证的看问题，要把利和害作为一个共同体统筹对待。

第三个原则就是适度的原则。

儒家叫中庸之道，道家没有中庸这个词，但是精神上是互通的。

少私寡欲，老子的本意是"私"的成分少一点，欲望不是不可以有，但是要相当的寡，并不是说欲望和利益必须全部排斥。他所说的就是要掌握一个度，降低到不影响别人而自己健康发展的境地。

中国文化有一个传统就是求全问题，什么都要求全，要做到圆满。药里面有十全大补酒，九全就不行；宴席是满汉全席，全是好东西；讲究全胜战略。但一味求全也会有弊端，求万全就会投鼠忌器，就会优柔寡断，就会患得患失，就会瞻前顾后，这样的话你就会丧失机会。许多问题上，往往面面俱到，竞争上要做到通吃不漏。什么东西都是他一个人独吞，人才上要做到求全责备，这是我们思想上的误区，老子的观点正好帮助我们纠正这种误区。

老子说缺的东西、少的东西往往是完整的，表面上是弯曲的实际上是直的，表面上是空的一块实际上是满的，旧的东西实际上就是新的。在现实当中我们也经常发现，我们女同志的衣服一放三年，如果再穿出去，就过时了，是旧的了；但再放一段时间，却又成了新的了。如30年代的旗袍，现在看又时尚了。最有趣的是那句广告词，"多则惑，少则明，简约而不简单，利郎商务男装"。这句话正与老子"少则得，多则惑"的思想有异曲同工之妙，有时候就是要用有限的资源经营合理的配置，突出重点。

我老是想一个问题，我们常常说，做好人难，因为好人要求全，像我们人到中年这样的人，上有老，下有小，对孩子来说要做好父亲、对妻子来说要做好丈夫，对父母要做好儿子，到单位里面要做好上级、好下级、好同事，在社会上要做好公民、遵纪守法，跟朋友交往要做好朋友，七好、八好、九好，这么一来就完了，什么都想做好，面面俱到，结果活得非常的累。坏人就好办了，要升官就跑官买官，要发财就坑蒙拐骗。心无旁骛，集中精力去做，结果是得心应手，游刃有余。老子讲这句话，"少则得，多则惑"，有时候男的非常的优秀，长的个子1.80米，公司单位是外资，月薪是几万、几千。女孩子愿意和他好的太多了，他挑花了眼，多则惑么，一拖就变成了钻石王老五了。少则得了，反正我也普通，不会有太多的选择，看对方差不离就行了，结果娶妻生子，过上温馨的家庭生活。

在日常生活中，老子的哲学也经常被用上。如女同志都比较勤劳节俭，易拉罐、汽水瓶都收起来，要卖给收废品的。我说这个东西不能收，你要学学老子，捡破烂的人就是靠这些东西生活着，如果他们捡不到东西，维持不了生计的话，走投无路，就会去抢劫。

舍得舍得，有舍才有得。我小的时候听老人讲《三国演义》，说周瑜是一步三计，诸葛亮是三步一计，但最终一步三计的玩不过三步一计的，就是因为周瑜是多则惑，诸葛亮是少则得。不要求全，要做成事必须是挂羊头、卖狗肉。羊头是招牌，狗肉才是真货，如果你既挂羊头又卖羊肉，那就非赔本不可。

第四个原则就是柔弱原则。

柔弱原则非常的重要，老子认为，"勇于敢则杀，勇于不敢则活"，意思是你越不争，你得到的东西就越多，就是要以退为进、要欲擒故纵，这是非常重要的。这方面最典型的例子就是东汉的开国皇帝刘秀，当他没有太强大实力的时候，他韬光养晦，他装孙子。老子说"不敢为天下先"，社会上很多的说法都与老子这一原则相吻合，比如说"木秀于林，风必摧之；堆高于岸，流必湍之；人处于众，谗必随之"。又比如说，枪打出头鸟，真正有能耐不在于你敢做敢为，而在于你不敢做不敢为。当两个副局长都争着当正局长的时候，第三个不争的人往往渔翁得利。

老子的核心就是和谐理想，我觉得道家、儒家都讲和，中国讲和谐社会，我们传统文化里面的和谐就是我们今天建设和谐文化、构建社会主义和谐社会的重要资源，但是道家比儒家还要高明。道家讲三个和：第一就是人与自然之和，天人之和；第二个人就是人际之和，人与人、人与社会的和谐；第三个就是个人的身心之和。

这实际上有三个特点：一个是包容性，和谐首先要有宽大的胸怀、能够宽容，所以老子说："江海所以能为百谷王者，以其善下之，故能为百谷王"。这就是我们经常讲的，海纳百川，有容乃大，你能耐再大也不能包打天下。所以道家文化里说，水至清则无鱼，人至察则无徒，江河不择溪流故能成其深，泰山不却微尘故能成其高。

　　道家的包容性很重要，越是地位高、越是有钱的，越低姿态、放低姿态。"天之道，常善之物故无弃物，常善之人，故无弃人"。世界上没有一个东西是没有用的，也没有一个人是没有用的。所以与孟子的观点也刚好实现了统一，孟子的观点就是人才有两种：一个是贤者，贤者就是品质比较好，但是能力稍差，就让他们进人大、进政协，他们的道德可以做楷模；还有一种是能者，他们的能力非常大，但是他们有毛病，你就让他们去当局长、当主任。这叫做"尊贤使能"，所谓"贤者在位，能者在职"。可见老子和儒家有许多相通的地方，老子强调的是没有完全没有用的人和物。所以他说"高以下为基，贵以贱为本"。塔顶必须有塔基，贵的人是靠大多数老百姓给你捧上去的。所以我觉得和谐首先是包容。

　　第二个老子强调的和谐具有差异性，差异性就是从道的自然状态讲，世间万物，千奇百怪，什么形态都有。这里要承认他的差异，一个人有一个人的活法，幸福没有一种统一的衡量方法，而是自我感受、自我感觉，不能强求一律。我们在北京看到最幸福的人不是那些当官的，当官太忙了，也不是我们这些大学教授，整天到晚填报表、写论文，最幸福的是北京的那些老大爷，夏天的时候二两二锅头、一碟花生米，逛逛公园遛遛鸟，他们才是最幸福的人。老子是特别强调差异性的，这是和谐的第二个层次。

　　和谐最后一个层次，也是核心的层次，老子认为要有平衡性。差异是应该承认有的，不能强求一律，但这个差异太大了，也会出问题。所以老子也讲治国，还要做人，他讲过一句非常典型的话，天之

领导干部国学大讲堂

道就好像拉弓，高者抑之，低者仰之，"有余者损之，不足者补之"。意思就是东西多了拿一点出来，东西不足则要设法加点进去予以补充。他强调要追求一种动态的平衡，老子这种平衡观里面包含了超越、制衡的理论，意思就是说第一要抑制你权力过大，第二是抑制社会上的贫富差距太大，如果是"朱门酒肉臭，路有冻死骨"的话，这个社会肯定不是和谐的社会。老子认为，事实上不可能做到完全的公平和合理，但是却要做到相对的公平和公正，成为一种动态的、相对的平衡、和谐。所以老子的学说表面上是一种纯粹的哲学理论，但是它包含了非常丰富的人生智慧，这种人生智慧大的话可以推到治国，小的话也可以净化人的心灵，来提高大家的修养、完善自己的人格。

所以我觉得他讲的许多东西至少有两条可以强调一下：第一个就是对欲望有所节制，特别对贪欲要抑制。老子说"知足不辱，知止不殆"，知道满足就不会有屈辱，知道该停止的时候就停止，就不会有任何的危险。所以他强调，你一定要知道满足。因为当你有1000万的时候，你就想有2000万。其实，1000万也好、2000万也好，在很多情况下他们只是数字的概念，因为你用不了这么多，你也花不了这么多，在银行账户里面由2字变成了3字，后面再加一大串零而已。就是这样的概念。第二他告诉我们要未雨绸缪。千里之行、始于足下，慎终如始。老子的话，3000年里，不光是很好的哲学文章，也是很好的文学文章。我想用老子的这种智慧去面对错综复杂的社会，面对竞争日趋激烈的状态，你会使自己变得更加睿智和高明，用最清醒的头脑，摆正自己的位置，然后更好地生活，由必然王国进入自由的王国。

老子和我们的生活

刘长允

刘长允，男，1955年生于山东省成武县。山东大学历史文化学院兼职教授、博导，山东省文化产业研究基地特约研究员，山东省广播电影电视局党组书记、局长。

主要研究领域：易学、老子。

主要著作：《步入神秘的殿堂》、《天不变道亦不变——老子纵横谈》、《大中华赋》。

老子和孔子一样，他的思想不仅是中国文化的重要源头和元素，也在世界上产生着重大影响。老子的思想自17世纪传入西方后，现今《道德经》外文译本已有七八十种之多，几乎世界上主要语言都有相关译本。据联合国教科文组织统计，在世界文化名著中，被译成外国文字并且发行量最大的是《圣经》，其次是老子的《道德经》。很多世界级的文化名人，如托尔斯泰、黑格尔、海德格尔、爱因斯坦等，都对老子的思想推崇备至，都认识到老子对自然规律的深刻揭示，特别是对人类心灵的纠偏和慰藉，具有独特和不可替代的作用。本文拟从八个方面阐释老子的思想和我们的现实生活。

◆ 一、人类和道 ◆

我们人类赖以生存的宇宙是怎么来的？纷纭繁杂的自然和人事现象背后有没有共同的规律？人们在多变的现实生活中能否找到趋吉避凶的安康之路？我不敢说这些人人关心的具有永恒意义的问题，都被我们的智慧老人——老子圆满解答了。但我完全可以这样说，在探索上述这三个重要的问题中，老子的回答是最具独创性和理性的，是最具知识性和实践性的，也是对人类最具善意和指导作用的。

我们今天已经无从考究老子是如何提出"道"这一重要概念的，但我们可以清楚地看到老子哲学体系的展开是从探索宇宙初始状态去着手的。老子一书提到的"道"的地方有七八十处之多，《道德经》开篇第一章即这样写道："道可道，非常道；名可名，非常名。无，名天地之始；有，名万物之母。故常无，欲以观其妙；常有，欲以观其徼。此两者，同出而异名，同谓之玄。玄之又玄，众妙之门。"老子虽然认为大自然的神秘面纱不可豁然揭示，他体悟到宇宙"大道"不可言耳相传。但他又多方设喻，从不同侧面和视角向世人揭示"道"的性质、内涵和功效，向世人描绘他心目中的宇宙模型和大自然演化轨迹。我认为，老子所说的"道"应主要包涵以下9个方面的内容：

1. **道是物质和精神的统一，是"有"和"无"的统一。**这正如老子所描绘的那样："道之为物，惟恍惟惚。惚兮恍兮，其中有象；恍兮惚兮，其中有物。窈兮冥兮，其中有精；其精甚真，其中有信。"说"道"是有，亦非实有；说"道"是无，亦非真无。

2. **"道"不是任何概念和实有，任何概念和实有都不是道。**就是连"道"这个概念本身，也是不应该有的，只是为了表达的方便，才"吾不知其名，强字之曰道，强为之名曰大。"

3．**道是绝对的存在，也可以说是绝对的有。**但道又无形无状，视之不见，听之不闻，搏之不得。老子所描绘的"道"，就其形状和大小而言，很像现代科学所揭示的构成物质的"基本粒子"。只是道的内涵要远远比基本粒子更丰富。它不仅具有物质的特性，还具有精神的特性。

4．**道先于宇宙而生，无父无母，自具自足，独立不待。**"有物混成，先天地生。""吾不知谁之子，象帝之先。"这里有必要对"象帝"一词解释一下。"象帝"两字有许多不同的解释，我觉得王安石的解释比较妥贴，他在《老子注辑本》中说："象者，有形之始也；帝者，万物之祖也。"用我们今天的话来说，那就是，道产生于任何无机物质和有机生命之前。

5．**道产生天地万物包括人类，宇宙间的一切都是道的演化和派生。**"渊兮，似万物之宗。""道生一，一生二，二生三，三生万物。"要之，只有道是自生，万事万物都是他生；只有道是绝对，万事万物都是相对；只有道是必然，万事万物都是偶然；只有道是给予，万事万物都是接受……

6．**道是世界的本原和基始。**宇宙的发展是从道开始的，宇宙的诞生就是道内部有和无矛盾的统一，相互激荡推演的结果。老子不仅认为有和无都统一于道，而且认为在道的作用下有和无相互转化和产生。"天下万物生于有，有生于无。"

7．**道不仅有发展和运动规律，而且道的发展和运动规律也是宇宙和包括人类在内的万事万物的发展和运动规律。**或者说，道不仅产生宇宙和万事万物，他还赋予宇宙和万事万物与自己相同的特性和发展变化规律。

8．**道的运动规律最大的特点就是向着相反的方向发展。**这当然也就是宇宙和包括人类在内的万事万物的运动发展规律。"反者道之动，弱者道之用。"

9．道最深奥，也最现实，和每个人的生活都息息相关，没有哪个人能够摆脱。谁能够认识到道的神圣和规律，并能按照道的规律去行事，就算是得道之人，也可以说是有德之人。道德的本意就是得道。

老子不仅创造性地提出了"道"，还依据天道和人道的共同运行规律，为人们指出了一条事业成功、趋吉避凶永葆安康的幸福之路。老子在这方面对我们的谆谆教诲，主要包括以下10个方面的内容：

1．人是大自然的一部分，人事兴衰的规律和大自然某些规律是相一致的。人处世举措要想得当和有章法，就要向大自然学习，就要不断体悟大自然的旨趣。老子说："人法地，地法天，天法道，道法自然。"老子又说："天长地久。天地所以能长且久者，以其不自生，故能长生。"

2．大自然和万事万物都有其运行规律，人处世举措要顺应这些规律，不能恣意妄为。老子说："治人事天，莫若啬。"意思是说人处世举措要像种庄稼一样，自然成长，自然收获，应时而动。老子又说："知常曰明。不知常，妄作凶。"意思是说能够认识到万事万物的不变规律就是聪明，认识不到而违背规律行事，就会遭受祸害。

3．顺应天时才能走向成功，无为无不为才是致胜的秘诀。人人都想成功，人人都想实现自我价值，但要实现愿望，不借助天时地利，瞎忙活一阵，很难有好的结果。掌握了事物的发展规律，顺水行舟，看似无为，实际是无不为，可收到事半功倍之效。老子说："道常无为而无不为。侯王若能守之，万物将自化。"老子又说："无为而无不为。取天下常以无事，及其有事，不足以取天下。"老子还发出这样的感慨："无为之益，天下希及之。"意思是说顺应自然规律行事所带来的好处，那是世界上任何事情都比不上的。

4．老子发现了宇宙间最重要的规律是"反者道之动"。人们要想趋吉避凶、永保安康，就要时时刻刻警惕这一点，时时处处把握这一关键。老子认为道和宇宙间万事万物发展变化有一个总的趋势和规律，那就是"反者道之动"。即宇宙间万事万物都是向着它的反面发展变化的，都是循环往复的，否去泰来，物极必反。道的这个发展变化规律是绝对的、无条件的，宇宙间万事万物皆遵循此规律，人事变化亦概莫能外，盛极必衰，福祸相依。那么趋吉避凶、永保安康的最好办法，就是什么事情都不要做过头，都要留有余地，所谓"花未开时月半圆。"老子又说："是以圣人去甚，去奢，去泰。"意思是说聪明的人不去追求极致，不做过头事。老子又说："故飘风不终朝，骤雨不终日。"意思是说轰轰烈烈和盛极一时的事物，都是短命的，都很难持久。老子还特别提醒世人："物壮则老，是谓不道，不道早已。"意思是说事物发展到一定程度就会衰老，衰老就走向了生命的反面，就会很快死亡。

5．老子发现宇宙间的第二个最重要的规律是"弱者道之用"。人们想趋吉避凶、永远立于不败之地，也必须理解和把握好道的这一规律和特性。"弱者道之用"这句话有点费解，简单的说就是道是通过柔弱的机制来发挥它的功效，来体现道的美好指向的。这当然是指宇宙间万事万物总的情况。那具体到我们人事的兴衰呢？那就是要求我们，一个人只有虚怀若谷、谦逊卑下、知荣守辱、坚忍不拔、才能够以柔克刚无往不胜，才能够汇集众力同声相求，才能够由小到大永葆生机，才能够趋吉避凶永立不败之地。老子这方面的言论很多，如："柔弱胜刚强。""强梁者不得其死。""强大处下，柔弱处上。""天下之至柔，驰骋天下之至坚。""故坚强者死之徒，柔弱者生之徒。""知其雄，守其雌。""知起白，守其辱。"

6．老子考察到天地生育万物都是"生而不有，为而不恃"。因此他告诫人们一定要功成身退，不居功，不自傲。只有这样，才能天长地久，才能永葆安康，才不会前功尽弃。老子说："功遂身退，天之道也。"老子又说："不自伐，故有功；不自矜，故长。"

7．贪得是败损之胎，厌求终招杀身之害。老子认为贪图名利和财货，不知休止地去索取，这有违于天道，最终不仅不能拥有名利和财货，还必然会身败名裂，遗患无穷。老子说："甚爱必大费；多藏必厚亡。"又说："金玉满堂，莫之能守。"又说："祸莫大于不知足；咎莫大于欲得。"

8．**知止可以远离祸害，知足是快乐之源。**老子认为当止则止，这止的是祸害，留下的是安全。知足才是真正的富有，只有内心感到满足，才有真正的幸福和长久的快乐。老子说："知止可以不殆。""故知足不辱，知止不殆，可以长久。"又说："故知足之足，常足矣。"

9．**老子反复阐发不争的道理和不争的好处。**认为谁要是能够做到不争，则天下人都不能与之争，那么就不仅可以远离祸害和争斗，而且还必然会达到理想的佳境。老子说："天之道，利而不害；圣人之道，为而不争。"又说："夫唯不争，故无尤。""夫唯不争，故天下莫能与之争。"这真是最高级的辩证法。我们需要指出的是，老子的所谓不争，并不是消极的躲避，而是不勉强行事，不激化矛盾，求同存异，创造和谐发展和多赢的良好局面。老子不争的思想，还含有不争私利、不争意气、不计较末节，把握全面、放眼长远的意蕴和境界。

10．**老子说："我有三宝，持而保之。**一曰慈，二曰俭，三曰不敢为天下先。"慈就是仁爱和宽厚；俭就是节约和收敛；不敢为天下先，就是不鲁莽行事，不把自己的位置和利益放在天下人之上。

由上观之，老子提出的"道"尽管无形无状，视之不得见，听之不能闻，搏之不可得，但却是事实存在，而且与自然规律，与人类的现实生活密切相关。老子倾尽毕生精力探讨天道和人道，详细地为我们呈现出存在于自然和人类社会中的大"道"，并以其诸多层面的深刻哲理启示我们：只有发现"道"、感悟"道"、遵循"道"，才能找寻出趋吉避凶、永葆安康的幸福之道。

　　老子是人类思想史上最早、最系统、最理性地提出一套全新的观察客观世界的方法和途径。我们过去评价老子的上述内容，往往把它归到"认识论"的范畴，并喜欢用一些哲学上的名词——诸如"神秘论"、"先验论"来套解。作为学术研究，这样做未尝不可，但很难尽诠老子的本旨。大道之不可言喻，也正在这里。要之，笔者认为老子观察把握客观世界有以下几个特点：

　　1．**站在旁观者的角度，高处起点，大处着眼，用欣赏的心态看待宇宙万物。**把认识考察客观世界的过程，变成非常愉娱的心灵之旅，悠然自得，乐在其中。

　　2．**心要极其虚广，性要极其沉静。**不带任何个人杂念，最好像婴儿一样天真，像明镜一样无瑕，唯有这样才能完整地理解和反映迷离扑朔的大千世界，才能洞察事物的本质和原始。

　　3．**认识宇宙和万事万物的本质和规律，感官并不可靠，已有的经验和所谓的知识也可能成为误导。**最重要的是心灵的碰撞，是沉思和感悟，是直觉和猛醒。终极真理产生于沉思之中，客观真相在直觉中显现。

　　4．**万物毕同毕异，但大千世界在根本上是具有统一性和有机联系的。**不能割裂开来孤立地看待每一个具体事物，要统盘考察。体悟到天道也明白了人道，知道了人道也有助于把握天道。

　　5．**观察宇宙和万事万物要看本质和发展趋势，不要被表面现象和暂时的情形所迷惑。**只有这样，才能发现真谛和真理，才能找到有大用的知识和学问。

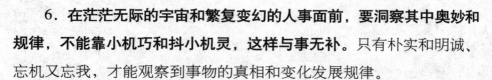

6. 在茫茫无际的宇宙和繁复变幻的人事面前，要洞察其中奥妙和规律，不能靠小机巧和抖小机灵，这样与事无补。只有朴实和明诚、忘机又忘我，才能观察到事物的真相和变化发展规律。

老子观察认识世界的特点当然还不止这些。老子关于认识论的思想虽然很多，但他最卓越的贡献，也是给后人在认识客观世界上留下最大影响的，则是在人类认识史上第一次系统地提出要用"虚静"的心态和"玄览"的直觉来观察宇宙万事万物，从而达到深刻把握宇宙和万事万物的本质和运动规律。老子说"致虚极，守静笃。万物并作，吾以观复。"即只有用极虚广和极清静的心态，来冷眼观察万事万物，才能正确认识万事万物的本质和循环往复的消长变化规律。那么，老子以"静观"和"玄览"看待大千世界，究竟看到了什么呢？

老子看到人们背离大道和天真越来越远，代之而起的是机巧和虚伪。正所谓"大道废，有仁义；智慧出，有大伪；六亲不和，有孝慈；国家昏乱，有忠臣。"

老子看到人们攻城略地和争斗不已，那两败俱伤是必然的结局。正所谓"师之所处，荆棘生焉。大军之后，必有凶年。"

老子看到很多诸侯王治国无方，上下失和，家邦不宁。正所谓"法令滋长，盗贼多有。""民不畏死，奈何以死惧之。""民之饥，以其上食税之多。"

老子看到人们只知贪多和厌求，却不知如何保持它，转眼即失，正所谓"金玉满堂，莫之能守；富贵而骄，自遗其咎。"

老子看到人们只知逞一时豪强，欺寡凌弱，未想到头来身败名裂。正所谓"强梁者不得其死。""故飘风不终朝，骤雨不终日。"

老子看到人们只知道追逐奢侈新奇，不知道只有平淡和俭朴才能带来真正的幸福。正所谓"五色令人目盲；五音令人耳聋；五味令人口爽；驰骋畋猎，令人心发狂；难得之货，令人行妨。"

老子还看到人生要面对诸多挑战和无奈，很多事情都事与愿违。

想追求名利和财富，要付出很大的代价，最后也很难真正拥有它；想长生不老而永登寿域，然无常随时都会光顾，生命譬如朝露。

老子看到了世界的混乱和人生的不幸，但他更看到了世界的和谐有序和人生的美好。世界是美好的，人生也应该是幸福的，真善美才是大千世界的真谛。人们只要顺应天道行事，只要不无谓的争斗和逞强，只要不过度地占有和贪求，整个社会都将是安宁的，每个人的生活都将是幸福的。

老子看到天道是善良和公正无私的，她厚爱一切生灵。正所谓："天地相合，以降甘露，民莫之令而自均。""天之道，利而不害。""天道无亲，常与善人。"

老子看到人们只要顺应天道而行，不过分争斗和贪求，相亲相敬，整个社会都会秩序井然，人人都可幸福安康。正所谓"不争，故无尤。""甘其食，美其服，安其居，乐其俗。""不欲以静，天地将自正。"

老子更看到幸福主要不是外求和争取，最根本的是自身的修养和心理感受。正所谓："故知足之道，常足矣。"

对于我们每一位普通人来说，要达到静观和玄览的境界是很难的。因为，静观也好，玄览也罢，他们最重要的元素是虚静和心安。心安谈何容易！内有七情六欲之骚动，外有五毒八风之牵引，哪个不心猿意马，忐忑难耐。老子不仅提出了"静观"、"玄览"的认识世界的方法，同时也从多个角度揭示了达到"静观"、"玄览"境界的途径。其要义大概有三：一是专心致志，坚守虚静，找回人的本性，恢复到完全像婴儿一样天真。二是竭力排除一切杂念，甚至包括已经获得的所谓知识，实际上这些都可能成为静观的障碍。三是要清心寡欲，不为物诱，不为情扰，保持心态的公正和平静。

◆ 三、如何守住真善美 ◆

老子对当时社会问题的认识既深刻、又尖锐，《道德经》五千言，一言以蔽之，对现实社会的控诉和批判。在老子眼里，人们在追求真善美这三个方面都出现了问题和偏差，整个社会呈现出一种病态。老子的呼吁振聋发聩："大道废，有仁义；智慧出，有大伪；六亲不和，有孝慈；国家昏乱，有忠臣。""绝圣弃智，民利百倍；绝仁弃义，民复孝慈；绝巧弃利，盗贼无有。"

老子不仅全面指出了人们在追求真善美过程中的失足和偏差，而且还非常悲伤地向世人描绘出一幅随着知识和物质财富的增长，而真善美却一步一步沦丧的生动画面。老子说："上德不德，是以有德。下德不失德，是以无德。上德无为而无以为。下德为之而有以为。上仁为之而无以为。上义为之而有以为。上礼为之而莫之应，则攘臂而扔之。故失道而后德。失德而后仁。失仁而后义。失义而后礼。夫礼者，忠信之薄而乱之首。前识者，道之华，而愚之始也。"不用过多的解释，读者从这些文字的节奏和韵律上就能感觉到，世道是如何的每况愈下，现实是多么的触目惊心。

那么，如何守住真善美？返璞归真是解决这一问题的核心，是老子指导社会和人们行为的总要求，也是老子认为解决一切社会弊端的根本之策。老子认为，人们在追求真善美中之所以出现了问题，走向了反向，就是因为离开了璞和真。人们只要返璞归真，使思想和行为重新回到正确的轨道上，一切矛盾和社会问题便会迎刃而解，人们失去的自由和幸福便会找回，人们一直追求的真善美便会不期而至。返璞归真旨高意远，内容宏丰，它至少包括以下八个方面：

1．**返璞归真，就是在思想和言行上和道保持一致，顺其自然。**老子说："人法地，地法天，天法道，道法自然。"又说："是以圣人欲不欲，不贵难得之货。学不学，复众人之所过，以辅万物之自然而不敢为。"

2．**返璞归真，就是以真来统摄善和美，在真的基础上实现真善美的高度统一。**老子之所以崇尚道，就是因为道是最真实的，永恒不变的，并且也是美和善的。老子对伪深恶痛绝，认为一有巧伪，万事皆坏。老子为何嫉伪，那是因为老子认为巧伪是对道的最大背叛和背离，巧伪是假、丑、恶的温床。老子说："信言不美，美言不信；善者不辩，辩者不善；知者不博，博者不知。"知，即智慧和知识，是属于"真"的范畴。

3．**返璞归真，就是向天真和质朴靠拢，保持最纯洁的真善美。**老子说："含德之厚，比于赤子。"又说："专气致柔，能如婴儿乎？"老子甚至认为连婴儿的哭声，也都是中正与平和的象征。"终日号而不嗄，和之至也。"老子当然不是要求我们都回到婴儿状态，这里显然是比喻。

4．**返璞归真，就是要少私寡欲，有时甚至要剔除一些所谓知识和教理。**老子主张"少私寡欲"，认为私心和欲望可以使人迷失本性，是追求真善美的大敌。这个道理比较好理解，因为"利令智昏"吗！但是老子提出的"绝圣弃智"和"绝学无忧"，认为知识和教理也会给人带来危害，也会成为人们追求真善美的障碍。

5．**返璞归真，就是在追求真善美时要把握好度，过犹不及。**老子说："唯之与阿，相去几何？善之与恶，相去若何？"意思是说正确和错误仅是一步之遥，善美和丑恶也相去不远。老子还特别强调指出，做人做事都要"去甚、去奢、去泰。""甚"、"奢"、"泰"三个字意思差不多，都是过分的意思。老子认为，人们只要能去掉这三个字，思想和言行都不过分，也就是"圣人"了，也就符合大道了。事实不正是这样吗？你看我们今天现实生活中的一些矛盾和弊端，不都是因为人们的过分贪求、过分享受和过分的言行所造成的吗？

6．返璞归真，就是要和光同尘，慈俭不为天下先。老子说"挫其锐，解其纷，和其光，同其尘，是谓玄同。""玄同"之境，也就是道之境，真善美相统一之境。老子为了使世人能够更好地返璞归真，真正实现真善美的统一，他说："我有三宝，持而保之。一曰慈，二曰俭，三曰不敢为天下先。"老子的"三宝"确实厉害。慈悲和俭约是天地和自然之道，怀慈持俭即行天地之道，当然会长治久安。"不敢为天下先"即不敢冒天下之大不韪，不敢把个人的私利放在公益之上，谦虚谨慎，这当然也是久安之道。

7．返璞归真，就是要和各种乖张行为划清界限，绝不与背道者合污。老子嫉恶如仇，对那些背道而行的人嗤之以鼻，冷嘲热讽。老子鄙夷那些不循大道而好走捷径的人，指责他们虽然"服文彩，带利剑，厌饮食，财货有余"，而其实与强盗无异。因为这些人唯利是图、唯享乐是求，又不关心他人，逞个人的小聪明办事，完全有悖于大道和真朴。老子讽刺那些"企者"、"跨者"和"自伐"、"自矜"者，都是"余食赘形"，完全是下贱和多余的东西，令人生厌。因为这些人的行为有悖于循序渐进和"为而不恃"的天道，当然于人于己也都是不利的。老子甚至诅咒那些严重背道而驰的人，会"强梁者不得其死"，是"不知常，妄作凶"。

8．返璞归真，就是对真善美既要靠追求和创造，更要靠坚守和保持。老子不反对追求真善美，也不一概地反对人们在现实生活中创造真善美。但是，老子更强调对真善美主要是靠坚守和保持，其次才是追求和创造。老子的这一思想，主要是根据这样两个判断得出的：一是老子认为天地本身有大美和大善，人的本质也是天真和美善的；二是老子认为人们的任何追求和作为，都有可能偏离道，都有可能给天真和美善造成破坏。因此，在《老子》短短五千言中，就有数十处是讲

"守"和"失"的。如："知其雄，守其雌；知其白，守其辱。""多言数穷，不如守中。""金玉满堂，莫之能守。""致虚极，守静笃。""轻则失根，躁则失君。""为者败之，执者失之。""侯王若能守之，万物将自宾。""不失其所者久。""复守其母，没身不殆。"等等。

真善美是人类的共同价值取向。只要人类还继续繁衍和发展，人类就不会停止对真善美的追求。同样，人们在追求真善美的过程中仍然会像以往那样出现偏差和失误。那么，老子以真统摄善美的光辉思想和用"返璞归真"来矫枉各种流弊的过正之言，就需要我们经常聆听和借鉴，就有永恒的警醒和指导意义。

◆ 四、相反相成揭真谛 ◆

老子对相反相成这一规律的揭示和阐发是最为深刻、系统和独创的。特别是老子强调要十分注重矛盾体中"弱小"这一方的作用，和他运用相反相成这一规律来指导人们的行为等重要真知灼见，是任何思想家所无法比及的，其理论价值和实际意义都是无法估量的。老子堪称人类最早的辩证法大师。老子对相反相成这一规律的揭示和阐发，主要包括以下四个方面的内容和特点：

1. 老子认为相反相成是宇宙间和人类社会中最普遍的现象，《老子》短短五千言，竟分析列举了八十多对相反相成的事物和概念。如有与无、福与祸、强与弱、牝与牡、雄与雌、母与子、刚与柔、得与失、损与益、胜与败、兴与废、予与夺、利与害、白与辱、存与亡、治与乱、贵与贱、正与奇、静与躁、轻与重、清与浊、虚与实、智与愚、巧与拙、辩与讷、盈与竭、明与昧、美与丑、善与恶、难与易、长与短、高与下、前与后、多与少、大与小、敝与新、枉与直、厚与薄等等。在老子看来，考察了解任何事物和现象，都要从有关这一事物和现象的相反相成的两个方面去分析，才能把握事物的本质和特点，才能找出事物发展变化的轨迹，才能制定解决矛盾的方略和办法。

2．老子从宇宙生成的基始上揭示了万事万物为何皆相反相成，从而使我们对相反相成这一普遍规律深信不疑。虽然很多思想家都论述了相反相成这一普遍规律，但很少有人像老子那样，从最根本上指出万事万物之所以会相反相成的原因。如果说在《老子》的八十一章中，有几章是全书的纲领的话，那就应该是它的前两章了。而《老子》的第一章和第二章，最要害的观点就是宇宙从基始上就是一物两体，万事万物共同的特性就是相反相成。

3．相反相成的万事万物，它们将如何发展变化呢？老子高度概括为"反者道之动。"老子认为，任何事物都是向着它自身相反的方向发展，这个趋势人力不可阻挡，因为这是大道的规律和力量。老子有一段很有名的话，就是来说明他的"反者道之动"的道理。"祸兮，福之所倚；福兮，祸之所伏。孰知其极？其无正也。正负为奇，善复为妖，人之迷，其日固久。"物极必反、月盈则亏，万事只要超过了一定的度，就要走向其反面。老子的思想大家并非不懂，但受名利的驱使，很多人都是只知进，不知退；只知求取，不知舍弃；只见其利，不见其害。特别是在人生的关键时刻，没有把握好度，急转直下，纳福之路变成招灾之门，终至身败名裂。

4．老子最具天才和独创性的思想，以反世俗的视角充分强调了矛盾体中所谓弱小一方的主导作用和前途，从而为人们提出了一套全新的处世原则和立于不败之地的金科玉律。老子认为，万事万物对立统一体中阴柔的一方决定着事物发展的方向，真正发展壮大和有前途的是弱小的一方，所以从根本上说，柔弱胜刚强，雌母胜阳雄。老子这方面的论述很多，如"柔弱胜刚强"。"天下之至柔，驰骋天下之至坚。无有人无间。""守柔曰强。""兵强则灭，木强则折。强大处下，柔弱处上。"再如，"天下莫柔弱于水，而攻坚强者莫之能胜，以其无以易之。弱之胜强，柔之胜刚，天下莫不知，莫能行。"

老子根据他洞察和发现的这些自然法则，提出了一整套指导人们为人处事的原则和方略。老子认为君子安身立命，最重要的是要"道法自然，""为而不争，""利而不害"；当取得一些成绩时，不要持满保盈，要"功成身退"，见好就收；要有海纳百川的胸襟，要甘居卑下，要学会韬光养晦，"和光同尘"，这样才能得到多数人的信赖和支持；要清静自正，以柔克刚，慎终如始，果而勿强，这样才能立于不败之地；要先难后易，欲取先予，后发制人，待机而动，这样才能时时处处争取主动；要知其雄，守其雌，知其白，守其辱，抱朴见素，知足常乐，不妄作非为，这样才能永葆安康。老子提出的这些建议，老子对世人的这些谆谆教诲，因为是根植于自然法则，符合大道的运行规律，当然是会极有价值的，也应当受到世人的尊崇和效法。

五、无为之论高千古

世界上几乎没有哪个思想家，他的思想可以用很少几个字来概括，但老子则不然。"无为"这两个字，基本上可以涵盖老子思想的实质和精华。在很多人的眼里，无为就是老子和老子思想的代名词。老子的无为思想究竟是指什么呢？究竟包含哪些具体内容呢？经过审慎地梳理和提炼，笔者认为，老子的无为思想应主要包含以下七个方面的内容：

1．无为是对人类一切欲望和行为的约束和限制，是对过激行为和可能带来负面效应行为的彻底贬斥和反对。

在老子看来，天地和万事万物都有它自己的运行规律，都是和谐和圆满的，任何人力的参与和干扰，都可能打破平衡，中断事物的正常发展，从而产生不良的后果。人类只要有所作为，就必然留下斧痕，这正如"长短相形，高下相盈，音声相和，前后相随"一样，是无法避免的。所以，老子对"无为"推崇备至，认为人类只有乘上"无为"之舟，才能渡过劫波，免遭沉沦。他说："是以圣人处无为之事，行不言之教"。又说："无为之益，天下希及之。"如果对人们的一般行为，老子还只是限制和规劝的话，那么，老子对于过激和过分的行为，则是严厉驳斥和制止的。如老子骂那些骄奢淫逸、巧取豪夺的人是强盗头子，是严重违背了自然之道。"大道甚夷，而人好径。朝甚除，田甚芜，仓甚虚；服文彩，带利剑，厌饮食，财货有余，是谓盗夸。非道也哉！"指责那些自作聪明、逞强好胜之徒，只不过是"余食赘形"，完全是病态之举，为有道者多不齿。老子严正提出要"去甚、去奢、去泰"，即反对一切过激和过分的行为。

2．无为不是无所作为，更不是无所事事，而是顺其自然，不违天理，不害物性。

老子"无为"，说到底是"无违"，即不违天理，不违大道，不违自然，不违常恒，不违物性，不倒行，不逆施。在老子看来，大道、自然或者说帝力其能力是无限的，它们既能创造天地、日月星辰、山川江河和万物，其运行的惯性也是势不可挡的。这正如滔天的洪水，浩浩荡荡，顺之者昌，逆之者亡。老子敦敦告诫世人，在大道和自然面前，人类只能顺应，而不能拂逆。顺应会一帆风顺，事半功倍，安乐康宁；拂逆必然是举步维艰，心劳日拙，自食其果。老子这方面的论述很多，如"人法地，地法天，天法道，道法自然。"又如"是以圣人无为，故无败；无执，故无失。"还如："学不学，复众人之所过，以辅万物之自然而不敢为。"话说到这里，使我们想起了朱熹的一首诗《泛舟》："昨夜江边春水生，艨艟巨舰一毛轻。向来枉费推移力，此日中流自在行。"朱熹是宋代大理学家，融通儒道，他的这首诗，是对老子顺应自然之理的最好注脚。

3．无为就是善为，就是超出世俗的高明之举，就是不见金针而成锦绣。

老子在这方面列举了很多例子，做了很多比喻，如"大方无隅，大器晚成，大音希声，大象无形。道隐无名。夫唯道，善贷且成。"又如："善建者不拔。善抱者不脱。子孙以祭祀不辍。"还如："善为士者，不武；善战者，不怒；善胜敌者，不与；善用人者，为之下。"一个"善"字，道破了老子无为的真谛。无为并不是无所作为，而是凭借自己高超的智慧和眼力，识破机关，抓住关键，顺势而动，善于作为，业就功成而不留痕迹。

4．无为之为就是利而不害、为而不争，不挟私，不占有，坦然而行，多予少取。

老子的无为根源天覆地载之大度，效法天地生而不有之厚德，不仅睿智，而且向善，尤其值得我们敬仰和遵循。老子说："万物作焉而不辞，生而不有，为而不恃，功成而弗居。夫唯弗居，是以不去。"又说："是以圣人后其身而身先，外其身而身存。非以其无私邪！故能成其私。"还说："天之道，利而不害；圣人之道，为而不争。"

5．无为是手段和途径，无不为和曲成万物才是要达到的胜境。

老子说："无为而无不为"，又说："夫唯不争，故天下莫能与之争。古之所谓'曲则全'者，岂虚言哉！诚全而归之。"有人对老子的"无为无不为"和"不争故天下莫能与之争"等等，颇有微词，认为这是虚伪和诈术。笔者认为话不能这么说。老子坦然处世，直道如砥，不急功，不近利，厌强取，尚曲成，因势利导，顺水行舟，无期求之心，有功倍之效，这只能说明他老人家的大德和大智，切不可以小人之心而度之。

6. 无为对于政治家和治理国家来说，那是最高的境界和最理想的效果，无为而治将政通人和、国泰民安。

首先，老子响亮地提出无为是治国安邦的根本准则，他说："治大国，若烹小鲜。"又说："为无为，则无不治。""烹小鲜"生动形象，人人明白，为"无为"作了浅显明了的解释。大家都知道，煎烹小鱼最忌刀铲，最忌乱翻。治理国家也一样，最忌领导者好大喜功，朝令夕改，政令烦琐，处处干预，人民不知所从。这样，既影响政府公信力，又劳民伤财。领导者只要减少盲目行为，国家自然会臻于大治。其次，老子严正告诫统治者要摒弃私偏之见、要摒弃智巧，不要自以为是，要以百姓之心为心，要和光同尘。老子说："爱国治民，能无为乎？天门开阖，能为雌乎？明白四达，能无知乎。"一个领导者，你也可能很聪明，你也可能有很多想法，但还是不能凭一己之见行事，还是不能凭一时兴致而为。老子说："圣人常无心。以百姓心为心。"这简直和儒家的"天听自我民听"是一个道理了，质诸现代领导观念亦不为见拙。第三，老子以老百姓的感受为标准，把统治者划分成几个优劣不同的档次，最上乘者就是无为而治，就是老百姓根本不知道有统治者存在。老子说："太上，不知有之；其次，亲而誉之；其次，畏之；其次，侮之。信不足焉，有不信焉。悠兮其贵言，功成事遂，百姓皆谓我自然。"又说："其政闷闷，其民淳淳。其政察察，其民缺缺。"第四，老子认为，无为而治对统治者来说，最要紧的是统治者要减少私欲，要自正以正人，自正以正天下。老子说："道常无为而无不为。侯王若能守之，万物将自化。……不欲以静，天下将自正。"又说："我无为，而民自化；我好静，而民自正；我无事，而民自富；我无欲，而民自朴。"

7．无为不是无能，无为对统治者和每个人来说，都是睿智和练达的表现，都是要经过长期参悟和修养才能达到的。

在老子看来，无为既不是无所事事，不思进取；也不是懒庸昏聩，不堪造就。恰恰相反，达到无为之境的人，多是"微妙玄通，深不可识"之士，多是可以寄天下、托重任的不世之才。

无为之论，"无违"之论也；无为之论，"无伪"之论也；无为之论，千古之论也；无为之论，大智之论也。无为之论，与形势虽不是鹰视虎眈，然却是深思高举，顺天应时；无为之论，与事功虽不尚人力强求，然却是天助人佑，事半功倍。无为之论，近可修身齐家，远可治国平天下。愿我们常思无为之益，常避倒施之害，审时度势，循道而行，永葆福祉。

六、惟有明哲可保身

老子的哲学和思想，老子的全部智慧，可以说都是关于人类和每个人如何生存的学问，如何才能够保身，如何才能够天长地久。据有人统计，《老子》一书才五千字，而有关生死存亡的字、词就占了很大比重。"生"字出现38次，而此外还有大量类似意义的字，如存、活、保、全、泰、长、久、养、育、身、寿、福等等；"死"字出现20次，而此外还有大量类似意义的字，灭、亡、没、殁、老、已、凶、杀、祸害、丧、殃、殆等等。现在我们就来探讨，老子明哲保身的思想究竟包括哪些具体的内容呢？笔者认为，老子明哲保身的智慧和思想至少包括以下九个方面：

1．敬天法地、顺其自然，是明哲保身之根本。

人生存的环境之中，什么力量最大？什么最堪效法？那当然是天地，是自然。人是大自然进化、衍生的结果，人虽然是万物之灵但仍是大自然的一部分，人和万事万物一样，和大自然都是母子关系，血脉相连，永难隔离。正是基于这样的原因，老子极深研几，得出如下煌煌之论："人法地，地法天，天法道，道法自然。"就是这短短的十三个字，老子揭示了人、地、天和道、自然之间的关系，确立了人在天地之间的位置，指出了人应该遵循的大法。

2．重身贵己，轻名薄利，是明哲保身之关键。

我们为什么要探讨明哲保身？是什么影响了我们的生存和保身？当然也可能还有其他方面的因素，但关键是名利，关键是如何能摆脱名缰利锁。这样，就有一个最重要问题，需要我们作出回答，也可以说是明哲保身的关键处。那就是，人的身家性命和名利相比，哪个更重要呢？老子作出了响亮而明确地回答："名与身孰亲？身与货孰多？得与亡孰病？是故甚爱必大费，多藏必厚亡。故知足不辱，知止不殆，可以长久。"老子不仅认为人的生命比名声财货重要的多，而且还认为重视生命、珍爱自身是非常高尚的表现，是值得信赖和重托的品格。他说："贵以身为天下，若可寄天下。爱以身为天下，若可托天下。"

3．知致福之道，察招祸之由，是明哲保身之必需。

日晕而云，石湿而雨，事有必至，理有固然，任何事物都有发展变化规律。老子认为，要明哲保身，必须清楚祸福之道，知道保身和亡身的发展变化机理和规律，这比对具体事件的处理和把握上更为要害。不仅如此，老子还具体探讨了祸福发展变化的情况，最有影响的是下面这样一段话："祸兮，福之所倚；福兮，祸之所伏。孰知其极？其无正也。正复为奇，善复为妖。人之迷，其日固久。是以圣人方而不割，廉而不刿，直而不肆，光而不耀。"老子这些对祸福规律的揭示，现在很多读者大都已经知晓。而这段话的后面几句不仅一般读者不知道，就是很多研究者也未引起足够重视。老子这句话是要告诉世人，正因为祸福相倚、祸福无常，因此每个人要格外小心，要明察祸福转化之道，做事要留有分寸，要掌握好火候，做任何事情都要限制负面效应。

4．守素抱朴，少私寡欲，知足知止，是明哲保身之途径。

老子认为明哲的人也都是天真敦厚的，是清静自守而恬然自得的，他们不需要太多的喧闹和身外之物，他们本身就是自足自在的，这些不仅是他们高尚品质的反映，同时也是保身和安乐生存的良好状态。老子这方面的论说很多，如："见素抱朴，少私寡欲，绝学无忧。""祸莫大于不知足，咎莫大于欲得。""故知足不辱，知止不殆，可以长久。"我们现在还来分析一下，老子为什么反复强调人要守素抱朴，要少私寡欲和知足知止呢？并将它视为是人安身立命的基点，是明哲保身的重要途径呢？我们想，这大概主要是因为：花花世界，人欲横流，熙熙而为名来，攘攘而为利往，你争我夺，这里面多少是非，又多少陷阱；几多恩怨，又几多诈谋；得逞者固然有之，失意者甚或搭上身家性命者恐亦不少。俗话说得好：富贵险中求。名利集中之地，也正是高风险之域。一个人欲火太旺，见利忘危，那不测之事就会时有发生。如果守素抱朴，就能够泰然处之；如果少私寡欲，就躲开了是非；如果知足知止，就不会铤而走险。那么，明哲保身也就落到了实处，一些纷争和诈谋又能于我何伤。

5．为而不争，利而不害，上善若水，是明哲保身之法宝。

人生在世，不可能不做事情；人生在世，不可能不和他人打交道。做事情，就会有一争高低；与他人打交道，就难免有纠纷和矛盾。这是再正常不过的现象。但老子不这样认为，他认为用智慧完全可以走出一条新道路：为而不争，利而不害，成己成人，两不相伤。老子以水喻道，认为水和圣人就是这样行事的。他说："上善若水。水善利万物而不争，处众人之所恶，故几于道。……夫唯不争，故无尤"。又说："夫唯不争，故天下莫能与之争"。还说："非其神不伤人，圣人亦不伤人。夫两不相伤，故德交归焉。"

6. 恶满戒盈，不持不执，功成身退，是明哲保身之玄机。

老子的很多哲学命题和重要判断，都是在深入观察分析自然现象后而提出的。如老子看到自然界总是：日升则降，月盈则亏，水满则溢，花盛则落。又看到：天地产生哺育万物，并不据为已有，总是任其自长自灭，了无痕迹。可是，人的行为却不是这样，喜欢追求圆满，贪求福上加福，爱好据为己有，急流正当勇进。针对人们的这种违背自然规律的行为，老子发出了沉重感慨和警告："持而盈之，不如其已；揣而锐之，不可长保；金玉满堂，莫之能守；富贵而骄，自遗其咎。功遂身退，天之道。"我们为什么说老子这些思想，是明哲保身的玄机呢？就是因为老子的这些教诲，向世人指点迷津，点破了满盈而必致祸患的天机。事实不正是如此吗？有多少人已经是身在福中了，却还要作威作福，想百尺竿头再进一步，结果跌入深谷；又有多少人，急流还要勇进，居功自傲，结果前功尽弃、卷入东逝水。正因为满盈是临界点，是祸福转化之枢纽，我们只有像老子指出的那样惧满戒盈，不持不执，当抽身时则抽身，才能做到"夫唯不盈，故能蔽而新成"，永保安康和生机。

7. 谦柔卑下，韬光养晦，委曲求全，是明哲保身之方略。

谦柔卑下、韬光养晦和委曲求全这三者一脉相承，有密切联系，但又有差别和不同作用，他们三位一体，共同构成老子明哲保身的一个重要方略。谦柔卑下，是对他人的态度和社会形象；韬光养晦，是深藏不露、免遭不测的有意之举；委曲求全，是行事的方式，是舍弃近、小之利以保全长久之利和大局。老子认为，能够做到这些，既是有道者应有的高尚品质，又是明哲保身的智慧和艺术。

8．慈、俭、不为天下先，是明哲保身之箴言。

《老子》中有一段很有名的话，其文曰："天下皆谓我道大，似不肖。夫唯大，故似不肖。若肖，久矣其细也夫。我有三宝，持而保之。一曰慈，二曰俭，三曰不敢为天下先。慈故能勇，俭故能广；不敢为天下先，故能成器长。今舍慈且勇，舍俭且广，舍后且先，死矣！夫慈，以战则胜，以守则固。天将救之，以慈卫之。"这是对老子所有明哲保身思想的高度概括和提升，基本上提炼了老子明哲保身思想的精华。慈：包含了顺其自然、为而不争、利而不害、上善若水等思想；俭：包含了抱朴守素、重身贵己、知止知足等思想；不敢为天下先：包含了谦柔卑下、功成身退、韬光养晦、委曲求全等思想。所以，我们说"三宝"是明哲保身之箴言，是明哲保身之纲要。

9．如临如履，慎终如始，是明哲保身之久策。

老子又进一步告诫人们，要想真正做到明哲保身，光掌握这些保身的方略和途径还不行，最要害的是要谨慎行事，慎终如始。老子说："豫兮若冬涉川，犹兮若畏四邻"。为人处事，小心谨慎的好像冬天踩着薄冰过河；警觉四顾，好像随时要有邻国来进攻。老子又说："民之从事，常于几成而败之。慎终如始，则无败事。"老子的这种担忧绝对是必要的，古往今来，多少人功败垂成，多少人善始而不能善终。

综合考察老子关于明哲保身思想的论述，我们可以发现：老子对生存和明哲保身的探索，是空前的甚至也可以说是绝后的；是系统、深邃和辩证的，不是零星、肤浅和片面的；是由天道推及人道在大背景下展开的，不是浮谈无根之说和智巧之辩；是既有恢宏的学理和严密的思想体系之构建，又切于实用和便于遵循和践行的；是从根本上解决生存危机，不是只为暂时保身的权宜之计。

◆ 七、知足之乐乐无穷 ◆

老子的快乐众所周知。那么，老子为何能达到至圣至洁的快乐境界？老子对我们实现快乐的人生有哪些教诲和启示？下面就来梳理和剖析一下这个问题。

1．得道之乐

老子得道缘于其智慧，老子快乐缘于其得道。老子是得道之人，老子是得大道之人。得道不易，连孔夫子都说："朝闻道，夕死可矣。"可见得道的难度和珍贵。得道之人什么样呢？得道之人"微妙玄通、深不可识，"他高瞻远瞩，见人所不见之夷，闻人所不闻之希，搏人所不搏之微；他通晓天地变化之理，反者道之动，弱者道之用；他深谙万物之性能，有之以为利，无之以为用；他知吉凶之所由，福兮祸所倚，祸兮福所伏；他看破宠辱，得之不喜，失之不惊；他清静自守，甘于寂寞，绝学无忧；他超越生死，归根曰静，万物有始即有终；他孔德之容，惟道是从，睥睨千古，把酒临风……像老子这样的得道之人，他还会有想不开的事吗？他还会有烦恼吗？他的人生能不快乐吗？

2．观物之乐

老子说："万物并作，吾以观其复。夫物芸芸，各复归其根。归根曰静，静曰复命。复命曰常，知常曰明。"这就是观物之乐，也是观物之乐最早的出处。老子认为，人得道之后，就会以超然和达观的态度来对待一切，看待一切，观察一切，这当然也包括自身及与自己相关的事物。这种达观和超然的态度，和我们通常看待事物的角度是大不相同的。它是在明白了事物发展变化规律之后，带着欣赏和品尝的眼光来看待天地间一切和人事吉凶祸福的。我们一般人看待事物，或为曲见所蔽，或为情感所累，很难见到事物的真谛，且抛洒过多的喜怒哀乐。

3．清闲之乐

一个人如果有了内心的虚静，有了身体的清闲，那他必然是幸福快乐的。这正如一首古诗所描写的那样："春有百花秋有月，夏有凉风冬有雪。若无闲事挂心头，便是人间好时节。"试想，一个人如果没有属于自己的空间和时间，乱事扰心，杂务缠身，他即便有再好的生活条件，也恐怕无快乐而言。

4．抱朴之乐

所谓抱朴，就是指保持人内心的淳厚和质朴，在老子的思想中还有两个和它相似的比喻，那就是"见素"和"婴儿"。老子说："见素抱朴，少私寡欲。"又说："常德不离，复归于婴儿……常德乃足，复归于朴。"还说："专气致柔，能如婴儿乎?""含德之厚，比于赤子。""纯纯兮，如婴儿之未孩。"老子为什么这样推崇朴、素和婴儿呢? 因为他认为，朴、素和婴儿不仅包含着真善美，也是人生快乐的依据和源泉。见素抱朴和婴儿状态为什么是快乐的呢? 老子认为它充满了天真和新奇，它没有杂念和执著，它没有恩怨和忿懑，它没有过多的欲望和期求，它只有无条件的怡然和自乐。我们每个人都有这样的体验，在我们天真烂漫的孩童时代，那时尽管没有多少知识和技能，更没有财富和名声，当然更没有权势，但那却是人生最快乐难忘的时光。

5．知足之乐

老子说："祸莫大于不知足，咎莫大于欲得。故知足知足，常足矣。"又说："知足不辱，知止不殆，可以长久"。"知足者富。"这就是对中华民族文化影响至深的一个重要思想——"知足常乐"一语的来源和出处。知足常乐这一至理名言虽然溉润我们炎黄子孙几千年，但在现实生活中，人们仍然难见更多知足者的快乐，看到更多的是不能满足欲望的焦虑和惆怅。

由是观之，老子既是一位大贤和大智，又是一个浑身上下都充满快乐的人。老子的智慧是极高明的，老子的快乐也同样是无比深厚的。老子的愉悦和快乐，不是一般人的沾沾自喜和喜形于色，也不是一般人在盘算好利害之后因有所得而流露出来的兴奋。老子的快乐，是天然的，没有丝毫雕凿和矫情；老子的快乐，是玲珑剔透的，了无尘垢；老子的快乐，是自内而外的，如地吐华、如海之涌；老子的快乐，是平和恬淡的，没有惊咋和鼓舞；老子的快乐，是和善的，悦己而娱人；老子的快乐，是绵长隽永的，如日月之经天。

八、颐养天年寿而康

中国人几千年有关健康和养生的知识，主要来源于老子和道家的学说。老子关于生命和养生的思想，是高屋建瓴的，是极其博大精深和自成体系的，他的具体内容和影响至少包括以下七个方面：

1. 热爱生命，赞美生命，把生命看得高于一切

《老子》五千言中，充满了对生命的赞美，充满了对生命的自信。老子尊重生命，是因为人的生命既是道化育的结果，同时又是认识道的主体。"道生一，一生二，二生三，三生万物"，没有道，便没有万物和人的生命；同样，没有人的生命，道的光芒又无从显现。老子曾自豪地宣布："故道大，天大，地大，人亦大。域中有四大，人居其一焉。"人在宇宙中虽然如同尘埃，但她的分量和价值却与道同等重要，与天地同辉。既然生命如同天地一样贵重，那么，任何身外之物和生命相比，都是微不足道的，都是可以舍弃的。老子发出这样的诘问：

"名与身孰亲？身与货孰多？得与亡孰病？"老子一切有关养生的知识和方术，都与这种浓厚的重生情愫分不开的。

2．考察万类，以婴儿为喻，清楚标明和谐和柔弱是生命的最佳状态

老子凭借着他独具的慧眼，根据他对动物、植物各种生命体的详细观察，非常高明地提出了和合和柔弱才是生命的最佳状态。生命不是张牙舞爪，生命不是强悍，生命也不是成熟，那貌似强壮和成熟的生命体，只能说明已经到了日薄西山。老子斩钉截铁地向世人宣告："人之生也柔弱，其死也坚强。草木之生也柔脆，其死也枯槁。故坚强者死之徒，柔弱者生之徒。"

3．顺其自然，性命双修，是养生的指导思想

"人法地，地法天，天法道，道法自然。"道是宇宙间的总法则，道的最大本质和特性就是自然。养生和其他行为一样，都要按道行事，按道行事就是要顺其自然。老子还就养生中如何道法自然，有一段详细地论述："道生之，德畜之，物形之，势成之。是以万物莫不尊道而贵德。道之尊，德之贵，夫莫之命而常自然。故道生之，德畜之；长之育之，成之熟之；养之覆之。生而不有，为而不恃，长而不宰，是谓玄德。"这就是说，道不仅可以生产万物和人的生命，而且可以自然而然的抚育和成长万物，使其各正性命。人只要顺其自然，与四时合其序，不做拔苗助长之事，没有伤害性命之举，这就是最大的养生了，就可以颐养天年了。庄子是深得老子养生之道的，他说："道者，万物之所由也，庶物失之者死，得之者生；为事逆之则败，顺之则成。"

所谓性命双修，就是在养生中把养身和修德结合起来，看得同等重要，同时修行，以德养身。老子讲的清静无为，老子讲的冲合谦下，老子讲的善利万物，老子讲的有容乃大，老子讲的少私寡欲，老子讲的知足常乐等等，这既是讲的道德和人格修养，同时也是对养生所提出的要求。所以，老子说："修之于身，其德乃真；修之于家，其德乃余；修之于乡，其德乃长；修之于邦，其德乃丰；修之于天下，其德乃普。"有的学者指出，以老子为代表的道家人格具有五个基本特点：即自然朴素、宁静自由、身心合一、和顺自然、人我合同。并进而指出，道家的人格特点是最有利于健康和长寿的。

4．抱一守真，敛气培根，是养生的根本大法

老子认为，包括人在内的万事万物，得一则生，失一则亡。"昔之得一者，天得一以清，地得一以宁，神得一以灵，谷得一以盈，万物得一以生，侯王得一以为天下正。"又说："其致之也，谓天无以清，将恐裂；地无以宁，将恐废；神无以灵，将恐歇；谷无以盈，将恐竭；万物无以生，将恐灭；侯王无以正，将恐蹶。"你看，不要说人，就是天地和神如果失去了"一"，就会废弃和消亡。那么，"一"是什么呢？"一"就是道，一就是道在孕育万物时赋予给它们的先天特质。具体到人赖以维持生命的"一"，就是统摄形神的真气。因此，老子反复强调，要抱一，为人处事要"抱一为天下式"；养生要"载营魄抱一，能无离乎？"中国古代信奉老子的道教徒，大多修炼抱一功法，也都是源于这种对老子抱一思想的认可。

5．清静虚无，弱志强骨，是养生的不二法门

老子认为，能否做到清静虚无，这既表示了对道的认识程度，也是一个人养生的要害。做不到清静虚无，养生就无从谈起。《老子》第16章的一段话，为历代养生学家所重视，有人甚至认为它是最早具体讲究功法的文献。"致虚极，守静笃。万物并作，吾以观其复。夫物芸芸，各复归其根。归根曰静，静曰复命。复命曰常，知常曰明。不知常，妄作凶。知常容，容乃公，公乃全，全乃天，天乃道，道乃久，没身不殆。"经过这么一提示，我们再来细读这段文字，确有点像是在传授虚、静二大功法的，并且是法理森严。

6．去奢去泰，保养有度，是养生的重要法宝

老子不反对正常的享受，但他反对纵欲，反对声色犬马，反对过度追求感官刺激，认为那样对身心都会带来损害。老子说："五色令人目盲；五音令人耳聋；五味令人口爽；驰骋打猎，令人心发狂；难得之货，令人行妨。"老子还严厉地表示，要"去甚、去奢、去泰"，即反对过分的享乐，反对奢侈贪求，反对出格的举止。

老子还对那种过分看重身体、过度进行保养的现象提出批评，并断言过度的养生是招灾之途。老子说："出生入死。生之徒，十有三；死之徒，十有三；人之生，动之于死地，亦十有三。夫何故？以其生生之厚。"所谓"生生之厚"，就是过度的保养，就是奢侈淫逸，就是养尊处优，就是肠肥脑满，就是好逸恶劳。

7．源远流长，洪波涌起，养生之道成大观

大家知道，两千年来，道教在养生方面做出了不懈的探索，道医已形成完整而庞大的体系，但道教的养生思想无论如何不断变化，养生方式无论如何不断翻新，举凡呼吸、导引、胎息、服气、服饵、炼精、坐忘、自然法、无为法、炼丹，甚至装神弄鬼的神仙术等等，不一而足，这统统都能从《老子》五千言中找到源头，真可谓万变不离其宗。不仅如此，老子的养生思想还影响了中医，影响了宫廷，影响了士大夫，并通过道观影响到民间。从某种意义上说，中华民族传统的养生思想主要是道家的养生思想。

老子思想中有关健康和长生不老的微言大义，被后来以他的名义创建的道教学派发挥得淋漓尽致，构筑起一个庞大的知识和实用系统。老子养生思想对后人的影响，其深度和广度甚至超过其"无为而治"的思想。举凡中医、养生、武术、修炼、气功、导引、服食、调息和体育运动等等，无不深深打上老子思想的烙印。老子的养生思想，仍鲜活地流传在我们每个人的生活之中。

老子的思想是非常丰富的，但老子的思想也可以一言以蔽之，那就是：保持和谐。自从开天辟地，人类便面临着三大冲突：人与自然的冲突；人与人的冲突；人与自己内心的冲突。科学技术的发展和物

质生活的提高，并不能消除这三大冲突，甚至有些冲突还呈现恶化的趋势。正是在这个意义上，尼采才说出了这样一句名言："人类是病得很深的动物"。古往今来的思想家、政治家和宗教家，也大都是为着解决这三大冲突动脑筋、想办法、出招数。老子之所以堪称最伟大的思想家，就是因为它在解决人与自然的冲突、人与人的冲突和人与自己内心的冲突这三大亘古不变的人类顽症中，提出了彻底而系统的意见，为人类贡献了特殊的智慧和恩泽。

庄子的逍遥世界

【台】朱荣智

朱荣智，男，1949年生，台湾新竹县人。台湾师范大学中文系教授，财团法人海峡交流基金会文化服务处处长。曾任幼狮文化公司编辑、主编；兼任台湾孔孟学会理事，台湾修辞协会理事，台湾章法学会理事，纽西兰中华书院院长，大韩民国启明大学客座教授。

主要研究领域：《论语》、《孟子》、《老子》、《庄子》；中国文学理论，文学批评，国文教材教法，修辞学。

主要著作：《老子的人生智慧》、《庄子的美学与文学》、《孔子管理学》、《读书·与智者为友》、《法言校注》、《生命的活水》、《人生对话》、《人间净土》、《文学的第一堂课》、《土气与洋味》、《心中有爱》、《钟爱一生一玉》、《与生命拔河》、《把生活安顿》、《白痴看人生》、《社会科学概论》(合著)、《说话高手特训班》。

◀ 一、前言 ▶

《庄子》一书，没有出现"自由"这个名词，但是《庄子》书中，一再提到"游"字，一共出现一百多次，如《逍遥游》："以游无穷者"，《齐物论》："而游乎四海之外"，《德充符》："而游心乎德之和"……都有优游自在、从容不迫的意义。庄子所说的"游"字的境界，就是自由的境界。

自由是一种心境，庄子的人生理想，是建立在一个自由自在、无拘无束的逍遥境界，《庄子》全书即以《逍遥游》为首。何谓"逍遥"？简单地说，就是徜徉自适的意思。"游"是优游自在，"心有天游"（《天运》）。所以，"逍遥游"，就是徜徉自适，优游自在。人生的存在，经常被放置在充满贫乏、恐惧、不安的环境之中，人除非从精神上得到完全的自由解放，否则对生命的种种困惑、烦恼，没有办法根本上得到解决。只有把人从被压迫的状态中解脱出来，恢复人类求生存、求创造的生命力，重获个体心灵的自由，人才能彻底解决人生的所有问题。这种使个体生命得以完全自由解放的历程，就是庄子修道、体道的工夫。

◀ 二、庄子的逍遥世界 ▶

庄子所描述的逍遥的世界，是个无拘无束、无限开展的自然世界，如《逍遥游》的"无何有之乡"、"广莫之野"，《齐物论》的"尘垢之外"，《应帝王》的"圹垠之野"，《在宥》的"无穷之门"、"无极之野"，《天运》的"逍遥之墟"，《达生》的"无端之纪"，《山木》的"无人之野"、"大莫之国"……，都是具有广大无间、无限开展的象征意义。

庄子所最关怀的是生命的本体，虽然庄子的笔调是诙谐的，语中常带嘲讽讥刺，而且设词立论多属"谬悠之说"、"荒唐之言"、"无端崖之辞"，但是他的精神是严肃的，他的内心充满悲悯的情怀。他不只是追求个人的逍遥自得，他更为广大的痛苦人生指点生命的迷津，在他的揶揄声中也隐含着深远的寓意，对执迷的人心实有启发、警惕、鼓舞的作用。《庄子》一书，即借着许多生动的寓言，说明一个人应该如何努力，才能解脱人生的种种烦恼与痛苦，而徜徉于自得自在、自由无限的人生至境。如《逍遥游》，惠子拙于用大，所以有大瓠而无用，有大树而无用，庄子认为，大瓠可以"虑以为大樽而浮乎江湖"，大树可以"树之于无何有之乡，广莫之野"，"彷徨乎无为其侧，逍遥乎寝卧其下。不夭斤斧，物无害者，无所可用，安所困苦哉?"一般人往往囿于有形的、看得见的东西，以为看得见的东西才存在，以为世俗认为有用的东西，才是有用的东西。人的心灵所以不能自由，往往是因为许多先天或后天的限制，层层束缚；人生所以有悲苦、烦恼，主要是因为人的私心太重，成见太深，以至造成心灵的蔽塞、人生的桎梏。庄子主张去成心、顺应自然，然后才能超越有限的、相对的现实人生，而遨游于绝对自由的、无限开展的理想人生。

《人间世》的"心斋"和《大宗师》的"坐忘"，是达到自由的人生的两大修养。

"斋"是物忌，像饮酒如荤，是祭祀时的物忌。"心斋"是心理的物忌，物欲足以迷心，能去物欲，始为心斋。心有知的作用，人有了心知的活动，就有是非之争、善恶之辩、得失祸福的取舍，而执着于好恶的痴迷，自困且自苦。庄子认为，保有心灵的清明，无偏无私，才不会迷失方向，误入歧途，而更为重要的，是要能够解开名缰利锁，超越死生是非的蔽障，使精神得以完全自由解脱。"无听之以耳，而听之以心，无听之以心，而听之以气。"耳是听觉的媒介，心有综合、分析、判断的作用，现在都摒弃不用，全任自然。气，是空虚心境的形容，"唯道集虚"，谓大道存在虚空的境界，只有虚空的心境，才能实现对道的体认。所谓离形去知，就是"堕枝体，黜聪明"，忘掉自己形体的存在，不要自恃自己的聪明，任真自然，忘记对形体的执着，捐弃官能的妄作，结果就是与道大通。

庄子在"心斋"的观念里，主张"虚而待物"，虚就是空，心灵虚空，才能烛照万境、包罗万境，不会被各种纷陈的幻象所困惑，本心呈现一片清明开朗的境界。《大宗师》中，女偶自述得道的历程，先是"外天下"，其次"外物"，再其次"外生"，脱去不明不白的生命困扰，然后才能游心于物之初；颜回也是由"忘仁义"而后"忘礼乐"，最后达到"坐忘"的境界。一个人连自己都忘了，还有什么不能忘的，一个人连生死都看破了，还有什么看不破的。

在《人世间》、《德充符》中，有几位形体怪异的人，庄子善用他的夸张笔法，寥寥数语，就把一个个身体残缺的人的特征，非常生动的刻划出来，这些庄子笔下的人物，有一个共同的特色，本身身体残缺、丑恶，但是心里不觉得有残缺、丑恶，他们不因为自己身体有缺陷，就自惭形秽，不愿与别人交往，他们反而是主动的和别人交友，赢得许多的友谊和尊敬，他们没有健全的形体，但是有健全的心理，和他们一起交往，不是他们觉得惭愧；甚至于"大夫与之处者，思而不能去也。妇人见之，请于父母曰：与人为妻，宁为夫子妾者，十数而未止也。"（《德充符》）因为这些人游于形骸之内，而不是游于形骸之外，以全德为主，所谓"德有所长而形有所忘。"人能忘其所忘，才能不忘其所不忘，人能丢开一切，才能得到一切，美就是自由的心志。

◀ 三、自由就是自然无为 ▶

庄子强调自然，自然才能自由。《达生》有几个有趣的故事，都是庄子说明与自然化合的道理。如"痀偻者承蜩"，曲背老人捕蝉的方法，"吾处身也，若厥株拘；吾执臂也，若槁木之枝；虽天地之大，万物之多，而唯蜩翼之知。吾不反不侧，不以万物易蜩之翼，何为而不得。"他把身体像树木一样的站在那里，手臂像枯枝一样的不动，即使天地那么大，万物那么多，但是他只一心一意的专注在蝉翼上面，所以能够手到擒来，无往不利。

"津人操舟若神"："善游者数能，忘水也。若乃夫没人之未尝见舟而便操之也，彼视渊若陵，视舟之覆犹其车却也。覆却万方陈乎前而不得入其舍，恶往而不暇！"会游水的，几次学了就会，因为他忘记水会淹死人；潜水的人没有见过船就会轻巧的操作，因为他看待深渊像似丘陵，看待翻船就像退车，任何的危险，他一点都不放在心上。所以任何的处境，他都能从容悠闲。"以瓦注者巧，以钩注者惮，以黄金注者殙。"用便宜的瓦器做赌注，心里没有负担技术就能很巧妙；用比较贵重的带钩做赌注，心里有了负担，便心生恐惧；用更贵重的黄金做赌注，心里就更昏乱了。

"吕梁丈夫蹈水"："吾始乎故，长乎性，成乎命。与齐俱入，与汩偕出，从水之道而不为私焉。"吕梁丈夫蹈水的经验，是要能够顺着水性，遇到回旋的水就一起沉下去，遇到波浪就一起浮起来，或沉或浮，都是随着水性，而不任由自己。生活在水里就像生活在陆地一样的自然。

"梓庆削木为锯"：梓庆告诉鲁侯，他所以能够有完美的作品，是因为他在作镶之前，一定要"斋以静心"，"斋三日，而不敢怀庆赏爵禄；斋五日，不敢怀非誉巧拙；斋七日，辄然忘吾有四枝形体也。"这时候，他已经浑然忘记自己的形体存在，忘记一切的得失利害的观念。所以在山林中，所见到的木质，都是适合作镶的木质，取来加工，所作的镶也就巧夺天工，惊犹鬼神了。他能"以天合天"，心中只有镶，眼中也只有镶，手中所作也只有镶，人与物完全交融为一。

工倕是尧时的巧匠，作规矩之法。相传他用手旋转，而技巧超过用规矩的，手指和所用工具化合为一，不必用心再去衡量，他画方圆的技巧，已经到了出神入化的地步。何以能够如此呢？因为"其灵台一而不桎"，内心专一而不受拘束。庄子说"忘足，履之适也；忘要，带之适也；知忘是非，心之适也；不内变，不外从，事会之适也。始乎适而未尝不适者，忘适之适也。"忘记了足，鞋子就舒适了；忘记了腰，带子就舒适了；忘记了是非，心情就舒适了；不内变于心，不外从于物，所在之处就都舒适了。本性闲适而无所不闲适的人，是忘记闲适的闲适。自由是一种解放，忘记了形体，就没有形体的痛苦，忘记了心知，就没有心知的困惑，没有形体的痛苦，也没有心知的困惑，那就是人生的至乐。

人要如何才能够达到人生的至乐呢？那就是要"壹其性，养其气，合其德，以通乎物之所造。"换言之，就是"以天合天"，以自然合于自然，一切顺应自然，而不造作，求其神全。酒醉的人坠车，虽疾不死，因为他"乘亦不知也，坠亦不知也，死生惊惧不入乎其胸中，是故遻物而不慑。"醉酒的人，得全于酒，得全于天，则万物都不能给予伤害。"泉涸，鱼相与处于陆，相呴以湿，相濡以沫，不如相忘于江湖。"鱼相忘于水，人相忘于道术，藏舟于壑、藏山于泽不如藏天下于天下。庄子的意思，人的生死、得失、祸福，就像白天与晚上一样，只是一种自然现象，得不必喜，失不必悲，能够不斤斤于生死、得失、祸福，两忘而化其道，才能够将一切欲望、成见清除干净，而呈现心灵的大清明，而达到圆满自足，无忮无求的人生至境。

《大宗师》记载女偊学道的过程："参日而后能外天下；已外天下矣，吾又守之，七日而后能外物；已外物矣，吾又守之，九日而后能外生；已外生矣，而后能朝彻；朝彻，而后能见独；见独，而后能无古今；无古今，而后能入于不死不生。"庄子以外天下、外物、外生之后的历程，称为"朝彻"，朝彻是早晨初生的太阳，象征心灵的清明。"外天下"是指将自身以外各种纷杂的现象一概忘记；"外物"，是指把自身的各种欲念一概忘记；"外生"，是把人的生命存在一概忘记。天下、万物、个人的生死，全都忘得干干净净，才能使本心的清明完全开朗起来，且完全获得解脱、开放、无限的自由，而到达无死无生、与道冥合的世界。

自由就是顺应自然，顺应自然，才有自由可言，所以，"骈于拇者，决之则泣；枝于手者，龁之则啼。""凫胫虽短，续之则忧；鹤胫虽长，断之则悲。"或有余于数，或不足于数，或嫌太短，或嫌太长，但都不宜以俗人的眼光任意作为；能顺万物之情，才能不伤生损性，各得其生命的自由。伯乐是世俗所谓善治马的人，马在他的手上，经过他"烧之、剔之、刻之、雒之、连之以羁縶，编之以皁栈"，"马之死者十二三"矣，又经过他"饥之、渴之、驰之、骤之、整之、齐之、前有橛饰之患，而后有鞭荚之威"，"马之死者已过半矣"。真实的人生，是自然的人生，"龁草饮水，翘足而陆"，这才是马的真性。庄子的思想，主张顺应自然，反对人为的仁义礼乐。庄子认为原始的社会，"彼民有常性，织而衣，耕而食，是谓同德；一而不党，命曰天放。"这就是"至德之世"。庄子强调"至德之世"，"同与禽兽居，族与万物并，恶乎知君子小人哉！同乎无知，其德不离，同乎无欲，是谓素朴；素朴而民性得矣！"人与禽兽同居，万物滋生，不相侵害，其德不离，这是最自然的生活，也是最真实的生活，人民享有最自由的生活方式。等到圣人制礼作乐之后，为了鼓吹以人文化成天下，人给自己加上重重的束缚，而不能得到自由的生活。而且，礼义提倡愈多，盗贼就愈多。《庄子·胠箧》讥刺说："圣人不死，大盗不止。"因为"彼窃钩者诛，窃国者为诸侯。诸侯之门而仁义存焉"。

《庄子·天地》："黄帝游于赤水之北，登乎昆仑之丘而南望，还归，遗其玄珠。使知索之而不得，使离朱索之而不得，使吃诟索之而不得也。乃使象罔，象罔得之。"这个故事的寓意非常明显，"知"、"离朱"、"吃诟"、"象罔"，都是有象征意义。"知"代表智慧，"离朱"代表视力，"吃诟"代表言辩，"象罔"代表无心。玄珠比喻大道。黄帝遗失玄珠。知、离朱、吃诟都找不到，最后象罔才找到，象征只有无心的人，才能真正得道。庄子是反对有成心、有心机的人的，《庄子·天地》即借丈人之口，说："有机械者，必有机事，有机事者必有机心。机心在于胸中，则纯白不备；纯白不备，则神生不定；神生不定者，道之所不载也。"我们生在科技发达的现代社会，日常生活的每一方面都和机械有关，我们当然不能回到小国寡民的时代，拒绝使用机械，但是一个人不能有机心是应该的，"其耆欲深者，其天机浅"。有机心的人，一定是耆欲深的人。耆欲深的人，欲望多，烦恼多，痛苦也多。一个人成了欲望的奴隶，不能自拔，他就没有足够的智慧与力量去开阔本然的心志，去享受生命的自由。所以庄子说："至德之世，不尚贤，不使能；上如标枝，民如野鹿；端正而不知以为义，相爱而不知以为仁，实而不知以为忠，当而不知以为信，蠢动而相使，不以为赐。"

四、结 语

　　逍遥游是庄子的人生理想，也是庄子思想的最高境界，但是要达到这个最高境界，必先要有一番修养，才能超越世俗的情牵和物累，所以《逍遥游》中，鹏鸟徙于南冥，要飞上九万里的高空，而且凭着六月海动的大风，不像蜩与学鸠，"决起而飞，枪榆枋而止，时则不至而控于地而已矣！"这一方面是鹏鸟的体积庞大，凭借要多。"适莽苍者，三餐而反，腹犹果然；适百里者，宿舂粮；适千里者，三月聚粮。"所去的地方近，所准备的粮食少；所去的地方远，所准备的粮食多。蜩与学鸠不能了解鹏鸟需要"抟扶摇而上者九万里，去以六月息者也"的道理，这是小大之异。鹏鸟的体积庞大，动作壮观；要有鹏鸟这么庞大的体积，才能呈现这么壮观的动作。蜩与学鸠只是小虫、小鸟，当然没有办法了解鹏鸟了。鹏鸟因为体积庞大。所以必须飞上九万里的高空，才能游衍自在，不受拘束。庄子一再重复"不知其几千里也"，是有目的的，不如此不能形容鲲之大、鹏之大，而且多处使用夸张的笔法，如"其翼若垂天之云"、"水击三千里"、"抟扶摇而上者九万里"、"去以六月息者"……，都在强调无限大的时空关系，且铺张一个非常壮阔的场面，造成雄伟的气象。

　　鹏鸟因为能飞上九万里的高空，所以才能徜徉自得。一个人也是要有很深的修养，才能达到很高的境界。人生所应有的修养是什么？是庄子所谓的"至人无己，神人无功，圣人无名"。

　　尧要让位给许由，许由不受，这是"无名"的一证；藐姑射山的神人，不肯"弊弊焉以天下为事"这是"无功"的一证；尧往见四子于藐姑射之山，"窅然丧空其天下焉"，这是"无己"的一证。一个人能够无名、无功，甚至无己，自在自得，当下得到解放，当然就是逍遥自由的境界了。

　　总之，庄子的自由精神，是建立在"无待"的理念上，能够放下一切，才能获得一切。人生有许多的束缚、限制，人的生死、得失、是非、善恶，都不容易看得透、跳得过，所以人生充满烦恼与痛苦。庄子告诉我们要突破世俗的看法，超越生死、得失、是非、善恶等相对观念，去成心，顺应自然，以"心斋"、"坐忘"的手段，离形去知，无名、无功、无己；一个人的修养，到了无我、忘我的地步，就能游心于物之初，与道大通，当下得到主体的解放而自由自在，逍遥自得。

佛教与中国文化

方立天

方立天，1933年生，浙江永康市人。1961年毕业于北京大学哲学系，后任中国人民大学哲学系助教、讲师、教授。现任中国人民大学哲学系、宗教学系教授、博士生导师。

方立天教授长期从事中国哲学、中国佛教与中国文化的教学与研究工作，主要专著有《魏晋南北朝佛教论丛》、《佛教哲学》、《中国佛教与传统文化》、《中国古代哲学问题发展史》（上下卷）和《中国佛教哲学要义》（上下卷）等。

一、探讨佛教与中国文化的范围、方法和视角

"佛教与中国文化"的关系，是一个庞大而复杂的问题。在论述之前，有必要明确一下探讨的范围、方法和视角。

我们知道，中国佛教是印度佛教与中国社会实际相结合的产物，是印度佛教的新发展。探讨"佛教与中国文化"，既要分析印度佛教与中国文化的关系，又要分析中国佛教与中国文化的关系。大体上可以

这样说，在隋唐时期以前，重点是印度佛教与中国文化的关系，隋唐时期以后重点则在中国佛教与中国文化的关系。

"中国文化"，是中华民族全部物质文明与精神文明的成果，是一个极其博大丰富的总体。中国文化有它自身的演变历程，有其过去、现在和未来。就探讨"佛教与中国文化"的已有关系而言，"中国文化"其实相当于"中国传统文化"，本文所论的中国文化就是指中国传统文化。文化的中心或重点是思想，尤其是学术思想，由此中国传统文化通常是指以儒、佛、道三大思想系统为代表的文化，我们也是在这种意义上运用中国传统文化这一概念的。在中国传统文化中，儒、道是本土的固有文化，而印度佛教则是外来的异质文化。中国佛教的情况较为复杂，它属于根植中国的本土文化，除具有中国人的价值观念和思维方式的固有特性外，同时也含有外来佛教的异质性。这样，相对于印度佛教来说，儒、道文化是中国本土文化、固有文化；相对于中国佛教而言，儒、道文化则是中国传统文化中的不同系统，儒、道、佛同为中国传统文化的组成部分。

中国佛教是由汉语系、藏语系和巴利语系（上座部）三支佛教汇合而成，拥有的佛教典籍最丰富、教派最齐全，是13世纪印度佛教被消灭以后，保存佛教最完整的典型代表。探讨"佛教与中国文化"，应当分别就汉传佛教与汉族等传统文化，藏传佛教与藏族等传统文化、上座部佛教与傣族等传统文化进行分析研究，然后再加以归纳，进行综合研究，得出相应的结论。但由于多种原因，本文要着重探讨的是汉传佛教与中国文化中儒、道文化的关系，以下的论述都将围绕这一重心展开。

关于佛教与中国文化关系的研究范围，大致可从以下五个方面展开：

1. 佛教与儒、道文化的关系

打个比方，中国传统文化犹如一条大河流，其上游是儒、道两个支流的汇合，在中游处又有佛教支流汇入，与大河的原有水流相互激荡，奔向远方。在历史长河中，儒、道、佛三种思想，构成三角关系，即佛对儒、道，儒对佛、道，道对儒、佛各有不同的关系，并在互动中发展。探讨"佛教与中国文化"的关系，应当一方面探讨佛教对儒、道的关系，另一方面探讨儒、道对佛教的关系。而本文着重探讨的是佛教对儒、道的关系。

2．佛教与中国文化不同层面的对应关系

文化通常由物质、制度、思想三个层面构成，这三个层面大体上相当于文化形态的外、中、内三层结构。佛教与中国文化的三层结构，互相对应，最易发生互动交涉的关系。如佛教物质层面上的寺院建设、寺院经济等，制度层面上的沙门敬不敬王者、服装和穿着方式等，以及灵魂的存灭、果报的有无等思想层面，均曾与中国文化发生纠葛、论争，乃至冲突，这三种不同层面关系的性质、形式以及结果是并不相同的。

3．佛教与中国文化具体形态的关系

相对于政治、经济、军事而言的文化，有哲学、伦理学、文学、艺术等多种具体形态。佛教传入中国以后，与中国文化的多种具体形态发生交涉，推动了中国哲学、伦理学、文学、艺术等的发展，探讨佛教与多种具体文化形态的关系，对于了解具体文化形态的发展具有重要的意义。

4．佛教与中国文化的迎拒关系

佛教与中国文化的关系大约有相通与不相通、相容与不相容、互补与互斥等几种类型。如佛教与儒家以及唐代以来的道教在心性上是相通相容，乃至是互补的，在生死观上则佛教不单与儒家的观点不同，与道教的长生不死说更是对立的，但三家在人生理想目标上又是相近、相通乃至可以相容的。探讨诸如此类不同类型的关系，有助于深入了解佛教和中国文化变迁发展的根源。

5．佛教与中国文化交涉的历史动态关系

佛教作为传播者，中国文化作为受容者和对佛教的制约者，双方在历史演变中互动，双方的关系随着历史发展而变化。佛教在传入、兴盛、创宗及其以后的不同阶段，与中国文化的关系呈现出不同的历史特点，从历史的动态视角探讨佛教与中国文化的关系的演变，有利于把握两者互动关系的历史规律。

我们认为在探讨方法方面，应重视以下几点：第一，中国国情(包括自然环境、社会政治、经济、文化、生活等)鲜明、有力地制约了佛教的传播及其与中国文化的关系，并使印度佛教演化为中国佛教。中国佛教与印度佛教的根本宗旨是一致的，但两者又有不同的特质。如上所述，中国佛教的根在中国，中国佛教是中国僧人立足于民族文化，吸取印度佛教思想，熔铸重整、综合创新的成果。从中国社会环境和文化背景去考察佛教与中国文化的关系是我们研究的重要原则。同时，我们也充分肯定思想对适应、改变社会存在的积极作用。着重论述佛教之所以能与中国文化发生种种交涉的内在思想机制。第二，运用比较学的方法，重视分析印度佛教、中国佛教与中国文化的异同，探求彼此交涉时何以发生冲突，何者又得以融合，以及如何又由冲突而走向融合的。第三，运用文化发生学的方法，注意研究中国僧人是如何融合佛教与中国文化，而提出新的教义，创宗立教，使印度佛教转轨为中国佛教，并总结其成功的经验。

综上所述，我们把本文视角确定为：以佛教为主，从佛教出发，去探讨佛教与中国文化，也即与中国传统文化的关系。着重探讨印度佛教是如何与中国本土的固有文化相交涉的，印度佛教，尤其是中国佛教是怎样充实和丰富中国文化的；并总结佛教与中国文化交涉又有什么样的成功经验。我们认为，这不仅有助于了解外来佛教与中国文化交涉的历史、事实、规律与特点，也有助于通过总结异质文化交流的经验，进一步推动中外文化交流的展开。

二、佛教与中国文化发生交涉 的内在思想机制

佛教传入中国内地时，中国本土文化已十分繁荣，儒、道等思想体系在社会生活中发挥了巨大作用，并积淀为社会心理和民族心理。佛教与儒、道等本土文化，是宗教与非宗教两种不同性质的文化，在理论思维上互有高下。一般说来，外来文化与本土文化以及两者的文化元素之间具有相通不相通、相容不相容、互补互斥的错综复杂的关系。佛教在与中国传统文化的撞击、交涉过程中，与中国文化发生联系的机制主要是佛教思维，其内容和形式就是价值观念和思维方式。这是佛教与中国本土文化发生交涉的重要根源，也是佛教渗透、转化为中国传统文化组成部分的重要原因。

佛教价值观念的主要内容是人生解脱论。佛教认为一切事物都是由多种原因和条件构成并处于不断变化、流动的过程中。人生也是如此。人有生老病死的自然变化，有对自由、幸福、永恒的强烈追求，有从自我出发的无穷欲念。由于与不断变化的客观现实相矛盾、相冲突而不能得到满足，因此人生是痛苦的。中国僧人说，人的脸形就是"苦"字形，是副苦相：眼眉是草字头，两眼和鼻子合成十字，嘴就是口字。佛教还认为，人要根据生前的行为、表现，死后转生为相应的生命体，这叫做"生死轮回"，轮回是无休止的。这样人就陷于不断的生死轮回的痛苦深渊中。佛教认为，人的理想、目标是解除痛苦、超脱生死轮回，就是"解脱"。解脱的境界称为"涅槃"，涅槃梵语原意为"火的熄灭"。涅槃作为佛教所求的一种解脱境界，是通过佛教修持，熄灭、超越一切欲念、烦恼、痛苦和生死轮回而达到的理想境界。人

生现实是痛苦的，这是现实性；人生理想是涅槃，这是超越性；人活在现实社会中，又要超越现实生活得解脱，就是要由现实性转化为超越性，从而达到更高的主体性——理想人格。

应当承认，佛教对人生所作的价值判断有其一定的合理性。人生确有欢乐的一面，但也有痛苦的一面，佛教看到了人生的痛苦，是符合现实的。佛教强调人生是痛苦，这是现实生活的深刻反映，表达了人的心灵深处的基本忧虑，这也是人的一种觉醒、自觉，对于人们清醒认识人生是有一定意义的。特别是对于在人生历程中遇到困难、挫折、磨难、不幸的人，更会引起他们的赞同与共鸣。佛教的价值观念表现了人生的内容，人们在赞同佛教价值观念后就会产生出一种积极的，甚至热烈的情感，从而获得心灵的抚慰和心理的平衡。人是有精神的，人的精神世界是平衡的整体。若人的精神长期失衡得不到调节，人也就失去为人的支撑。佛教的价值观念为一些人的现世生活与出世愿望提供基本信念，具有平衡心理的功能。

中国传统文化中儒家的价值观是重视人类在宇宙中的地位，称人和天、地为"三才"，且有鲜明的人格意识，如云："三军可夺帅也，匹夫不可夺志也。"（《论语·子罕》）重视独立的意志、人格，提倡刚毅观念，强调自强不息。但是儒家又竭力主张等级制度，宣传浓厚的等级思想。儒家肯定人生是快乐的，主张"自乐其乐"，"乐天知命"。孟子说："反身而诚，乐莫大焉。"（《孟子·尽心上》）道家的价值观念和儒家不同，具有强烈的批判意识，对现实不满。与此相应，道家以个人的自由超脱为人生理想，个人不受约束，也不损害社会。庄子更提出"逍遥游"的观念，认为任何事物都不能超越自己本性和客观环境，主张人要各任其性，消解差别，超然物外，从而在精神上产生一种超越现实的逍遥自在境界，成为"神人"。佛教传入后产生的道教则主张经过修炼得道，使形神不灭，超越生死，变幻莫测，成为"神仙"。道教是乐生、重死、贵生的，认为人生活在世上是一件乐事，而死亡是痛苦的，人们应当争取长生不死，起码要尽其天年。儒家是入世的，道家带有出世的倾向，道教是出世的，佛教也讲出世。在价值观念上，佛教与儒家是对立的，与道家则有相通之处，既同又异，主张超越现实是同，超越的途径、方式和目标不同是异。儒家更注重生，孔子说："未知生，焉知死！"（《论语·先进》）而佛教认为生死事大，讲生也讲死，特别重视人的"来世"。生和死是人生的两个对立面，是一个十分严肃的整体人生观问题。儒家重视生，是一个方面，佛教重视死也是一个方面，两者可以互补。道教追求的长生不死，成神成仙，事实上不可能。佛教讲有生必有死，在理论上比道教圆满，更具有思想吸引力。

佛教的思维方式内容丰富，类别颇多，其中的直觉思维、否定思维和具象思维等，与中国传统文化的思维方式，既有相同性，又有相异性，既有相容性，又有不相容性，这也是两者发生联系的重要机制。至于中国佛教学者运用综合圆融思维来判别、安排印度佛教各派教义和不同经典的关系、地位，则是和深受中国传统的整体、综合思维的影响直接有关。这一点留待本文最后一部分"佛教与中国文化交涉的成功经验"再申述。

直觉思维是佛教的基本思维方式。这是因为佛教是一种人生解脱论，其宗旨是对人生的终极关怀，追求人生的最高理想境界。按照佛教说法，这种境界大体上有三类：成佛进入佛国世界；对人生和世界的本质的最终认识、把握，如悟解一切皆空；对人类自我本性的最终认识、返归，如体认人的本性清净。这三类境界虽侧重点不同，但同时又是可以统一的。这些境界具有神秘性、意向性、整体性、内在性等特征。一方面可以满足某些人的精神需要，另一方面也决定了这种境界的把握是非逻辑分析的直觉思维。佛教的直觉思维方式极为丰富，主要有禅观，要求一边坐禅，一边观照特定的对象；现观，运用般若智慧直接观照对象，并合而为一；观心，返观自心，显示本性，这也是内向思维；禅悟，中国禅宗提倡在日常行事中，排除妄念，体证禅道。这些直觉思维方式具有直接切入性、整体契合性和神秘意会性等特征。中国儒家和道家也都重视追求人生的最高理想境界，强调把握天道、道或理，所以，也重视和运用直觉思维。如老子提倡"玄览"，庄子主张"坐忘"，孟子让"尽心、知性、知天"，张载主张"体悟"。这种思维方式的相同性、相容性，有利于佛教与中国传统文化的共存。同时，佛教与中国本土文化的直觉思维方式的内容又有很大差异。佛教直觉思维是追求对人们现实生命的超越，终极目的是超越人成为佛。儒家和道家的直觉思维是对现实生活的超越，或追求理想人格，或追求精神自由，带有平实性。这些相容性、不相容性，又为佛教与中国本土文化带来互斥，也带来互补。魏晋以来迄至近代，佛教哲学与中国传统哲学的长期相互激荡、交渗、影响，充分表明了这一点。

否定思维是佛教所特有的重要思维方式。佛教追求超越现实的人生理想境界，除了运用直觉思维外，还运用否定思维，以否定现实的真实，赞美肯定理想。这种否定思维是奠定在相对性的原理和以破为立的方法论的基础上的。佛教的基本哲学学说是缘起论，认为世界上一切事物和现象都是因缘(条件、原因)和合而成，都是互为因果、互相依存的，都是相对的、变化的，并由这种相对性、变化性说明事物没有永恒实体，没有主宰，是空的。与缘起论相应，佛教还提倡以破为主，甚至是只破不立的思维方法，强调主观上对世界破除净尽是成佛的基本条件，甚至就是成佛的理想境界。在中国本土中否定思维没有得到充分的运用和发展，儒家讲现实，不重玄想和否定。道家虽有批判意识，但它的顺应自然观念仍然是肯定思维的运用。道教多虚幻怪诞，但它肯定人的形神不灭，成仙得道。佛教的否定思维方式具有两重性，它在否定人和事物的客观真实存在的同时，也否定人和事物的主宰性、永恒性，并揭示了名称、概念和事物之间的差异、矛盾。佛教的否定思维方式受到儒家等本土文化的排拒，但却为具有强烈宗教意识和宗教需要的人们所接受，一些佛教学者并运用于哲学、道德、文学、艺术等领域，从而又丰富了中国传统文化的思维方式。

形象思维也是佛教的重要思维方式，这是与佛教的宗教特质直接相关的。佛教既是人们受自然力和社会关系的压抑的表现，也是对这种压抑的超越，它所追求的理想境界和彼岸世界是排除卑俗的欲求、污浊的功利的。与之相应，它所描绘的人类应当超脱的地狱、饿鬼等是充满罪恶和痛苦的。这两种带有强烈反差的世界，极易使信徒或引生美感，或引生恐怖感，或抒发虔诚的情感。佛教为了以情动人，使信仰者进入既定境界，就需要有丰富、奇特的想象，浪漫、神异的意象，需要丰富多彩的艺术去描绘佛国境界和地狱苦难，描绘佛、菩萨的法术威力，高僧大德的灵异事迹，这就要充分运用形象思维。佛教的形象思维既是具象思维，又是意象思维。具象思维是一种对特定的具体形象的反复、专一的思维活动，意向思维是一种内心的意想活动，在意想中形成各种形象，这两种思维是相连相通的。

佛教运用这些思维方式构成佛、菩萨、罗汉与佛国乐土、地狱、饿鬼以及高僧与法术等形象或境界，而且用于宗教修持实践。比如，小乘佛教禅观的不净观、白骨观，就是专以人身或白骨为对象进行观照活动，以排除欲念，不执著自我为实有，体悟"人无我"的佛理。再如密教，尤其是它的意密是以大日如来为观想对象。又如佛教观想念佛的思维方式，教人集中思维观想阿弥陀佛的美妙、庄严，以生起敬仰、向往之心，并说众生因如此虔诚而会由阿弥陀佛接引到西方极乐世界，如此等等。佛教的形象思维具有自由无羁的联想、想象的性质，也是自身丰富的完美潜在力的艺术展现，为中国传统文化，尤其是为文学艺术提供了大量的想象、意象。中国儒学、道学文化也都具有丰富的形象思维，在审美情感和表现方法等方面与佛教都有惊人的一致之处，但是它们的浪漫性、想象力远远不如佛教，也没有人类最高潜在力的神化，没有出世、超世的宗教审美价值。佛教对于中国传统文学艺术的丰富和发展起了巨大的作用。

三、佛教与中国文化交涉的过程与方式

　　佛教传入中国以后，就一直与中国文化相互击撞、相互激荡，演成外来文化与本土文化波澜壮阔、错综复杂的交涉关系史。作为传播主体的佛教，中国文化的交涉，采用了调适与比附、冲突与抗衡、融汇与创新等基本方式，通过这些方式，基本上凸显出了佛教的思想性格及其与中国传统文化交涉的特点。这三种基本方式还大体上表现了佛教与中国文化交涉的三个历史阶段。这样，为论述方便起见，我们把本文第一部分所述佛教与中国文化关系研究范围五个方面中的（一）、（二）、（四）、（五）四个方面结合起来，组织在一起来论述。

　　1. 调适与比附

　　这在佛教传入前期比较突出。汉代时，佛教在宗教哲学观念上依附道术、道学，到了魏晋则主要依附于玄学。在政治伦理观念上，佛教一直迎合儒学。佛教通过翻译、释义、著述和创立学派等不同途径迎合、比附中国固有的文化。佛经是佛教的主要传播媒介。由于中印语言文字的不同，就需要翻译，而了解印度语言并非易事，译经者往往用道家等术语翻译佛经。如将佛教译为"释道"，佛教的最高理想境界"涅槃"译为"无为"，本体"真如"译为"本无"，其实无为与涅槃、本无与真如的含义是有很大差别的。又如用"五阴"翻译构成人的五类因素就含有阳尊阴卑的贬义。再如佛教中涉及的人际关系和伦理道德的内容，像主张父子、夫妇、主仆之间的平等关系，就与儒家道德学说相悖。汉魏晋时代译者通过选、删、节、增等手法，将译文作了适应儒家纲常名教的调整，从而减少了佛经流传的阻力。

与译经密切相关，还有一个理解佛经、解释经义的问题。东晋时的佛教学者创造出一种"格义"方法。史载："雅（竺法雅）乃与康法朗等，以经中事数，拟配外书，为生解之例，谓之格义。""格义"就是用《老》、《庄》等著作（外书）去比拟、解释佛经义理的条目名相（事数），以量度（格）经文正义。因初学佛的人对佛教思想并不了解，而对本土文化思想则有一定认识，用本土文化思想去解说佛理，触类旁通，使人易于理解，当然也有牵强附会、背离原意的情况。佛教学者还通过著述把佛教与中国本土的宗教信仰文化观念附会、等同起来。如我国早期阐述佛教义理的著作《理惑论》，就把佛教视为"道术"的一种，说："道有九十六种，至于尊大，莫尚佛道也。"佛教是九十六种道术中最高的一种。该书还把佛比作中国传说中的三种神：一种是道家所讲的"修真得道"的真人；一种是神仙家所说的"恍惚变化，分身散体"，法术多端，神通广大的仙人；一种是"犹名三皇神、五帝圣"的神人、圣人。该书还批判那种把佛教的布施等修持与"不孝不仁"对立起来的观点，强调佛教的修行是完全符合"仁"和"孝"的。

晋代佛教般若学六家七宗，即解说空的六七个学派，实际上也是用魏晋玄学比附般若学的结果。佛教般若学的主旨是讲空，破除人们对一切事物的执著。魏晋玄学的中心是本体论问题，探索本末有无的关系。两者主题不同，但可以相通。般若学者深受中国文化思想的影响，依附玄学，用玄学本体论去看待般若学派，以为玄学的"无"就是般若学的"空"，实际上玄学家的无是指无形无名的绝对本体，般若学的空是针对无自性、无实体而言，中国般若学者所讲的空，是与印度般若学所讲的空即否定事物实体性的观点大相径庭的。当时一些般若学者不仅援用玄学来解说佛学，而且言谈举止也力求仿照名士风度，东晋孙绰在《道贤论》中就以竹林七贤配佛教七道人，亦可谓竹林丛林，竞相辉映。

2．冲突与抗衡

东晋以来佛教经典翻译日益增多，流传更趋广泛，与中国文化的矛盾日益暴露，也更趋明显；同时由于佛教寺院经济的壮大，佛教僧侣涉足政治，形成了佛教与统治阶层的直接现实利益冲突。佛教与中国文化的冲突，集中表现在佛教与儒家、道教的关系上，冲突的领域主要是哲学思想、政治伦理观念和儒、道、佛三教地位高下几个方面。

在哲学思想方面，佛教和中国哲学的冲突，主要是"生死"、"形神"之辩和因果报应之辩。佛教主张人有生必有死，在没有超脱以前，生死不断循环，陷于轮回苦海之中，只有超脱了生死才能进入理想境界(涅槃)。一般地说，佛教是反对灵魂不灭的，但它的轮回转生和进入涅槃境界的主体，在儒家看来就是灵魂，就是一种神不灭论。儒家也持有生必有死的自然观点，但不赞成转生说和灵魂不灭论，所以后来酿成了分别以梁武帝和范缜为代表的神不灭论与神灭论的大论战。与生死形神问题相联系，佛教宣扬因果报应论，认为人的善或恶的思想言行都是因，有因必有果，有业就有报应。这种报应有现报、生报(来世受报)和后报(在长远的转世中受报)三报。一些儒家学者抨击这种思想："西方说报应，……乖背五经，故见弃于先圣。"（何承天：《报应问》，载《广弘明集》卷18，四部丛刊影印本）但是，儒家提倡祖先崇拜，鼓吹"神道设教"，佛教和儒家的善恶观念又可相通，从而因果报应论又成了儒家伦理道德的辅助工具。这样，无论是生死形神之辩，还是因果报应之辩，争论的结局不是一方压倒另一方，而是各持己说，彼此存异。

在政治伦理方面，主要是"沙门应否敬王"之争，其实质是礼制问题，是涉及君权和神权、佛教与儒家名教的关系问题。佛教出家沙门见到包括帝王在内的任何在家人都不跪拜，只是双手合十以示敬意，与中国传统礼制相悖，因而逐渐形成了与封建皇权和儒家名教的尖锐矛盾，不断出现沙门应否向帝王跪拜的争论。在争论儒、道、佛地位高下方面，主要表现是老子化胡之争。这一争辩是佛道两教之争的重大历史事件，也涉及儒、道、佛三家的地位问题。佛教与儒道的冲突、斗争，通常都是采用撰文笔战和朝廷殿前辩论的方式，其中有的涉及深刻的思想内容，有的则是宗教的成见。值得注意的是，道教徒曾借用信仰道教的皇帝的最高政治权力打击佛教，这就是历史上著名的三武灭佛事件——北魏太武帝、北周武帝和唐武宗的毁佛运动。这三次灭佛事件尤其是北魏太武帝和唐武宗灭佛事件，虽有其深刻的政治、经济原因，但又都和佛道两教的矛盾相关。

3. 融汇与创新

佛教传入中国以后，一直与中国本土文化相融合，这种融合是全面的持久的，尤其是隋唐以来，融合的势头更大，吸取中国本土思想而创立的中国化的佛教宗派，大大改变了佛教的面貌。以下是佛教融合中国本土文化的方式和重点。

提倡圆融方式。佛教传入中国内地面对着强大的中华民族文化，出现了如何对待儒道的问题。从总体上来说，佛教一直采取调和融合的态度。如《理惑论》就包含了儒、道、佛三教同源的观念，南朝梁武帝也倡导三教同源说，唐代以来佛教学者如神清在《北山录》中力主三教一致的说法，到了唐宋之际更形成了三教合一的思潮。为了与中国本土文化相融合，有的佛教学者推崇《法华经》中的《方便品》，提倡方便法门，运用各种灵活方便教化众生。有的佛教学者突出《华严经》的圆融无碍(无矛盾)思想，宣扬各种事物、现象都是无矛盾的。有的宣传佛教的无上菩提之道与儒、道无异，且高于儒、道，张商英的《护法论》以药石治病为喻，说："儒者使之求为君子者，治皮肤之疾也；道书使之日损，损之又损者，治血脉之疾也；释氏真指本根，不存枝叶者，治骨髓之疾也。"(张商英:《护法论》)还有说佛教治心，道教治身，儒教治世的。这种"方便论"、"无碍论"、"合治论"，为佛教融合中国本土文化提供了理论的根据，也表现了佛教内在的调适机能。

吸收儒道思想，创建新宗派。这主要是天台、华严和禅诸宗。如天台宗学人吸收道教的丹田、炼气的神仙等说法，作为本宗的修持方法，主张先成仙而后成佛。华严宗学人竭力吸取《周易》思想和儒家道德，作为本宗思想体系的内容。禅宗学人也是在道家的自然无为、玄学家的得意忘言和儒家的心性学说的熏陶和影响下，创立以"不立文字"、"教外别传"和"性净自悟"为宗旨的宗派。这些宗教还都和中国儒道两家重视心性修养的历史传统相协调，以心性论为宗派学说的重心，着重阐发心性理论，从而又反过来丰富了中国传统的心性思想。

突出宣传佛道儒道德的一致性。佛教和中国本土文化的矛盾最集中的表现就是与儒家忠孝观念的对立。面对这种道德观念的对立，中国佛教运用各种手段加以调和。早期汉译佛经，就通过删节经文来避免和儒家伦理观念发生冲突。后来佛教着重强调"五戒"与儒家"五常"的一致性。到了唐代，僧尼已拜父母，后来又对皇上称"臣"而不称"贫道"。中国佛教还有《父母恩重经》，宣扬应报父母养育之恩。又注疏《盂兰盆经》，该经讲释迦牟尼的弟子目连入地狱去救饿鬼身的母亲的故事，被中国僧人视为佛教的"孝经"。寺院还要在农历七月十五日举行盂兰盆会，以追祭祖先。宋以来一些佛教学者撰文宣扬孝道，强调戒就是孝。如名僧契崇作《孝论》十二章，阐发持戒就是行孝，为父母修福，由此，又论定佛教最重视孝，远比儒家更崇孝道。这都是佛教求得与当时社会道德相协调的鲜明表现。

适应社会的心理，重调诸神的形象和地位。佛教传入中国后，日益适应中国的观念、愿望、习惯、趋向，重新调整、塑造佛教诸神的形象。如中国佛教突出尊崇的观音、地藏、文殊、普贤四大菩萨，在中国人心目中地位是在释迦牟尼之上。尤其是大慈大悲的观音菩萨被奉为能解除众生现实苦难的大救星而极受中国人的崇敬。由于中国的宗法制度和传宗接代的观念的影响，约自唐代以来观音菩萨的形象就由中性变为女性，送子成为她的重要职能之一。地藏菩萨由于被奉为保佑风调雨顺、五谷丰登的神，也极受农民尊崇。至于阿弥陀佛是由于能接引众生到西方极乐世界过极其美好幸福的生活，能满足人们对未来的追求，也极受中国人的欢迎。诸如此类的神，有的成为佛教名山主奉的"本尊"，有的是佛教某一宗派崇奉的主神，在中国佛教中受到特殊的崇拜，这都是佛教融合中国文化，从而使自身发生重构的表现。

上述佛教与中国文化的交涉方式与过程，向人们昭示以下带有规律性的现象：整个佛教与中国文化交涉的过程，就是通过相互激荡，逐渐走向彼此融合的过程。佛教对中国文化的迎合、比附，可以说是一种外在的融合，经过冲突、抗衡而后的融合、创宗，可以说是一种内在的融合，整个交涉是由外层融合进入内层融合的过程。佛教与中国文化的冲突、抗衡，在整个交涉史上并不占主要篇章，而且除了生死和因果报应问题以外也缺乏理论意义。佛教传入中国以后，一直是自发或自觉地寻求与中国文化的结合，它与中国文化的冲突、抗衡也是被动的，是守卫性的，除了佛道两教门争以外，佛教几乎很少向中国本土文化发动进攻性的挑战，佛教在中国传播并进而成为中国传统文化的一部分，其原因之一就在于它的融合机制。与印度佛教重分析、重理论系统不同，中国佛教重综合、重思想的圆融。外来文化与本土文化相结合，是文化交流的成功之路。综合、圆融，进而创新，是中国佛教成功之路。

◈ 四、佛教对中国文化的充实与丰富 ◈

佛教本身也是一种宗教文化，是以信仰——哲学观念为核心的多层次多形式的立体文化，是包含各种文化形态的综合文化。佛教在中国流传过程中，通过自身文化的优势和特点呈现出对中国文化的强大渗透力，并对汉以来整个中国文化发生了极其广泛和深刻的影响，进而使自身融入中国各类具体文化形态之中，充实与丰富了中国文化。

以下举十个方面的例证，略作说明。

1. 佛教与哲学

佛教作为解脱学，归根到底也是以哲学为理论基础的。佛教的世界观和人生观是其整个思想体系的核心。佛教哲学丰富和发展了中国古代哲学，并与中国固有哲学合流，成为古代传统哲学的一部分。佛教哲学的影响，表现在人生论上，提出人生价值是痛苦，人生本质是空的命题，并以因果报应说为支配人生的铁的法则，成为了对儒、道人生哲学的补充。在心性论上，南北朝尤其是隋唐时代的佛教多讲心性之学，对于人的本性、欲望、烦恼等的性质和转换问题，作了细致的阐发，极大地影响了唐以来中国哲学的方向，也是佛教对古代哲学的最大发展。在宇宙论上，佛教不单提出现象和本质皆空的学说，还着重阐发了以个人的意识和共同的"真心"为本体的学说，丰富了中国古代唯心主义本体论。在认识论上，佛教以其神秘直觉思维方式、主体与客体的关系学说，以及强调主体、自我意识和主观能动性的学说，丰富了中国古代的认识论，并在伦理道德和文学艺术领域发生了深刻影响。

此外，这里还应当指出佛教对玄学和理学的思想内容、思维方式和学说取向的深刻影响。魏晋玄学家探讨有无、言意和动静等问题，各执一端，相持不下。佛教学者僧肇立著，阐述非有非无、不知即知、动静相即的观点，客观上对玄学的基本问题作了总结，把玄学理论推向了一个新的阶段。东晋以来，张湛《列子注》显然受佛学影响，文中玄学与佛学趋于合流，玄学的显要地位也为佛学所取代。佛教对于理学的影响，是大家公认的，应当说这种影响是全面、深刻的。从学术的角度来看，主要是隋唐佛教大讲心性之学，大谈修持方法，对儒道造成了强烈的刺激，推动了儒学形态诸方面的变化，第一，促进了儒学要典的确定。一些涉及心性修养问题的典籍，如《孟子》、《大学》和《中庸》，与《论语》相配合，合称《四书》，作为儒家要典，以与佛教相抗衡，并长期成为封建统治阶级科举取士的初级标准书。第二，推动了儒学学术转移。宋明新儒学——理学和以往儒学风格不同，不是侧重社会政治理论、少言性命之学，而是重视修心养性的性命之学。第三，影响理学思维方式的转换。佛教心性学说着重讲人的本性与欲念对立，本性清净、觉悟，欲念污染、迷惑，应当去掉情欲妄念，恢复本性。这种本性与欲念对立的思维方式为理学家所吸取，转化为天理与人欲对立的概念，"存天理，灭人欲"成为理学家的核心思想。第四，促使理学修养方法的确立。佛教的止观学说，直指本心观念，即观心、禅定的方法，也为理学家所效仿，形成了主静、主敬的修养方法。禅宗与理学是唐宋时代儒、道、佛三教融合而成的两大思想文化成果。

2. 佛教与伦理道德

如上所述，佛教伦理道德与中国封建宗法社会的等级制度和儒家纲常名教存在着严重的对立。儒家学者从维护儒家礼仪和中国传统习俗的立场出发，指责佛教僧侣的剃发出家、不结婚生子、见人君无跪起之礼、施舍家庭财产等，是不孝、不忠、不仁、不义的表现，佛教对此一直采取调和的立场，以协调两者的关系。中国佛教通过比附融合、撰文论证以及确定有关宗教仪式，突出宣扬忠孝等儒家观念。如宋代名僧契嵩说："夫不杀，仁也；不盗，义也；不邪淫，礼也；不饮酒，智也；不妄言，信也。"把佛教的"五戒"比作儒家的"五常"。契嵩又大力阐扬孝道，称："夫孝，天之经也，地之义也，民之行也。至哉大矣，孝之为道也夫！"强调孝是天经地义的大道。契嵩还崇扬中庸之道，说："中庸之道也，静与天地同其理，动与四时合其运。"中庸与天地同理，与四时合运，是宇宙的真理与法则。佛教传入中国以后，随着因果报应、业报轮回思想的深入人心，为父母追冥福，请诵经作法事的僧侣担当孝道使者的活动在社会上广泛流传。凡此，对于孝道观念的强化，积淀为社会心理，都起了重要作用。

佛教的基本道德标准是去恶从善、慈悲平等、利人利己，这些观念不但充实了中国的伦理道德学说，而且也发挥了稳定社会的作用。在近代，佛教伦理道德还曾为一批先进人物如林则徐、魏源、龚自珍、康有为、梁启超、谭嗣同、严复、章太炎等，作为改造社会道德乃至改造社会的工具，它显示出的积极作用是不能不承认的。在当代，佛教的大乘戒行、无我利人的精神、去恶从善的德行，以及人间净土的行愿等，都是能与现实社会相协调，并有助于推动社会发展的。

3．佛教与文学

和宗教与艺术的关系一样，宗教与文学也有不解之缘。自由无羁、丰富热烈、奇诡神异的联想、想象和意象都是宗教和文学不可或缺的内在机制。佛教对中国文学的影响是全面的、长期的，给中国文学带来了内容和形式两方面的巨大推动和变化。佛教典籍中如《维摩经》、《法华经》、《楞严经》和《百喻经》等，本身也是瑰丽多彩的文学作品，向为文人所喜爱。又如《本生经》是叙述佛陀生前的传记文学，《佛所行赞》是长篇叙事诗。这些佛典的译出，不但创造了融冶华梵的新体裁——翻译文学，而且为中国文学的创作带来了新的意境、新的文体和新的命意遣词的方法。佛教典籍促进了中国晋、唐小说的创作，并为后来的古典小说如《西游记》、《三国演义》、《金瓶梅词话》和《红楼梦》等的创作提供了故事情节和思想内容。佛教的俗讲、变文，也直接推动了后来的平话、宝卷、弹词、鼓词、戏曲等通俗文学艺术的形成。佛教禅宗词录也对后来的民间文学作品产生了影响。佛教不但对我国古代文学产生过重大影响，而且还深刻地影响到我国古代文学理论批评，如佛教的"言语道断"说、"顿悟"说、"妙悟说"、"现量说"和"境界"说，以及"以禅喻诗"用禅宗的一套禅理来论述诗的创作、欣赏和评论，就是这方面的突出表现。可以说，没有佛教的影响，中国汉代以后的古代文学将是另一番面貌。

4．佛教与语言

印度声明学(训诂和词汇学)影响了汉语体系的发展，因明学(认识论和逻辑学)则影响到逻辑思维的发展。佛教文化是汉语文化源之一，它推动了汉语语言方法论的变化。汉字是以音节为单位的象形文字、表意文字，南朝时人在佛教梵声的影响下，把字音的声调高低分为平上去入四声，用于诗的格律，推动了音韵学的前进和律体诗的产生。在注音方式上，东汉以来盛行将直音改用反切，这也可能与受梵文拼音的影响有关。至于在唐末僧人守温制定三十个字母的基础上，在宋代形成了"三十六个字母"——汉语语音的36个声母，以及分析汉语发音原理及发音方法的学科"音韵学"，更是梵语语音体系汉语化的产物。还有佛教音义之书，由于保存了大量久已失传的古代字韵和其他文史典籍，又为古籍的辑佚、校勘、训诂提供了宝贵的资料。在语法学方面，佛教对汉语的句法结构产生了潜在的影响，如佛教著作判断句用"是"来承接主宾语，句末不再用"矣"、"焉"、"也"、"耳"等语气词。佛教还为中国文学语言宝库增添了新的词汇。佛教成语占中国汉语外来成语的9/10。而且许多佛教用语逐渐演化成日常用语，如世界、实际、方便、平等、知识、相对、绝对等。至于出现姓氏、人名、地名的佛教化，更反映出佛教对汉民族心理和文化意识的深入渗透。

5．佛教与艺术

这是佛教与中国文化关系最密切的领域之一。宗教与艺术在价值观念、思维方式、情感体验和表现手法等方面是相似、相近和相通的。宗教需要通过自身的审美潜在力的艺术展示来显现自身的存在，佛教也需要艺术，没有艺术活动它就不能存在。汉魏以来，佛教在建筑、美术和音乐等方面都取得了辉煌的成就，使中国艺术大放异彩，进入崭新的阶段。佛教建筑主要是寺塔，这是随佛教的传入而发展起来的。最古老的石窟寺，其中举世闻名的如敦煌、云冈、龙门三大石窟，都是根据印度佛教造型艺术，糅合中国民族形式建造的。又以今天汉族地区124座全国佛教重点寺院来说，如洛阳白马寺、登封少林寺、南岳福严寺、广州光孝寺、韶关南华寺、苏州寒山寺、扬州大明寺、泉州开元寺等，都是在建筑上各有特色的有上千年历史的名刹古寺，五台山的南禅寺、佛光寺是至今保存完整的古代木结构寺院，寺内彩塑精美绝伦。中国的佛塔建筑大约起源于三国时代，除了印度式的，多为中国式样，采取中国原有阁楼形式，建成可供凭眺的楼阁式建筑。藏传佛教的寺庙，一般都有庞大的建筑群，体现了藏族古建筑艺术的特色和汉藏文化的风格。佛教美术主要是绘画、雕塑，也是随佛教的传入而发展为具有中国民族的风格和特色。早在梁代，以善画佛像名世的张僧繇，是佛画中国化的开创者和推动者，创立了笔法简练的"张家样"，在南北朝后期影响很大。北齐佛书家曹仲达创立了"曹家样"，其特点是衣服紧窄，与印度笈多王朝的雕刻风格相近。唐代吴道子创立的"吴家样"，其特点是衣带宽博，飘飘欲仙，突出了浓重的中国风格。佛教的壁画也很著名，敦煌莫高窟和麦积山石窟都保存有壁画，敦煌570个洞窟中至今保存的壁画近6万平方米，这些作品色彩艳丽，辉煌灿烂，具有极高的审美价值。佛教音乐也是佛教艺术的重要方面。佛教认为，音乐有"供养"、"颂佛"作用，在举行宗教仪式时都要用音乐——声乐和器乐。佛教音乐传入中国内地称为呗。由于汉梵语音不同，曲调难以通用，约在三国时佛教音乐就"改梵为秦"，用中国的音调来配唱经文，形成了中国佛教音乐。中国地域辽阔，佛教音乐在创作过程中，由于各地方言、地方民间音乐和风俗习惯的差异而形成了各种各样的独特风格。唐代进入鼎盛时期，佛教音乐家辈出，在创作、演唱、演奏上都达到了很高水平。佛教音乐对中国民间说唱音乐、音韵学、乐律、音阶、音型、音调和字谱学的发展，都产生了重大影响。

6. 佛教与科学

宗教与科学属于不同领域，佛教与自然科学有其对立的一面，也有其统一的一面。佛教徒的物质生活、宗教实践和宗教宣传，使佛教在医学、天文和印刷术方面作出了卓越的贡献。佛教与医学的联系不是偶然的，佛教的寺庙多集中在远离都市的山区，寺庙僧人形成相对独立的社会实体，需要有和尚兼任医生专门医治疾病。佛教讲乐善好施、普度众生，济世治病也是寺院的一大功能。中国佛教寺院有的设专科，有诊堂、药室，为患者治病。如浙江萧山竹林寺女科，历史悠久，遐迩闻名，一度门庭若市。唐代寺院立的福田院或悲田院，就是养病院。宋代政府的安济坊（救济机关）置官医，也往往请僧人担任。现在有的藏传佛教寺庙还设有专门学习医学的经学院。我国敦煌石窟壁画和藏经洞遗书中，保存了大量的医学史料，遗书中有近百件医药文书。其中有已知的我国最早的一幅有关口腔卫生的绘画，还有不少久已失传或书目上未见记载的医书，都是弥足珍贵的。唐代名僧鉴真，也是一位名医，相传著有《鉴真上人秘方》，他将中国的医药以及建筑、雕塑介绍到日本，增进了古代中日文化交流。佛教与天文学的联系也不是偶然的，人类的生产和生活都与季节变化密切相关，而季节变化和天象直接相连，所以古代都重视对日、月、星等天体现象的观察。由此各国也都流行占星术，以观察星辰运行、人事祸福。还依据天象编制历法作为计算年、月、日的时间系统。唐高僧一行，也精通历法和天文。他与人同制黄道游仪，用以测定恒星的位置和研究月球的运动。又与人根据实测，在世界上第一次测量出子午线的长度。他还订有《大衍历》，这是当时一部先进的历法，施行了29年，并对后来历法家的编历产生了很大的影响。敦煌遗书中保存着两幅星图，其中一幅是世界上迄今为止发现的最古老的一种，还有历、日、天文图等文献资料和绘图，对于研究古代天文学史具有重要的价值。印刷术被称为"文明之母"，雕版印刷和活字印刷都为我国首创。佛教不仅推动了印刷术的进步，而且它保存的大量古代印刷品，为研究印刷术的演变提供了宝贵的实物例证。例如现存世界上第一部标有年代的雕版印刷品，就是唐懿宗咸通九年（868年）王介为父母祈福所刻的《金刚经》，经卷完整无缺，雕刻精美，印刷清晰，表明绝非雕版印刷初期的印本。自宋太祖最初雕印《大藏经》而后1000多年，先后有20余次刻本，完整地体现了宋以来印刷术的前进历程。佛教对造纸也是有贡献的。有的寺院植楮树，取皮，浸以香水（香料），制造经纸，用以抄写佛经，如唐代法藏在《华严经传记》卷五《书写》中就有僧人造纸的明确记载。

7. 佛教与道教

道教为了宣传教义与佛教争高下，大量仿照佛经编造道教的经典。如《洞玄灵宝太上真人问疾经》就源于《法华经》，《太上灵宝元阳妙经》是据《涅槃经》改编而成，《太玄真一本际经》是深受《般若经》空论影响的产物。在《道藏》中还有一些题属佛教的著作，如《昙鸾法师服气法》、《达摩大师住世留形内真妙用诀》等，也包含了鲜明的佛教内容。一些著名道士改革道教、推动道教的发展，其内容之一就是吸收佛教的思想和方法，例如北魏著名道士寇谦之，改革天师道，主张六道轮回就是引佛入道，还模仿佛教仪节和修行方式，提倡立坛宇、积累功德、持戒修行、诵经成仙等。南朝齐梁时著名道士陶弘景，开道教茅山宗，是南朝道教上清派的代表人物。他主张佛道变修，亲授佛戒，建佛、道二堂，轮番朝礼。金初王重阳创立的全真道，主张三教合一，以《道德经》、《般若波罗蜜多心经》、《孝经》为主要经典。他还学习佛教的规定，创立道教的出家受戒制度；又学习佛教的参禅，止观法门，发展内丹修炼，不搞外丹。如果说，宋明理学是儒道佛融合的产物，那么道教全真派虽也受儒家思想影响，但主要是道佛融合的产物。全真道在北方影响颇大。

8．佛教与民间宗教

佛教对民间宗教的影响极为深远，可以说宋以来的重要民间宗教几乎都与佛教有关。民间宗教中最大的教派白莲教就渊源于佛教净土宗，并混合明教教义而成。南宋僧人慈昭（茅子元）在流行的净土结社的基础上创立新教门，称白莲宗，即白莲教。此教也崇奉阿弥陀佛，以往生西方极乐世界为目标。师徒传授，宗门相属，并形成了一大批有家室的职业教徒，称白莲道人。白莲教一度被视为"事魔邪党"，后在元代势力极盛，不久发生分化，以致宗派林立，迄至清代，白莲教的支派竟多达百余种。白莲教的重要支派有大乘教、弘阳教、黄天教、龙天教和无为教（罗祖教、罗教）等。白莲教各派的成分复杂，有的攀附上层、取悦朝廷，有的与下层群众结合，发动武装起义反对朝廷。自宋至清，不仅影响了民间信仰，而且在社会生活中也发挥着重大的作用。

9．佛教与民间习俗

佛教的传入和佛教徒的生活带给中国民间习俗的影响是十分广泛和深远的。首先，在饮食文化方面，印度佛教戒律规定僧尼不准吃荤，不是指禁食肉食，而是指禁食葱、蒜等气味浓烈的刺激性较强的食物。南朝佛教信徒梁武帝萧衍根据佛教禁戒杀生和《大般涅槃经》等的教义，提倡茹素，并在汉族僧尼中普遍实行。这种素食制度推动蔬菜、水果和食用菌的栽培和加工，包括豆制品、面筋制品业和制糖业的发展，并形成了净素烹饪流派。素食对人民的饮食结构和身体健康影响极大。由于坐禅养神的需要，寺院饮茶成风。种茶、制茶、品茶、饮茶是山寺僧人的重要生活内容。名山、名茶、名刹几乎是三位一体。寺院的饮茶风气，极大地促进了民间饮茶习俗的普及。此外，佛教以农历十二月初八为佛祖释迦牟尼的成道日，自宋代开始，佛寺于是日供应腊八粥。这是民间腊八节喝腊八粥习俗的由来。其次，在节日文化方面，民间元宵灯节就从佛教法会演变而来。佛教视火光为佛的神威，谓灯火的照耀，能现佛的光明，破人世的黑暗，推众生的烦恼。所以灯是佛像、菩萨像前的供具之一。据传，佛祖释迦牟尼示现神变、降伏神魔是在东土正月十五日。为纪念佛祖神变，是日举行燃灯法会，以表佛法大明。在佛教法会的影响下，从唐代起，元宵张灯渐成民间习俗。另外，汉地佛教每逢农历七月十五日举行盂兰盆会，以超度先灵，后演成民间的中元节，届时以各种形式祭奉祖先。还有佛教纪念佛、菩萨的诞生日、成道日，也演化为庙会和民间信仰节日。如按照佛教传说，农历二月十九日是观音菩萨诞生日，汉族地区普遍举行盛大的观音庙会，十分热闹。至于藏族和傣族地区，佛教节日和民间节日更是融为一体了。再次，在葬仪方面，人死后不仅要请和尚诵经修福，超度亡灵，而且宋元明代火葬习俗的流行也受佛教葬仪的影响。相传释迦牟尼逝世后实行火葬，其舍利安置在塔中。佛教沿袭这种做法，僧尼逝世后一般都实行火葬，中国汉地佛教也是如此，中国火葬起源很早，但火葬的流行是受佛教的影响，时至今日也有在家佛教徒死后送到佛寺火葬和安置骨灰的。

10. 佛教与社会心理

社会心理是一种普遍存在的潜意识，是不见文字著作表述的内在概念。佛教对中国社会心理所造成的最大影响是报应观念。佛教宣传因果报应理论，强调"未作业不起，已作业不失"，人们的现实社会地位和各种遭遇都是自身前世作善恶业的结果，今世所作的业将决定来世的命运。这种理论和中国固有的报应观念相融合，长期积淀在人们的心里，形成了深沉的善有善报、恶有恶报的观念，为约束自身的言行，奉行去恶从善的道德准则奠定了深厚的思想基础。此外，佛教提倡忍辱以求得好报，带来了容忍、宽容、忍辱、忍受、忍让的心理影响。佛教讲普度众生、布施，也生发出同情心情、助人精神等，而这些心态和精神对于维护社会的稳定和人际关系的和谐是有积极作用的。

五、佛教与中国文化交涉的成功经验

佛教与中国文化的交涉、会通、融合而逐渐实现了中国化，中国文化也部分地佛教化，从而充实和丰富了中国传统文化的内涵，形成为中华文化生命的共同体，促进了中华民族文化的发展。这是不同民族、国家的不同文化自由交流的成功范例，是具有悠久历史文化的中华民族吸取外来文化的成功范例，也是亚洲乃至世界人类文明史上的光辉篇章。佛教与中国文化的交涉，包含了丰富而深刻的经验，其中成功的基本经验，大致有三项。

1. 立足于本民族文化

佛教在中国传播，首先是要使中国人接受基本教义。这就要求在传播时适应由中国本土文化培育出来的中国人的国民性格和心理结构（佛教称为"应机"），进而提升其精神素质与精神境界。这就有一个出发点与立足点的关系问题，在中国传播佛教是出发点，推动中国文化建设则是立足点。这种立足点的定位，决定了处理佛教与中国文化的关系时要立足于中华民族文化及其建设，积极吸取、融化佛教文化。中国佛教学者正是自觉不自觉地基于民族文化的立场，一直重视运用汉文、藏文译出佛教经典，从公元2—15世纪共译出汉、藏经论达万卷之多，有力地推动了佛教民族化，也极大地丰富了中国文化。又有中国古代高僧大德，如法显、玄奘、义净等人，跋山涉水，历尽艰辛，远赴印度学习、取经，其目的就是回国建设佛教的新文化。唐玄奘在印度留学时，其学问、学识、学养已在包括其师文戒贤在内的印度全部佛教僧侣之上，印度朝野和教内教外也强烈恳求玄奘留在印度，但玄奘毅然决然回国，在当时都城长安组织译经，弘扬佛法，创立佛教宗派，这是吸收外来文化，以建设本民族文化的成功实践，是中国僧人坚持民族文化立场的突出典型。

2．重视学术理论研究

学术研究和文化创新是中国佛教的优良传统，也是中国佛教不断发展的内在动力和历久不衰的重要生命力。

佛教典籍浩瀚，内涵丰厚，思想深邃，经过中国佛教高僧大德长期持续的译经弘法，注释撰述，佛学成为了一门专门学问，并与儒学、道学鼎足而三。中国社会的知识阶层一般也把佛教视作为一种学术思想学习钻研，且有所得。经过社会知识分子的研究，又使佛学思想广泛渗透到思想文化各个方面，进而使中国佛教在思想文化领域里的影响持久扩大。

学术研究是文化创新的基础，文化创新是学术研究的结果。中国佛教高僧大德通过学术研究，不断取得新成果，获得新创造，从而推动了佛教的发展。例如，隋唐时代高僧大德重视佛教学术研究，各自独立判别印度佛教经典的高下，选择某类经典为本宗崇奉的最高经典，结合中国的固有思想，加以综合融通，进而创造出新的宗派。以中国化色彩最为鲜明的天台、华严和禅诸宗来讲，天台宗重视《法华经》倡导方便法门，并融合中国固有的"万物一体"观念，建立实相说。

华严宗人法藏阐扬万事万物圆融无碍的思想，宗密更把儒、道思想纳入佛教思想体系，以阐明人类本源的学说，为华严宗人生解脱论提供理论根据。禅宗依佛教和儒家的心性论，并吸收道家的自然主义思想，提出"不立文字，教外别传，直指人心，见性成佛"的宗旨，更是充分地表现了文化的独创精神。隋唐佛教宗派的创立，极大地推动了中国佛教的空前繁荣与向前发展。又如，近代太虚法师等人根据佛教重人生解脱的原理，结合时代特点和现实状况，创造性地提出"人间佛教"的理念，作为佛教实践的指针，对于佛教在现代的发展具有重大的指引意义。当前海峡两岸的中国佛教界，都一致推行人间佛教，而且取得了显著的效果。凡此都表明中国佛教重学术、重文化创造的优点，表明佛教与中国文化不断交涉融合的活力，也表明佛教与中国文化的成功交涉，对于中国佛教的命运和发展产生的重大意义。

3．运用综合创造思维方法

佛教在中国流传及中国化佛教的形成，这其间中国佛教学者发挥了决定性的作用。中国佛教学者通常都在早年学习儒、道典籍，深受中国固有文化，尤其是先秦文化的熏陶，具有中国国民性格和中华民族精神。在这方面，综合性思维方式为中国佛教学者提供了融合不同文化，推进文化创新的思维方法，而中国儒、道等思想文化内容，又为中国佛教学者提供了文化融合的丰富思想资源。例如，道家《庄子》提出从"道"的观点来看，一切事物都是平等无差别的，是一体的思想，儒家《中庸》强调"中和"，要求人们随时选取适应的标准，随具体情况采用适当的方法。这类综合思维方式实际上成为中国佛教学者确立佛教与中国文化关系的原则和方法。中国佛教与印度佛教的重大差别点在于，印度佛教重分析，重理论系统的分明，重自家经论的坚守，并具有强烈的排他性，与"外道"是敌视、对立的，并一直处于激烈斗争的状态中。中国佛教则重综合，重各自的判教，不重理论系统的分明，而力求思想的圆融。有的中国佛教学者还把儒、道学说纳入判教视教视野之中，而且绝大多数中国佛教学者也都普遍重视融合儒、道的思想。这其间实有可能透露出印度佛教趋于灭亡和中国佛教久传不衰的内在原因。

试论佛教对中国传统
思维模式的影响

赖永海

赖永海，哲学博士，南京大学哲学系教授，中华文化研究院院长，旭日佛学研究中心主任，教育部、财政部"宗教与文化创新基地"主任，国务院学位委员会哲学学科评议组成员，全国博士后管委会专家组成员，江苏宏德文化出版基金会理事长。

研究专长：中国哲学、中国佛学、宗教学

著有《中国佛性论》、《佛学与儒学》、《中国佛教文化论》等16部专著。主编《中国佛教通史》（总15卷，650万字）、《中国佛教百科全书》（总11卷，300万字）、《佛教十三经》、《禅学研究》。

昔日释氏振法鼓于天竺，夫子扬德音于华夏，两个思想巨匠，在东方两个文明古国的宗教、文化史上，都开创了一个新的纪元。两汉之际，佛法东渐，东方两大文化系统之间开始了一场历时久远、影响宏阔的文化大交融。

佛教对于中国古代文化影响之巨大和深刻，以至于人们在研究中国古代各种文化，诸如哲学、科学、文学艺术、书法绘画等，不能置佛教于不顾；当然，佛教自传入中国之日起，也深受中国传统文化的影响，作为结果，则是东传之佛教逐步走上了中国化的道路。

佛教与中国传统文化的相互关系问题，是一个大题目，非一篇文章所能胜任。这里拟从一个侧面，即从思维模式的角度，探讨一下佛教对中国传统文化的影响。

◈ 一、"天人合一"与"真如本体" ◈

中国先秦思想文化自孔子起出现一重大转折，如果说，孔子之前的思想界所强调的是对于"天"、"帝"的信仰，那么，自孔子起，就开始把视野转向现实世界，把眼光转向人。从现存的文献资料看，夏商周三代，是"天""神"之世纪。其时之"天"，不仅是自然界众神之首，而且是社会政治道德的立法者，它虽"无声无臭"（《诗·大雅》），并不一定被人格化，但宇宙之秩序，万物之生长，乃至世间王朝之更替，军国之大事，一听于"天命"。当时之所谓"圣人"者，唯"顺天命"而已！"天命不佑，行矣哉？"（《易经·无妄》）孔子在中国文化史上的最大贡献是"人"的发现，他罕言"性与天道"而注重人事、对鬼神敬而远之而把眼光转向现实人生的思想倾向，在当时确实具有振聋发聩之作用，之后，思想界的视角为之一变——对人事的探求代替了对天道的信仰。

当然，人类思想的发展，并非一蹴而就的，而新旧思想的交替，也不像"利剑斩束丝"那样一刀两断，说孔子发现了"人"，在中国思想史上实现了从"天"向"人"的转变，是否意味着孔子已经抛弃了"天"，或者说已经打倒了"天"呢？——这是一个关系到整个中国古代传统哲学之思想内容和思维模式的重大的理论问题，值得人们认真对待。

要弄清楚这个问题，还是先从孔子谈起。

作为中国古代思想发展史中的一个环节，孔子思想开始从天道向人事的转变是一个客观事实，但是，如果过分夸大这种转变，甚至认为孔子已经抛弃或打倒"天"，孔学已经完全没有天命观念和宗教色彩，而是一种纯粹的人生哲学，那显然是违背历史实际的，也不符合思想发展的一般规律。

人们知道，与世界上许多民族一样，中国的远古文化在相当程度上是一种宗教文化。作为夏、商、周三代统治思想的"天神"观念，就是远古农业文明和游牧民族原始宗教的继续和发展。这种"天神"观念虽经春秋时期"怨天"、"骂天"等思想的冲击而逐渐有所动摇，但人类历史上几千年乃至几万年的思想积淀，并非一朝一夕或个别思想家就能轻易冲刷得掉，实际上，不但孔子没有完全抛弃或打倒"天"，整个古代思想史，都没有完全抛弃"天"这个外壳，都是在这个既"无声无臭"又至高无上的"天"之下去谈论和探讨各种问题，特别是人事问题。尽管因时代的不同，或称之为"天命"，或名之曰"天道"，或冠之以"天理"，但核心都是在"究天人之际"，探讨如何"顺乎天而应乎人"。换句话说，整个中国古代的传统哲学，在相当程度上都是在探讨"天"、"人"关系问题，都是在"天人合一"这个基本框架内谈道德、做文章。一言以蔽之，这就是中国传统哲学最大、最基本的思维模式。——请看事实：

孔子的学生子贡说："夫子之文章，可得而闻也，夫子之言性与天道，不可得而闻也。"（《论语·公冶长》）但翻开《论语》，孔子之语及"天"者，为数不少，诸如"大哉！尧之为君也，巍巍乎！唯天为大，唯尧则之。（《论语·泰伯》）"君子有三畏：畏天命，畏大人，畏圣人之言。小人不知天命而不畏"，（《论语·季氏》）"获罪于天，无所祷也。"（《论语·八佾》）从这些话看，说孔子已经完全抛弃"天"，显然是不合适的。如果换一个角度看问题，孔子所以对"天道"谈得比较少，而更注重于人事，是因为天道太玄远深奥，不敢妄加揣测，还是人事更为实际一些，故孔子宁可谈生，不去谈死，宁可事人，不去事鬼。这样去看待孔子的思想，也许比较切合实际一些。

孔子之后，中国古代学术思想，特别是儒家哲学，基本上是沿着孔子开辟的道路前进的。与孔子稍有不同的是，孔子因"天道"玄远而罕言之，而孔子后学则往往以"天道"制约"人道"，以"人道"上达"天道"为终的，这一点，作为孔学嫡传之思孟学派表现得尤为明显。《中庸》就明言："天命之谓性，率性之谓道"，"诚者天之道也，诚之者，人之道也"，把"道"之本原归诸"天"，认为只要体认、扩充"天"之德性，便"可以赞天地之化育"、"与天地参矣"；孟子则直接把"天道"与人的"心性"连结起来，倡"天道"、"心性"一贯之说。春秋战国时期号称诸子百家，但对后世之学术思想影响最大者，当推思孟学派，特别是该学派之天人一贯思想。

汉代大儒，首推董仲舒。董仲舒学说的基本思维模式，是"天人感应"，而"天人感应"的思想基础则是"道之大原出于天"、"天人之际，合而为一"(《春秋繁露·深察名号》)；李唐一代，儒、佛、道三教并行，作为传统学术的儒家哲学，素以柳、刘为代表。柳宗元、刘禹锡的哲学思想虽与思孟一系的思想稍有歧异、而更接近荀子，倡"天与人交相胜"(刘禹锡：《天论》)，主张天人各有其职分、功能，但从总体上说，仍不出"天人关系"之大框架，仍不否认天人有其相类、相通之处；至宋代"新儒学"，"天人合一"论重新成为该时代占统治地位的思维模式。宋儒千言万语，无非教人"存天理，灭人欲"，其所谓"天理"，亦即传统儒学之"天道"。就思维特点说，宋儒走的是一条把天道伦理化和把伦理天道化的道路。他们"句句言天之道，却句句指圣人身上家当。'继善成性'，即是'元亨利贞'，本非天人之别。"(《宋元学案·濂溪学案》)宋明理学虽有程朱理学与陆王心学之分，但对张子《西铭》之"乾坤父母"、"民胞物与"思想却众口一词，倍加称赞。究其缘由，即是因为此说最能体现"天人一体"的思想。当然，由于受佛学的影响，理学之"天道"已经与传统之"天道"不尽相同，这一点详论于后，此不赘。

总之，中国传统哲学自孔孟而宋明理学，就其思想内容说，都是一种政治、伦理哲学。以往的学者也都如是说。实际上，这种说法从某种意义上说只对了一半，因为它没有说明这种政治、伦理哲学的特定的思维模式，把构筑这种哲学的理论框架给忽略了，或者说，把这种哲学之源头给抛弃了。其实，儒家所重之伦理，所谈之心性，其源头一直在"天"，在"天道"，是"天道"演化之产物。这里，人们碰到一个中国古代思想史研究中经常遇到的问题，即中国传统哲学是否具有宗教的性质，或者说是否带有宗教色彩的问题。有人说：中国传统哲学较诸西方或印度古代思想言，其特点之一是不具宗教的性质，不带宗教色彩。私下以为这种说法只是在特定意义上才是对的，也就是说，就相对于西方的中世纪哲学与神学完全融为一体言，相对于古代印度哲学还未从宗教中分化出来言，中国古代哲学与它们是有所区别的。但是，就具有宗教性质言，就带有浓厚的宗教色彩言，中国传统哲学在与宗教关系问题上与西方或印度古代没有什么原则的区别，所以使人产生中国古代哲学非宗教倾向的错觉，主要是由这样两个原因造成的：第一，作为中国古代至上神的"天"，不像古代印度或西方的"大梵"或"上帝"那样被本体化或人格化，而是被伦理化。但是，如果说作为人格化至上神的"上帝"是宗教，而作为伦理化至上神的"天"则是非宗教，那么，如何看待近现代以来西方"上帝"的伦理化倾向？难道以伦理化了的"上帝"为最高道德原则的基督教也变成非宗教？而在古代中国，"天"则一直是世间政治、伦理的最高立法者，"天道"则一直是"人道"、"人性"之本原，除非有人能够对此提出较有说服力的否定性论据。第二则是研究方法问题，亦即人们对古代哲学思维模式的把握往往只顾及作为"后半截"的"人事"、"伦理"或者政治，而抛弃了作为本源的"天"或"天道"，而中国古代之圣贤名哲实际上一直是在"天"或"天道"的框架里谈道德、做文章，一直是在"天人合一"的思维模式下去阐发他们的学术思想。这里丝毫没有把中国传统哲学往宗教推的意思，只是以史实为根据，对以往拦腰砍去"天道"的研究方法提出一点异议，至于目的，则在于说明中国传统的学术思想，特别是作为中国传统学术主流的儒家哲学，始终都是围绕着"天人关系"问题，尽管自儒学的创始人孔子起已开始把着眼点转向"人"、"人道"，但作为"人道""人性"本原或出发点的"天"、"天道"，直到宋明理学也没有完全抛弃，甚至可以这么说，整个中国古代思想史，都没有也不可能完成打倒"天"的任务，因为从更深刻的意义上说，以小农经济为依托的古代社会，是永远离不开"天"的，当然不可能去打倒"天"。只有这样去看待中国古代的哲学思想，才是历史的、辩证的态度。

谈过中国哲学传统的思维模式之后，我们回过头再来看看佛教采取怎样一种思维形式。

从历史的观点看，佛教的思想有一个不断变化的过程：原始佛教与部派佛教的思想不同，大乘佛教与小乘佛教又有差别。原始佛教最基本的思维方式是从"缘起"的角度去反对传统婆罗门教的"大梵"本体思想；部派佛教从原始佛教的反对一切本体、实体，逐渐产生出一个带有一定实体性质、类似中国古代灵魂的"补特伽罗"；到了大乘佛教，由"般若实相"蕴育出来的"如来藏"、"佛性我"、"法界"等，则完全是一种本体。这时，被原始佛教从前门赶出去的"大梵本体"论的思维模式，又被佛教自觉不自觉地采用了。当然，按作为整个佛教理论基石的"缘起"思想说，佛教是反对一切本体或实体的。但是，在大乘佛教中，那个作为一切诸法本原之"真如"、"实相"、"如来藏自性清净心"、"佛性"、"一真法界"等，如果不是本体，又是什么呢？尽管佛经里用了许多诸如"即有即无"、"非有非无"、"超相绝言"、"忘言绝虑"

等字眼来形容它，但这丝毫不能排除它是一个本体。当然，人们也可以用类似于现代哲学的所谓"统一性"来比附它。但统一于什么呢？没有统一对象的统一性就等于什么也不是！这正如恩格斯在批判杜林时所指出的："这种存在没有任何内在的差别、任何运动和变化，所以事实上只是虚无的对偶语，所以是真正的虚无。"①而如果把"实相"、"真如"、"佛性"等理解成"真正的虚无"，又将坠入"恶趣空"，这恐怕首先要遭到有见识的佛教徒的反对。因此，大乘佛教中的"真如"、"实相"、"佛性"等，只能是一种本体，既是宇宙的本体，又是一切诸法包括众生的本体。实际上，佛教特别是大乘佛教是一种本体论的思维模式，这一点在学术界已几无异议，因为在大乘佛教的许多经论注疏中，本体论的思想都俯拾皆是，尽管它们称谓不同，或称之为实相，或名之曰真如，或目之为法性，或冠之以佛性，但都是本体之异名。如所谓"真如"者，《往生论注》曰："真如是诸法正体"；（《往生论注》下）《唯识论》曰："真谓真实，显非虚妄；如谓如常，表无变易。谓此真实于一切法，常如其性，故曰真如。"（《唯识论》卷二）此谓诸法之体性离虚妄而真实故谓之真，常如其性不变不改故谓之如，说得明白点，乃是本体真实不变之谓；中国佛教诸宗派经常所说的"真如有不变随缘二义"，也是指真如作为诸法之本体具有常住不变易和随缘变万法两重含义；所谓"法性"，《唯识述记》曰："性者体义，一切法体故名法性。"（《唯识述记》卷二）《大乘义章》也说："法之体性，故名法性。"（《大乘义章》卷二）至于"佛性"，在大乘佛教中，更是明显地指一切诸法包括一切众生之本体，中国佛教正是从佛性本体的意义上去谈"一切众生悉有佛性"，所谓"体法为佛"、"体法为众"（《注维摩诘经·入不二法门品》）等等。如果说，本体论是大乘佛教最基本的思维模式几乎毋庸置论，那么，这种思维模式如何对中国传统思维模式产生影响则是一个

---

① 《马克思恩格斯选集》第3卷，人民出版社1972年版，第83页。

值得人们认真探讨的问题。

在此问题深入展开之前，有必要梗概地浏览一下佛教传入中国之后与中国传统文化交互影响的有关情况。

佛教自两汉传入中国之后，先是与黄老方技相通，至魏晋转而依附玄学，与玉柄麈尾之玄风相激扬，般若学至两晋遂蔚为大宗且取代了玄学；南北朝时，义僧辈出，论师称雄，佛学界出现了一股以佛性论为主流的思想潮流；此股佛性论思潮受儒家心性理论的影响，至隋唐逐渐出现一种心性化、人性化的倾向；当时作为佛教思想主流的心性化、人性化佛性理论的最大特点，是把佛教之本体论的思维模式与儒家心性理论的思想内容紧密结合在一起，作为结果，则是把传统儒家的心性、人性本体化。其时佛教所说之心性、人性，已不纯指人伦道德，而是具有诸法本体的意义，所谓"心是诸法之本"、"心统万有"、"本心本体本来是佛"，都是指"心"是一切诸法乃至众生与佛的本体。此种心性本体理论对隋唐及以后的儒学产生了极其深刻的影响。在李唐一代，受此心性本体论影响最甚者，当推一代大儒李翱及其《复性书》。《复性书》虽以恢复孔门"道统"为号召，所据多属儒典，所语亦多属儒言，然其所欲复之"天命之性"，已与隋唐佛教所说的佛性很相近，具有相当程度的本体倾向，这种倾向愈演愈烈，至宋明之"新儒学"，则完全被本体化。

宋明"新儒学"思维方式的本体特征，体现在各理学家的哲学、伦理学说之中：从张载的"太虚无形，气之本体。"（张载：《正蒙·太和篇》）至二程的"体用一源，显微无间"（程颐：《易传序》），从朱子的"圣人与天地同体"（朱熹：《中庸注》），到陆九渊的"宇宙便是吾心，吾心便是宇宙"，都是一种本体论的思维模式或以本体论为依托的政治、伦理哲学。尽管理学家们在阐发他们的政治、伦理思想时运用了许多传统的范畴，如"天道"、"人道"，"天理"、"心性"等等，但此时之"天道"、"天理"，已不同于传统儒学之作为社会政治、道德立法者的

"天"，而在相当程度上是一个带有本体色彩的哲学、伦理范畴。如果说，传统儒学在"天"、"天道"与"人性"、"心性"的关系上，主要是在"天人合一"的大框架中谈"天"如何为"人"立法，"人性"如何根源于"天道"，那么，"新儒学"的思维方式则更倾向于"天人本无二，更不必言合"，亦即"天道"、"心性"本是一体，都是"理"（或"心"）的体现，在天曰"天理"，在人为"心性"。二者在思维方式上的区别，一是"天人合一"论，一是本体论。"天人合一"论的立足点，是"道之大原出于天"，"人道"是由"天道"派生的；本体论的基本思想，是"天"、"人"本是一体，不论是"天道"还是"心性"，都是作为本体的"理"（程朱一系）或"心"（陆王一系）的体现，不存在谁产生谁，谁派生谁问题。虽然从总体上说，宋明理学还没有完全抛弃"天"，但其时之"天理"，已与传统儒学作为世间万物之主宰和人伦道德之立法者的"天道"不尽相同，它同"理"、"心性"名异而实同，都是世间万物乃至人伦道德的本体。如果从人类理论思维发展史的角度说，前者较接近于"本源论"或"宇宙生成论"，后者则属现代哲学所说的本体论范畴。

宋明理学思维模式之属于本体论，这在今日学术界几成共识，自无须赘述，以上的论述旨在说明，如果说，佛教传入中国之后的最大变化，是自隋唐之后逐渐走上心性化、人性化的道路，那么，中国传统儒学自唐宋之后发生的最大变化，则是在思维模式方面逐渐由"天人合一论"变为本体论；此中之缘由，盖在于前者受到了中国传统儒学的心性、人性理论的影响，而后者则是由于受到佛学之本体论思维模式的影响。换句话说，儒学给中国佛学的，主要是心性、人性的思想内容，而佛学影响于儒学的，则主要是本体论的思维方式。

二、"反本归极"与"尽心、知性则知天"

大乘佛教本体论的思维模式决定了其修行方法及最终目标(或最高境界)不仅与中国传统儒学有着重大的区别,而且与原始佛教也不尽相同。印度原始佛教基于"缘起"理论,反对一切实体的存在,它视身为五蕴和合之假象或幻影,认为人生的一切痛苦都根源于"五取蕴苦",要摆脱这种种痛苦,就要历劫苦修,作为最高境界的"涅槃"则是"灰身灭智,捐形绝虑",亦即死亡之代称;到了大乘佛教,这种情况就开始发生变化。

由于受到婆罗门教大梵本体、梵我一如思维模式的影响,大乘佛教的般若实相说逐渐孕育出一个抽象的本体。例如,与原始佛教视释迦牟尼为"亦在僧数",差别只是他比一般僧侣更有修养、更有学问不同,大乘佛教释"如来"为"乘如实道,来成正觉,来化群生",亦即佛是"真如"本体之体现;又如,大乘佛教的"一实相印",就是把实相作为一切诸法之本体;再如,大乘佛教的佛性理论,也把"佛性我"作为一切众生、诸佛的本体。本体论的思维模式使得大乘佛教在修行方法上,逐渐地把小乘佛教之历劫苦修变为证悟本体;至于最高境界,大乘佛教则以"反本归极"、"与本体合一"为终的。

实际上,当大乘佛教发展到以本体论的思维模式为依托之后,其修行方法一定要随之发生变化。因为"本体"之为物,是"无声无臭"、"无形无象"的,它不同于某种有形有象的"实体",如果说,实体是可以由"部分"相加而成,那么,再多的"部分"相加也不能构成"本体",因此,对于本体的把握不可能通过积累"部分"的认识来实现,用佛教的术语说,要"得本称性"、"反本归极"唯有"顿悟",不能"渐修"。诚然，大乘佛教并没有完全否定"渐修"，但是这种"渐修"只能为"顿悟"创造条件，奠定基础，用竺道生的话说，只是"资彼之知"，虽不无"日进之功"，最终目标之实现，则非"顿悟"不可。因此，大乘佛教多以"顿悟"为极至，中国禅宗更直言"唯有顿悟一门，即得解脱"（惠海：《顿悟入道要门论》）。大乘佛教对于达到最高境界何以要"顿悟"而不能"渐修"曾有过许多颇为深刻的论述，例如，相传为僧肇所著的《涅槃无名论》就说过这样一句话："心不体则已，体应穷微。而曰体而未尽，是所未悟也。"（《涅槃无名论·诘渐》）这是对"渐悟"说的驳斥，意谓对于本体之体悟，不悟则已，既悟则属全体，不可能这次悟此部分，下次悟另一部分，因为——本体是不可分的，或者说，"理"是不可分的。对此，道生及后来的禅宗更有详尽的论述。

在竺道生看来，所谓佛者，即"反本称性"、"得本自然"之谓，而此"本"乃无形无相、超绝言表的，故不可以形得，不可以言传，而贵在得意，因此，道生倡"象外之谈"、"得意之说"；又，此本体乃一纯全之理体，是一而不二的，故体悟此本体的智慧也不容有阶级次第之分，而应以"不二之悟，符不分之理"。可见，竺道生的"顿悟"学说，完全是以本体之理不可分的思想为基础。

至于禅宗，更提倡"经是佛语，禅是佛意"，禅只可意会，而不可言传。此中之理论根据，也是把"本来是佛"之"本心本体"视为一包罗万象之整体，对此"本心本体"之证悟，只能"默契意会"、"直下顿了"，故禅宗倡"以心传心"、"直指便是"，反对在语言文字上讨意度。

总之，不管是竺道生还是禅宗，甚至于天台、华严各宗，尽管它们具体的思想内容不尽相同，但在一点上是共同的，即由于它们都以本体论的思维模式为依托，因此，都以"反本归极"、"体证佛性"为终的，都把"回归本体"、"与本体合一"作为最高的境界，而此一最高境界的实现，又都借助于"悟"，特别是"顿悟"。

我们再回过头来看看儒家的修养理论和最高境界的实现是建立在

一种什么样的思维模式基础上的?

儒家最高的理想境界是成贤作圣，或者进一步说，是"内圣外王"。而此一理想境界的实现，主要是依靠修养心性。基于"天人合一"的思维模式，儒家把道之大原归诸"天"，因此，作为儒家理想人格的圣贤，一个最基本的要求就是"知天"，体认"天道"。而要做到"知天"，儒家提出的最基本的方法就是"尽心、知性、则知天"。所谓"尽心"，按《孟子》说法，也就是"存心、养心、求放心"。"存心"者，即是保存"天命"之心性的完美无缺，使"不失其赤子之心。"(《孟子·离娄下》)"养心"、"求放心"者，实际都是指清心寡欲、克除不正当之欲念。此三者说法上虽略有差异，实际上都是通过一种内省工夫去体认"天道"。

通过内省工夫去体认"天道"的修行方法，儒家"诚"的理论有更详尽的论述。《孟子》曰："是故诚者，天之道，思诚者，人之道也。""自诚明，谓之性，自明诚，谓之教。"此中之"诚"，实是一种作为圣人本性之原的道德规范，亦即"天道"；而所谓"思诚"、"诚之"、"明诚"，则是一种主观内省工夫，儒家认为，通过这种主观内省工夫，人们就可以由"心""性"上达于"天道"，从而达到"天人合一"的境界。这有如《中庸》所说的："唯天下至诚，为能尽其性；能尽其性，则能尽人之性；能尽人之性，则能尽物之性；能尽物之性，则可以赞天地之化育；可以赞天地之化育，则可以与天地参矣。"可以说，这就是传统儒家在修行方法上所遵循的最基本的思想路数及其所要达的最高境界，亦即通过对当下心性的内省工夫，使之一达于"天道"，进而实现"天人合一"之最高境界。

这里有一个问题需要指出，亦即传统儒学的所谓"诚"，并不像某些人和某些著作所说的那样，本身就是圣人的一种"境界"。如果此说成立，那么，也就等于说，天之道，即圣人之道，圣人之性。这就意味着，传统儒学的"诚"已具有本体的意义。实际上，这是后儒的思想，特别是宋明理学家们的思想，而不是传统儒学的思想。因为，在传统儒学那里，虽然是以"天人合一"的思维模式为依托，但这种"合一"，多少带有二物合而为一的味道，亦即"天道"是源，"人道"是流，"天道"是本，"人道"是末，尽管圣贤可以通过"尽心""思诚"达到与天道合一的境界，但"天人"并非原本是一体，只是到了宋儒，才提出了所谓"天人本无二，更不必言合"的思想。此中之关键，乃是佛教本体思维模式及其"反本归极"修行方法的影响。

确实，在宋明理学家那里，"诚"成为了一种至高无上的宇宙和道德本体。理学开山祖周敦颐在《通书》中说："诚者，圣人之本。大哉乾元，万物资始，诚之源也。"此后，不管是理学还是心学，都既把"诚"作为"天之道"，又把"诚"作为一种人伦道德之本体。认为要成贤作圣，最根本的修养工夫，就是要"明诚"。朱熹说："诚则无不明矣，明则可以至诚。"（朱熹：《四书章句集注》）张载也说："儒者则因明致诚，因诚致明，故天人合一，致学可以成圣，因得天而未始遗人。"（张载：《正蒙·乾称篇》）王守仁则说："良知无所伪而诚，诚则明矣。自信，则良知无所惑而明，明则诚矣。"（王阳明：《传习录》中）虽然理学家与心学家在强调"自明诚"与"自诚明"上有分歧，理学家讲"自明诚"，注重"道问学"；心学家们讲"自诚明"，强调"尊德性"，但二者都把发明、洞见此道德本体作为最根本的修行方法，把"至于诚"、与本体合一作为最高的道德境界，这一点，陆王心学表现得尤为明显。他们所谓"发明本心"和"致良知"，实际上就是发明此道德本体并进而与此本体合一。这自然使人想起禅宗的"明心见性"。禅宗"明心见性"之旨趣无非要人悟得此"本心本体本来是佛"；而宋儒之"自诚明"也罢，"自明诚"也罢，乃至"发明本心"、"致良知"等，也同样是要洞明此作为"天道"、"人道"之本体的"诚"或者"本心"、"良知，字眼虽有小异，思想路数完全毫无二致，都是强调"明本"、"反本"、"与本体合一"。

由于宋明理学也把"明本"、"反本"作为一家思想之归趣，这就使得理学家在修行方法上也逐渐走上注重证悟的道路。因为对于本体的体会只能采取意会或证悟的方法。对此，朱子有"豁然贯通"之说，陆子更提倡"悟则可以立改"（《象山全集》卷十八），以致张南轩曾评陆学多类禅扬目瞬目之机；（《南轩文集》卷二十四）王阳明说得更直接和明白："本体工夫，一悟尽透"。实际上，当理学采用了佛教的本体论的思维模式和把"明本"、"反本"作为一家思想之归趣之后，在修行方法上一定要走上注重证悟的道路。

三、佛教之"顿悟"与中国古代诗、书、画的"意境"、"气韵"

佛教不仅影响了中国古代学术思想的思维模式，而且对于中国古代的其他文化形式如诗、书、画等也产生过深刻的影响，这一点，现在已逐渐为文化界同仁所认识并引起重视，至于佛教对中国古代诗书画等文化形式的影响最主要的是哪些方面，这则是一个值得进一步深入探讨的问题。

笔者以为，佛教之影响于中国古代文化，最重要的仍然是其思维模式，或者说得具体一点，佛教影响中国古代文化最大者，是其注重"顿悟"的思维方式。

人们知道，作为中国古代文化冠冕的诗、书、画，最注重的是"意境"和"气韵"。所谓"意境"，乃是一种内在情、感与外在景、物交融合一的一种艺术境界。这种意境，往往是一种整体的感受，只能意会，而不可言传，只能体悟，而不可分析。它所强调的是"言外之意"、"韵外之味"、"超以象外"、"得其环中"、"不着一字，尽得风流"，如明胡应麟所说的"兴象风神，无方可执"（胡应麟：《诗薮·内编》卷五）；又如清叶燮所言："妙在含蓄无垠，思致微渺。其寄托在可言不可言之间，其指归在可解不可解之会，……引人于冥漠恍惚之境，所以为至也。"（叶燮：《原诗·内篇》）中国诗歌这种注重"意境"的现象，若远溯其渊源，则可追到古代的"比兴"等手法。但真正把"意境"推到诗之极至的，首先当推佛教，特别是禅宗。

如所周知，佛教在把握任何对象时所惯用的手法是，或双遮，或双照，或者更准确点说，是既双遮又双照，亦即任何对象都是既有既无、非有非无。虽然它也常常借助于形象比喻或经教典籍，但往往又采用"象以尽意，得意则忘象"、"言以诠理，入理则言息"的方法；此种方法至禅宗尤甚。由于禅宗以"禅是佛意"相标榜，因此更加强调"以心传心"、"不立文字"，极力主张"得意者越于浮言，悟理者超乎文字"。禅的这种思维方式与中国古代诗歌注重"言外之意"、"韵外之味"的表现手法多有相类、相通之处——此正如汤显祖所言："诗乎，机与禅言通，趣与游道合。禅在根尘之外，游在伶党之中。要皆以若有若无为美。（汤显祖：《如兰一集序》）因此，中国古代许多诗人都自觉不自觉地运用这种方法去写景、抒情或言志，金元之际的元好问曾用"禅为诗家切玉刀"去形容禅对于诗的影响和作用，此中之所谓"切玉刀"，实际上也就是思维或写作的方法。

另外，禅还在注重"妙悟"方面对中国古代诗歌产生了极其深刻的影响，这种影响之巨大，以至于唐宋时期的诗论家常把能否"妙悟"作为评判一篇诗作境界高下的一个重要标志。例如，著名诗论家严羽就把"悟"作为诗歌的第一要素。他曾以孟浩然与韩退之的诗为例，指出：就学力而言，孟浩然比韩愈差得很远；但就诗作论，孟浩然却远在韩愈之上，原因何在呢？"一味妙悟而已"。"妙悟"对于诗所以重要，是因为诗往往是多义的，常常通过有限的字句给人以无尽的遐想，这唯有妙悟可以胜任，因此，对于诗歌，"唯悟乃为当行，乃为本色。"其次，诗的"意境"所注重的是整体把握，而对于整体的把握，最好的方法就是"悟"，也许这就是禅所以能对诗歌产生影响的内在根据。

在佛教对于中国古代书、画影响方面，从各方面的资料看，最甚者仍是思维方式。

中国古代绘画向来注重"气韵"、"传神"，此种倾向至唐宋而愈烈，王维开创的文人画，进一步以佛理禅趣入画，把画意与禅心结合起来，成为一种禅意画。这种禅意画至宋而蔚为大宗，成为中国古代画苑中的一枝奇葩。

禅意画的特点是不仅知写实，尤其重传神，重妙悟，重心物合一的境界。方豪先生在《宋代佛教对绘画的贡献》一文中说："宋代佛教对绘画之另一贡献，则为禅的心物合一境界与禅的空灵境界，使画家不但知写实、传神，且知妙悟，即所谓'超以象外'。……论画者，喜言唐画尚法，宋画尚理。所谓理者，应为禅家之理，亦即画家所谓气韵。"（方豪：《宋代佛教对绘画的贡献》下。《现代学苑》第七卷，第十一期，第30页）"宋代绘画，仍有佛教题材，唯不在寺塔，而在气势高远，景色荒寒，以表现明心见性的修养。"（方豪：《宋代佛教对绘画的贡献》上。《现代学苑》第七卷，第十期，第15页）这里所说的"气韵""传神"和"心物合一境界"，当然不是外境外物的机械摹写，而是注入画家主体精神和主观感受的作品，因而更能反映画家的精神世界，更能反映画家自身。清初著名画家石涛和尚所说的"不可雕凿，不可板腐，不可沉泥，不可牵连，不可脱节，不可无理，在墨海中立定精神，笔锋下决出生活，尺幅上换去毛骨，混沌里放出光明。纵使笔不笔，墨不墨，画不画，自有我在。"（石涛：《画语录·细缊章第七》）也是这个意思。

唐宋绘画中这种注重反映主观精神，注重反映自我的画风，无疑是受到惠能开创的禅学南宗的影响。南宗的基本思想路数，是通过"明心见性"来"发现自我的本来面目"。而唐宋绘画中的高远气势，正是文人画家明心见性修养的体现。

禅学南宗的另一种思维方法，即当下顿了、直指便是，也对中国古代绘画产生深刻的影响。中国古代画坛南宗诸家，都反对循格、画凿，而主张"一超直入如来地"。《宣和画谱》评南宗巨子关全之画曰："全之所画，其脱落豪楮，笔愈简而气愈壮，景愈少而意愈长也。"南宗的另一位代表人物董其昌则进一步把画坛的南北二宗与禅学的南北二宗直接挂起钩来。在《画禅室随笔》一文中，他屡屡谈及画坛南北二宗的风格深受禅学南北二宗的影响，且明言："行年五十，方知此一派画（北宗）殊不可学，譬之禅定，积劫方成菩萨，非如董、巨、米三家，可一超直入如来地也。"（董其昌：《禅画室随笔》）与董其昌并世齐名之李日华也说："古人绘事，如佛说法，纵口极谈，总不越实际理地，所以人天悚听，无非议者。绘事不必求奇，不必循格，要在胸中实有吐出，便是矣。"（见无住：《禅宗对我国绘画之影响》）这种不循规格、直抒胸怀之画风，显然是受到禅学南宗不拘形式、注重心性思想方法的影响；而董、巨、米三家之"一超直入如来地"，实乃禅宗之顿悟见性、直指便是；至于清初石涛所言的"至人无法，非无法也，无法而法，乃为至法"，（石涛：《画语录·变化章第三》）更是一派后期禅宗之气象。

至于中国古代书法，也被深深打上了佛教之印痕。盖佛法之修为，无出戒、定、慧三学，夫戒者，收束身心；定者，专志凝神；慧者，穷妙极巧。此三者均与书法之道相通。鉴于佛教对于书法的影响前人论之甚多，限于篇幅，此不一一赘述。

通过以上的论述，我们可以得出这样一个结论：中国古代的学术、文化，在思维形式方面，确实深受佛教的影响。其一，中国古代传统学术思维模式的由"天人合一"而走向"心性本体论"，是以佛教的"真如本体论"为契机；其二，中国古代政治伦理哲学在修行方法上的由"尽心、知性、则知天"而走上注重"发明本心"、"体悟本体"的道路，是以佛教的"反本归极"的思维模式为媒介的；其三，作为中国古代文化冠冕的诗、书、画所以特别注重"意境"、"气韵"，其中一个重要原因，是深受佛教注重"顿悟"的思维方式的影响。就以上几点而论，要研究中国古代学术、文化，不能不研究佛教。

佛教的社会责任

学　诚

学诚，俗名傅瑞林，1966年8月19日出生，福建省仙游县赖店镇罗峰村人。1982于莆田广化寺定海长老座下剃度，并依止圆拙老法师修学。1991年毕业于中国佛学院并获硕士学位。2007年被泰国朱拉隆功佛教大学授予教育学荣誉博士学位。2010年获孟加拉国阿底峡大师和平金奖。现任全国政协常委、全国青联副主席、中央国家机关青联副主席、中国宗教界和平委员会秘书长、中国佛教协会驻会副会长、中国佛学院副院长、藏传佛教学衔工作指导委员会副主任、福建省佛教协会会长、福建佛学院院长、福建莆田广化寺方丈、陕西扶风法门寺方丈、北京龙泉寺方丈、《法音》主编、《福建佛教》主编等职务。

一、人类三态的病因

当今人类社会已进入信息化、全球化时代，人类拥有了前所未有、高度发达的科学技术。然而，科学技术对于人类而言是把双刃剑。在日益膨胀的贪欲驱使下，人类对大自然和同胞的疯狂掠取，已经让人类社会和大自然走向了始料未及、难以挽回的危险境地。而科学技术已成为一些人掠夺大自然和人类同胞、聚敛物质财富的工具。大自然在人类的贪婪索取下已是千疮百孔、遍体鳞伤。生态系统遭到严重破坏、险象环生，生态失衡已危及众多生命的存活和物种的延续，并将最终危及人类自身的生存。

现今世界面临前所未有的危机：环境污染、生态失衡、自然灾害频发、疾疫流行、资源短缺、能源匮乏、金融危机、贫富分化、信仰缺失、道德沦丧、人性泯灭、宗教冲突、种族屠杀、恐怖活动猖獗、战争硝烟不散、核武阴影笼罩……在人类历史上，我们第一次面对如此众多攸关人类共同命运的全球性问题和困境。

人类对物质财富的贪求和对科学技术的滥用，已产生严重的祸患。如果任凭这种趋势继续发展下去，终将导致更为严重的毁灭性后果。正如20世纪英国历史学家汤因比在《人类与大地母亲》中所说："人类将会杀害大地母亲，抑或将使她得到拯救？如果滥用日益增长的技术力量，人类将置大地母亲于死地。"①

深入分析人类的生存状态，我们认识到：人是依赖于诸多关系而存在的。在各种错综复杂的关系中，最根本的关系有三种：人与自然的关系、人与人的关系（包括个人之间、群体之间、民族之间、国家之间、宗教之间、文明之间的关系等）、人类个体身心的关系。我们可以把人的生存状态相应归结为生态（人—自然）、世态（人—人）、心态（身—心），简称为"人类三态"。如前所述，目前人类社会出现诸多问题和危机，虽然形态各异，但可总括为"人类三态"所呈现的种种病态。其中，生态、世态的病态归根结底源于人类心理的病态。

从心态上看，人类中心主义、个人中心主义、物质主义、消费主义皆根植于人类心中的贪、瞋、痴三毒。它们是环境破坏难以得到根

---

① [英]阿诺德·汤因比(Amold J.Toynbee)著，徐波、徐钧尧、龚晓庄等译，马小军校：《人类与大地母亲》，第82章，上海人民出版社2001年版。

本遏制的罪魁祸首，也是诸多人际矛盾和国际冲突鼎沸难息的釜底之薪，同时也导致了个人心灵与肉体、精神与感官的极大失衡。三毒不除，祸患无穷。

我们知道，人类中心主义、个人中心主义、物质主义、消费主义可归结为人类世界观和价值观的问题。一个人的道德观念、行为方式，从根本上决定于他的世界观和价值观。康德的墓碑上刻有如下铭文："有两样东西，人们越是经常持久地对之凝神思索，它们就越是使内心充满常新而日增的惊奇和敬畏：我头上的星空和我心中的道德律。"②老子亦曾有言："人法地，地法天，天法道，道法自然。"（《道德经》第25章）康德所谓"心中的道德律"、老子的"道"以及儒家经典《大学》所言"明明德"（彰明心中固有的良知），从根本上说都源自人类寄寓其中的天地万物、宇宙自然的启迪和人类心灵深处本心本性的良知良能。人为万物之灵，灵就灵在人有智识，能以其智识探索宇宙天道、自然规律和生命现象，并在世界观的指导下建立一套价值观念、道德规范和行为准则。

近代以来，实体论、机械论、原子论的世界观，还原论、分析主义、主客对立等思维方式逐步盛行于西方，形成"笛卡尔—牛顿"式的哲学观念和科学体系。虽然促发了人类的理性觉醒，促使人类走出神权的阴影，并且带来物质文明的繁荣，但因为这种世界观和思维方式局限、片面地认为构成世界的各个个体、各个部分之间是孤立的，即使有联系，也只是外在、表面的，而非内在的联系，所以在一定程度上强化了以自我为中心的观念和意识（各种层面的"自我中心"包括：个人中心主义、民族中心主义、国家中心主义、人类中心主义等）。而其极端者把"物竞天择，适者生存"的准则应用于人类社会，这无疑会使人们从内心深处将自己与他人、与自然分割对立，最终陷入自私自

---

② [德]康德著，邓晓芒译、杨祖陶校：《实践理性批判》，人民出版社2003年版，第220页。

利、唯利是图、损人利己、以邻为壑，以至于你死我活的冲突、斗争乃至战争的泥潭中难以自拔，更无法超越，从而导致"人类三态"的畸形和病因。

◀ 二、佛教对人类三态的认识 ▶

要化解如此深重的危机，医治如此严重的病患，药方可以开出很多。但如何才能对症下药、根除痼疾呢？如何弥补由"笛卡尔—牛顿"式的世界观、价值观及思维方式带来的负面影响？为此，不少西方有识之士将目光转向迥异于西方文化精神特质的古老东方文明，尤其是转向中国传统文化包括佛教文化寻求启迪。两千多年来，佛教自印度传入中国后，在不断本土化的过程中，与中国传统文化相融合，并成为中国传统文化三大主干之一，还进一步传播到朝鲜半岛、日本、越南等东亚、东南亚国家和地区，深刻影响了这些国家和地区人民的宗教信仰和精神生活。自上世纪以来，经过诸多高僧大德的不懈努力，佛教更远播到欧美国家乃至世界各地。佛教的智慧，即佛陀亲证亲见的宇宙人生本原实相和缘起表相，正为世界上越来越多的有识之士所认同和尊仰。

从历史上看，宗教和理性之所以会产生对立，甚至在一段时期内，宗教受到科学界的猛烈批判，是因为在西方中世纪，以一神信仰为主导的文化对至高无上的神的意志极端执持。这种神本文化不但排斥其他思想、排斥人的理性，而且也排斥由理性发展出来的科学文化。哥白尼、伽利略、布鲁诺等众多科学家以及与这种神本文化相抵触的思想观念的持有者、宣传者都被当作异端，遭到宗教裁判所的残酷迫害。于是在当时就产生了宗教与理性、与科学的严重对立。因此，当西方社会走出中世纪，经历了文艺复兴洗礼的人们就极力要求冲破原先那种宗教神权专制独断的文化禁锢，大力宣扬理性和科学，乃至把理性、科学与宗教信仰对立起来。此时，西方社会又走向了另一极端，开始激烈批判宗教信仰。而佛教在这点上却和西方主流宗教有很大不同，其理性而深广的宇宙观和人生观，慈悲且圆融的价值观和方法论，可以作为人类在科技时代重建道德标准和培养品行操守的宝贵精神资源。

佛教的宇宙观和人生观毫无神秘的意味，它不但彻底抛弃了印度传统的世界神造论，更不承认存在一种特定不变的本体作为宇宙和人类的起源。佛教认为诸法皆由因缘而起。在《杂阿含经》中，释迦牟尼佛曾这样描述"缘起"："云何增法？所谓此有故彼有，此起故彼起。谓缘无明行，缘行识，乃至纯大苦聚集。是名增法。云何减法？谓此无故彼无，此灭故彼灭。所谓无明灭则行灭，乃至纯大苦聚灭。是名减法。"(卷第十四)在《浴佛功德经》中有云："诸法从缘起，如来说是因；彼法因缘尽，是大沙门说。"《大乘入楞伽经》曰："一切法因缘生。"(卷第二)此缘起之理为释迦牟尼佛对宇宙生命普遍现象的洞察，为佛教之基本原理。

佛教以"缘起"解释世界、生命及各种现象产生之根源，由此建立起佛教独特的世界观和人生观。佛教主张宇宙万有没有一个事物是孤立存在的，所有事物或现象虽然表面上看来表现为个体间相互独立，但内在却有着相互关联性，皆是众缘和合而生，依赖丰富而复杂的联系而存在。也就是说，事物表面上虽然表现为个体性，其活动似乎也相互孤立，但其内在却息息相关。宇宙万有是众缘和合而形成，万有自身也是依托万有的众缘而存在。所以，宇宙大系统里所存在的万有之间，谁也不能随意消灭谁，否则会使自己也难以存在。作为个体的人，我们的行为无时无刻不在影响他人，同时各种复杂的因缘关系也影响到我们自身。所以我们必须关注自己与他人、与社会以及与自然万物的相互关系和影响，约束自己的行为，朝着良善的方向去努力。这就是佛教性空缘起、万物一体、和合共生的世界观。而这种世界观又影响到人的生命观和价值观，就形成了身心不二、自他不二、依正不二，以大慈悲心和般若智慧为核心的大乘道的生命观念和价值取向，成为佛教积极利他的强大动力和促进世界和谐的智慧源泉。

◆ 三、从物文化到心文化 ◆

日益广泛而深重的全球性危难不断向人类发出警告。西方文明主导的全球化进程正席卷世界各个角落，现有的发展模式和生活方式已使地球人类危机四伏。整个人类世界正面临着可持续发展的严峻挑战。危机日益深重，危险迫在眉睫。人类应深自警醒：一系列已经出现、正在进行和将要发生的天灾、瘟疫、战争以及金融危机、经济危机等诸多危机，归根究底是人类的精神危机和心灵危机，是种种心之病态的外在显现。而心病的产生则是源于无明妄想而形成的偏狭、错误的世界观、人生观和价值观，进而由此引发并强化的贪、瞋、痴、慢、疑等烦恼障蔽了人人本具的清净本性、妙明真心所致。

心病还需心药医。佛教是极为重视"心"的宗教。《华严经》说："心如工画师，能画诸世间，五蕴悉从生，无法而不造。……若人欲了知，三世一切佛，应观法界性，一切唯心造。"（第十九卷）《楞严经》说："当平心地，则世界地一切皆平。"（卷第五）《大般若经》说："于一切法，心为前导。若善知心，悉解众法，种种世法，皆由心造；心不自见，种种过失，若善若恶，皆由心起。"（卷第五百六十八）《大乘本生心地观经》说："以清净心为善业根，以不善心为恶业根，心清净故世界清净，心杂秽故世界杂秽。我佛法中以心为主，一切诸法无不由心。"（卷第四）佛教之道，甚深而广大，究其根本，在明心见性，转无明的烦恼心为觉悟的菩提心。心为诸法之本，若人人能破除无明我执，息灭贪、嗔、痴三毒，做到心净、心安、心平，由个体到家庭，由家庭到社区，由社区到国家，进而遍及天下，则世界自然和谐。

如前所述，在佛法的世界观、价值观和方法论的启发下，当代人正逐步从现实文明困境的切肤之痛中觉醒，开始进行一场比科学革命和社会革命更为深刻的精神革命。而这种精神革命需要汲取以修心、治心为特质的佛教精神资源，洞察现实之时势，融汇全人类优秀文明的智慧，创造一种新型的心灵文化，以对治目前占主流地位的以自我中心主义、贪婪自私、唯利是图为核心的物欲文化。同时我们应以"心文化"为主导，弘扬佛教"勤修戒定慧，息灭贪、嗔、痴"的心灵净化方法，促进一个源自内心、实践于人类社会、以"心文化"为核心的人类文明的形成。

佛教与少数民族

刘成有

刘成有，男，1964年生，河南方城人，现为中央民族大学教授、博士生导师。主要的教学内容为佛教与中国哲学，主要的研究方向为佛教的民族化与现代化问题。出版有《佛教现代化的探索：印顺传》、《近现代居士佛学研究》、《中国思想家宝库——王阳明》、《批孔与释孔》(合著)等，目前主持国家社科基金项目1项、中央民族大学"985工程"项目1项。

我国现已识别的55个少数民族，大多有宗教信仰。他们信仰的宗教主要有佛教、伊斯兰教、天主教、基督教、道教等，解放前还有一些少数民族信仰原始宗教。汉传、藏传和南传上座部这三大佛教系统，不仅在我国传播与发展的历史悠久，而且逐渐渗透到了许多民族的日常生活之中，成为这些少数民族价值观的重要载体。其中，汉传佛教对白族、壮族、布依族、侗族、畲族、纳西族、彝族、羌族、满族、朝鲜族等少数民族的影响更为明显；藏族、蒙古族、土族、裕固族、门巴族、珞巴族、纳西族、普米族等民族主要信仰藏传佛教；傣族、德昂族、阿昌族、布朗族、佤族、拉祜族等主要信仰上座部佛教。此外，还有一些民族及其宗教信仰，在历史的长河中不断迁移、演化，也深受佛教的影响。

一、佛教在中国的传播与佛教的核心思想

（一）佛教在中国的传播

佛教是印度文明的重要载体。这一优秀的人类文明成果，自产生以来，一直表现出向周边地区和平辐射的良性传播状态。这种状态的具体表现，一是印度僧人以普度众生的慈悲心怀向周边地区的人民和平传播佛法，二是周边地区的人民主动前往印度求取"真经"。这种双向互动在佛教传入中国的过程中，表现最为明显。佛教在中国的传播与发展，在不同的地区表现出较大的差异。

佛教最早传入我国的确切年代，已很难考定。一般的说法有两种：一说是汉哀帝元寿元年(公元前2年)，大月氏王使臣伊存向西汉博士弟子景卢口授《浮屠经》，佛教开始传入中国，史称"伊存授经"。另一说源于"感梦求法"的故事：汉明帝夜梦神人全身金色，顶上有光，在殿前绕梁飞行。翌日问询群臣，傅毅告知为佛。于是汉明帝派遣使者蔡愔等西行求法，在大月氏遇见西域僧人摄摩腾、竺法兰，邀请他们来洛阳传授佛教。这两种说法流传甚广，但如果考虑到汉代西域佛教传播的实际情况，我们把佛教传入新疆的时间即公元前一世纪界定为佛教传入中国的开始，应该更为准确。但不管传入的具体时间是哪一年，此后一直到南朝刘宋建立(420年)为止，佛教在中国的传播，主要是翻译佛教典籍。而且，当时佛教流传的地区也十分有限，鸠摩罗什主导的长安、慧远主导的庐山等，其佛教信徒多为社会上层。到了南北朝时期，特别是北方的少数民族政权的不断建立与更迭，加上社会矛盾激化和残酷的军事冲突，鸠摩罗什所主导的长安僧团成员开始

流散各地，逐渐在全国形成了不少重点研习某种经论的学术中心，开始了中国僧人消化吸收印度佛教的时期。与此相伴随的，则是众多寺院的兴建和石窟的开凿，以及大量疑伪经的出现。"南朝四百八十寺，多少楼台烟雨中"正是这一时期佛教发展的真实写照，也凸显出佛教深入民间、壮大群众基础的客观现实。延续着南北朝时期对佛教的吸收消化，隋唐时期佛教开始进入全面繁荣和鼎盛时期。这一时期佛教繁荣的最主要标志就是众多佛教宗派的形成。它们主要有三论宗、天台宗、法相宗、华严宗、律宗、禅宗、净土宗、密宗等八宗。晚唐、五代至宋，由于历次"法难"，儒家理学勃兴，佛教逐渐被边缘化。在这个过程中，平民化、实践性强的禅宗、净土宗逐渐取代了其他"义理型"的宗派，成为中国佛教史上流传最为久远、对中国文化思想影响最为广泛的宗派。虽然元代以藏传佛教为国教，但汉地佛教、道教、伊斯兰教、耶稣教、摩尼教等也允许存在。明清之后，佛教更加衰落，但也逐渐渗透到老百姓的日常生活之中。

1840年以后，中国社会开始发生翻天覆地的变化，佛教也不例外。虽然"有求必应"已变成民间佛教徒对佛和菩萨的一种信念，而且以忏法为中心的佛教仪式也广泛盛行，如瑜伽焰口（施恶鬼）、梁皇忏、慈悲水忏、金刚忏、大悲忏、水陆道场等，这些仪式受到僧侣信众的普遍欢迎。但这些活动以超度亡灵、追悔罪恶、保佑子孙为基本目的，与佛教本意已经产生了较大的距离。在这种背景下，一部分佛教界精英人物开始尝试着摆脱"佛教人死观"的误解，致力于倡导人生佛教、人间佛教。人间佛教思想致力于提倡以人为本、创造人间净土的时代内涵，实际上体现着佛教现代化的重要特征。时至今日，人间佛教已经成为我国佛教发展的重要指导思想。

（二）佛教的核心思想

"佛以一音演说法，众生随类各得解"，《维摩诘所说经》中的这句话，至少反映着佛教教义在"众生"接受过程中所呈现出来的复杂性。的确，拥有两千五百多年的佛教，经籍卷帙浩繁，内部派系林立，传播范围广泛，大小、空有、显密、汉藏等的界定，本身就说明佛教内部矛盾的复杂程度。但是，纷繁复杂的佛教，总有一根红线一以贯之。否则，即不能称之为佛教。综而言之，慈悲、智慧、涅槃这三个词，在佛教思想中具有无可替代的"标签"价值。

慈悲是佛教的"圆心"。不管佛教这个"圆"画的是大小显密，还是南传藏传汉传，统统都紧密联系在慈悲这个"圆心"上。慈悲是佛教独有的概念，源自于佛教产生时期释迦牟尼对于当时印度社会的深刻思考。当时的印度社会是一个严格的种姓制度占主导地位的社会，也是一个列强混战的时代，因此种姓平等、乃至众生平等与反对战争的和平诉求一起，就成了释迦牟尼关注的核心。体现这两大关怀的核心词汇，就是慈悲。"悲"的意思是"拔苦"，要把众生从痛苦中解救出来；而"慈"的意思是"与乐"，你已经没有痛苦了，但还要让你更加快乐。佛家的慈悲，不仅要"自利"，而且更要"利他"；慈悲的对象不仅是人类，更要扩展到"有情众生"。救苦救难的观音信仰、"地狱不空誓不成佛"的地藏王信仰，以及"众生无边誓愿度"的菩萨心肠，都是这种思想的集中体现。围绕着慈悲概念的展开，佛教又从缘起分析个体与众生之间的关系出发，进一步得出了"无缘大慈，同体大悲"的淑世情怀。彼此之间的关爱，不是建立在基督教式"信与爱"的基础上，也不是建立在儒家宗法血缘的"仁爱"基础和墨家"交相利"的"兼爱"基础上，而是奠基于个体的存在与周围人群、众生、环境之间的密切"缘分"、源自于深刻的报恩意识。慈悲是生命主体与生俱来的天性。

智慧是佛教的"半径"。佛教虽然也被划入"宗教"的行列，佛教虽然也有类似于"救赎"式的净土信仰，但佛教的"信"却极有理性的特色。在佛教著名的"三宝"信仰中，"佛"被后人崇信的主要原因在于历史上实有其人的释迦太子作为现实人身而觉悟的佛"法"，以及释迦太子身上体现出来的美好德性。释迦太子的做法并非遥不可及，众生身边的"僧尼"都是世世代代追随、学习释迦太子的具体榜样。佛教一开始就坚决反对偶像崇拜，不相信有终极的创造者，主张万事万物均处于因缘和合、缘起缘灭的自然主义状态。佛教经典中对"诸法无我，诸行无常"的反复解释，均透露着佛教对于万事万物普遍联系、永恒发展等基本特征的准确把握。"诸法无我"的意思，就是万事万物都没有自我主宰的本质属性，都处于千丝万缕的密切联系之中，讲的就是"众缘和合"。"诸行无常"，讲的就是运动的绝对性，任何事物都绝对不可能在不同的时间点上呈现出相同的本质属性。20岁有20岁的青春活力，40岁有40岁的不惑魅力，60岁更有60岁的耳顺睿智，看清楚了这些，自然就会减少烦恼，时时刻刻活在当下、清凉自在。而且，佛教中的这些道理也并不深奥，既没有人仙相隔、无从验证的苦恼，也没有几天创世、马槽产子的迷茫。"信"与"解"的密切结合，是佛教自许为"正信正见"的重要特征。此后的"行"与"证"，自然也就有了坚实的基础。小乘大乘、中观唯识，侧重点或有不同，但都体现出对智慧、对生命主体观照能力的高度重视。

涅槃是佛教的"圆周"。慈悲与智慧，如车之两轮鸟之双翼，缺一即不成佛法，因而佛法主张"悲智双运"。在藏传佛教中，这一思想则具体表现为男女双修的独特造像形式：女性彰显柔性慈悲，男性彰显刚性智慧。只有悲智双运，才有可能在生命的时时刻刻做到一切随缘、六时安乐，只有这样的活在当下，才有可能达到烦恼寂灭、清凉自在的涅槃境界。可以说，有了慈悲这个圆心，有了智慧这个半径，才有可能画成涅槃成佛这个圆。不仅释迦太子达到了自觉觉他觉行圆满的境界，一个个菩萨也具有类似的属性。但菩萨为了显示度脱众生的无量慈悲而发愿永驻世间。活着的时候只要认识佛法、实践佛法，只要悲智双运，都可以达到涅槃成佛的精神境界。同时，为了彰显菩萨精神的不同侧重点，汉地佛教又进一步划分为大智、大行、大悲、大愿等具体的文殊、普贤、观音、地藏等菩萨形象。

上述的佛教思想，深刻影响了中国各个民族的精神世界。这种影响，既表现在中国古代的民族发展历史上，也体现在当代中国不少少数民族的文化生态中。

二、佛教与中国古代民族

按照费孝通先生的观念，中华民族是一个多元一体的民族形态。中华民族的文明，凝聚着生活在这片土地上的各个民族及其先民的聪明智慧。由于古代游牧民族的生存特点，古代文明也长期处于流动、交流的状态之中。而且中西文明的交通也离不开商业贸易，所以古代的丝绸之路等交通要道都曾经在文明交流史上发挥过重要的作用。印度佛教在向中国传播的过程中，中国历史上曾经发挥过重大影响的民族也深受其影响，在中华文明史上留下了灿烂的一页。其中，西域古代民族、北方鲜卑契丹民族、西夏党项民族等，就是其中重要的代表。

新疆作为古代东西方经济文化交流的主要通道和枢纽，自古以来就是一个多种宗教并存的地区。在外来宗教传入以前，新疆的古代居民信仰本地土生土长的原始宗教及由原始宗教发展而成的萨满教。至今新疆的一些少数民族都还不同程度地保留着原始宗教和萨满教的观念及遗俗。在伊斯兰教传入之前，祆教、佛教、道教、摩尼教、景教等多种宗教，沿着丝绸之路相继传播到新疆，并与当地土生土长的原始宗教一起在各地流传。公元前一世纪前后，佛教经克什米尔传入新疆。不久，佛教就在西域各地统治者的大力推行下发展成为新疆的主要宗教。佛教鼎盛时期，在塔里木盆地周边各绿洲，佛寺林立，僧尼众多，还形成了于阗、疏勒、龟兹等佛教重镇。9世纪中叶，以摩尼教为国教的回鹘西迁新疆后，促进了摩尼教在新疆的发展。信仰摩尼教的回鹘人在吐鲁番地区建造寺院，开凿洞窟，翻译经典，绘制壁画，弘扬摩尼教教义和文化。直至9世纪末10世纪初，伊斯兰教经中亚开始传入新疆南部地区。喀喇汗王朝建立后，在新疆推行伊斯兰教。当时在西域与喀喇汗王朝并存的政权还有于阗和高昌。于阗国笃信佛教，祆教、摩尼教也有一定势力。高昌国境内民族众多，文化各异，除佛教占主导地位外，还有摩尼教、景教、祆教等。在喀喇汗王朝积极推行伊斯兰教的过程中，与信仰佛教的于阗、高昌发生冲突，并最终兼并了这些信仰佛教的地方王国。从14世纪中叶起，在察合台汗国的强制推行下，伊斯兰教逐渐成为察合台汗国的蒙古人、维吾尔人、哈萨克人、柯尔克孜人、塔吉克人等信仰的主要宗教。直到16世纪，伊斯兰教才最终取代佛教成为西域地区人民信奉的主要宗教。从历史上看，新疆的宗教信仰虽然一直在不断演变，但自从外来宗教传入以后所形成的多种宗教并存的格局却一直保持下来。现在新疆主要有伊斯兰教、佛教、基督教、天主教、道教等。另外萨满教在有些民族中仍然有较大影响。

在中国佛教史上，少数民族政权北魏、辽金都是佛教发展中的重要阶段。佛教与北方少数民族的历史渊源很深，东晋时期北方少数民族建立的政权前秦、后秦、后赵等，均与佛教密切相关。但契丹族的佛教信仰当比鲜卑族更为直接。《魏书·释老志》中说："文帝久在洛阳，昭成又至襄国，乃备究南夏佛法之事。太祖平中山，经略燕赵，所迳郡国佛寺，见诸沙门、道士，皆致精敬，禁军旅无有所犯。帝好黄老，颇览佛经。"在北魏时期，拓跋氏统治者在武周山进行大规模造像运动，形成了今日的云岗石窟。10世纪以后雄踞于北方草原的契丹族，亦为鲜卑一系。至辽太祖问群臣"受命之君，当事天敬神。有大功德者，朕欲祀之，何先？"除皇太子耶律倍外，大臣"皆以佛对"，由此可见佛教在辽初社会上的影响。契丹统治者为了消除民族隔阂，稳定统治基础，对主张众生平等、没有"夷夏之辩"的佛教倍加尊崇、利用，结果促使佛教成为契丹人与汉人及各个民族共同的精神纽带。辽朝前期的这一统治策略收效甚大，促进了民族团结，壮大了国家政权。但到了辽代后期，上至王公贵族下到百姓黎民，对佛教趋之若鹜，民间还出现大量僧俗共建的佛教组织"千人邑"。该组织"结一千人之社，合一千人之心"，成员因职业不同而承担着各自的任务，倾其所能为"千人邑"服务。彼此之间地位平等，互相协助。同时，佛教对于契丹社会的深刻影响，还表现在契丹人的名字和辽朝妇女中广泛流行的"佛妆"上。《辽史》及契丹贵族的墓志上都可以发现许多契丹皇族和后族的名字都与佛教有关，不仅"和尚"、"僧"、"观音"等字常出现其中，而且"胡妇以黄物涂面如金，谓之佛妆。"（《能改斋漫录》卷二《事始》佛妆条）后来，忽必烈总结大辽灭亡的教训时说"辽以释废"，这可以从另一个侧面反映出辽代佛教的深刻影响。

西夏是宋元时期我国西北部的地方政权，领土在最盛时辖有宁夏全部、甘肃大部及陕西、青海、新疆、内蒙古之一部分。唐代末年党项族首领拓跋思恭因助唐讨伐黄巢之乱有功获封夏国公，赐姓李，世为夏州节度使。李元昊于宝元元年（1038）称帝，建立了大约二百年的西夏政权。西夏建国之前，佛教即由汉地传入党项民族之中。建国后西夏统治者极力提倡儒学与佛教，但佛教思想的影响更是深入到下层群众之中。西夏统治者利用各种机会广作佛事、广建寺塔，关键时刻更把佛教作为解脱苦难的依托。一般民众也往往祈求佛的保佑，希望生活安定，风调雨顺，五谷丰登。整个社会推崇佛教的结果，使得西夏境内寺院林立，佛教的影响普遍而深入。即使是后来西夏政权灭亡之后，元代仍"以佛教为羁縻之策"治理该地。而且，著名的西夏佛教研究专家史金波先生认为，佛教传播的需要可能也是西夏文字创制的一个重要原因，而西夏文字创制后又自然地促进了佛教进一步的广泛传播；西夏佛教的逐渐兴盛，特别是对佛经的重视，也刺激了西夏印刷业的兴盛。此外，西夏佛教在沟通西夏与宋朝文化交流、西夏与西藏文化交流中也发挥着重要的作用。

虽然西域、北方、西夏这几个地方的少数民族政权早已湮灭，但这几个地方的少数民族创造的佛教文化也早已融入中华民族的文明长河之中。龟兹的佛学大师鸠摩罗什在长安主持的佛经翻译工作，新疆拜城的克孜尔石窟艺术、北京的云居寺石经、契丹大藏经、西夏寺塔、敦煌文献等，无论是哪一个历史的结晶，至今都会让人激动不已！

三、汉传佛教与少数民族

在我国，汉传佛教，特别是禅宗、净土宗形成以后，凭借着中原王朝政治、军事、经济、语言等方面的强大优势，逐渐辐射到边疆民族地区。到目前为止，白族、壮族、布依族、侗族、畲族、纳西族、彝族、羌族、满族、朝鲜族等民族的宗教信仰，都深受汉传佛教的影响。尽管上述民族的佛教信仰之间也存在着一些差异，但总体上看，他们的佛教信仰与汉地的佛教信仰差异不大。这里重点介绍一下白族和壮族的佛教信仰情况。

白族主要聚居在云南大理、保山等地，那里历史上就是通往内地、藏地、缅甸的要冲，存在着各种文明汇聚的交通条件。不过唐初以前的文献多记这里的"夷人尚鬼"，而没有佛教信仰的记载。南诏统一云南后，与唐王朝、吐蕃的交往日益扩大。这时内地的佛教已广泛传播，西藏地区也有佛教，佛教各教派通过各种渠道不断传入南诏，经过与巫鬼教的斗争，最后取得主导地位，成了南诏统治者与白族信奉的主要宗教。不过当时占主导地位的佛教，是密宗形态的阿叱力教。南诏中后期，由于与内地经济文化的交流和战争等原因，中原佛教进一步传入白族地区。新、旧《唐书》载唐西川节度使高骈派遣蜀僧景仙出使南田，著名的大理崇圣寺千寻塔与西安小雁塔相似，表明了南诏与中原佛教文化的交流。10世纪初大理王朝建立以后，王室成员和官僚大姓俱皈依佛教。特别是国王段思平"好佛，岁岁建寺，铸佛万尊"。段氏大理国王共传22位，其中7位禅位为僧，1位被废为僧。南诏、大理国王多封僧人为国师，僧人社会地位显赫，参与政事。大理国的官吏多从佛教徒中选拔。李京《云南志略·白人风俗》记载："有家室者名师僧，教童子多读佛书，少知六经者；段氏而上，选官置吏皆出此。民俗，家无贫富皆有佛堂，且夕击鼓参礼，少长手不释念珠，一岁之中，斋戒几半。"这不仅说明佛教在大理政权中的地位和势力，而且表明佛教对白族社会的深刻影响。元以后禅宗进一步传入云南，加上统治阶级的支持，很快兴盛起来，到了明清时期就成了云南佛教的主要宗派。明代仅鸡足山就建有8大寺和10多个小寺，到清代鸡足山已发展成为以祝圣寺为中心的36寺72庵，常住僧尼5000多人，成了中国西南与东南亚的佛教圣地之一。至于当地以往流行的阿叱力教，由于该派僧人带头起义反抗元、明王朝的统治，失去了统治者的支持，势力大为削弱。康熙时更把阿叱力僧纲司从政府官职中取消，阿叱力教更加削弱，成为民间信仰的重要组成部分。后来的阿叱力教僧侣多数不出家住寺，信徒主要是农村群众，他们的活动也有很大改变。例如剑川县在解放前几乎每个较大的村镇就有一家阿叱力，他们平时务农，念经成了他们的一项家庭副业，为人家禳灾祈福，驱邪治鬼，送丧做会，得一定报酬，已经没有多少佛教气味了。他们的佛教活动主要是充当遍及城乡各地的"拜佛会"、"莲池会"等民间宗教组织的"经师"，在宗教活动时带领这些组织的成员诵经。"文革"后，随着宗教信仰自由政策的落实，许多重要佛寺得到修葺。据不完全统计，大理白族自治州境内现有佛寺近600座，各族僧尼近200人，佛教信徒23万余人。儒、释、道、巫、本主全信的"拜佛会"、"莲池会"等组织及其活动则空前兴盛，涉及人数众多，经师有一定的组织号召能力者担任。而且，白族独有的本主信仰也杂糅了佛教的要素。一些佛教神祇被加入到本主神的崇拜当中，在白族所信奉的神祇中也有孔子、孟子、玉皇大帝、太上老君、文昌帝君、关圣帝君、释加牟尼、观音老母以及太阳、月亮、天公、地母、山神、土地、龙王等等。凡遇各种神祇的诞辰，或是各种庙会，白族人民都会前去庆祝、烧香、念经、上供品祭祀。可见，这种变形了的佛教至今仍在白族民间有相当广泛的影响，佛教深刻地影响着白族人民的生活。

广西的壮族信仰，也具有与云南白族类似的特征。佛教较早地传入广西，史书记载东汉时期担任苍梧太守的牟子就已经在那里写出了中国最早的佛学著作《理惑论》。这反映出汉代广西佛教已经有了相当的影响。到了隋唐时期，广西佛教空前发展，尤以唐代桂林的佛教最为繁荣，对全国的影响也最大。桂林地处湘、桂、黔三省的交通要冲，号称"西南会府"，成为唐代中国南方的佛教中心之一。根据现存于桂林开元寺的唐代舍利石函铭文的记载，唐高宗显庆四年(659)，桂林就建有善兴寺，还建造了一座舍利塔，这是广西年代最古的一座佛塔之一。唐初兴建的西庆林寺，是桂林最著名的寺庙，当时高僧云集，盛极一时，与云南鸡足寺等五大寺齐名，被称为唐代我国南方五大禅林之一。桂林西山的山径石壁上到处都留存有唐代的佛教石窟，成为仅次于四川大足石窟的我国南方第二大佛教石窟造像群。在柳宗元的倡导下，柳州的佛教也逐渐兴盛起来。据《旧唐书》载，柳宗元于唐代元和十年(815)"例移为柳州刺史"，并说唐初柳州当地的"越人，信祥而易杀，傲化而佃仁。病且忧，则聚巫师，用鸡卜。始则杀小牲；不可，则杀中牲；又不可，则杀大牲；而又不可，则诀亲戚伤死事，曰'神不置我矣'，因不食，蔽而死。以故户易耗，田易荒，而畜字不孳。"为了改变当地少数民族的这些习惯，柳宗元在柳州城南仙迹山下重建大云寺，四处延请僧侣、住持讲经布教，以感化周围广大壮族群众。以上这些寺院的兴建，反映了佛教在广西的传播和发展。但唐代广西佛教的中心地区，大多集中在广西东南、东部和东北部汉族聚居地区，而广西西部、西北部和西南部少数民族聚居地区受佛教的影响比较小。如今的广西是一个多民族杂居的地区，除了汉族、回族外，还有壮、仫佬、瑶、侗等11个少数民族。除回族外，其他少数民族原先大多信奉原始宗教。佛教传入广西以后，佛教文化与壮族、仫佬族和瑶族原有的文化等产生了交融和发展，形成了独具特色的文化传统。壮族是广西人口最多的少数民族，2000年广西壮族人口有1700万人，信仰原始宗教和佛教、道教。从历史上看，壮族的佛教信仰颇具特色。根据《太平广记》卷四八三《投荒录》记载："南人率不信释氏。虽有一二佛寺，……间有一二僧，喜拥妇食肉，但居其家不能少解佛事。土人以女配僧，呼之为师公，或者以纸为圆钱，置佛像旁；或请僧设食，翌日，宰羊遂以啖之。"这说明壮族原有的民族文化与外来的佛教文化存在着某种冲突，影响了佛教在壮族中的发展。壮族"僧多留发，娶妻生子，谓之在家僧"，一般被当地人称为"花僧"，多少也表达出壮族佛教的"另类"特征。壮族僧人的活动主要是为人授戒、超度亡灵、安墓、赶鬼、造房念咒，并且兼看风水、兼算八字等。"花僧"戴毗卢僧帽，着袈裟，穿红鞋；也有穿青衣的，称青衣和尚。念的经书有《弥陀经》、《地藏经》、《金刚经》等，经书全用汉文书写，念时也念汉音，每念一个段落都念一句"菩萨摩诃萨"，所以当地壮族又称他们为"菩萨摩"。时至今日，壮族与广东人一样，对于鸟兽虫蛇等动物，只要能吃的、无害人体的均无禁忌。有些壮族虽然信佛，但与原来的佛教相去甚远，如在农历二月十九观音诞，壮族佛教信徒通常是拿猪肉、酒和香去供奉观音的，这与汉族地区大多拿水果等素斋和香供奉观音明显不同。

从以上几种情况来看，汉传佛教在少数民族地区的传播与发展，不可避免地与本民族原来的信仰发生了深刻的联系，并在道教、儒家思想的影响下，逐渐渗透到当地少数民族社会生活的各个领域和层次，积淀为一种民族文化的心理因素，隐藏于各民族的精神文化之中，并影响着人们的价值取向和行为规范。

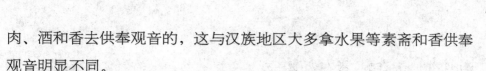

四、藏传佛教与蒙藏民族

信仰藏传佛教的少数民族，大致上分布在西藏自治区、青海省、甘肃省、四川省、云南省、内蒙古自治区，主要有藏、蒙、土、裕固、门巴、珞巴、纳西、普米等民族。尽管他们人口不是很多，但他们生活的区域极为广阔。这里简单介绍藏传佛教的主要宗派、组织制度以及藏传佛教与蒙藏社会的一般情况。

（一）藏传佛教中各个宗派

藏传佛教，俗称喇嘛教，其实"喇嘛"在藏语中一般是用来指称上师、老师，后来逐渐成为活佛的专名。但清代以来的汉文文献中均以"喇嘛教"称谓，相沿成俗。藏传佛教始于7世纪中叶。当时的藏王松赞干布迎娶尼泊尔尺尊公主和唐朝文成公主时，两位公主分别带去了释迦牟尼8岁等身像、12岁等身像和大量佛经。松赞干布在两位公主影响下皈依佛教，建大昭寺和小昭寺。到八世纪中叶，佛教又直接从印度传入西藏地区。佛教经过与西藏原有的苯教信仰冲突、融合的过程中，到十世纪后半期正式形成了藏传佛教。13世纪后期，由于元朝统治者的支持，喇嘛教在西藏正式建立了政教合一的封建农奴主政权，并逐渐传播到蒙古族地区。随着佛教在西藏的发展，上层喇嘛逐步掌握地方政权，最后形成了以达赖、班禅为主要代表的政教合一的藏传佛教。在此后的300多年间，逐渐形成了比较完备的各具特色的教派，其中影响较大的有：宁玛派(红教)、萨迦派(花教)、噶举派(白教)、噶当派(后改为格鲁派，黄教)。

宁玛派的僧人都戴红色僧帽，故俗称红教。宁玛派与西藏本土所固有的苯教有着密切的关系。严格意义上的宁玛派是11世纪时形成的。到16、17世纪才有较具规模的寺院，后来在第五世达赖喇嘛支持下得到较大的发展。著名的寺庙有西藏的多吉扎寺、敏珠林寺，四川的噶托、竹庆等寺。宁玛派僧徒可以分两大类：第一类称阿巴，专靠念经念咒在社会上活动，不注重学习佛经，也没有佛教理论；第二类有经典，也有师徒或父子间传授。宁玛派的传承主要分经典传承、伏藏传承和甚深净境传承三部分。伏藏为前弘期莲花生等密教高僧秘藏的经典法门，后弘期时发掘出来弘传于世。藏传佛教各宗派都有伏藏，但以宁玛派最为重视，"大圆满法"即为该派独有的特殊伏藏法。宁玛派最为注重修习"大圆满法"，主张人心本自清净，三身圆满，不假造作，本自现成，修习的关键仅是消业净习，即可契证本性，圆满佛事。目前在中国的整个藏族地区共有750多座宁玛派寺院，其中西藏有344座；四川甘孜及阿坝有262座；青海有135座；甘肃有8座；云南迪庆有4座。从数量上看，它仅次于格鲁派寺院。据说藏族第一批出家僧侣中的比卢遮那大师早在公元8世纪就到今四川阿坝译经授法、招徒建寺，所以现在阿坝藏族地区的宁玛派极为兴隆。综观中国藏族地区的寺院分布，可知宁玛派在中国藏传佛教领域具有举足轻重的地位，在广大藏族信教群众中有着很强的影响力。

萨迦派也是藏传佛教中最古老的教派之一，也是藏传佛教中最早传入汉地及蒙古地区的教派，在藏传佛教中占有极重要的地位。萨迦派由西藏颇为古老的贵族——昆氏家族所创立。昆氏的祖先昆·鲁益旺波泽真是藏族最早的七位出家人之一。1073年，其传人昆·根确加布创建萨迦寺。因萨迦派寺庙围墙涂有象征文殊、观音、金刚手三菩萨的红、白、黑三色花条，故汉地俗称"花教"。至13世纪萨迦班智达和其侄儿八思巴时代，不仅整个藏区被收入萨迦派政教之下，甚至整个蒙元帝国的领土之内都能看见萨迦派的寺宇及僧人。随后近百年间，昆族世代承袭朝中高位，并管理藏区的政教事务。明朝时萨迦派虽然失去了对整个藏区的统治权，但教义教理的研究方面却出现了人才辈出的局面。此时期由于萨迦派诸师弘法四方，萨迦派教理的讲授与修持都十分兴盛，在蒙古、汉地、康区、安多和卫藏各地都建有寺院。直到今天，萨迦派寺庙不仅遍布整个藏区，在世界各地也分布着大大小小的萨迦派寺庙和讲修中心。萨迦派的法门类别十分众多，是藏传佛教各派中大家公认法门最多的教派。其显、密教法博大精深，具有显密圆融、由显入密的特点，并开创和发展了以大、小五明为主的知识传承系统，对藏传佛教和藏族文化的发展产生了深远的影响。在中国历史上，萨迦派的祖师最早成为帝师，并开创了西藏"政教合一"政权模式，对祖国的统一、中华民族的缔造，以及对中华文明的发展都做出了杰出的贡献。

噶举派是西藏佛教后弘期形成的一个颇具影响的教派。"噶"是佛语或语旨之义，"举"是传承之义，可解释为一切护持佛法之三藏四续的传承，就是佛语继承者的意思。由于玛尔巴、米拉日巴、热琼巴、林钦日巴等噶举派大德常着白色单布衣，因此汉地又俗称"白教"。元代在西藏设立十三万户，其中与噶举派有关者就有直贡、蔡巴、帕珠、雅桑四个。1354年帕竹噶举派打败并推翻了萨迦地方政权，前后统治西藏达264年之久。帕竹政权之后，噶玛噶举派又曾间接控制着西藏地方政权。明朝初期，中央王朝在西藏实行"封建"政策，分封三大法王及五王。在三大法王中以噶玛噶举派黑帽系第五世活佛德银协巴居首，地位和礼遇也最高，颇受中央政府器重。噶举派在政治上紧紧依靠地方政权，势力发展迅速，东起昌都西到阿里，乃至川西、滇北、宁夏、蒙古、不丹、尼泊尔、锡金、克什米尔都有噶举派的寺庙和传教活动。20世纪50年代后，噶举派又在欧美开展传教活动，成立多处传教中心和研究机构，取得长足进展。影响深远的藏传佛教活佛转世制度也开始于噶举派。目前国内仍有宗教活动的噶举派寺院，主要有昌都噶玛丹萨寺、德庆楚布寺、那曲拔绒寺、贡嘎直贡替寺、林周达隆雅塘寺、类乌齐达隆玛塘寺、萨迦绰浦寺等。总之，噶举派在西藏历史上起到过巨大的作用。

格鲁派是藏传佛教中至今影响最大的佛教派别。因为宗喀巴大师创建甘丹寺后长住于此，所以就称这一派为甘丹派。在藏文习惯的读法上把甘丹比鲁略为"甘鲁"，一般人称之为"格鲁"。格鲁派僧众因戴黄帽而被称为"黄教"。由于以前藏传佛教中持律的大德们均戴黄帽，所以宗喀巴依古代持律大德之意，也用黄颜色的帽子作为戒法重兴的象征。格鲁派创始人宗喀巴1357年诞生于青海宗喀，16岁赴藏受比丘戒。自此以后，广参名师，博学多闻，一生致力于弘法利生。宗喀巴逝世后，大弟子贾曹杰统理大众，精诚修学，此后次第相承。宗喀巴的弟子先后建有哲蚌寺、色拉寺、扎什伦布寺。于是，甘丹、哲蚌、色拉、扎什伦布四寺，通常称为格鲁派的四个根本道场。格鲁派的影响，后传布到四川、甘肃、青海、蒙古等地，至今盛传不衰。格鲁派历代大德门，都能贯彻大师所教导的精神。他们深知一切功德的基础在于戒律，因此各以清净戒律而为行持的根本；对于显密全部要典，力图圆融贯通。至于具体的佛教修行，宗喀巴主张应依印度大德莲华戒的修习次第进行。格鲁派对于声明、因明、医方明、工巧明，以及文法、算术等世间艺术，也很重视，著作颇丰。藏传佛教的活佛转世制度等，在格鲁派一系的达赖、班禅等传承中表现最为明显。

(二)藏传佛教的组织制度

15世纪格鲁派的建立，标志着藏传佛教发展到了一个新阶段。格鲁派集以往各教派组织制度之大成，形成了比较完备、最典型的藏传佛教的寺院僧侣组织制度。这种制度主要包括佛教寺院修习制度和活佛转世制度等。

1．寺庙组织僧尼修习制度

格鲁派具有代表性的寺院除了甘丹寺、哲蚌寺、色拉寺、扎什伦布寺外，还有青海的塔尔寺、甘肃的拉卜楞寺。拉萨三大寺是旧西藏最大的寺庙集团，也是西藏三大领主中最大的领主集团。三大寺作为西藏政教合一的代表，也是宗教界的最高权力机构。过去的三大寺由"喇吉"、"扎仓"和"康村"三级管理机构组成。喇吉是全寺性的组织，扎仓是寺庙的中坚组织，康村是基层组织。喇吉的总领称"堪布赤巴"。

寺庙内真正能读经的人为数不多，绝大多数人从事杂务活动、建筑、刻经印经、绘画雕塑、念咒、降神、打卦等。学经的僧人称"贝恰娃"，所能考取的最高学位是"格西"。获得格西资格的僧人可出任僧官、收授门徒、担任寺庙里的职务等，还可以升入上密院或下密院修习密宗。上、下密院是两个对等的密宗高级研习组织，比三大寺的密宗扎仓层次还高。按规定，在上、下密院修习的喇嘛，可以逐级升为上、下密院的堪布，卸任后的堪布称为"堪苏"。上密院的堪苏可以升补为甘丹寺夏孜扎仓的法尊"夏孜曲杰"(东峰法尊之意)；下密院的堪苏可以升补为甘丹寺绛孜扎仓的法尊"绛孜曲杰"(北峰法尊之意)。而宗喀巴法位"甘丹赤巴"的继承人，则轮流由这两位法尊担任。寺庙内一般普通僧人称为"扎巴"，"喇嘛"则是对德高望重、学识渊博僧人的专称。

现在的藏传佛教寺院管理，已经普遍实行了民主管理的制度。但传统的学修制度依然发挥着重要的作用。

2.活佛转世制度

藏传佛教的活佛转世，是一项比较普遍的宗教制度。在藏族地区，根据经济势力的强弱和政治地位的高低，转世活佛形成了三种不同的等级：最高的是达赖、班禅，分别管理前、后藏两地，并统辖藏蒙地区的宗教事务。其次是受封有"品"位的，如青海塔尔寺的阿嘉活佛、青海互助佑宁寺的土观活佛、甘肃拉卜楞寺的嘉木样活佛等，他们是藏区各大寺院的主人，在达赖、班禅年幼时可出任摄政。最后一等是大量没有受封的普通活佛，他们都有自己的寺庙、领地以及一定数量的属民。

最高等级的达赖、班禅两大活佛转世体系，神秘而又严肃，有着严格的宗教仪轨。达赖和班禅是西藏黄教领袖宗喀巴的两大传承弟子，后来形成两个不同的传承系统。达赖喇嘛的称号始于1578年，确定于第三世达赖索南嘉措时期。当时他到青海地区传教，说服了土默特部的首领俺答汗皈依佛门，他们在政治上彼此推崇并互赠尊号。俺答汗赠给索南嘉措的尊号是"圣识一切瓦齐尔达喇达赖喇嘛"。1653年五世达赖应清帝之邀来到北京，顺治皇帝沿用了俺答汗对三世达赖的尊号，正式册封他为"西天大善自在佛所领天下释教普通瓦赤喇怛喇达赖喇嘛"，并授予金册和金印，金印刻有汉、满、藏三种文字。从此，"达赖喇嘛"封号开始具有政治意义和法律效力。班禅的称号始于1645年，当时控制西藏实权的蒙古首领固始汗封称宗喀巴的四传弟子罗桑确吉坚赞为"班禅博克多"，意思是有智有勇的英雄人物。固始汗令罗桑确吉坚赞主持扎什伦布寺，并划分后藏部分地区归他管辖，称为四世班禅。前三世为后人追认，宗喀巴的弟子克珠杰被追认为第一世班禅。可见，当时活佛的封号、认定，实际上具有更为明显的政治意义。后来，为了使这种政治意义明显的认定更加具有合法性，藏传佛教发掘佛教内在的教义思想而逐渐形成了藏传佛教的活佛转世制度。

根据佛教经典所说，佛可以变幻为成千上亿的身体到各处去教化人民，活佛就是重新降生到人间的佛或者菩萨，是能够有人间生命、能够活动、说话的佛。根据佛教教义，转世是降生人间。降生人间的方法则有两种：一是投胎，就是投到母亲的胎里作为婴儿降生出来长大；一是附体，就是哪里死了一个人，这个佛就附在这个人的身体上复活。就投胎的活佛而言，他降生出来以后，和普通的儿童差不多，谁也不知道，必须要有一定的程序来寻访他。

寻访转世活佛大致有三种方式：第一种是前一世活佛圆寂之前有遗嘱，说我圆寂以后还要回到人间，回到人间以后我会降生在什么地方什么人家，或者是哪个方向；第二种就是他没有遗嘱，但他有暗示，比如他圆寂的时候脸的朝向；第三种则是活佛圆寂的时候既没有遗嘱也没有暗示，就要通过占卜、观湖或者护法降神来求得神的指示。一般来说，寻访之前，寺庙里面寻访的僧人要进行推断，推断好以后，就派出人按照方向去寻访。寻访到和预测的差不多的时候，还要考察，让找到的儿童抓认上一世活佛用的东西，或者抓阄。后来乾隆皇帝的时候把抓阄改了，大的活佛用金瓶掣签，金瓶掣签了以后，还要经过皇帝批准，然后才"坐床"，然后成为下一世转世活佛。仪式后，新的达赖正式确定，开始使用达赖的金印、权力。金瓶掣签制度从乾隆制定以后，一直得到切实的执行。如果只找到一个灵童，不掣签，也要经过中央政府批准。十世班禅圆寂以后，也是按照金瓶掣签认定了他的转世灵童，中央批准为十一世班禅。

（三）藏传佛教与藏族社会

佛教传入西藏以后，逐渐受到上层社会的欣赏和支持。13世纪以后，藏传佛教又逐渐成为历代中央政府治理西藏的工具，通过对活佛、法王的册封、罢免实施对西藏的行政管理。上层喇嘛与世俗封建领主相结合，逐渐形成了比较系统的政教合一的西藏地方政权。17世纪格鲁派得势以后，更加强了神权与王权一体的僧俗联合专制制度，达赖、班禅成为西藏政治和宗教上的最高领袖，布达拉宫成为西藏地方最高权力的中心。此后的数百年间，西藏的政治是典型的神权政治，几乎所有的政治事件均与藏传佛教有关；西藏的经济也与寺院密切相关，主导西藏经济的三大领主(政府庄园雄溪、贵族庄园格溪和寺院庄园曲溪)不仅寺院三居其一，而且以达赖为首的西藏地方政府更居于主导地位，拥有对土地、草场等主要生产资料和对全体农奴人身的最高占有权。民主改革前，西藏地方政府直接占有西藏土地的38.9%，贵族和寺院分别占有土地的24.3%和36.8%；全藏寺院大约有27000所，僧侣12万人，占西藏人口的10%。同时，由于藏传佛教的长期影响，拉萨三大寺——色拉寺、甘丹寺、哲蚌寺及布达拉宫，成了藏族人民心目中的圣地，佛教也成了全体西藏人民的精神支柱。围绕藏传佛教信仰，西藏人民创造了丰富多彩的文化形式，在哲学、历史、逻辑、文学艺术、医药、建筑等诸多方面，都做出了突出的贡献。西藏妇孺皆知的《萨迦格言》、著名的唐卡、酥油花艺术，都具有强烈的艺术感染力和宗教魅力，深受人民的喜爱。如今的西藏社会在构建社会主义和谐社会的伟大事业中，藏传佛教作为藏族人民的主导信仰，凝聚着广大藏族人民的精神寄托，依然是一支不可忽视的重要力量。如何贯彻党和政府的宗教信仰自由政策，坚持独立自主、依法管理，积极引导藏传佛教与社会主义社会相适应，仍然是一项艰巨的任务。

(四)藏传佛教与蒙古族社会

藏传佛教在蒙古地区也广为传播，对蒙古族人民的精神生活产生了重大影响。蒙古地域广袤，历史上又以戈壁沙漠为界，分为漠北、漠南，前者即外蒙古，后者即内蒙古。佛教传入蒙古最迟在元宪宗蒙哥年间，在此以前蒙古人大多信仰萨满教。蒙哥死后忽必烈自立为汗，尊萨迦派八思巴为国师，仿汉制建太庙于燕京。此后历代皇帝皆崇信藏传佛教。明万历五年（1577）内蒙古俺答汗迎请第三世达赖喇嘛巡锡蒙古，此后格鲁派盛行于内蒙、外蒙，所有的蒙古民族逐渐成为佛教徒。外蒙古的活佛领袖为哲布尊丹巴呼图克图，库伦逐渐发展为外蒙古的政教中心、藏传佛教的教育圣地。1921年第八世哲布尊丹巴呼图克图于库伦自称皇帝，成立大蒙古国。1924年哲布尊丹巴圆寂之后，外蒙古成立蒙古人民共和国，废除政教合一制度，禁止喇嘛参与政治活动，并规定未满18岁者不得出家为僧，外蒙活佛转世制度遂告断绝。到1940年为止，大部分喇嘛被迫还俗，从事生产劳动，原有的很多寺院大多改为宗教博物馆或另作他用。内蒙古的宗教领袖为章嘉呼图克图。章嘉呼图克图是在第五世达赖喇嘛时产生的，常驻多伦、北京、五台山等地。清雍正皇帝自谓禅之造诣得力于章嘉呼图克图。章嘉传承六代，最后一世章嘉呼图克图1957年在台北圆寂。据传1930年代内蒙古的藏传佛教寺庙约有1000座，喇嘛约有15万人，著名的寺院有大召、席力图召、五当召等。1947年内蒙古自治区成立以后许多寺院已丧失宗教机能。随着国家改革开放政策的实施，宗教活动逐渐恢复。1989年，巴音浩特延寿寺举行寺院落成暨佛像开光法会，即有1000余名信众参加。该寺完全由当地居民舍资兴建，为阿拉善地区第一座显教寺院。

对蒙古人民来说，藏传佛教从16世纪开始的快速发展，导致了蒙古社会和经济结构的变迁。藏传佛教寺院逐渐形成了独立的经济单位，成为蒙古社会中一个独立的社会阶层。蒙古贵族与藏传佛教寺院阶层一起推动藏传佛教在蒙古族社会中的传播与发展，使得藏传佛教逐渐深入到蒙古族人民的日常生活之中。对那些并非出自王公家庭的大量儿童来说，也有了在寺院中接受教育的机会，尽管他们的教育仅仅达到识字水平和基本的读写能力，但相对于以前却是一个很大的进步。佛教经典中的许多内容也通过僧侣们的译文和口头布教传到了许多蒙古人中，从而丰富了蒙古民族的文化与思想。当然，藏传佛教僧侣，尤其是高级僧侣们所具有的特殊社会和经济地位，本身也孕育着蒙古藏传佛教衰败的萌芽。从19世纪开始，蒙古族各个阶层对于佛教势力及其非宗教行为的批判与日俱增，最终导致了蒙古藏传佛教在20世纪中叶的结束。但进入20世纪80年代以后，蒙古族藏传佛教出现了较快的恢复与发展，影响日益扩大。

五、南传上座部佛教与云南少数民族

由于云南毗邻东南亚各国，因此很早就接受了南传上座部佛教。如今，信仰上座部佛教的民族，主要聚居在与老挝、缅甸等国家接壤的版纳地区和德宏地区，信仰上座部佛教的少数民族主要有傣族、德昂族、阿昌族、布朗族、佤族、哈尼族等，其中傣族的佛教信仰最为显著，也最有代表性。下面即以傣族的佛教信仰为例作一简单的说明。

傣族为云南23个少数民族之一，人口近70万。傣族历史悠久，不同时期有不同的族称，1949年后正式定名为傣族。傣族人民主要信奉南传上座部佛教。据傣文史料记载，南传上座部佛教约在7世纪由缅甸传入。最初未立寺塔，亦无僧团组织，经典亦仅口耳相传。约在11世纪前后，佛教由泰国清迈一带经缅甸景栋传入西双版纳。至南宋傣文创制后，开始刻写贝叶经文。明隆庆三年(1569)缅甸金莲公主嫁与傣族第十九代宣卫使刀时，缅甸国王派僧团携三藏典籍及佛像随来传教。此后南传上座部佛教开始成为傣族的主要信仰。

傣族信仰的佛教大致分为田园派与山林派，二者具体名称各有不同。在西双版纳地区二者称为"摆孙派"及"摆坝派"，德宏地区则称之为"润派"和"左抵派"。山林派与田园派的不同主要表现在：(1)山林派持律精严，僧侣隐居深山密林中，以石为枕、树皮为被，日食一餐，生活清苦，终生独处。(2)田园派主要流传于景洪等坝区，其戒律不如山林派严格，僧侣日居佛寺，与村民来往频繁，并为病者驱魔，为死者开路。每逢宗教节日，均主持宗教仪式。田园派寺院以前有寺奴、寺田，收益颇丰。

傣族佛教寺院，可分为若干等级，有总佛寺、中心佛寺以及各村寨的佛寺。傣族男童达到入学年龄时均须出家为僧，在寺院中学习文化知识，接近成年时大多还俗，其中仅有少数人留寺深造，并按僧阶逐步升为正式僧侣。僧阶分为十级：帕诺（沙弥或行童）、帕（沙弥）、都（比丘）、都龙（僧都或都比丘）、祜巴（都统长老）、帕召祜（阐教长老）、沙密（沙门统长老）、僧伽罗阇（僧主长老）、松迪（僧正长老）、松迪阿伽摩尼（大僧正长老）。自五级以上的晋升十分严格。最后两级在整个西双版纳只分别授予傣族和布朗族各一名，成为各地区的最高宗教领袖。傣族佛教所奉行的经典内容与南传巴利语系三藏相同，但编次稍有差别。三藏典籍有巴利语的傣语译音本、注释本及部分重要经典的傣语译本，另有大量的傣族、布朗族高僧所撰的著作，除经典注释外，也有天文、历算、医药、历史、诗歌、传说及佛经故事等。

南传上座部的特质在于严守戒律，保持原始佛教的传统。不论是思想还是行动，傣族宗教信仰都具有原始佛教简单、朴素的特点，并不像后来的大乘佛教那样注重理论思辨与神学建构。傣族佛教的主要特色，就表现在对个人修行的重视上。个人追求的目标主要还是成就阿罗汉，因此特别强调对十二因缘的观照，认为只有通过类似的观照才可以达成个人的解脱。这里的佛教仍然遵从着南传上座部佛教的特点，严格遵守着原始佛教时期的规章戒律，过着最简单的生活方式。如今在西双版纳和景洪地区，人们依然经常能够看到与世俗生活迥异的亮丽风景线：身披黄色的佛制三衣，剃除须发，端正庄严，沿门托钵，过午不食，受请应供，修习禅定，讲经说法，深受信徒恭敬礼拜。我国云南西双版纳和景洪地区独特的自然环境，造就了我国独特的南传上座部佛教人文景观。如今，以傣族为代表的南传上座部佛教已经深刻地渗透到了许多云南少数民族的生活当中，成为他们重要的精神支柱，也使得我国成为世界上三大语系佛教并存发展的主要地区。

在目前西部大开发和构建社会主义和谐社会中，少数民族地区的经济发展和社会进步，是当前各级政府和当地人民群众最为关心的现实问题。发展地方经济、促进社会发展固然是当务之急，但少数民族地区的宗教和谐、民族团结，无疑也是地方经济社会发展的重要前提。就此而言，主张和平与平等的佛教，强调智慧重要性的佛教，无疑具有更为重要的现实意义。

稷下学宫与百家争鸣

王志民

王志民，男，1949年生，山东师范大学原副校长，现任教育部人文社会科学研究基地山东师范大学齐鲁文化研究中心主任、教授、博士生导师，享受政府特殊津贴。主要研究中国传统文化与齐鲁文化。出版《齐鲁文化通史》、《齐鲁文化概论》、《齐文化概论》、《中国古代学校教育制度考略》、《稷下散思》、《中国古代文学丛谈》等专著9部，发表《世界不同文明对话的文化史观》、《试论春秋战国之世的尊师风尚》、《孔子与齐鲁》等论文80余篇。中央文史馆特聘《中国地域文化通览·山东卷》主编，主持国家、教育部社会科学研究项目9项，曾获山东省社会科学研究成果奖特等奖1项，一等奖2项，二等奖2项。曾受邀赴新加坡国立大学、美国哈佛大学、埃及夏姆斯大学、开罗大学、韩国光州大学、翰林大学及台湾政治大学、北京大学、暨南大学、西北大学等高校进行学术交流和演讲。

春秋战国时代(公元前770年—前221年)是中国历史上一个特殊的时期。五百余年间，社会变革剧烈，列国纷争，诸侯割据，争霸图强，战乱频仍，但在文化上，却是中国思想文化史上的一个巅峰时代。其最辉煌的重要成果之一就是战国时代诸子百家争鸣局面的形成，并由此产生了孔子、老子、墨子、庄子、孟子、孙子、屈原、管子、荀子、韩非等一大批光耀千秋影响中国历史进程的文化名人。梁启超在《论中国学术思想变迁之大势》一书中称："当春秋、战国之交，岂特中国民智，为全盛时代而已；盖征诸全球，莫不尔焉。自孔子、老子以迄韩非、李斯，凡三百余年，九流十家，皆起于是，前空往劫，后绝来尘。"并颇含激情地描述道："九流十家，继轨并作。如春雷一声，万绿齐拙于广野；如火山乍裂，热石竞飞于天外。壮哉盛哉！非特中华学界之大观，抑亦世界学史之伟迹也。"①

◀ 一、序说：战国礼贤下士与养士之风 ▶

以今日观之，战国时代确是一个知识分子扬眉吐气而又大有作为的时代。由于社会的巨大变革，"礼崩乐坏"，文化下移，私学兴起，讲学授徒成一时风尚，于是各种出身的知识分子大量产生，形成了一个特殊的"士"阶层，这为百家争鸣的的出现准备了充足的人才条件。当此之时，各国之间，群雄崛起，风云变幻，在竞相以实现统一天下为目标而鹿死谁手迄未可知的情势下，各国统治者殚精励治，变法图强，都需要大量的人才来为自己出谋划策，奔走效力。人才多寡成为国家力量的权衡，所谓"贤才之臣，入楚楚重，出齐齐轻"。(《**盐铁论·效力**》)如此一来，在各国统治者间，尊重人才，"礼贤下士"就成为最普遍的现象和备受崇尚的风气了。而在这种风气的推动下，具备各种知识与才能的"士"，面对激烈复杂的斗争和出将入相、功名仕禄

① 梁启超：《论中国学术思想变迁之大势》，上海古籍出版社2001年版，第18、40页。

的诱惑，也都深深地卷入到这一时代的大潮中，他们或游说各国，喜议政事，发表政见，以干世主，来施展政治抱负；或总结历史，研究现实，谋划未来，长于思辨，聚徒讲学，成为名重一时的大学者，形成了学派林立，异说纷起，九流十家竞相争鸣的文化奇观。

深入分析战国百家争鸣局面的形成，这与各国为延揽人才，大兴养士之风有直接的关系。它为人才的聚集和交流创造了条件，提供了可能。从有关的历史文献记载看，养士大致分两类。一类是私门养士，多在权势大臣之门，其典型代表当属著名的"战国四君子"。楚有春申君，齐有孟尝君，赵有平原君，魏有信陵君，他们相互之间展开养士的竞赛，"招致宾客，以相倾夺，辅国持权。"(《史记·春申君列传》)但从四君子养士的情况看，却并没有在他们门下形成百家争鸣的学术中心。究其原因，主要有以下几点：一是人数众多，层次低下。据《史记》列传记载，四君子养士，都在"数千人"、"三千余人"，往往"不分贵贱，客无所择"(《孟尝君列传》)，但他们的素质不一，总体层次较低，甚至因"贫乏不能自存"而来寄食者也大有人在，所以，人们多以食客、宾客、门客称之。据《史记·平原君列传》，当赵王派平原君出使楚国以解赵之围困时，要从中挑选"有勇力，文武备具者二十人"与他一起去，却只从中"得十九人，余无可取者，无以满二十人。"可见，寄食者众，有才者寡。二是服务私门，学者稀少。私人所养士，虽然在主人为相为臣之时，亦能为国尽力，但大多宾客主要为主人救急解困，所以"鸡鸣狗盗，引车买浆者流"，只要能为主人出一臂之力，已是上客。私人养士的目的主要在务实和功利层面，而不在学术和思想层面。各派学者，真正投奔寄养私门者甚少，也就难以形成学术争鸣的中心。三是因人而养，聚散无常。以四君子为例，养士者，有的为了"辅国持权"，有的则为博取礼贤下士之名而养。信陵君就是"仁而下士，无贤与不肖，皆谦而礼交之"的人，而投奔他的宾客，大多也为慕其"不敢以其富贵骄士，士以此方数千里争往归之。"

（《史记·魏公子列传》）所以，人在则聚，人去则散，时间无定，流动性大，自然难以形成稳定的学术中心。当然，私门养客而取得学术成就的也有例外，这就是战国末期秦国的吕不韦。当他得知四君子养士而名声大噪时，感到"以秦之强，羞不如（四君子），亦招致士，厚遇之，至食客三千人。"但他也没有让他的门下成为一个百家争鸣之地，而是"使其客人人著所闻，集论以为《八览》、《六论》、《十二纪》。"编成《吕氏春秋》(《史记·吕不韦列传》)，这实际上是集多人散篇之作而成，内容庞杂，因而被后世称为杂家的代表，少见理论上学术争鸣融合的痕迹。

　　另一类养士是国养。战国之世，各国诸侯合纵连横，忙于攻战，礼贤下士，延揽人才，为我所用。刘勰在《文心雕龙·时序》中有"春秋以后，角战英雄，……唯齐、楚两国颇有文学，齐开庄衢之第，楚广兰台之宫，孟轲宾馆，荀卿宰邑，故稷下扇其清风，兰陵郁其茂俗"之句，提出了稷下学宫与兰陵（今山东省苍山县）是两个文化中心；现代学者钱穆先生在其《先秦诸子系年·稷下通考》中开篇即说："扶持战国学术，使臻昌隆盛遂之境者，初推魏文，继则齐之稷下。"①根据有关文献考察楚之兰陵，实为远离楚都的边鄙名郡，虽然荀况晚年曾为兰陵令，并受此地特殊文化风俗的影响，写出了号为中国弹词之祖的《成相篇》，和开汉赋之先河的《赋篇》，但兰陵分明不会也难以成为一个学术争鸣的中心。在战国初期，魏文侯以大夫之位，三家分晋，立为魏君，并颇能励精图治，礼贤下士，开战国诸侯养士尊士之先河，并先后任用田子方、段干木等孔门后学及吴起、李克、西门豹等法家人物实行改革，其在位50年，使魏成为战国初期一大强国，也实为战国初期一个人才汇聚之地。但魏处中原征战之地，文侯去世以后，国力渐衰，魏君忙于征战，地位不稳，文化中心地位即渐次陵夷了。

　　考察战国学术发展的历史，能够成为诸子百家争鸣中心且存在时

---

① 钱穆：《先秦诸子系年》，河北教育出版社2002年版，第265页。

间最长、规模最大、成果至丰、影响深远的当属齐国的稷下学宫了。郭沫若在其《十批判书·稷下黄老学派的批判》中说："这稷下之学的设置，在中国文化史上实在是有划时代的意义。"并说："齐国在威、宣两代"（稷下兴盛时期）"曾成为一时学者荟萃的中心，周秦诸子的盛况是在这儿形成了一个最高峰的。"①近些年随着稷下学研究的步步深入，越来越多的学者更加清楚地认识到稷下学宫在诸子百家争鸣中的主要地位，有学者提出："进入稷下时期，严格意义的百家争鸣才真正开始，先秦学术才得以迅速发展到鼎盛。百家争鸣主要是在稷下进行的。"②

二、稷下兴衰：与战国之齐共兴亡

稷下学宫始建于何时？正史无详载。东汉末徐干在《中论》一书中曾说："齐桓公（午）立稷下之宫，设大夫之号，招致贤人而尊宠之，孟柯之徒皆游于齐。"这说明，稷下学宫有可能在田齐政权的第一代国君齐桓公田午（在位十八年）时即已成立，但具体的发展情况却不得而知。刘向《新序》记载，"邹忌既为齐相，稷下先生淳于髡之属七十二人皆轻邹忌"，同时相约一起去见邹忌，并向其发难。邹忌为相，已是威王后期政事。由此可见，这时稷下学宫已有相当规模，人数众多，形成了一支强大的力量，而且对国家政治产生重大影响。齐威王是一位壮志勃发的君主，在位37年间，在政治上注意招贤纳谏，广开言路，锐意改革，整顿吏治；在经济上则是着力安抚百姓，开荒拓田，奖励

---

① 郭沫若：《十批判书》，东方出版社1996年版，第143、144页。
② 白奚：《稷下学研究》，三联书店1998年版，第18页。

农耕。结果，国家振兴，经济繁荣,出现大治景象。与此同时，威王采取开明的文化政策，大办稷下学宫，广泛招揽人才，国内外学者纷纷来稷下讲学，形成了兴旺发达的局面。

稷下学宫发展的高峰是齐宣王(名辟疆，在位十九年)时。这时，齐国富兵强，达到鼎盛时期。孟子到齐国去，问齐宣王之"大欲"，他道出了"欲辟土地，朝秦、楚，莅中国而抚四夷"(《孟子·梁惠王上》)的大志，实际就是要完成统一天下的大业。为了这种政治的需要，宣王不惜花费大量资财，扩大学宫规模，建筑高门大屋，同时实行更加宽容的政策，吸引人才，汇聚齐都，并鼓励百家争鸣。《史记·田敬仲完世家》记载："宣王喜文学游说之士，自如驺衍、淳于髡……之徒七十六人，皆赐列第为上大夫，不治而议论。是以齐稷下学士复盛，且数百千人。"《孟子荀卿列传》中也记载宣王时："为开第康庄之衢，高门大屋，尊宠之。览天下诸侯宾客，言齐能致天下贤士也。"《孟子》、《战国策》、《史记》等历史著作中记载了很多宣王与稷下先生会见、议对、辩论、宴请、馈赠的事迹，都足以证明"宣王喜文学游说之士"的事实。于是，各国来讲学、游学的学者及其弟子们络绎不绝，人数多至数千人，每派学者在这里开展各种讲学活动和学术论争，稷下成为闻名于各国的文化教育中心和百家争鸣的园地。

齐闵王(在位十七年)继宣王之后执政。其初期，稷下学宫仍很兴盛，并有继续发展扩大的趋势。但闵王是一个狂妄骄暴的国君，对内不任贤才，对外用兵不休，国家外强中干，日趋衰朽。稷下先生们极力劝谏，但均遭拒绝，因而颇感失望，慎到、接子、荀况、田骈等著名学者纷纷离开稷下，学宫开始败落。到闵王后期，乐毅率五国大军攻入临淄，闵王逃亡至莒被楚将淖齿杀害。有关当时稷下的情况，史无明载，但从临淄当时被破坏的情况看，学宫遭到破坏甚至停办也是可能的。

闵王之子襄王(在位十九年)在莒即位为齐王，随田单用火牛阵破燕军而复国，还都临淄。于是，学宫重新恢复，一些著名学者又纷纷来此讲学。《史记·孟子荀卿列传》载："齐襄王时，而荀卿最为老师，齐尚修列大夫之缺，而荀卿三为祭酒焉"。看来，这时的学宫，虽不能象威、宣之世那样兴盛，至数百千人的发达，但仍能恢复原貌，保持旧时传统，因而此时期被称作稷下的"中兴"。

襄王死后，王建即位（在位四十四年）。这个时期，整个国家奸臣当道，保守退让，苟延残喘，毫无生气。任学宫祭酒的荀况遭人谗言，离职适楚（见《史记·孟子荀卿列传》）。可见学宫仍旧存在，只是今非昔比，由盛而衰，每况愈下了。至公元前221年，秦始皇以强大兵力吞并齐国的时候，稷下学宫也与国并亡。

总观稷下学宫的兴衰发展，大致可以描述为：初创于田齐首位国君齐桓公（田午），繁荣于齐威王时，齐宣王时期达到鼎盛。闵王时国破君亡，学宫遭废，襄王复国而稷下"中兴"。直到末代国君齐王建时，存而渐衰，随秦灭齐而学宫消亡。其存在时间与田齐政权相始终，前后历五代，凡一百五十余年。影响普及列国，培养了成千上万的人才，对战国中、后期文化教育的发展，对整个社会政治、经济都发挥过积极的作用。

三、三位一体：稷下学宫的社会功能

稷下学宫的社会功能如何？前人多有论及，郭沫若先生曾说它具有"研究院性质"[①]，也有人说它是政府的议事机构，或是"齐国的最高学府"。这反映稷下学宫具有政治、学术和教育多重功能。

---

① 郭沫若：《十批判书》，东方出版社1996年版，第144页。

(一)政治功能

被稷下吸引来参加活动的人物，是战国时代十分活跃的"士者流"，他们在稷下进行研讨、争辩、讲学、集会，活动多样。但其从事的活动总的说来，都带有浓重的现实政治色彩，有着明确的政治目的。《新序·杂事》："稷下先生喜议政事。"《史记·孟子荀卿列传》说："自邹衍与齐之稷下先生……各著书言治乱事，以干世主，岂可胜道哉！"都是说稷下先生的议论、著书立说，无不与现实政治紧密相连。他们在从事上述活动的同时，有的还往往亲自过问国事，直接参与政治。他们既是"学士"，又是政治中人。桓宽《盐铁论·论儒》篇中说："齐闵王时，由于国君矜功不休，百姓不堪，诸儒谏不从，各分散。"这里，诸儒即指稷下诸学士，诸学士谏齐君不见其效，就离开学宫到他国去。足见他们向齐君出谋划策有责任感，其与政治的关系是很密切的。《战国策·齐策三》、《说苑·尊贤》都具体记述了著名稷下先生淳于髡对齐王的劝谏和批评，他在"齐欲伐魏"的关键时刻，及时地向齐王分析了形势，说明出师的不利："今齐魏久相持以顿其兵，弊其众，臣恐强秦大楚承其后"，从而阻止了齐王一次错误的行动。他直面批评宣王"好马"、"好味"、"好色"，而独不知"好士"，迫使宣王"嘿然无以应"，在这里，淳于髡之类的稷下先生简直就是活跃于齐王身边的重要谋臣和谏官。还有些稷下先生奉齐王之命，肩负外交重任，出使别国。例如，著名稷下先生邹衍曾出使赵国，淳于髡也曾"为齐使于荆"，并在"楚大发兵加齐"时，受齐王之命"之赵请救"。

上述记载充分说明，在列国纷争、兼并激烈的战国时代为稷下学宫所吸引、招徕的学士，并不是学术争鸣、逃避现实的隐者之流，而往往是些热衷于仕途经济，凭借知识才能出没于政治风浪间勇于弄潮的人物。他们的活动使稷下学宫实际成为一批热衷于当时政治斗争人物的集合体，成为政治性很强的一个咨询、参议机构。齐宣王时，将七十六位稷下著名学者封为上大夫，正是从组织上对这种政治功能的肯定。

（二）学术功能

稷下学宫虽具有较强的政治功能，但其又不同于当时依附于诸侯的一般政客，他们有知识，见闻广，急于发表见解，长于分析问题；他们除直接参政之外，也相互议论，著书言事，他们的论文、著述，尽管总是针对着当时的现实，但在表述上，却往往旁征博引，曲尽事理，具有很强的理论性和学术性。比如邹衍，写了"《终始》、《大圣》之篇十余万言"，专批评"有国者益淫侈，不能尚德"的现象，主张止归于"仁义节俭"。他的著作号称"闳大不经"，具有"先验小物，推而大之，至于无垠"的特点，于是成了阴阳五行家的代表。如荀况，"序列著数万言"（以上见《史记·孟子荀卿列传》），讲"正名"，述"五制"，论"解蔽"，明"天论"，倡"性恶"，以至激烈地"非十二子"，这也不同于一般政治家的发表见解，而带一定的理论抽象和较多的学术成分了，成为儒家学派先秦集大成的思想家。

同时，稷下的时代，是一个思想大解放的时期，政治上既没有统一的局面和集权的中心，思想文化领域更不可能有公认的圭臬和定于一尊的权威。众多的政客和学士，都从自己的立场和倾向出发，积极地探求现实社会的出路，免不了由于立场不同、倾向有异而激烈交锋；有的即便立场相近，也会由于看问题的角度不同、解决问题的方法有异，而会竞长论短，争论不已。这种社会风气，反映在知识分子如此集中的稷下学宫中，最终促进了稷下在学术上百花竞放、百家争鸣繁盛局面的形成，使稷下成为当时发展学术、繁荣学术的中心。

（三）教育功能

稷下学宫虽然发挥了较好的政治功能和学术功能，但归根到底它是一个"学宫"。稷下接待过许多来此"游学"的人士，举行各种形式的讲学活动，还进行定期的集会，培养了成千上万的人才，对战国中、后期教育的发展产生过积极的影响。

作为教育的功能，与后代学校相比，它既有一般学校的特点，又有其历史的独特性。主要表现在：

1．它具有一般学校的性质和活动特点

首先学宫具有规模宏大的校舍条件，"开第康庄之衢，高门大屋尊崇之"（《史记·孟子荀卿列传》），正说明校舍建在交通要道，并且相当宏伟壮观；其次，有众多的师生在开展较正规的教学活动。《孟子》记载稷下先生孟子曾有"后车数十乘，从者数百人"；《战国策》则记田骈有"徒百人"；稷下最为前辈的学者淳于髡死时，"诸弟子三千人为缞绖"；而据《史记·田敬仲完世家》称：宣王时，整个稷下的师生数量曾多达"数百千人"，由此可见师生人数之众。如此师生济济一堂，在指定的时间和地点，或讲演，或辩论，或讲学，总之，定期进行教学活动，所谓"谈说之士期会于稷下也"（刘向《别录》），即是指的这种情况。同时，根据郭沫若先生的考定，《管子·弟子职》篇就是稷下学宫的学生守则（见《管子集校》），里面从饮食起居到衣着装饰，从课堂纪律到课后复习，从尊敬师长到品德修养，都规定得详细严格，井井有条。从此一斑，可窥见当年学宫的规章制度也是严肃的、齐全的、严格的。

2．稷下学宫还具有独特的教育特点

一是，游学是其教学方式之一。包括两个方面：学生可以自由来稷下寻师求学；老师可以自由在稷下招生讲学，即容许有学与教两个方面的充分自由。可以个人来游学，如荀卿；也可以如孟子一样，数百从者一起来，有人称其为集团游学。这些游学方式的施行，就使学士们开阔了视野，扩大了见闻，打破了私学界限，思想兼容并包，促进了各种学说的发展和新学说的创立，大大有利于人才的培养和成长。

二是，为政治服务是其教学目的。在那样一个政局变幻、列国纷争的时代，齐国统治者创办稷下学宫有其明确的政治目的。一则吸引

和培养人才，以便为国家选贤任能。二则利用稷下的讲坛、游学的形式，为巩固其统治、实现统一霸业进行理论探讨和大造舆论。稷下先生撰写讲稿、著书立说，是着眼于政治需要，力图投合"世主"的胃口。换言之，稷下的教学工作，是理论联系实际，是为现实政治服务的。

三是，教学与科研相结合。稷下的学者在从事教学工作的同时，大力开展学术研究活动，整理大量的古代文化典籍，留下了丰富的学术著作。稷下的著作虽绝大部分都已散佚了，但他们教学和科研相结合的成就是不能抹煞的。正因为稷下学宫在教育方面所具有的诸多鲜明特点，所以才被后人称为"田氏封建政权兴办的大学堂"、"齐国的最高学府"，其在教育史上的影响也是巨大的。

应该特别指出的是，稷下的多重功能，是在其特殊的历史环境和文化土壤之中应运而生，培育形成的，是有机和谐地统一在一起的。它的政治功能，是以学术活动和教育活动为基础实现的；而其学术功能又是有明确政治目的和通过教育的实践活动来传播和实现的。这是稷下在长达百余年的政治风云中不断发展的社会动因，也是奠定其历史地位、产生巨大历史影响的基础。

四、开放与兼容：稷下学术的特点

稷下学宫一经创办，能够久盛不衰，而且在长达一个半世纪的岁月中，扩展蔓延，日趋繁荣，成为百家争鸣最主要的学术中心，取得了辉煌的成就，最突出的特点，在于它的开放性与兼容性。

所谓开放性，首先表现在齐国君主开门办学，不以政治干涉学术。齐国君主希望延揽人才，为自己的统治服务，但绝不限制知识分子们的自由，包括人身自由和思想自由。对来者热情欢迎，以礼厚待；走时则重金馈赠，以作路费，表示欢迎再来。孟子游说齐宣王，宣传"仁政"，不受欢迎，搞得"王顾左右而言他"，但离齐时，齐王赠以"黄金百镒"，即是很好的例证。这与单纯从事于政治游说的苏秦离秦时那种"黑貂之裘弊，黄金百斤尽，资用乏绝，去秦而归"（《战国策》）的狼狈相，形成鲜明对照。齐国君主给这些稷下先生以充分的言论和学术的自由。教学内容的设置，教学活动的安排，全由这些先生们去自己组织；师生之间或教师与教师之间进行教学的或学术的辩论，也是不计任何形式和言辞苟缓的。侃侃而谈、滔滔雄辩的孟子，经常在朝廷上让齐王下不了台。齐君更有许多"贵士"的佳话，如稷下先生颜斶见齐宣王，与之发生士贵还是王者贵的争论，提出"士贵者，王者不贵！""先王之头，曾不若死士之垄"，即表现出很强烈的民主意识，但最终齐宣王表示"愿请受为弟子"，接受了颜斶的说教。王斗也是一位颇有辩才的稷下先生，他批评齐王说："王之忧国爱民，不若爱尺縠"，最后也说服了齐王，而使其"举士五人任官，齐国大治。"这些事例都足见齐君对稷下士子的开放心态。

其次表现在稷下学宫开展学术采用期会争鸣的形式。刘向《别录》云："齐有稷门，城门也，谈说之士期会于稷下。""期"乃预定、约定之意，"期会"即按约定的时间举行集会。集会对所有人员开放，学宫游学为主的管理方式决定了学者们参会自由，来去自便，各派平等，气氛宽松。"争鸣"说明学术活动的方式是辩论式。通过演讲、辩论，各家各派都能畅所欲言，充分发表自己观点，也能敞开胸怀积极吸收别家的思想。稷下的学者们大都能言善辩，田骈、邹衍、邹奭皆因雄辩而得"天口骈"、"谈天衍"、"雕龙奭"的雅号。可以想见，这些辩论在形式上不拘一格，或双方互辩，或舌战群儒；或先生之间，或弟子之间，甚或老师与学生之间；或大会演讲式，或小组讨论式；或在堂上，或在树下。他们在辩论中各持己见，互不相让，形成了百家争鸣的热闹局面。

所谓兼容性，指稷下学宫对稷下各学派的思想实行"百家争鸣，兼容并包"的方针。稷下学宫不仅是个大学堂，而且发展成为了当时学术、文化交流的中心，这与其兼容性是分不开的。稷下的学派有多少，现已难于详计。从文献记载看，稷下先生中有儒家、法家、道家、阴阳家、农家、名家、兵家等学派。稷下有无墨家，史无明载，但从"墨子自鲁即齐，过故人"、"子墨子北之齐，遇日者"(《墨子·贵义》)等记载看，墨家创始人墨翟是经常到齐国活动的，也有一些老朋友在齐国的。而又据《墨子》等书的记载看，墨翟的弟子及后学中也有相当多的齐人，而且稷下著名学者宋钘就有明显的墨家倾向，可见墨家思想在稷下也是极可能存在过的。可以说，举凡当时的重要学术流派都在稷下存在过。由于当时思想解放，学术活跃，还往往出现派中有派，派中分枝的现象。例如学宫中儒家就分孟氏之儒、荀卿之儒，而且两派之间，相互攻伐。荀子在《非十二子》一文中，就向孟子猛烈开火。道家分宋钘派，尹文派，田骈、慎到派和环渊派。同时，各派思想也由于百家争鸣的深入而逐渐融合或发生演变。前者如稷下元老淳于髡"学无所主"(《史记·孟子荀卿列传》)，表明他博通百家之术，正说明他思想的兼容性；后者如慎到，由道家变为道法家，而成后来法家的先驱。这些各家学派的学者尽管有不同的政治主张甚至相反的学说，却都能在稷下讲学，并利用稷下的讲坛，传播思想，广收徒属，扩大影响。

五、稷下学宫的地位与贡献

稷下学宫促进了先秦学术思想的繁荣，稷下学术是中国学术思想史上的重要一环，其辉煌的成就对后世影响甚远，就从形成中国文化史上巅峰时代的诸子百家争鸣这一历史功绩看，其地位和贡献可以概括为：

(一)百家争鸣的主阵地

各大学术派别诸如儒、道、法、名、阴阳、墨、兵、农、轻重家等，都在稷下存在、发展过，它们在稷下这个自由、宽松的学术天地中，相互辩难，对许多学术中的理论问题都曾进行了深入探讨。如天人关系、古今之辨、人性善恶、王霸之争等，涉及人与自然的关系、人与人的关系、人内心德、欲、情、智的关系，以及人身与外界物、俗、时的关系各个方面。这些问题在稷下得到充分的展开和争鸣，各家各派都提出了自己的见解。

战国时期，各国都在为实现统一天下的目的而招揽人才，为什么唯独齐国的稷下学宫成为百家争鸣的主阵地呢？其一，诸子多半出齐鲁，为稷下学宫的创立提供了人才资源。诸子各家及其代表人物大多出于齐鲁或受齐鲁之风影响。据司马谈《论六家要旨》，战国末年诸子学派主要有儒、墨、阴阳、道、名、法六家，从诸子六家的代表人物来看：儒家之孔子、孟子，墨家之墨翟，都是鲁人；阴阳家之邹衍、邹奭，都是齐人。儒家大师荀子虽为赵人，但年十五游学齐国稷下，"三为祭酒"，久居三十余年，实可作为齐人。其余三家，情况复杂，但都与齐鲁关系密不可分：道家之代表人物老、庄，虽皆非齐鲁之人

（庄子为宋国人，现今山东东明县人，地近齐鲁），但道家思想之产生却与齐国有密切关系。一是《汉书·艺文志》著录道家，列伊尹与太公（姜尚）为道家之首，也将《管子》列入道家著作，反映出在老、庄未出世前，道家思想萌芽或与齐国有更密切关系。事实上，有些学者认为道家之学，源出齐太公对商代伊尹思想的继承。其二，先秦道家的重要一派——"黄老之学"的形成与发展则主要是在齐国稷下完成的。齐人田骈、接子及环渊等一大批齐之稷下先生是这方面的代表人物。法家多出秦晋，但法家与齐国的关系却源远流长，甚为密切。一是兵家始祖姜太公对齐法家的影响甚大；二是春秋时期，辅齐桓公称霸的管仲就是一位法家的先驱人物。齐国有一个管仲学派，号称齐法家，其思想大多集于《管子》一书中。所以杨向奎先生说："孕育法家思想的基地，一个是齐国，另一个是晋国"。荀子的思想及理论体系受到了齐国法家学说相当强烈的影响，而秦晋法家的主要代表人物韩非和李斯是曾在稷下三为"祭酒"的荀子的学生。名家代表人物较公认的有四人：邓析是郑人；另一位公孙龙子是赵人，但据考证是孔子的弟子；另两位尹文和宋钘则是著名的稷下先生，曾长期在齐国久居。由以上六家分析，说诸子大半出齐鲁，实非虚妄之词。这决定了大多数学者是以齐鲁为基地来从事远涉近教的活动。可以说，春秋战国时期齐鲁是各学派诸子学者聚集最多、活动最频繁、影响最大的地方。诸子多出齐鲁，为诸子在稷下百家争鸣的展开准备了最重要的人才和学派条件。

当然，成就统一大业的政治需要，齐国雄厚的经济实力，临淄是当时最大的都会城市，以及齐国发达的交通，相对安定的政治环境，尤其是齐国政治上实行开明君主制，统治者特能"礼贤下士"，这都为学宫建在齐国，成为百家争鸣的主阵地创造了条件。

---

① 郭沫若：《十批判书》，东方出版社1996年版，第143页。

（二）培育学派的沃土

1．产生众多新学派

不同学术思想之间的争鸣激荡，开阔了人们的视野和思路，促使人们从不同角度、不同层面思考问题，探索解决现实问题的新方法，从而涌现出了许多新的学派，典型代表如黄老道家和阴阳五行学派。"黄老之术……是培植于齐，发育于齐，而昌盛于齐的"①，是在稷下培养发育起来的道、法思想的结合物。齐国本就有法家思想的基础，随着老子思想在稷下的传入，一种以老子之"道"整合法家的法、术思想，并吸收儒、墨、名、阴阳诸家观点的新道家产生。这种兼容儒家礼义的学说与原始的老子道家有着本质的区别，把它归于老子学派已不能反映其学派特征，于是一种新学派——黄老之学产生。阴阳五行学派也是齐地的一大特产。邹衍来稷下之初，本为一儒家之徒，《盐铁论·论儒》中曾说："邹子以儒术干世主，不用，即以变化终始之论，卒以显名。"又说："邹子作变化之术，亦归于仁义。"后来，他在总结、融合稷下阴阳五行说的基础上，又把齐学道家、儒家以及上古天文学说综合在一起，将阴阳说、五行说、精气说熔为一炉，创造出了新的阴阳五行说。

2．原有学派深入发展

稷下争鸣又使原有学派在与对手的论争中思想不断深化，理论体系亦臻于完善。如稷下的儒家，前有孟氏学派，后有荀卿一流，都是影响极大的学派，他们思想的变化发展，充分体现出对诸子各家思想的融合吸收。孟氏学派继承孔子的仁学思想，但在稷下吸收了道家思想的因素，完成了以人之心性为中心的上下与天地万物同流的主观唯心主义体系，他吸收宋、尹学派中主张人欲固寡的思想，提出了性善论的主张，他的善养"浩然之气"的理论，明显地含有宋钘"精气"说的成分。正因为孟氏一方面继承孔子之儒学，另一方面又大量融合稷下诸子的思想，才使孟氏之儒带上了更多的战国时代的特色。荀子则使儒家无论在思想深度上还是在理论体系的完善上都前进了一大步。荀子久居稷下，曾"三为祭酒"，"最为老师"，熟悉稷下的各家之学，为他批判总结各家学说、建立自己的思想体系提供了良好的条件。从理论体系上看，诸子解决的问题概括为三大关系：人与自然的关系、人与人的关系、人内心的关系，体现在学术上为宇宙论、社会论和人性论。道家从老子创立时就建立了坚实的理论基础，表现为具有贯通天人关系的完整的"道论"，包括天道、人道和治道的统一，而天道是人道和治道的理论基础，不仅告诉人们所以然，而且告诉人们之所以然。而儒家在荀子之前，孔孟讲的是政治论和人性论，关注的是人类社会和人的内心，罕言"天论"，不注重对人之外自然环境的探讨，这就使政治论和人性论缺乏宇宙论基础，难以解释人性善恶的来源和治道的根据。荀子在与诸子百家的交流和融合中，注意吸收道家天道自然的理论，把孔孟"意志性"的天变为"物质性"的天，提出了天人相分的观点，使儒家补上了"天论"这一重要论题，为以后董仲舒进一步完善儒家的理论体系打下基础。荀子提出"性恶"论，认为人性之恶非来源于天，而是人心之欲望，因此修身养性过程不像孟子那样"尽心知性达天"，靠自身的道德圆满，而是需要外界的隆礼重法。在政治论上，荀子发展了孔子"礼"的思想，并结合战国时期的社会现实，援法入礼，实现了儒、法思想的互补和融合。总的来看，荀子被称为先秦儒家集大成的思想家，而他对儒家的发展、集成，确只能在稷下这样的学术环境中才能实现。

(三)大师的摇篮

稷下争鸣造就了一大批杰出的思想家，留下了大量对后世影响深远的经典著作。稷下学术中心存在长达一百五十余年，各派学者计以百千数，共同在稷下讲学、争鸣、辩难，相互吸取对方的观点，弥补自己的不足，在争鸣中融合，又在融合后争鸣，多家思想并争，各派观点齐鸣，因而稷下实是一块产生学术创作和"集大成"式思想家的肥沃土壤。几乎每个思想家的思想都不是纯属哪一派的，都带有集大成性质。稷下著名的学者如淳于髡、尹文、鲁仲连等之所以很难划分他们纯属哪一学派，其原因亦盖源于此。齐宣王时曾将稷下著名学者七十六人封为上大夫，应该说这七十余人都是大师级的人物，从有关资料及观点，传之后世者：儒家有孟子、荀子；道家有彭蒙、田骈、环渊；法家有慎到；阴阳家有邹衍、邹奭；名家有儿说、田巴等。

（四）博士制度的先声

稷下之学对秦汉博士制度的建立和发展产生了重大影响。首先，齐之稷下先生，在汉人著作中，有称其为博士的，如《说苑·尊贤》称"博士淳于髡"；亦有称"战国时，齐置博士之官"(许慎《五经异文》)的。说明稷下学宫很可能就是博士制度的滥觞。其次，汉代博士有续称为"稷下"的。如博士叔孙通即被称为"稷嗣君"，说他是"嗣风于稷下"。郑玄《书赞》也称"我先师棘(稷)下生孔安国。"可见，汉人即是以博士为继承稷下的。再次，稷下先生有七十六人"皆赐列第为上大夫"，而秦汉设置也是多以"博士七十人"(《史记·田敬仲完世家》)，说明博士的员额等制度很可能是直接沿袭稷下的。可见稷下之学对秦汉博士制度影响之大，发秦汉及其以后博士制度的先声。

发生于稷下的百家争鸣，已是两千年前中国文化史上一道遥远的亮光，但是它并没有消失在历史的星空，千百年来，它不仅时时撞击着我们民族的记忆，在今天，当历史走进一个崭新时代的时候，我们仍然感受到它对民族未来的文化建设乃至世界文明发展的走向所具有的启迪与重大借鉴意义。

儒道互补与中国传统文化

白 奚

白奚，男，1953年生于北京，哲学博士，首都师范大学哲学系教授，博士生导师，享受国务院政府特殊津贴。《中国哲学史》杂志编委、副主编；中华孔子学会学术委员；国际儒学联合会理事。长年从事哲学专业教学与研究工作，主讲中国哲学史、道家哲学、中国哲学经典著作研读、中国传统文化与现代化等课程。

主要研究领域：中国古代哲学。

代表著作：《稷下学研究——中国古代的思想自由与百家争鸣》、《老子评传》、《先秦哲学沉思录》等。主持完成国家级和省部级科研项目多项，发表论文逾百篇。

2007(首批)中国杰出社会科学家，2008中国杰出人文社会科学家，曾获第三届中国高校人文社会科学研究优秀成果奖哲学类一等奖，北京市第六届哲学社会科学优秀成果奖一等奖。

先秦时期百家争鸣，出现了许多学派，但后来大都陆续衰微了，只有儒家和道家的传统一直延续了下来，它们就成为了中国传统文化的两大主干。不过这两大主干一个隐一个显，地位很不一样，儒家从汉代起就被选定为官方哲学，成为社会意识形态的主流，而道家则基本上是一种民间哲学，没有成为占主导地位的社会意识形态。几千年来，儒道两家的思想，共同决定了中国人的道德情操、精神面貌、思维方式、思想情感和价值观念。儒家和道家是两种很不相同的文化传统，比如，儒家注重伦理道德，道家则擅长于哲学思维；儒家主张人生要积极投身政治、建功立业、治国平天下，为社会多做贡献，道家则始终与政治权力保持一定的距离；儒家崇尚刚强、积极进取，道家则主张柔弱、知足、不争、顺其自然；儒家有极为强烈的群体意识，道家则有浓厚的个体意识，比较注重个体的独立意志和思想自由；儒家充满热情与豪情，道家则比较冷静、低调；儒家的忧患意识与道家的反思精神；如此等等。这些差异无所谓好与坏、对与错、高与低、优与劣，它们对待社会与人生的见解可以说是仁者见仁，智者见智。儒道两家的这些差异使得它们在很多方面恰好是互相对待的，从而形成了相反相成、互相补充的机制，这就是人们常说的儒道互补。儒道两家的互补，是阴与阳、正与负、刚与柔的互补。儒道两家的互补，就构成了中国传统文化的鲜明特点、主要内容和基本格局，因而我们甚至可以说，儒道互补就是中国传统文化的代名词，不了解儒道互补，就难以理解和把握中国传统思想文化的深层结构和特质，就无法了解中国传统文化。

一、儒道两家的文化差异

儒家和道家的互补，是以两家学说在很多方面存在着广泛而又明显的差异为前提的。这里首先应当明确的是，这些差异只是儒道两家关注的问题不同，对问题的看法和态度不同，以及解决问题的方式不同而已，因而这些差异并不是互不相容、截然对立的，并不构成激烈的冲突。正因为如此，才使得儒道两家的思想在很多方面形成了相辅相成、恰相对待、互相补充的局面。它们各有长短得失，且此家之长正为彼家之短，反之亦然，从而使得两家思想的互补成为必要和可能。

儒道两家的文化差异和互补，应从它们的创始人孔子和老子说起。

孔子和老子是中国文化的两大巨人，在中国古代的思想家中，当推老子和孔子的思想对中国的历史和文化传统产生的影响最深最广最大，他们的思想成为了中华文化发展的理论基础。据《史记》的记载，孔子曾经会晤过老子，并且向老子请教了一些问题，先秦秦汉时期的很多典籍，如《庄子》、《吕氏春秋》都有孔子问礼于老聃的记述，甚至儒家的著作，如《礼记》、《孔子家语》、《韩诗外传》等对于这件事情都有明确的记载。从这些记载中可以看出，老子年长于孔子，大概孔子中年的时候，老子已经是老年了。根据这些记载，孔子和老子曾经就很多共同关心的问题进行了讨论，交换了看法。他们都有着极强的历史使命感，对天下无道都有共同的感受，都感受到了时代与文化的严重危机。但是在如何对待和解决这些危机，以及如何对待西周以来的宗法封建制度及其文化传统的问题上，他们却有着重大的分歧。对待古代的文化传统特别是政治和伦理传统，孔子较多地从正面进行了建设性的总结和继承，对于其缺失以及在现实社会生活中的失效，孔子主张在原有体制内以改良和损益的方式加以补救；对于礼崩乐坏的时代危机，孔子主张用强化西周以来的德治主义，并贯注以仁爱精神的方法来加以解救。同孔子相比，老子则具有较为强烈的社会批判意识，态度也较为激进，他主要是继承着古代文化传统中的自然主义的思想线索而发展，他较多地注意到了古代文化传统的偏失和流弊，主张根据自然主义的原则从根本上加以纠正；对于时代与文化的严重危机，老子主张以抗议、批判、毁弃和重构的方式加以彻底的暴露和解决。正因为这些文化差异的存在，所以近些年来，有一种较为流行的观点认为，孔子是夏商周三代文化的总结继承者，老子则是三代文化的批判者。这种观点大体上是不错的，不过应当指出的是，孔子和老子对三代以来的文化传统实际上也都是接着讲的，他们首先都是古代文化的传承者，不过是传承和发挥的内容有所不同罢了，老子并没有抛弃古老的文化传统。这一点，我们在后面还会涉及到。

老子与孔子的会晤，是历史上儒道两家的第一次对话。老子思想与孔子思想的差异，是儒道两家所分别代表的两种文化观念的差异，也是中国古代知识分子的两种价值取向和处世态度的差异。作为中国历史上影响最大的两大学派的创始人，他们的思想分别代表了中国文化未来发展的两种不同的路向。这两种不同的路向后来发展为两种不同的传统，最终成为了中国文化史上的两大主干，奠定了中国传统思想文化发展的基础，对几千年来的中国人特别是知识分子产生了无法估量的影响。

作为儒道两大学派的创始人，老子和孔子对传统和现实的不同态度也决定了儒道两家截然不同的历史命运，孔子所创立的儒家最终得以成为官方支持的正统思想，而老子所创立的道家则只能是在野的士人中和哲学思维的领域中寻找着生存和发展的空间。

然而，老子和孔子之间的分歧和文化差异只是事情的一个方面，他们开创的儒家和道家的思想从一开始就存在着互补性，而二者文化路向和学术宗旨上的差异正是这种互补性所必不可少的前提。从文化的深层结构来看，在后来的两千多年中，儒道互补一直是中国文化历史演进的主要内容。可以说，与中国学术文化的发展相始终的儒道互补，从他们的创始人老子和孔子会面的时候起，就已经开始了。

那么概括起来讲，孔子和老子以及他们所代表的儒道两家思想究竟有哪些差异呢？下面我们就来具体地谈谈这个问题。

老子思想和孔子思想的差异是十分广泛的，但就其最主要的方面而言，莫过于理论上各有偏重和价值观念的不同。下面分别对这两方面加以讨论。

一般而言，老子比较偏重于对形而上的哲学问题和人与自然的关系的思考，由此而建立了他的本体论、宇宙论、认识论和辩证法；孔子则偏重于对社会上人与人的关系的思考，由此而建立了他的伦理学。就形而上的哲学理论而言，孔子的思想在这方面基本上是阙如的；而就伦理学而言，这方面也不是老子关心的重点。

具体来讲，老子提出了"道"作为自己学说的最高范畴，并加以系统化的论证。以"道"为核心，老子展开了他的全部学说。特别是其中关于宇宙起源和本体的探讨，以及系统的认识论学说和丰富的辩证法思想，更是具有"独创性"的"哲学"思想。毫无疑问，老子的道论开创了中国哲学中的形上学传统，"道"是中国古典哲学无可争议的最高范畴，中国哲学中的重要概念和范畴出于老子的最多，从这个意义上来讲，我们完全可以说，老子是中国哲学的开创者。中国哲学能与西方哲学对话，主要有赖于道家，特别是有赖于老子的思想。

孔子则是中国古代伦理学的开创者。孔子提出了"仁"作为自己学说的最高范畴，为人类的道德生活确立了最基本的原则，力图以仁爱的精神改善日益紧张的人际关系，并由此入手来解救社会危机。孔子以"仁"为核心范畴，提出了一系列道德规范，建立了完整的伦理道德学说，并以此作为自己学说的主体内容。孔子的思想，对于中国传统文化浓重的伦理道德色彩的形成，起到了决定性的作用。

由此可见，老子和孔子由于所关注和思考的主要问题的不同，形成了他们在思想理论上各有偏重。孔子为代表的儒家学说，在政治、伦理道德的领域有更多的建树，老子所代表的道家学派，其特点和优势则在于形而上的哲学领域。从这一文化差异来看，儒道两家可谓见仁见智，各有千秋。

老子思想和孔子思想的另一主要差异，在于价值观念的不同。

大体来说，孔子开创的儒家的价值观，以人文主义为基本取向，注重道德的完善和人格的提升，强调积极进取，投身社会事业。老子开创的道家的价值观，以自然主义为基本取向，注重天然的纯真朴实的本性和内心的宁静和谐，主张超越世俗，因任自然。

由于价值取向的差异，儒道两家对社会的发展和个人的人生道路便有了不同的见解和设计。儒家对人类文明和社会进步持乐观的态度，为士人君子设计了一条进取型的人生道路。在儒家看来，个人的价值必须置于社会群体中才可以实现，人生只有投身社会事业才有意义，他们主张以天下为己任，以"修身齐家治国平天下"为人生应为之奋斗的目标，主张个人应尽可能多地为国家和社会做贡献。儒家的这样一种价值取向和人生态度，对于塑造中华民族的民族精神和知识分子的思想情操，对于推动中国古代物质文明和精神文明的进步和发展，无疑起到了巨大的作用。然而儒家对于人类为文明所必须付出的代价和社会进步的曲折性估计不足，对人类在不断进取的过程中可能造成的问题和对人性本身的扭曲与伤害缺乏思想准备或重视不够，因而也就没能提出解决这些问题的方法。在这方面，以老庄为代表的道家与儒家不同，他们对社会的发展和文明的进步持一种谨慎、冷静的态度，他们敏锐地意识到文明和进步是必须付出代价的，对社会发展的曲折性有充分的估计，对人类在不断进取的过程中可能造成的问题和对人性本身的扭曲与伤害有足够的思想准备。以老庄为代表的道家及早地观察到了这些我们今天称之为异化的现象，郑重地向人类提出了警告，并且提出了自然主义的原则，力图用返璞归真、回归自然的方法来避免、克服和矫治之。道家的这一思想是深刻的，道家学说中的许多内容都是针对社会和人性的异化现象提出来的，都可以视为对文明发展的副作用的文化对策。道家主张人类社会应该不断地进行复归本位的运动，以保持和谐与宁静，而要使社会和谐宁静，关键在于净化人类的心灵，使人性返璞归真。在道家看来，人性的真璞永远应该是人生进取的出发点，社会发展和人生进取都不应以丧失自然和谐和真璞之性为代价，而应不断地进行这种返本复初、回归自然的调谐运动，经常回头看看，提醒自己不要偏离得太远，如此才能避免付出太高的代价，才能净化由异化造成的污染，使社会和人生都得以健康、持续地发展。我们认为，道家的这一思想是合理的，也是必要的，不应像过去那样把它视为保守或倒退。过去我们对儒家式的积极进取的价值观给以了充分的肯定，而对道家式的崇尚自然真璞的价值观重视不够，评价不高，甚至有很多不适当的批评指责。现在看来，儒道两家的价值观是可以互补的，这种互补是完全有必要的，儒道两家的价值观对于人类社会健康稳定持续的发展是同样重要的，都是我们宝贵的思想资源和精神财富，都是中国传统文化对人类文明的重大贡献。

关于老子和孔子所代表的儒道两家的文化差异，应该客观地对待，而不应把它们夸大。对此，有一些误解特别是对道家的误解，有必要在这里澄清。

首先，从总体上看，儒家倡导进取型的人生，道家则比较超然通达，故而给人以儒家入世、道家出世的印象，其实并不尽然。事实上，儒家的孔、孟和道家的老、庄都同时具有积极用世和超然通达这样两种心态，只不过孔、孟更为用世些而老、庄更为超然些罢了。老子和庄子都具有很强的文化使命感和社会责任心，只是他们较多地以批评者的面目出现而有别于孔、孟而已。孔、孟在积极进取追求事功的人生道路上也常怀有超然通达的心态，孔子主张"天下有道则见，无道则隐"，对"隐居以求其志，行义以达其道"的人给以很高的评价，并为心向往之，甚至当自己的理想屡屡得不到实现的时候，还萌发过漂洋过海、远离人世的念头。孟子也主张："得志，泽加于民，不得志，修身见于世。穷则独善其身，达则兼善天下。"孔、孟的这种矛盾心态或灵活态度是他们在天下无道、人生常穷而不得志的社会现实中不得不采取的一种自我调节和心理准备，在这一点上，他们与老、庄是一样的。在后来经过历史选择而逐渐形成和定格的文化格局中，儒家式的历史使命感和社会责任心得到了强化和突出，而孔、孟原有的那种超然与灵活的心态逐渐被有意无意地淡化乃至被遗忘；相反，道家式的人世情怀却被淡忘，其超然通达的方面却被突出，以至于道家在世人的心目中只是以旁观者的面目出现，道家思想遂主要被用来应付逆境和在人生进取中起调节缓冲的作用。总之，本来面目的孔、孟、老、庄与经过历史塑造的孔、孟、老、庄，都是应该区别对待的。

有一种很有影响的观点，认为道家注重天道，轻视人事，实际的情况恐非如此。道家虽然善于在宇宙的背景中思考，道家著作虽然以谈论天道和哲理为一大特色，但终归还要落实到社会和人生中来。如《老子》一书中谈天道和哲理要超过任何一部古代典籍，因而说老子注重天道是没有问题的，但说老子轻视人事，恐怕就不合于事实了。《老子》一书中，主要的篇幅还是谈社会、政治与人生的，有的是直接谈社会、政治与人生，有的是从哲理中引出社会政治人生，或从社会政治人生中提升出哲理，有的则两者兼而有之；即使是只谈抽象哲理的语句，就《老子》全书而言，最终也是要为社会、政治和人生求得天道观方面的依据和指导。因而老子所开创的道家有着丰富的关于社会、政治与人生的哲理性思想，在社会、政治和人生问题上，道家所倾注的热情与儒家是不相上下的。正是由于道家对社会、政治和人生问题的关注，并提出了与儒家迥异的看法和解决方式，因而才能在这一广大的领域同儒家学说形成互动和互补。如果不是这样，而是儒家谈他的人事、道家谈他的天道，儒家和道家就会互不搭界，就形不成对话，更谈不上互动和互补。

人们通常总是说儒家学说具有积极有为的精神，而道家学说则常被看成是消极无为的，这也是对道家学说的误解。造成这一误解的原因，同以老、庄为代表的道家著作中的特殊的否定表达方式有关。如无为、无为而治、不争、知足、不敢为天下先等实际上，老子和孔子一样怀有治国安邦的抱负，因而《老子》书中谈论治国之道的内容占了很大的比重，只不过老子和孔子在治国的理念上有重大的差异而已。以孔子为代表的儒家，主张强化政府的意志、职能和作用，而以老子为代表的道家却主张淡化、弱化政府的意志、职能和作用。老子的"无为"并不是目的，只不过是一种特殊的手段而已。"无为"的实质，是提倡顺任自然的行为，反对妄为，不勉强从事，排除不必要的、不适当的行为。老子的"无为而无不为"，是要通过"无为"的方式达到"无不为"的效果。老子的"为无为，事无事"，是以"无为"的态度去"为"，以"无事"的方式去"事"。老子曰："治大国，若烹小鲜。"显然是说，国还是要治的，小鲜还是要烹的，而且还要治得好、烹得好，这就需要采取清静无为的方式来达到目的。老子主张"为而不争"的名言，也不是消极的态度，而是要人顺任自然，不勉强从事，这样可以避免冲突、消解矛盾，达到最佳的效果。可见，老子道家学说就其实质来看还是主张积极有为的，只不过采取的方式与众不同而已。同那种直截了当的直线思维相比，老子的逆向思维方式颇具启发性，具有不可忽视的实用价值和理论意义。

人们往往将老子看成是隐士的代表，将道家与隐士简单地画上等号，并认为隐士是逃避现实的一批人，这种看法也是不准确的。隐士中道家人物很多，但不光是道家出隐士，儒家也出隐士。老子被说成是隐士，源于《史记·老子韩非列传》称老子为"隐君子"。太史公说老子"其学以自隐无名为务"，如果就《老子》一书的内容来看，乃是指其含蓄而不事张扬而已，并非谓其消极出世。此外，老子长期任周之"守藏史"，是在晚年才成为"隐君子"的。即使是主动退出也并非是出世，而是"功成事遂"之后，能从利禄名位场中撤身出来的明智之举。关于隐士逃避现实的说法更是不准确的。隐士的隐居是为了"求志"，他们并没有忘却天下，他们无时无刻不在观察社会，把天下放在心上。庄子就是这种隐士的典型，庄子自己就说过："古之所谓隐士者，非伏其身而弗见也，非闭其言而不出也，非藏其知而不发也，时命大谬也。当时命而大行乎天下，则反一无迹；不当时命而大穷乎天下，则根深宁极而待。此存身之道也。"这说明，隐士的"隐"不过是"待时"。由此看来，所谓隐士逃避现实的常见说法显然是不妥当的，过于笼统了。隐士并非是逃避现实，而是对现实的看法和对待现实的态度与众不同而已。的确，他们对现实怀有强烈的不满和失望情绪，认为世道已是乱得无法挽救了。但对现实不满和失望并不等于逃避现实，认为世道已无法挽救也不等于不关心社会。抨击时政、反思传统和批判世俗，是隐士关心社会的独特方式，隐居不仕是他们成为社会批判意识的主要承担者的必要条件。因而确切地说，他们并不是逃避现实，而只是逃避政治。再退一步说，逃避政治也不等于不关心政治，因为关心政治也可以有不同的方式，而并非只有投身政治一途。隐士的逃避政治只是不从正面直接投身政治，即不出仕任职。但不出仕任职并不等于不参与政治，更不等于不关心政治，他们事实上是不愿与当政者同流合污，不愿拿原则作交易，不愿出卖灵魂，因而他们不与当政者合作，主动地同政治权力中心保持足够的距离，是以批判者的身份或反面的姿态来参与政治和关心政治的。对于任何一个社会，特别是陷入严重病态的社会来说，从反面批评政治的隐士和从正面投身政治的士人都是不可缺少的。

儒家的忧患意识经常为人们所称道，似乎只有儒家才具有忧患意识，其实道家也具有忧患意识，儒道两家的忧患意识各有其关注的方面，两者的价值不可互相替代。自然是道家学说的最高价值，道家主张人类的一切活动都应该遵循自然主义的原则，自然而然、顺其自然，尽可能地提高自然的程度。这种自然主义的价值观反映了道家对人类文明进步的反思和清醒认识，它实际上是一种深切的忧患意识。

儒家式的忧患意识关注的是国家和民族的前途命运，而道家式的忧患意识则是对整个人类的前途命运的终极关怀。老、庄思想的最深刻之处，在于他们在人类文明发展的早期，就敏锐地看到了文明发展的负面作用，并对此进行了深刻的反思，提出了对策，那就是用自然主义来矫正和补救人类行为的偏差和失误。老、庄这种基于自然主义价值观的忧患意识是站在全人类乃至整个宇宙的高度上来思考问题，因而便具有了不同于儒家的眼光，他们所提出和思考的问题对于现代人类来说，往往具有很重要的借鉴意义和参考价值，这也是道家学说受到当今世界各国的学术思想界普遍重视的原因。

◆ 二、儒道互补的历史演进 ◆

综观中国古代思想文化的发展历程，儒道互补可以说始终是一条发展的主线。先秦时期百家争鸣，学术昌盛，秦汉以后，各家学说先后衰歇，真正在历史上流传久远，影响深广，构成中国传统思想文化之核心的学说，实际上只有儒道两家。

前面已经说过，儒道两家思想的互补，事实上从他们的创始人老子和孔子那里就已经开始了。从《史记》的记载来看，孔子问礼于老聃，儒道两家的第一次对话，就已经显示了儒道两家的文化差异，就已经预示了中国文化未来发展的内容与方向。

孔、老之后的两千多年中，儒道互补一直是中国文化历史演进的主要内容。在这漫长的时期中，随着历史文化条件的变迁，儒道两家思想的互补也呈现出阶段性，大体经历了三次高潮。

儒道两家思想的第一次大规模、深层次互相影响和互相补充，发生在战国中后期百家争鸣的学术环境中。这一时期的儒道互补，道家在伦理思想和政治主张上吸收了儒家的仁义学说和礼治文化，儒家的孟、荀则主要在哲学上受到了道家的宇宙论、自然观和认识论的影响。

具体来讲，早期儒家作为一种系统的学说，其主要缺遗表现在自然观、宇宙论、认识论、辩证法等哲学思维方面，长于伦理而疏于哲理。而在先秦时期，百家之学同儒学一样，多为政治伦理学说，唯独道家既注重政治伦理，又擅长于哲学思维，道家以其深邃的哲理、缜密的思辨、新奇的道论、卓异的境界说、高超的辩证法倾倒了诸子百家，时人无不以高谈玄妙的道论来装点自己的学说。在一定程度上可以这样说，是道家教会了人们如何进行哲学思维，道家学说在当时起到了哲学启蒙的作用。在这一谈玄论道的思潮中，儒家学说也获益匪浅，战国时期孟子和荀子的学说同儒家原创时期的孔子学说相比，在哲学思维方面可以说是从无到有，从而在一定程度上改变了儒学的面貌，并为儒学在宋明时期的巨大发展提供了重要的经验。

儒道互补的第二次高潮发生在魏晋时期，其主要内容是调和儒道两家的矛盾，实现儒道会通，通过整合儒道两家的思想资源来构建中国文化的价值理想。在先秦时期，道家偏重于天道，儒家偏重于人道；道家试图根据天道来规范人道，儒家则试图根据人道来塑造天道；道家崇尚自然，主张顺应人的自然本性，儒家维护名教，主张用礼法来制约人的自然本性。总之，在天人关系问题上，儒道两家的主张正好相反，引起了激烈的争论。魏晋玄学家则试图调和道家的自然和儒家的名教的矛盾，使两者结合起来。他们站在儒家的立场上来解释道家，把道家的自然变成一种可以应用于名教的自然；同时又站在道家立场上来解释儒家，把儒家的名教变成一种符合于自然的名教。魏晋玄学家提出了"名教中自有乐地"、"名教出于自然"、"名教即自然"、"身在庙堂之上，其心无异于山林之间"等说法，把儒道两家的价值理想整合在一起，构想了一个人人都各安其分、各守其位，同时又都各顺其性、各得其所的自由和谐的理想社会。魏晋玄学家通过自己的理论努力，将儒家的人文主义思想传统和道家的自然主义思想传统整合到一起，从此之后，儒道会通互补就成为了历代中国知识分子的文化理想。

儒道互补的第三次高潮，发生在宋明时期。这一时期，儒学对道家思想的进一步引进和吸取，对于重建儒学新体系具有更为重要的作用和意义。

具体来讲，宋代以后，儒学复兴，与此同时，道家思想在更深的层面上融入了作为官方意识形态的儒学中，成为儒学的有机组成部分。道家思想融入儒学，对于儒家学说有重要的意义，使得儒学在哲学思维方面得到了进一步的充实，并由此建立起完备、深邃而庞大的新儒学体系。以程、朱和陆、王为代表的宋明理学在当今被称为新儒学。新儒学之新，就在于它不同于较为纯粹的传统儒学，这同道家思想的在更深程度上的介入有很大关系。宋明儒学在构建自己庞大的理论体系时所使用的一些重要概念，如"无极"、"太极"、"有"、"无"、"道"、"器"、"动"、"静"、"虚"、"实"、"常"、"变"、"理"、"气"、"性"、"命"、"心"、"情"等，大都来自于道家的传统或吸收了道家的理念。这些重要概念，不仅是构成新儒学伦理道德学说的理论基础和理论构架之主体，同时也在很大程度上使儒家接受了道家所确立的思维方式。

通过以上对儒道互补的历史追述可以看到，在不同的历史阶段，儒道互补也呈现出不同的情况。早期的儒家和道家主要是在互相批评中取彼之长补己之短，是真正意义上的互补。汉代以后，由于儒家思想上升为官方的意识形态，成为社会文化的主流和主导，道家思想则主要在民间和在野的士人中开辟发展的空间，在这样的文化大背景下，后期的儒道互补可以说主要是以道补儒，道家思想主要发挥着对儒家思想的补充、辅助和调节的作用。我们在这里所谈的儒道互补，亦主要是以道补儒。

以道补儒的历史事实表明，儒家和道家虽然同是中国传统文化的两大主干，但它们在历史上的地位和作用并不是等量齐观的，其中儒家思想居于主导的地位，中国古代社会的政治、经济与文化，更多的是受到儒家思想的支配和影响，中国古人特别是知识分子的价值观念和人生道路，也更多的是由儒家思想塑造和决定的。

我们说儒道互补是中国传统思想文化的主体内容和中国文化历史发展的主线，并不是说儒道互补就是中国传统思想文化的全部内容。这里面牵涉的一个主要问题就是佛教或佛学。人们通常用儒释道(或儒道佛)三教合一或三教互补来概括宋明以后的中国文化，这种说法大体上是准确的。佛教思想自从汉代进入中国本土以后，经过了漫长的历史时期，逐渐被中国文化接受，最终成为了中国文化的有机组成部分，到了宋明以后，儒释道三家思想的交融互补，基本上就反映了中国文化的概貌，成为了中国文化的基本内容。但是应该强调的是，佛教毕竟是一种外来文化，在佛教传入中国并真正融入中国文化之前的漫长历史时期，儒道两家的思想就早已确立了中国文化的基本面貌，塑造了中国文化的精神气质。即使是在中国古代社会后期逐渐定型了的儒释道多元互补的稳定的文化结构中，这三家思想的地位和作用也是不能等量齐观的。其中儒道两家思想的交融互补始终居于首要的地位，发挥着主要的作用，佛学的思想只是对儒道互补的文化结构的一种补充，填补了儒道互补所遗留下来的某些精神空间，而不能决定中国文化的基本面貌，不能成为中国文化的代表。

由于儒道两家的文化传统相互之间形成了相反相成的内在互补机制，在长期并存中共同构成了中国传统思想文化的主体，因而两家思想始终也没有合一。任何一个丰富悠久的民族的文化传统都会在历史传承中形成自己鲜明的特点，儒道互补对于中华文化就是这样，它不仅构成了中华文化的主体内容，也塑造了中华文化特有的气质。从未来的全球多元文化的眼光来看，中国式的儒道对待互补的文化格局必将长期存在下去。英国著名学者李约瑟就曾指出过："儒家和道家仍然是笼罩中国人思想的两大主流，相信将来还有很长的一段时期会是如此。"在我们看来，李约瑟的估计仍显得保守，所谓"很长的一段时期"，对于中华民族及其文化来说，毋宁说是永久性的。

◀ 三、儒道互补与古代知识分子 ▶
的文化心态

儒家和道家的文化传统同样的深厚，历史影响同样的深远，可以说，两千多年来，凡是有儒家思想在发生作用的地方，就有道家思想与之相对待，可谓形影不离，因而儒道互补的内容是极为广泛的。下面我们仅就儒道互补塑造的中国古代士人的文化心态和人生道路进行一些分析和思考。

汉代以降的漫长历史时期，儒学作为官方支持和倡导的思想理论，对古代知识分子的价值观念的形成和人生道路的选择，起到了导向的作用。与此同时，道家思想也对此发挥了重要的补充和调适作用。因而，中国古代知识分子的深层文化心理和人生态度，是由儒道两家共同决定的。在儒道两家思想的共同塑造下，古代的知识分子们不单是熟读儒家圣贤之书以作为晋身的阶梯，许多人也都十分欣赏道家思想。老庄的智慧为他们提供了适应社会、涵养人生的另一类有效指导，帮助他们更好地应付复杂多变的社会环境，使他们在险恶的政治斗争中保持清醒的头脑、心态的平和和心理的平衡，增强了他们对仕途之坎坷的心理承受能力和实际应付能力。这些都是正统的儒家思想所难以提供的。因而，儒道两家的思想对于中国人来说，都是不可缺少的。

下面我们就从两个方面具体地谈谈这个话题：

第一个方面，儒家为士人君子设计了一条进取型的人生道路。曾子曰："士不可不弘毅，任重而道远。"这个"弘毅"，就是自强不息、积极进取的精神。儒家主张，人生在世应该有远大的目标，要有所作为，建功立业，为理想而奋斗终身。这无疑是一种正确的人生态度。正是这样一种积极的人生态度，培育了几千年来一代又一代的志士仁人，保证了社会的正常运作和持续发展。然而社会是复杂多变的，人生也必须适应复杂多变的社会现实。儒家在指导人们争先向上的同时，没有为人们留下足够而必要的回旋余地，只提供了争先向上的动力，没能提供与之相配套的缓冲装置。因而从总体上来看，儒家式的人生刚性有余而韧性不足。道家则提供了另外一种人生见解，提倡顺其自然、柔弱、无为、知足、谦下、不争。道家对人生的这种见解具有重要的价值，为人们提供了另一种有效的指导：一方面，它使士人君子的人生更具有韧性，善于自我调适、化解烦恼、缓解精神压力，在顺境中预先准备好退路，增强了适应复杂社会环境的能力；另一方面，它也不失为一种获胜的手段，人们通常只知从正面争强争胜争先，道家则提供了从反面入手的竞争方式，往往可获得奇效，"柔弱胜刚强"、"不争而善胜"、"后其身而身先"、"无为而无不为"。道家哲学中诸如自然、柔弱、无为、知足、知止、淡泊、居下、处顺、静观、谦让、取后、不争等观念都体现了高度的人生智慧，在社会实践中常用常新，自古及今永远不失其新鲜感。道家的这些观念，恰好可以补儒家之不足，自古以来，对儒家式的人生实践起到了重要的补充、调适作用。当然，儒家和道家这两种不同的文化理念和价值观念，也就决定了它们必然具有不同的历史地位和社会功用，社会要发展，必然会选择儒家思想作为主流或主导的文化观，道家思想只能是起到一种补充和辅助的作用，而不可能是相反的。

第二个方面，儒家注重社会伦理，表现出强烈的群体意识，强调个人应当全身心地投入于社会事业，把个人融入群体和社会之中，而对人的个体性或个体生命的处境却缺乏足够的关注。儒家看待个人同社会群体的关系是单向的，即只讲个人对于社会应如何如何，而不考虑和计较社会应对个人如何如何。儒家看待各种人际关系，皆贯穿着以对方、他人为重的原则，似乎每个人皆为了他人而存在，推而广之，即为了社会而存在，社会实即他人之广称。儒家式的人生，其精神生活虽然丰富，但却没有留下多少真正属于个人的空间，其精神世界淹没在群体性之中了。对于中华民族，儒家所注重和培养的这种群体意识无疑是极为重要的，然而我们同时也不能不承认，儒家重群体轻个体，在人的个性、独立意志、个体意识方面留下了许多空白。而在这方面，道家思想正好可以填补儒家遗漏的精神空间。道家较为注重人的个体性，倡导"自然"、"自在"、"自性"、"自尔"、"自爱"、"自适"、"自得"、"自乐"、"自美"、"自事其心"。道家善于站在大道的立场上，以超越的态度观察人生与社会，在传统和世俗面前保持了独立的意志和清醒的头脑，主张人不应被世俗的价值和规则所拘锁，应该保持自己独立自主的意志和自由思想的能力，所以他们往往能够我行我素，始终保持内心的超脱、自在与宁静，并提出不落俗套的见解。道家对个体生命的处境予以了更多、更深切的关注，其追求个体精神的自由自在、自适自得的卓异主张给人一种清新的感受。汉代以降，儒家的群体意识在官方的倡导和扶持下，逐渐成为历代社会占主导地位的价值观念，投身社会事业、名垂青史成为知识分子理想的人生模式和主要的精神依托。而道家思想对个性的张扬和对自由精神的推崇却形成了另外一种传统，这种传统的存在使得人们始终能够听到另一种声音，它为中国知识分子开辟和保留了另一片真正属于自己的精神天地，使得他们在投身于社会公众事业的同时，又能做到不随波逐流，不为世俗所局限，始终保持着鲜活的个性、独立的人格和自由思考的能力。儒家的群体意识和道家的个体意识正好形成了一种互补的机制，尽管后者在历史上远不如前者那样茂密。

总之，儒道两家对待社会与人生，可谓仁者见仁，智者见智。儒道两家的互补，是人文主义和自然主义的优势互补，各有特色，和而不同，珠联璧合，相得益彰。在儒道互补的人生模式中，中国知识分子在顺境中多以儒家为指导，建功立业，锐意进取，成己成物，立人达人；在困境和逆境中则多以道家为调适，淡泊名利，洁身自好，超然通达，静观待时。儒道互补构成了一种完整的、艺术的人生观，使得中国的知识分子刚柔相济，能屈能伸，出处有道，进退自如，不走极端，心态上和行为上都具有良好的分寸感和平衡感。在儒道两家思想的共同熏陶下，自古及今，中国人基本上都是在这两种不同的文化传统中选择着自己的人生道路，具体到每一个问题上，中国人都习惯于或是以儒家的方式来处理，或是以道家的方式来处理，可谓逃儒则归道，逃道则归儒，出老庄则入孔孟，出孔孟则入老庄。这种情况，正如林语堂所说："道家和儒家是中国人灵魂的两面。"儒道两家思想的这种互动互补的内在机制，使得中国传统思想文化呈现出丰富、生动并趋于完善的面貌。

因而，没有儒家的中国文化，就不能称其为中国文化，同样道理，没有道家的中国文化也是不可思议的。了解儒道互补，对于把握中国文化的基本面貌、基本结构、基本特征和深层底蕴，都具有关键的意义。

中西文化比较与儒学
的与时俱进

【美】田辰山

田辰山，北京外国语大学国际关系学院文教专家，东西方关系中心主任。旅居美国近20年。师从美国比较哲学家安乐哲和新儒家成中英。获政治学硕士、哲学硕士、政治学博士。多年在美国夏威夷大学中国研究中心从事美中交流和研究工作。

现为研究领域政治学与东西方比较思想文化研究。

代表著作为英文哲学专著《中国辩证法：从易经到马克思主义》(Chinese Dialectics: From Yijing to Marxism)(2008年译为中文)。2001年他的"马克思主义在中国的再阐释"荣获全美政治学会议最佳论文奖。2009年被选为国际儒学联合会理事。

讲授课程："西方政治哲学"、"中国政府和政治"、"比较中美外交政策"、"美国政治"、"中国哲学"、"儒学与马克思主义哲学的中国化"、"媒体与政治"、"比较中西方哲学"、"中国现代史"等。

一、儒学要走出去

　　儒学在今天全球化和后现代状况下面临如何向前走的重要议题。不少学者已经开始对这个问题进行思考。比如中国社科院金慧敏教授、北京语言大学黄卓越教授、北京大学王岳川教授、河北大学程志华教授等都针对这个问题发表过文章。虽然各自的角度和使用概念不尽相同（如"后儒学"，"新新儒学"，"后新儒学"，"后现代的儒学"等），但是儒学与后现代是个重要议题，这是共识是无疑的。

　　在西方进入后现代这个状况下，全球化的状况下，中国文化、中国的儒学如何进入一种对话？过去条件很差，不可能。现在科技发展提供了充分的手段，而且接触成了经常的不可避免的。这个局面水到渠成地使得这样的对话成为必需和现实。这样的儒学走向，可能儒学界本身不容易提出。而不少与西方多有接触或在国外生活、对两方面都有些了解的学者可能更能感到这个议题的紧迫性。我本人就特别期待在两方面之间能建立一个桥梁，使得中国儒学学者与西方思想家，尤其是后现代思想学者，有一个对话，弄清楚对方相互都在说什么，进一步实现将来能够交换意见，在全球化和后现代背景下，共同探讨今天时代产生的使人类前途发生困惑的矛盾和问题。西方后现代在思考这些问题。现在中国儒家思想也在恢复。儒家思想的恢复，要有一个新的面目，要有一个全球的视野，采取走出去的姿态，与西方后现代思想共同谈问题。只有这样，儒学才会有发展的广阔前途。我与安乐哲和成中英两位教授都交换过意见，他们都表示儒学与后现代这个议题很好，很切合当前全球呈现的这个现实，很愿意与国内学者在这个议题上展开讨论。

◀ 二、中国人要有自信 ▶

一个英国历史学家讲全球化的经济，认为现代之前中国是世界的经济中心。中国那时是使用白银，根据他的研究，世界百分之六十的白银，由于中国是中心而流向中国。中国的那种进贡制度，实际是一种经济体系。西方人老想加入这个体系。但是没有什么东西交换，中国不需要它，所以它得用武力打开中国的门。这个英国历史学家叫约翰·霍布森。他反驳欧洲中心主义，什么西方是先进的，东方是落后的这套话语。他说以欧洲为中心的话语结构，实际是有意识地编造出来的。他在北外做演讲，当他讲到反驳欧洲中心主义的时候，我问他，说你是不是看到了中国现在欧洲中心主义这种话语很强。他说他看到了，说到中国来觉得是个"shame"（没有脸面）。为什么是"shame"？就是你们中国人需要我一个西方人来告诉你们：你们要有自信，你们其实对西方的文明有很大影响，没有你们，就没有现代西方文明。①胡锦涛最近讲话也有这个文化自信的观点。②

胡锦涛提出"文化自信"真是时中这个全球化的背景和我们迄今发展很不容易走过的这个过程。向西方学习是毫无异议的。不失去文化自信，也是确定的。学到什么程度才算是不失掉自信？自信，中国文化又有什么值得我们坚持和自信的呢？其界限究竟在那里呢？当前是我们对这些问题开始进行思考的好时机。这两者之间的掌握是相当难的。然而难，不能没有，不能不做。可以说寻找和确定这个程度本

① John Hobson, The Eastern Origins of Western Civilisation, Cambridge University Press, 2004.
② 胡锦涛：《在中国文联第八次全国代表大会、中国作协第七次全国代表大会上的讲话》（2006年11月10日）。

身，实际上是一个文化自觉的过程。2002年香港召开了一个"21世纪中华文化国际论坛"，我谈到文化的自信、自觉与交流。首先有自觉，然后自信，最后你才能进行交流。如果没有自觉，根本就不自信，交流什么呀？你没什么好交流的，你全从人家那里拿就是了。所以自觉，自信是很重要的。①

是什么使得人们对中华文化、对自己缺乏了信心呢？据说是因为儒家思想中找不到科学、民主、法制、自由竞争和个人全面发展的思想，与今天市场经济的现实不适应。为什么西方思想有这些东西，中国没有？这得从中国和西方两种不同的思考方式上去说。西方主流思考方式是自古希腊遗传下来的一个超绝的本体宇宙观。世界在按照一个单一秩序运动、遵循具有先验目的直线轨道前进。它是一种二元论。在西方，人们进行思考先进入人的意识的是事物的对立性、分散性、割裂性或分离性，进而是冲突性或不相容性。例如，像"民主"与"法制"、"自由竞争"和"个人全面发展的思想"都缺少相对性，它们都是独立性概念，失掉了逻辑的互系，是一种绝对性的思维方式。民主在现实中总不是极端的；法制是外在性的、起被动作用的；自由竞争也是有规则约束的；个人全面发展总是有具体内容的。你没有一种相对性、互系性思维，也就是常说的辩证思维，意识是总会与现实发生冲突。对个人来说，产生的问题就是思想不实际。这样常常会变成心理障碍，导致自己在现实生活中碰壁。

如果看中国的思想传统，以儒家体系为代表的思考都是建筑在一种特有的互系性风格上。②在社会，是要争取一种人和社会的适当关系，人与人互相都把对方当作人看待和尊重的正当关系。这是比人权思维更彻底的看待人与人关系的思考，是根本上的人与人的平等意

③田辰山：《文化的自觉与交流》，江苏省社会科学院《学海》半月刊2003年1月，第112—119页。

④田辰山：《中国的互系性思维：通变》，《文史哲》2002年7月24日，第10—18页。

识。中国文化传统是将世界万物看成是互系性的。正是这种宇宙观对和谐注重。万物的和谐，包括天事和人事，人和自然。天人合一是表达这种互系思考方式的一个明确观念。它与西方传统的人与自然对立以及割裂的思考形式，是一个对照。今天全球环境问题呈现空前危机的时刻，对传统的这种内容，对它的自觉和自信具有紧迫的现实意义。对人事和谐的追求和人与人平等的意识，启发我们在理顺社会内部不同社会族群、阶层、个人之间乃至国际间民族与民族的关系上，都从寻找正常适当的关系方面思考，也是十分现实的思考。

处于改革开放的进程和国际环境激烈的经济、政治、文化竞争，这是中华文化自觉、自信和与外国文化实行交流的大好机遇。经济全球化造成文明间不能不接触的局面。不进行文化交流不仅不可能，而且是没有自信的表现。实行广泛接触，进行文化交流，达到对西方文化的深化了解，促进对自己文化自觉的深化，为取得经济、政治竞争的成功，是势在必行。但现在要避免一些简单逻辑思维，才能使对中华文化传统有适当、合理、比较准确的估计，才有可能认识到中华文化的强势所在，因而产生出文化自信。文化交流首先需要一个正常心态，而不是那种扭曲自我的心态。根据我的研究，中国文化从根本上值得我们坚持和自信的就是我们中华文化的世界观、思维方式、社会实践活动以及由此发源的价值观念体系。我们没有理由抛弃，它们是中华民族的灵魂所在、维系所在、自信所在，不能扼杀自己的灵魂。似乎依靠经济军事强大会支撑一个文化的强势，但从长远观点看，真正的力量在于文化本身，在于文化上的博大精深。我们文化的特质是追求和谐、追求平衡，它把命运背负在自己身上；它是个开放体系，最少保守、最能与时俱进；它包容、自重。这种特质确定了中国不会把任何人当作对手，不同任何人搞对抗，从来想不到树立心理上的假想敌人。中华文化伴随着经济的发展和经济全球化的进程走出了国门，仍然没有西洋文化那种时刻准备政治上出击的企图。这是由于中华文化的固有优势不需要这样做。它的优势也确定了从不会接受任何的压迫和奴役。世界需要中华文化，中华文化必然在与世界的交流中更显现中华性，也因此而更具有世界性。中华文化一定会通过交流，在全球的广阔舞台，展示自己的精华，为创造一个和平稳定的世界环境有所贡献。

◀ 三、文化比较的适当角度 ▶

我与美国夏威夷大学安乐哲教授很熟，对他比较了解。我觉得他的角度值得借鉴。[①]什么角度呢？我曾经在很多讲座场合都讲，一般思想文化比较的角度，都脱离西方传统的大环境，脱离中国传统文化的大环境，抽出当中两个概念，让这两个概念直接相比，而且是用西方概念来衡量中国的东西。如果在中国传统中不能明显地找到，或者根本没有，中国就没有面子了。我们就产生一种事事不如人的妄自菲薄心态。而安乐哲是用什么角度呢？他是把某个概念从西方传统当中去发现它的意义，然后从中国传统当中发现拿来对比的这个概念，看它在中国这个传统大环境中是什么意义，然后再进行比较，就一目了然了，就比较出它们的差别了。知道了这个差别之后，知其源于何处，这时你才能确定自己应该怎么做。而不是盲目地把两个context，两个环境排除在外，字对字的、概念对概念的直接放在一起比较，这样比

---

① 参考：Da vid Hall and ERoger Ames，Anticipating China：Thinking Through the Narratives of Chinese and Western Cultures，Albany： State University of New York Press，1995， and The Democracy of the Dead：Dewey，Confucius，and the Hope for Democracy in China（Chicago：Open Court，1999）

较出来的东西是很有误解和误导的东西，而且它影响你所要采取的步骤。

实际上平常认为的，西方的某一个概念某一句话，是中国的这个意思。但是用他这个角度去分析的话，会发现不是那么回事。比如最简单的一句话"对不起"，英文是"I am sorry"。平常学英语，都认为这两个说法是同一句话，文字不同。这不对。在中美撞机事件中，这个不同就表现出来了。美国人说"We are sorry"。中国人说："好，他们道歉了。"美国人就说："我们没有道歉。"平常认为它是同一个意思。其实不是的。安乐哲曾指出，现在的汉英字典是一种灾难。①为什么是灾难？就是因为字典中中文和英文相对照的词，我们认为是同一个意思，中文这个词就是英文那个词，实际上这两个词差得太远。这就是因为中国和西方有不同的宇宙观和思维方式，语言结构不一样，所以产生这两个字的意思非常不一样。

我问我的美国学生，你们是不是在下意识中反映的"ten"就是"10 individuals"（十个单个的一）？他们说"是"。中国人思维"十"不是十个一，十就是十，十就是一个数目。不是十个个体。为什么这样？为什么中国人说"大家"而不说"everyone"呢？因为中国人看问题的互系性，互系关系使得我们将"十"直接作为一个东西。有这个差别在里面。

安乐哲讲中国和西方存在着结构性的差异，在宇宙观上，在思维方式上。什么是结构性的差异？就是西方所认识的世界，总有一个高高在上的，决定一切的超绝的东西。中国思维恰恰没有这个东西。中国人有的，就是所说的万物，考虑的是万物之间的correlativity，即互系性。只是万物之间的联系，而没有上面那个支配万物的一。万物具有的动力，事物动的状态，是因为万物内在和外在的互相作用，阴和阳那样。而不是一个外力，不是像上帝在那里推动了一下。这是结构

---

① 安乐哲：《汉代非宇宙的宇宙观》，载李明辉《孟子哲学思想探微》（台北中国文哲研究院1992年5月）第37—74页。

问题，反映到语言上，就是像"I am sorry"，它不是"对不起"。可是学习英语时，它们被认为是同一个意思的。这表明两种语言结构上非常不一样。

◆ 四、要深化对西方文化的认识 ◆

中国从"五四"运动开始反传统，一直到今天还有人在反。我们要对这段东西有个思考。我们今天进入全球化，西方进入后现代，有很多后现代思潮。由于大量接触，看西方不再是离远处看，不再是西方一个概念，中国一个概念。是你进到西方那个环境当中，学习西方的东西，对西方有了更深刻的了解之后，回过头来又看中国。所以我有一个观点，从"五四"运动后对中国传统的反思要重新审视一下。为什么？因为中国跟西方接触百多年，只是到今天才得到一个对西方有更深切理解的机会，以前没有这样一个机会。过去尽管新儒学，像梁漱溟这样的，有人到西方转了一圈，有一些了解，但是那种了解是我们今天应该在那个基础上提升和深入的，而不是停留在那个阶段。那个阶段的分析多是看现象，像梁的东西很是现象的分析。什么西方主动，东方主静，[1]这种比较方法是很现象性的比较。另外，由于这么长阶段的反传统，在我们头脑中，对中国有两个概念：独裁、落后；对西方有两个概念：科学、民主。如果仍再用这四个简单的概念看待东方和西方的话，我们就等于没有进步。现在正需要的是在这四个简单概念上的进一步深化。这是我为什么推崇郝大维、安乐哲二人的原因。因为他们有一个学派，是从20世纪30年代以后兴起的，葛瑞汉是

---

[1] 见梁漱溟：《东西文化及其哲学》，商务印书馆2004年版。

主要成员，还可包括李约瑟等。现在他们把这个学派发展成一个我认为很成熟的对待中西方的一个角度，也很客观。它主张从两个大的体系上去理解。你从大体系角度去理解，再回过头来看中国，就有深度了。我到美国去了将近20年，我出国时候的心态就是这四个简单的概念。当时出去要干什么呀？我下决心要去批判中国的大一统思想，要从根子挖掉中国传统的这种弊病。我在国外和国内大学教过西方思想，现还在北外教有关西方思想的课程。从古希腊开始到现代为止，每一个思想家，他在西方思想传统过程中起的什么作用，使得西方思想传统产生什么重大改变，他的思想成为发展的里程碑？对西方有一个系统的了解，这时回过头来，再看中国，就不那么简单了。如果说现在恢复儒家的话，我们需要这样一个视角。人们总是问，到底儒家哪些是好，哪些不好。必须能在一个比较角度上去找到所说的好是什么，所说的弊病是什么。我认为，中国的思想文化传统是一套体系，必须要把它看成是一个体系，找到这个体系当中内在的联系，然后用现代的语言把这套体系说清楚。我们总是说中国文化博大精深，这个博大和精深在什么地方？跟西方对比之下，把这个东西讲清楚才会知道，中国文化哪些是可贵的，哪些是属于去吸取西方方法理性的东西。这时才有一个比较合适的态度。这也包括对后现代。

后现代是什么？在思想上，西方现代思想传统还是有那么一个高高在上的东西，后现代是要挑战这个东西。是在这点上，它和中国传统有了对话点。但是应该看到，尽管如此，西方后现代思想，对现代进行反思，指出了现代的很多问题，它毕竟是西方的一种思想方法。它还是在西方传统之中，是西方传统思想的发展。什么模式呢？就像是原来甲方占上风，一段时间后，乙方找到它的毛病，乙方又占上风，然后又出来一个丙方，又是这样做。它是黑格尔讲的那样的辩证。

我认为，现在的重要问题不是谈消极，而是要谈什么是消极，中国的问题在哪儿。这需要把传统思想当成是一套体系。所谓体系，即当中任何一部分，都和其他部分是联系的。这样看，它是优的，是值得继承的。问题在哪里？缺点是什么？多是在历代政治经济历史过程中，虽说都是一个传统思想，多实行以孔子思想为主的理念，但对哪怕很好的思想体系，学理上很严密，在现实之中实行，差别都很大。如果有十个人在实行，结果总会是十个样子。现在讲的弊病，出的问题，多是具体操作过程中的问题。应当考虑，理念和实际运用，是个多么复杂的过程。有人做得不错，有人不行，甚至糟糕。把运用当中的问题，记到理念本身的账上，过于简单了。

五、区分不同"人"概念

过于简单的思维不是看中西方整个传统之间的差别在哪里，不是在本体系之中理解某一概念的意义；而是拿着西方一个概念，到中国传统来对号入座。发现没有，就判定不好，就不如人家。这是已经先把西方当成了一个标尺，来计量中国。这个标尺就是，西方是尊重人权的，尊重个人的。这种简单思维似乎现在已经成了我们社会的主流方式。说它简单，是在抽象概念上找单线联系。这样导引的误解很大。要是先从人的概念意义入手，找到它在中西方各自是什么意思，就准确了，情况就不一样了。这牵涉到我常讲的思维方式问题。在中国，人的概念充满互系性意义。这个人是一个由归纳而产生的概念。人就是很多人的一个总称，而不是单个、跟任何他人不发生联系的孤立个人。人在中国人头脑中已是一种潜意识的互系思维上的人，它将一个个的人都涵盖进去。我们总是讲人民、群众、百姓等等，是互系的人。而西方的人概念是由设定、概想、绝对的孤立单个人。它是潜意识的分割性思维下的人。这使得它始终是个单个互不联系、一己独立的人。它是抽象概念。假设概想的人有一个前提，就是每个个人都有属于它自己的一个质，共同的地方是都由上帝制造出来。这个人是相对上帝的概念，相对那个超然的东西而言的。它英语是human being；being的b是小写的，是相对那个大写的Being而来的，也就是相对于"本体"的概念而来的。这不是说每个人有什么同一性，而恰恰是每一单个个人有自己的"同一性（identity）"，或者说本质性。这在西方人的潜意识中是根深蒂固的。为什么中国和西方对一个简单的"十"的数目，潜意识中根本上是两码事？就是这个缘故。

还有林肯讲的"人民（people）"。这个"people"跟"人民"在潜意识中也存在这种差别。我们很喜欢他的名言："Power of the people，by the people，for the people"。但我们应当意识到这个差别，不能认为没有区别。他那个"people"，还是"everyone"（每个个人）。在西方讲人性，是每个一己身上那个不变的"本质性"的东西。而在中国思维方式中的"人之性"不是那个东西。"人之性"是时刻处于变化之中的东西，是与他人具互系性的东西。在中国思想传统中，人性是个很重要观念。但它不是与什么上帝相对，而是从经验说与动物性相区别的。在这里，人性不是动物性，而是用理性、用人性来统领动物性。我们不否认人的动物性，不否认七情六欲，而是要它得当，不放纵。这不是什么泯灭人性？中国传统恰恰是非常提倡发展个性的，但是这个个性是人性，不是动物性。

中国自由主义思想的兴起。有人愿意封自己一个自由主义者的名号，以为做个自由主义者很光荣，很有知识。但是如果搞懂了西方的思想传统，就会知道中国几乎不可能有真正的自由主义笃信者。我在社科院一次演讲时讲到过，其实自由主义者对中国人来说，不是好当的。什么道理？因为做个自由主义者，你需要进行思想改造，要脱胎换骨，要满足被西方人当作信仰的那些条件才行。这些条件有多难？

反正我做不到，我相信恐怕也不会有人能做到。都有什么条件呢？很多，很复杂。在这里我拣一些最重要的说说。第一，你需要改变世界观，改变对世界的看法；第二，你需要改变思维方式；第三，要改变价值观念；第四，把一己作为降临到这个世界的终极目的，也就是改变人生观；第五，你得信上帝；第六，你得信仰人性恶；第七，你得信仰人与人毫无关系；第八，你得信仰人类经历过一个自然状态的假设；第九，你得相信曾经有过"契约"这么一回事；第十，你得相信人的权利是上帝赐予的；第十一，你要信仰法则和法律是上帝所规定这么回事。一下子就是十一条，每一条都是"自由民主"理论建构的一个逻辑。如果不懂西方世界观，不懂它的思维方式，不懂它的文化，不懂它的语言结构，我们不可能知道信仰自由主义有这么多意想不到的条件。为什么过去我们不知道这么多条件？不知道外国语言背后有这么多潜在意义？因为我们没有搞懂西方已经一百多年了。自从西方和中国碰到一起到今天，我们一直就没有搞懂，已经误会了一百多年。想一想，一百多年来，我们就被关锁在最简单的"两个概念"的话语结构之中，出不来。哪两个概念？就是"科学"和"民主"。西方总是与这美妙的两个概念连在一起。而我们总是与"落后"、"愚昧"、"封建"、"独裁"等等丑陋的概念连在一起。是那么回事吗？如果我们搞懂了西方，才会意识到不是这么回事。

六、"人权"概念需要消化

长期以来，大量西方思想涌进中国，中国现在对它们还没有来得及消化，只是停留在用中国自己的思维方式在揣测，在理想化它的意思。一些人认为我们传统没有"人权"这个概念，就认为我们是不讲的，因为西方有，就认为西方就是人权模范，其实是事情远比这种简单认识复杂得多。

个性是什么？不能不想到文艺复兴，想到启蒙运动。这个个性，就是刚才说的本质性。它是一种特殊的西方思维产物。"identity"是什么？西方人一直问这个问题。到现在也没有说清楚。从幼儿园到大学者，最时髦的问题之一就是"Who am I"（我是谁？）。就是自己的本质，唯有自己才有的本质。中国人根本不问这种问题。因为这样问，是问不出结果的。我们是从个人处的社会关系看待自己身份的。它是随事而变的。我们传统不问这样的问题不是就不好，就落后，就是封建专制。这样看太简单。可以仔细琢磨琢磨。问这样的问题到底是思维的走向开放，还是走向局限。关于中国的个性观念，我曾写了一篇文章："儒学与《个体认同》"。开始是在2002年青岛召开的一个儒学会上发表的。①我认为，中国是很推崇个性的。但这个个性跟西方文艺复兴、启蒙运动之后那个个性不是一个东西。西方个性是一种与共性冲突和对立的东西。西方的个性有很多说法，但比较核心的是一己的最基本欲望追求。它主要的，不是中国所注重的个人在精神上对一种较高境界的追求，对世界人生道理的洞悉。他那个性多是心理状态倾向，常常是用物质来衡量的。如果说我们传统也可使用"个人认同"这个字眼，它是儒家提倡的个人修养，个人的思想境界。这个"个体认同"是在互系思考基础上的发展，最具个性和最具"个人主义"色彩，即每个个人在体现自己认识和处理天事人事互系的问题上都能发挥一己的绚丽多姿的独特风格。人人可得道，个人的价值体现于千丝万缕各种互系这个庞大舞台的艺术表演之中，个人的天赋和后得素质得以充分的发展。人的精神也在和谐互系当中获得充分解放和自由。它不是

① 田辰山：《儒学与个人主义概念》，山东《中国哲学年鉴》社：《中国儒学年鉴2003年》第
331～337页。

与共性对立的个性，而是个性包含共性的个性。对于平常人来说，是讲个人怎么处理各种关系，尤其是人与人之间。每个人处理关系是不一样的，都有独特性。这里提倡的是在处理与他人、社会乃至自然的关系的过程中，要找到一个最适宜的做法。这方面，个人有充分的发展余地。儒家讲的个人是这个。西方讲的，则是对自己之外的东西采取屏蔽态度，只根据一己，需要什么，怎样去得到。尺度是什么，常是财富有多少，权力有多大，是从属于一己身体出发衡量个性的。这是西方人很特殊的思维方式。你是怎么样的？是仅与你自己本身有关的东西决定的。而在中国，你是怎么样的？是根据你与其他任何关系之中的向度、角度的。

与人性和个性紧密联系的"人权"两个字，是需要很好消化的。消化之前，需要慎提。为什么？因为它不是中国字"人权"在我们思想中反映的那个意思。人权（human rights）在西方是从超绝的高高在上的东西，或者说从上帝的概念派生出来的。人权是上帝给的。没有上帝，就没有人权。接受这个概念，但对来源不了解是很不应该的。我们等于吃了许多西方东西，却没有消化。如果按照中国的思维方式界定这个人权，它是谁给的？我们要问问自己。恐怕一些人是丈二和尚摸不着头脑的。中国没有那个上帝。在中国人权是人类给自己的。是群体给的，社区给的，社会给的，是人民给的。这与西方"人权"根本风马牛不相及。在西方，它是建立在上帝身上，在中国才是建立在人本位上的。"人权"这个概念在西方语言中是什么意思？为什么叫做"rights"？这与西方传统是直接相关的。文艺复兴以前上帝不允许人做的事情，人如果做了，都是"wrongs"，被教会判定是错的。经过文艺复兴、启蒙运动之后，教会判定人不可以做的错事，变得"OK"了。不仅可以做，而且还是上帝保护着做，判定为"rights"，是"做得对"的。这个"rights"（"做得对"）来到汉语当中，变成了"人权"概念。所以"rights"其实与"人权"风马牛不相及。因为中国人理解"权"或"权利"跟

"rights"（做得对）根本不靠谱。中国人认为自己可为可不为，做得对，做的错，与权不权构不成一件事；一个是说东，一个在说西。再者，中国人讲做得对，做得错，不是由什么上帝（或普世标准）来评判和获准的，而是由人们考虑到社会各种关系之间的适当程度，不适当的我们认为是不对的，促成适当关系的则是对的。这个对和错完全是由我们自己来根据很具体的人事关系所进行判断的。中国和西方在人权问题上牛顶得很厉害。如果把这两套语言、他们所承载的思维方式、所表达的真正意思解释到桌面上来，误解能够解不开吗？如果还解不开，剩下的就不是人权问题，而是政治问题了。人权问题如果不是出于政治原因，是很可以轻松解决的问题。但是在这个问题上，连语言的误解原因还没有搞清。所以在人权问题上首先话语结构是个大问题。

在中国传统中找不到对等概念，不少人困惑。反过来想，找到了反而是奇怪的，也不应该期盼中国传统有对等概念，因为中国思维与西方思维是两码事。我们有礼，礼是什么？礼就是对他人的承认，对他人人格的尊重。我们这个礼，是从我向他、向外的一种承认和尊重。这是西方"自由民主"论中没有的。西方人权是一种从一己向他、向外的一种诉求。两种思维方式刚好是反向的。从我向他、向外的承认和尊重，也对自己是一种承认和尊重。是一种自尊自重。这是一种双向的，同时又导引出从他、从外对我的承认和尊重。这是一种独特的双向思考，是中国互系性的思维反映。双向互系的思考和实践，使得西方这种人权思维在中国思维框架中不成为一个问题。因为人权诉求，是单线单向思考。这个概念要解决的问题，在礼的施行上是获得解决的。用平常话说，就是互相了解，互相尊重，什么都是互相。这样的尊重就包括最基本的人权问题。我们讲成己为人，成人达己，这在西方传统中是没有的。

七、西方概念是绝对性的

有的人也听说国外也有警察打骂犯人。但是从总体上来看总认为是个别的。这就是只凭支离破碎信息的判断。80年代，在中国搜身是视为侵犯人权的。各种场所人的行动是没有电子眼监控的。但在美国，这种现象是例行做法。你进一所大楼，要全身扫描，你的携带物，要搜查。那时中国没有这种现象。这就是问题，美国讲人权，但是这种现象比中国早，比中国多。这种现象算不算违反人权？现在中国这些东西全学过来了。这个需要从理念到现实统一思考一下。我问这个问题，马上会有人说，监测现象是为了更好地维护安全秩序。这个应该说是没错。但是应当意识到，这是已经转换了一个话语。话语结构已经从是不是人权问题，转换到了是不是维护安全秩序，没有人会说这不是维护安全。但是按照西方人权的逻辑，人权问题被放在一边了，被维护安全的措施违反了也是事实。刚才的问题是，这个做法是不是与人权理念不一致？人权理念与现实中这个理念的实现是不是统一的？你做的跟你所说的理念是冲突的，为什么你有这么一个理念，而社会现实却是这样。

这是什么逻辑问题？西方讲民主，讲自由，又讲法制，但是分开来讲的。它单个地、割裂地把每一个这样的概念都看成是绝对的东西，似乎这些东西之间自己是自己，互不联系。这和中国不一样，我们是把法制和民主放在一起说的，是讲它们的相对性的。其实按照西方逻辑，法制对民主和自由就是一个限制甚至冲突。现实中你把这两件东西都拿来用，它们已经不是绝对理念，而是现实操作了。也就是说，民主自由理念的逻辑在现实中被打破了。它们已经不是绝对理念的那个东西了。也还说明，纯理念的民主和自由，本身是有逻辑的，但是是绝对逻辑，绝对逻辑是要走向反面的。所以问题就在于，如果你把它当成绝对概念。绝对的事情只存在于理念，在现实是不存在的，就因为它的绝对性，在现实中是实行不了的。特别表现在"9·11"之后，这种冲突更显突出。

什么叫加强法制？什么叫用监测维护安全秩序？如果用民主自由的理念的话语结构，这些都是对这两样东西的限制。但社会环境好的话，很多问题不出现，监视镜头就不必要了。更不必要去监听人家电话了，不用监视人家电子信里写了什么。而这些东西今天恰恰必要。这说明什么，说明这个社会现实有大量与理念相冲突的东西，你不得不换个话语结构，用另外一个概念，来实行一个相反逻辑的解决。就是这么一个问题。所以大多数理念都是好的，不好的理念不会有多少人接受。但是理念绝对了，就走向反面。它一进入实际操作，就变样。况且，对同一个理念，一个人操作是一个样，更不用说不同文化、历史传统了。

八、中国传统政治有民主机制

中国现实社会、历史社会到底应当怎么估计？听说有些历史学家研究，中国基本上一半一半。这种说法符合中国传统两点论的看问题方法。要是这样，我们两千多年历史，有一千多年是不错的，另外一千多年也可能像我们给它定义的："独裁"、"落后"。一半一半这种情况包括实行马克思主义阶段。马克思主义是个理论，理论在具体执行的时候，是一个人一个样的。能把某个人具体执行过程中的不好效果说成是理念问题吗？只能说是执行者的问题。什么时候都有与具体实践相结合问题。执行者理解不一样，执行的那套方法不一样，如果产生了问题怎么能归结到理论上去。理念和具体的实践中间没有直线的东西，没有直接等号关系。

在执行的过程中，有些东西不符合理念，实际上是违背这个理念。但是违背不违背，不是以谁的主观判断为标准的，而是以实践效果和广大人民的利益是否获得保障为依据的。其实我们仍在实行传统文化的理念，仍然在实行马克思主义的理念。这些理念的内容在今天都有新的变化。但这些理念不能因为内容上的这些变化就变成错误了，而是具体情况和具体执行者个人在实践过程中各有不同。历史历来如此。为什么要把中国思想看成一个体系？是因为从体系上讲，基本上找不出什么毛病出来。中国这套体系，比西方那套体系，根据我的研究，更严谨，更开放。

我写过一篇文章，讲到关于人治和法治问题。①我们的人治不是坏事，人治是仁治，是德治。这跟西方人治不是一个概念。西方人治概念怎么出来的？它把所有人的人性设定为邪恶的，哪个人在台上都不是好事。法治是什么东西？法是上帝定的法，宪法是服从上帝的法的人法，也就是说西方人讲法制是上帝的制度。上帝跟人是一个对立概念，是一个冲突概念。因为有上帝，人的邪恶本质才被管住。所以说，要变成人治的话，像西方出现的政教合一，出现西方那种封建式的统治，任何人上台都是邪恶。在西方或美国，人民之所以不相信政府，就是相信人都是邪恶的。他不相信哪个人到了权力地位上，是为人民办事的。个人有了权力必然是邪恶，必然是腐败的。有这么一个逻辑，背后就是人性恶。在这点上中国文化传统不这么看。我们承认有人性恶，但是传统主流认为人性是善的。即使有人性恶，也是可以

---

① Chenshan Tian, "Max Weber and China's Transition under the New Leadership," Journal of Chinese Political Science, Vol.8, Nos.1&2, Fall 2003, pp.21~46.

改变的，能教育的。而西方主流认为人性恶是不可教育的。差别就在这里。所以我们接受有好人这种理念。我们不在乎你的长相，你是什么方式（不认为三权鼎立就一定是好的）。我们在乎好人掌权，权力要掌握在贤能人手中。他上台以后，制订出的政策，不是为某一部分人利益的，而是为整个社会和谐，整个社会的利益。这就是今天讲的公平公正。历代传统思想都是这样的。

有人问为什么在实际运作中，会出现清官淘汰制？是因为坏人掌权，是因为指导思想不对。中国文化传统跟别的文化比较有一个独特现象，就是在中国传统条件下，想做坏事找不到话语。他不说他在做坏事，而说在做好事。"口蜜腹剑"、"挂羊头卖狗肉"，这种词汇在中国文化中为什么这么发达？就是因为我们文化传统不给你做坏事的口实，余地很小。所以做坏事，要打着做好事的旗号。这就给人们的识别带来难度，谁是好人谁是坏人不容易辨。必须得看他的全部，比较长的过程看他。西方人简单不费事，人没有好的，谁上台都不信任。可在中国，历代有多少坏人上台，都是唱着儒家的调子上台的。不是儒家错了，而是某个人打着儒家的旗子去做别的事去了。我们有时候有简单互系性思维。互系性思维是区别中国传统和西方传统的一个根本特征。由于思维方式是互系性，所以我们经常不自主地找这种互系。比如出现很多犯罪，我们想的不是人本身就是坏人，本性就是坏的，不是认为放在任何场合、任何社会、任何条件，人也是坏人。我们首先想的是这个社会怎么了，我们的领导怎么了。不自主地找这种联系。在西方有很多犯罪，西方人不这么想，想你犯罪是因为基因有毛病。在很多问题上，西方人都不像中国人这样追究社会原因，追究文化原因，不归咎于社会现状。什么是个人主义？是找个人原因。互系思维通常是合理的，但有时是简单化的。比如我们有一种先进思想文化必然导致先进物质文明的认识。物质文明好，文化必然是先进的。一看西方科技物质发达，就认为它的文化一定比我们的好。加上流行民主、人权概念，而中国原没有这种概念，就更强化这种认识。现在对这种简单思维要提出问题。

现在需要想这个民主到底是什么意思。自由民主四个字，在中国人头脑中是什么？跟西方的那两个词（liberal democracy）比较差别在哪儿？西方的"liberald emocracy"讲的就是那套社会政治架构，三权鼎立、两党竞争、法律程序、竞选这种东西。而中国讲人民当家作主，是两码事。西方的三权鼎立、两党竞争、法律程序、竞选这套东西是解决为民执政的问题吗？我们需要读读西方学者自己的研究分析。其实若论类似的模式，我们传统政治架构存在民主机制。这个可以读一下钱穆的中国古代政治史。类似权力钳制模式在中国是怎么实行的？是进谏制度、辩论制度、监督制度等。连皇帝都监督。另外看中国共产党的历史，要看它整个的历程。为什么我们文化中，从群众中来，到群众中去，非常流行？这个不是偶然的。这在西方是找不到的。我们的不同意见是怎么表达出来的，不是议会里那种辩论，不是在台湾"民主"那种肢体冲突。我们的不同意见不是根本利益不同，是在平和的讨论和在下面商量的。

我们开会不是辩论而是讨论。字眼不一样，操作也很不一样。不少情况，是不达成意见不开会的。我们不是把分歧拿到会上，大家吹胡子瞪眼，辩论起来没完。我们是在下面说，用很非正式的手段解决，很人性化的方式。开会就是敲定。美国不一样，是到议会中吵。为什么吵？因为背后是各个集团的利益。跟我们完全不一样。共产党代表谁？共产党有本身自己的利益吗？找不到。共产党之所以存在，就在于它的利益是人民整体的。否则共产党就不是共产党。当然有时候出问题，有政策失误，但它不是利益的问题。野心家、腐败分子，不能算是共产党。

现在有很多变化，个人权力部门化问题，权力的集团化问题，利益集团也出现了，有的部门权力只为小的集团服务。但要考虑到，这个现象是今天出现的，是现在最突出的矛盾之一。为什么？跟搞市场经济有关系。什么叫市场经济？市场经济归根结底是建立在什么哲学基础上的？它是启蒙运动的产品。市场经济跟社会主义的理念那是完全冲突的逻辑。问题的症结在这里呢。当然我们不是主张要对它怎么样，这又是我刚才说的，它是实际操作问题。市场经济与社会主义虽然在理论逻辑上冲突，但在现实中并不是完全不可操作的。因为这种冲突在任何社会都是存在的。关键在于把它运筹在什么范畴之内，使它的程度有多大，让它与宏观社会机制达到一种和而不同。这就是我们今天宏观调控的作用。矛盾也存在，但是完全在掌控之内，让它酿不出大的动乱。这就是和谐，和谐并不是否认矛盾、斗争，而是承认它，在一种大的、整体上掌控。